Wissenschaftliche Beiträge
aus dem Tectum Verlag

Reihe Rechtswissenschaft

Wissenschaftliche Beiträge aus dem Tectum Verlag

Reihe Rechtswissenschaft

Band 138

Mareike Morgenstern

Die sozialversicherungsrechtliche Statusbeurteilung

Zur Abgrenzung von Selbstständigkeit, Scheinselbstständigkeit und Beschäftigung

Tectum Verlag

Mareike Morgenstern
Die sozialversicherungsrechtliche Statusbeurteilung. Zur Abgrenzung von Selbstständigkeit, Scheinselbstständigkeit und Beschäftigung

Wissenschaftliche Beiträge aus dem Tectum Verlag
Reihe: Rechtswissenschaft; Bd. 138

Zugl. Diss. Universität Bremen, 2020

Ursprünglich eingereicht unter dem Titel: „Die sozialversicherungsrechtliche Statusbeurteilung in der sich wandelnden Arbeitswelt. Selbstständigkeit, Scheinselbstständigkeit und Beschäftigung im Spannungsfeld zwischen sozialer Sicherheit und Eigenverantwortung des Erwerbstätigen"

ISBN 978-3-8288-4555-8
ePDF 978-3-8288-7608-8
ISSN 1861-7875

Gesamtverantwortung für Druck und Herstellung:
Nomos Verlagsgesellschaft mbH & Co. KG
Printed in Germany

Besuchen Sie uns im Internet
www.tectum-verlag.de

Bibliografische Informationen der Deutschen Nationalbibliothek
Die Deutsche Nationalbibliothek verzeichnet diese Publikation in der Deutschen Nationalbibliografie; detaillierte bibliografische Angaben sind im Internet über http://dnb.d-nb.de abrufbar.

Inhaltsverzeichnis

Abkürzungsverzeichnis

a.A.	anderer Ansicht
a.F.	alte Fassung
Abs.	Absatz
AG	Aktiengesellschaft
AktG	Aktiengesetz
Art.	Artikel
Aufl.	Auflage
AÜG	Arbeitnehmerüberlassungsgesetz
BB	Betriebs-Berater
beck-online	juristische Fachdatenbank aus dem Verlag C. H. Beck. auf dem Portal www.beck-online.de
Beschl.	Beschluss
Bl.	Blatt
BFH	Bundesfinanzhof
BGB	Bürgerliches Gesetzbuch
BSG	Bundessozialgericht
BSGE	Sammlung von Entscheidungen des Bundessozialgerichts, Herausgegeben von Mitgliedern des Bundessozialgerichts
BT-Drucks.	Bundestagsdrucksache
BVerfG	Bundesverfassungsgericht
BVV	Beitragsverfahrensordnung – Verordnung über die Berechnung, Zahlung, Weiterleitung, Abrechnung und Prüfung des Gesamtsozialversicherungsbeitrags (Ausfertigung vom 03.05.2006, gültig ab 01.07.2006)
gem.	gemäß
DB	Der Betrieb
Drs.	Drucksache
DStR	Deutsches Steuerrecht, Wochenschrift für Steuerberater

E	Amtliche Entscheidungssammlung des genannten Gerichts (z.B. BSG)
EWiR	Entscheidungen zum Wirtschaftsrecht
Fußn.	Fußnote
G	Gesetz
gem.	gemäß
GG	Grundgesetz
GKG	Gerichtskostengesetz
GKV	Gesetzliche Krankenversicherung
GmbH	Gesellschaft mit beschränkter Haftung
GmbHG	Gesetz betreffend die Gesellschaften mit beschränkter Haftung
HGB	Handelsgesetzbuch
h.M.	herrschende Meinung
InsO	Insolvenzordnung
i.V.m.	in Verbindung mit
juris	juristische Fachdatenbank auf dem Portal www.juris.de
KSK	Künstlersozialkasse
KSchG	Kündigungsschutzgesetz
LSG	Landessozialgericht
m.w.N.	mit weiteren Nachweisen
NJW	Neue Juristische Wochenschrift
npoR	Zeitschrift für das Recht der Non Profit Organisationen
NZA	Neue Zeitschrift für Arbeitsrecht
NZS	Neue Zeitschrift für Sozialrecht
PKV	Private Krankenversicherung
Rn.	Randnummer
Rspr.	Rechtsprechung
s.	siehe
SchwarzArbG	Gesetz zur Bekämpfung der Schwarzarbeit und illegalen Beschäftigung
SG	Sozialgericht
SGB I	Sozialgesetzbuch (SGB) Erstes Buch (I) – Allgemeiner Teil
SGB III	Sozialgesetzbuch (SGB) Drittes Buch (III) – Arbeitsförderung

SGB IV	Sozialgesetzbuch (SGB) Viertes Buch (IV) – Gemeinsame Vorschriften für die Sozialversicherung
SGB V	Sozialgesetzbuch (SGB) Fünftes Buch (V) – Gesetzliche Krankenversicherung
SGB VI	Sozialgesetzbuch (SGB) Sechstes Buch (VI) – Gesetzliche Rentenversicherung
SGB VII	Sozialgesetzbuch (SGB) Siebtes Buch (VII) – Gesetzliche Unfallversicherung
SGB VIII	Sozialgesetzbuch (SGB) Achtes Buch (VIII) – Kinder- und Jugendhilfe
SGB X	Zehntes Buch (X) Sozialgesetzbuch (SGB) – Sozialverwaltungsverfahren und Sozialdatenschutz
SGB XI	Sozialgesetzbuch (SGB) Elftes Buch (XI) – Soziale Pflegeversicherung
SGG	Sozialgerichtsgesetz
StGB	Strafgesetzbuch
SVLFG	Sozialversicherung für Landwirtschaft, Forsten und Gartenbau
UG	Unternehmergesellschaft (haftungsbeschränkt)
Urt.	Urteil
v.	vom
VVG	Gesetz über den Versicherungsvertrag (Versicherungsvertragsgesetz)
WReG	Gesetz zur Einrichtung und zum Betrieb eines Registers zum Schutz des Wettbewerbs um öffentliche Aufträge und Konzessionen

I. Einleitung

Die Arbeitswelt hat sich in den letzten Jahren und Jahrzehnten erheblich gewandelt und wird auch weiterhin stetigen Änderungen unterliegen. Es haben sich seit der Einführung der Bismarck'schen Sozialgesetze zu Zeiten der Industrialisierung erhebliche gesellschaftliche und wirtschaftliche Veränderungen vollzogen. Es hat sich eine globalisierte und digitalisierte Wirtschaft entwickelt, im gesellschaftlichen Gefüge ist eine zunehmende Individualisierung zu erkennen. Die Grenzen zwischen Beschäftigung und Selbstständigkeit verschwimmen. So ist einerseits ein Trend zu verzeichnen, insbesondere besser qualifizierten Beschäftigten größere Freiheiten etwa hinsichtlich Arbeitszeit und Arbeitsort einzuräumen. Andererseits lässt sich aber auch eine Tendenz erkennen, selbstständig Tätige vermehrt in größere Organisationszusammenhänge einzubinden, beispielsweise mit Franchiseverträgen oder Rahmenverträgen. (vgl. Sozialpolitische Erwägungen zum sozialen Schutz Selbstständiger unter VI.2.)

Trotz grundlegender Veränderungen ist für die Frage der Versicherungspflicht in der gesetzlichen Sozialversicherung weiterhin die hergebrachte Abgrenzung zwischen Beschäftigung (abhängiger Arbeit) und selbstständiger Tätigkeit maßgeblich. Von dieser sozialversicherungsrechtlichen Statusbeurteilung hängt ab, ob eine erwerbstätige Person versicherungspflichtig in der gesetzlichen Sozialversicherung[1] ist und daher von Arbeitgeber- und Arbeitnehmerseite Beiträge zur Sozialversicherung abzuführen sind. Der Beschäftigte erhält als Gegenleistung zur Sozialversicherungs- und Beitragspflicht umfangreichen Schutz seitens der gesetzlichen Sozialversicherung. Dieser Schutz umfasst Leistungsansprüche gegenüber der gesetzlichen Kranken- und Pflegeversicherung sowie der Rentenversicherung und auch Ansprü-

1 Die Sozialversicherung im Sinne der folgenden Ausführungen umfasst die gesetzliche Rentenversicherung, die gesetzliche Krankenversicherung, die gesetzliche Pflegeversicherung und die Pflichtversicherung nach dem Recht der Arbeitsförderung.

che für den Fall der Arbeitslosigkeit. Ist die erwerbstätige Person hingegen selbstständig tätig, entfällt – von normierten Ausnahmen abgesehen[2] – der soziale Schutz durch eine Sozialversicherungspflicht und damit auch die Beitragspflicht in der gesetzlichen Sozialversicherung. Es obliegt dann grundsätzlich der Eigenverantwortung des Erwerbstätigen, eine adäquate Absicherung für den Fall von Krankheit, Pflegebedürftigkeit, Arbeitslosigkeit und Alter durch Abschluss von privaten Versicherungsverträgen sowie durch einen Vermögensaufbau zu erreichen.

Die Statusbeurteilung entscheidet also über Versicherungszwang oder Versicherungsfreiheit[3] in der gesetzlichen Sozialversicherung. Sie ist einerseits für den Erwerbstätigen von erheblicher Bedeutung, da sie über dessen soziale Absicherung entscheidet. Sie hat andererseits für den potentiellen Arbeitgeber bzw. Auftraggeber eine relevante wirtschaftliche Tragweite. Darüber hinaus haben Statusbeurteilungen auch gesamtgesellschaftliche Auswirkungen, sowohl hinsichtlich der Finanzierung und Ausgabenlast der Sozialversicherung als auch in Bezug auf die private Versicherungswirtschaft und in relevanter Weise auch auf den Staatshaushalt und die Belastung der steuerzahlenden Bevölkerung. Denn bei fehlender sozialer Absicherung des Einzelnen durch eigene Beiträge kann eines Tages die Inanspruchnahme steuerfinanzierter Transferleistungen wie Sozialhilfe/Arbeitslosengeld II erforderlich werden, um das Existenzminimum im Alter oder bei Arbeitslosigkeit zu gewährleisten und das Kranken- und Pflegerisiko aufzufangen.

Trotz der hohen Bedeutung korrekter Statusentscheidungen ist die Beurteilung im Einzelfall kompliziert. Die Praxis steht vor verschiedenen Herausforderungen. Zum einen kann bereits die Sachverhaltsaufklärung durch Sozialversicherungsträger und Sozialgerichte schwierig sein, insbesondere wenn der Prüfungszeitraum weit in der Vergangenheit liegt, frühere Beschäftigte nicht mehr auffindbar sind oder eine große Zahl von Beteiligten und Vertragsgestaltungen eine zügige und vollständige Klärung erschwert[4]. Teilweise stehen Renten- und Kran-

2 So werden bestimmte Selbstständige ausdrücklich in die Sozialversicherung einbezogen, vgl. zur Rentenversicherung § 2 Satz 1 SGB VI zur Krankenversicherung nach § 5 SGB V.

3 Vgl. *Schlegel*, NZS 2000, 421.

4 Vgl. *Mette*, NZS 2015, 721, 727.

kenversicherungsträger sowie die Sozialgerichte auch vor dem Problem, dass Beteiligte bei der Ermittlung des Sachverhalts nur ungenügend mitarbeiten oder diesen sogar zu verschleiern versuchen, um so der Beitragspflicht zu entgehen bzw. eine Beitragserstattung zu erhalten[5].

Aber auch die rechtliche Beurteilung des Status im Grenzbereich zwischen Beschäftigung und Selbstständigkeit birgt erhebliche Schwierigkeiten. Der Umstand, dass gelegentlich über drei gerichtliche Instanzen hinweg (mit durchaus unterschiedlichen Ergebnissen) um die Abgrenzung bzw. zutreffende Zuordnung der Erwerbstätigkeit zur sozialversicherungspflichtigen Beschäftigung bzw. zur selbstständigen Tätigkeit gerungen wird, zeigt, dass die Abgrenzungsfragen selbst Experten erhebliche Schwierigkeiten bereiten können[6]. Es existiert eine schier unendliche Vielzahl von Fallgestaltungen, die häufig sowohl Indizien für eine Beschäftigung als auch für eine Selbstständigkeit enthalten. Die Realität reicht vom Niedriglohnsektor bzw. von prekären Arten der Selbstständigkeit bis zum hochbegehrten und gutbezahlten Spezialisten oder Unternehmenslenker mit großen Gestaltungsspielräumen. Die Grenzen zwischen fremdbestimmter Abhängigkeit und typisch selbstständiger Freiheit verschwimmen.

Immer wieder rücken „selbstständige Subunternehmer" oder „freie Mitarbeiter" eines Unternehmens in den Fokus. Die Bandbreite an Fallgestaltungen ist grenzenlos. Für die Statusbeurteilung sind sowohl die Vertragslage als auch die Durchführung der Tätigkeit zu bewerten. (dazu im Einzelnen unter III.) Ist von den Vertragsparteien beabsichtigt, eine selbstständige Tätigkeit zu begründen, mag der Vertrag beispielsweise als „Subunternehmervertrag", „Werkvertrag" oder „Projektvertrag" tituliert sein. Zudem mag es in der praktischen Durchführung beispielsweise besondere Freiheiten oder Gestaltungsspielräume geben, die für eine selbstständige Tätigkeit sprechen. Diese Indizien sind etwaigen Aspekten gegenüberzustellen, die im Einzelfall für eine persönliche Abhängigkeit und damit für eine Beschäftigung sprechen, insbesondere sind Anzeichen für Eingliederung und Weisungsgebun-

5 Vgl. *Timme*, jM 2018, 68, 70.
6 s. *Segebrecht*, in: jurisPK-SGB IV, § 7, Rn. 22.

denheit zu bewerten. Die Abwägungsentscheidung steht häufig auf „Messers Schneide“.

Daneben besteht ein großes Problemfeld im Rahmen von Statusbeurteilungen in der Abgrenzung von Selbstständigkeit und Beschäftigung auf Leitungsebene einer Gesellschaft (vgl. hierzu die Ausführungen unter V.). Genannt seien hier insbesondere mitarbeitende Gesellschafter und Gesellschaftergeschäftsführer eines Unternehmens, aber auch Geschäftsführer ohne Gesellschaftsanteil und leitende Angestellte. Innerhalb dieser Berufsbilder hat das Bundessozialgericht[7] in den letzten Jahren die wertende Betrachtung der Einzelfallumstände für die Statusbeurteilung zunehmend in den Hintergrund treten lassen und im Interesse größerer Rechtssicherheit und Rechtsklarheit verstärkt auf die durch den Gesellschaftsanteil vermittelte Rechtsmacht abgestellt. Statusentscheidungen auf Leitungsebene eines Unternehmens werden durch immer neue komplizierte gesellschaftsrechtliche Konstrukte erschwert, sei es durch Zwischenschaltung von Tochtergesellschaften und Beauftragung von Subunternehmen, durch Nutzung von Stimmbindungsverträgen und Treuhandverträgen oder durch Verwendung von EU-ausländischen Gesellschaftsformen wie der niederländischen BV[8] oder der britischen Ltd[9].

Im Folgenden soll ein Überblick über die derzeitige Rechtslage und aktuelle Problemstellungen geschaffen werden.

7 Künftig abgekürzt: BSG.

8 Besloten vennootschap met beperkte aansprakelijkheid (niederländische Gesellschaft mit beschränkter Haftung).

9 Limited Company (britische haftungsbeschränkte Kapitalgesellschaft).

II. Allgemeines zum Typus der sozialversicherungsrechtlichen Beschäftigung

1. Die Bedeutung der Beschäftigung im Sozialversicherungsrecht

Grundsätzlich umfasst der Schutzbereich der gesetzlichen Sozialversicherung lediglich abhängig arbeitende Erwerbstätige, so dass eine Abgrenzung zur selbstständigen Tätigkeit zu erfolgen hat. Abgesehen von gesetzlich normierten Ausnahmefällen zur Erweiterung des Sozialversicherungsschutzes auf einzelne Selbstständige, kommt dem Vorliegen einer Beschäftigung nach wie vor eine Schlüsselfunktion zu. Es handelt sich um einen Grundbegriff des Sozialversicherungsrechts[10]. Das Vorliegen einer Beschäftigung ist in der Sozialversicherung (der Kranken-, Pflege, Renten- und Arbeitslosenversicherung) regelmäßig notwendige Voraussetzung für die Pflichtversicherung und damit für die Beitragspflicht. Ein Beschäftigter ist in der Regel versicherungspflichtig in der gesetzlichen Krankenversicherung nach § 5 Abs. 1 Nr. 1 SGB V[11], in der gesetzlichen Pflegeversicherung nach 20 SGB XI[12], in der gesetzlichen Rentenversicherung gem. § 1 Nr. 1 SGB VI[13], sowie nach dem Recht der Arbeitsförderung gem. § 24 SGB III[14]. Die Versicherungspflicht in der Sozialversicherung aufgrund Beschäftigung beginnt grundsätzlich mit dem Tag des Eintritts in das Beschäftigungsverhältnis[15].

---

10 Vgl. BT-Drucks 7/4122, S. 31 zu § 7 SGB IV, Entwurf eines Sozialgesetzbuchs v. 08.10.1975, zitiert nach: http://dipbt.bundestag.de/doc/btd/07/041/0704122.pdf; *Segebrecht*, in: jurisPK-SGB IV, § 7 Abs. 1 Rn. 17.

11 Sozialgesetzbuch (SGB) Fünftes Buch (V) – Gesetzliche Krankenversicherung.

12 Sozialgesetzbuch (SGB) Elftes Buch (XI) – Soziale Pflegeversicherung.

13 Sozialgesetzbuch (SGB) Sechstes Buch (VI) – Gesetzliche Rentenversicherung.

14 Sozialgesetzbuch (SGB) Drittes Buch (III) – Arbeitsförderung.

15 Gemeinsames Rundschreiben GKV Spitzenverband, DRV Bund, Bundesagentur für Arbeit v. 13.04.2010, S. 11, zitiert nach: https://www.informationsportal.de/wp-content/uploads/document__1336__GR-Statusfeststellung-von-Erwerbstaetigen.

Das Vorliegen einer Beschäftigung ist zudem Anknüpfungspunkt für *Meldepflichten* und Aufzeichnungspflichten des Arbeitgebers (gem. §§ 28a, 28f SGB IV) sowie dessen Auskunfts- und Vorlagepflichten (gem. § 28o Abs. 2 SGB IV). Entsprechend dieser Auswirkungen auf verschiedene Zweige der Sozialversicherung ist die Beschäftigung im Sozialgesetzbuch Viertes Buch (Gemeinsame Vorschriften für die Sozialversicherung) geregelt, also „vor die Klammer gezogen". In § 7 Abs. 1 SGB IV[16] heißt es: „Beschäftigung ist die nichtselbstständige Arbeit, insbesondere in einem Arbeitsverhältnis. Anhaltspunkte für eine Beschäftigung sind eine Tätigkeit nach Weisungen und eine Eingliederung in die Arbeitsorganisation des Weisungsgebers."

Da die Beschäftigung in aller Regel Voraussetzung für die Versicherungs- und Beitragspflicht in der gesetzlichen Sozialversicherung ist, bedarf es in jedem Tätigkeitsverhältnis einer Statusbeurteilung, also einer Abgrenzung zwischen Beschäftigung und selbstständiger Tätigkeit durch den Unternehmer. Ist ein Auftraggeber der Auffassung, dass im konkreten Einzelfall keine Beschäftigung vorliegt, ist formal von ihm nichts zu veranlassen. Er braucht den Auftragnehmer weder zur Sozialversicherung melden, noch ist er (von wenigen Ausnahmen abgesehen) verpflichtet, ein Statusfeststellungsverfahren einzuleiten. Er trägt jedoch das Risiko, dass der Sachverhalt später bei einer Betriebsprüfung durch die Rentenversicherung abweichend bewertet wird.[17] Die Tragweite einer *falschen Beurteilung* des sozialversicherungsrechtlichen Status ist enorm und nicht selten existenzbedrohend für den Arbeitgeber. Denn dieser steht im Falle einer nachträglichen Feststellung einer Beschäftigung im Rahmen einer Betriebsprüfung nach § 28p SGB IV (siehe dazu unter VII.3.) in mehrfacher Hinsicht schlechter, als wenn er von Anfang an Beiträge zur Sozialversicherung abgeführt hät-

---

pdf (abgerufen am 23.10.2019). Ausnahme: der Antrag nach § 7a SGB IV wurde innerhalb eines Monats ab Aufnahme der Tätigkeit gestellt, der Versicherte stimmt einem späteren Beginn der Sozialversicherungspflicht zu und er ist für den Zeitraum bis zur Versicherungspflicht adäquat abgesichert.

16 Sozialgesetzbuch (SGB) Viertes Buch (IV) – Gemeinsame Vorschriften für die Sozialversicherung, im Folgenden abgekürzt: SGB IV.

17 Vgl. vertiefend: Gemeinsames Rundschreiben GKV Spitzenverband, DRV Bund, Bundesagentur für Arbeit v. 13.04.2010, S. 7, zitiert nach: https://www.informationsportal.de/wp-content/uploads/document__1336__GR-Statusfeststellung-von-Erwerbstaetigen.pdf (abgerufen am 23.10.2019).

te[18]. Zunächst hat er die Gesamtsozialversicherungsbeiträge nachzuzahlen, wobei er nicht nur Schuldner der Arbeitgeberanteile, sondern auch der *Arbeitnehmeranteile* ist. Den Arbeitnehmer kann er in aller Regel nicht auf den hälftigen Beitrag in Regress nehmen, denn nach § 28 g Satz 3 SGB IV darf ein unterbliebener Beitragsabzug vom Arbeitsentgelt grundsätzlich nur bei den drei nächsten Lohn- oder Gehaltszahlungen nachgeholt werden.

Sofern ein *illegales Beschäftigungsverhältnis* vorliegt (also eine zumindest bedingt vorsätzliche Falschbeurteilung) gilt gem. § 14 Abs. 2 Satz 2 SGB IV ein Nettoarbeitsentgelt als vereinbart. Dies bedeutet, dass die auf den Nettobetrag entfallende Lohn- und Kirchensteuer, der Solidaritätszuschlag sowie die Sozialversicherungsbeiträge des Arbeitnehmers auf ein Bruttogehalt hochzurechnen sind.[19] (siehe zum sog. Abtastverfahren die Ausführungen unter VII.3.d.)

Die Beiträge werden nach § 25 Abs. 1 Satz 1 SGB IV grundsätzlich vier Jahre rückwirkend erhoben, bei Vorsatz nach § 25 Abs. 2 Satz 2 SGB IV sogar 30 Jahre (vgl. zur Einrede der Verjährung die Ausführungen unter VII.2.d. und VII.3.g.). Zudem fallen auf schuldhaft nicht abgeführte Sozialversicherungsbeiträge nach § 24 Abs. 2 SGB IV Säumniszuschläge in Höhe von 12% pro Jahr an (siehe dazu unter VII.2.e. und VII.3.j.).

Ein unkalkulierbares Risiko kann für den Arbeitgeber bei falscher Statusbeurteilungen im *unfallversicherungsrechtlichen Regress* der Berufsgenossenschaft nach § 110 Abs. 1a SGB VII liegen. Denn bei einem Arbeitsunfall eines Beschäftigten, für den keine Meldung zur Unfallversicherung erfolgte, hat der Arbeitgeber dem Unfallversicherungsträger grundsätzlich sämtliche Aufwendungen zu ersetzen. Die Aufwendungen umfassen Heilbehandlung, Reha, Verletztengeld, Verletztenrente, berufliche Wiedereingliederung und Hinterbliebenenrenten.[20]

Zudem hat eine fehlerhafte Statusbeurteilung häufig auch *steuerrechtliche Folgen*. So führt die spätere Feststellung einer sozialversicherungspflichtigen Beschäftigung regelmäßig zur nachträglichen Inan-

18 Vgl. *Lanzinger/Nath*, NZS 2015, 210, 211.
19 Vgl. *Zieglmeier*, NJW 2015, 1914, 1916 m.w.N.
20 Vgl. *Mette*, NZS 2015, 721.

spruchnahme des Arbeitgebers seitens der Finanzverwaltung auf Entrichtung von Lohnsteuer.

Des Weiteren können auch *arbeitsrechtliche Folgen* eintreten. Zwar sind Beschäftigungsverhältnis und Arbeitsverhältnis nicht generell gleichzusetzen, die Bewertung erfolgt jedoch regelmäßig parallel (vgl. die Ausführungen unter II.5.). Durch das Bestehen eines Arbeitsvertrages zwischen dem Erwerbstätigen und dem Arbeitgeber sind das Kündigungsschutzgesetz, das Bundesurlaubsgesetz, das Entgeltfortzahlungsgesetz und eventuell bestehende Tarifverträge und Betriebsvereinbarungen anzuwenden, so dass bei falscher Beurteilung beispielsweise Ansprüche auf weiteren Lohn bzw. Urlaubsabgeltung bestehen.

In *strafrechtlicher Hinsicht* kann bei mindestens bedingtem Vorsatz das Vorenthalten und Veruntreuen von Arbeitsentgelt nach § 266a StGB mit Geldstrafe oder Freiheitsstrafe bis zu fünf Jahren geahndet werden, in besonders schweren Fällen mit Freiheitsstrafe bis zu zehn Jahren. Selbst wenn die Säumniszuschläge bei der strafrechtlichen Beurteilung unberücksichtigt bleiben, begründet die Höhe der hinterzogenen Beiträge häufig einen besonders schweren Fall[21]. Zur Berechnung des Schadens wird auf das *Abtastverfahren* zurückgegriffen, § 14 Abs. 2 Satz 2 SGB IV wird entsprechend angewandt[22] (vgl. hierzu die Ausführungen unter VII.3.d.). Durch diese Hochrechnung des ausgezahlten Nettolohnes auf einen fiktiven Bruttolohn steigert sich der strafbewehrte Hinterziehungsbetrag erheblich. Außerdem kommen wegen der Nichtabführung von Lohnsteuer und der fehlerhaften Geltendmachung von Umsatzsteuer als Vorsteuer auch Steuerstraftatbestände in Betracht. Ab einem Steuerschaden von 50.000 Euro liegt ein „großes Ausmaß“ der Steuerhinterziehung gem. § 370 Abs. 3 Satz 2 Nr. 3 AO vor[23]. Hinsichtlich der Strafzumessung wird regelmäßig ab einem sechsstelligen Hinterziehungsbetrag eine Freiheitsstrafe verhängt[24]. Bei Hinterziehungsbeträgen in Millionenhöhe wird die Freiheitsstrafe sogar grundsätzlich ohne Bewährung ausgesprochen, eine Bewährungsstrafe kommt dann nur noch bei Vorliegen besonders ge-

21 Vgl. *Zieglmeier*, NJW 2015, 1914, 1917.
22 Vgl. BGH, Urt. v. 02.12.2008 – 1 StR 416/08, zitiert nach beck-online.
23 Vgl. BGH, Urt. v. 02.12.2008 – 1 StR 416/08, zitiert nach beck-online.
24 s. BGH, Urt. v. 02.12.2008 – 1 StR 416/08, zitiert nach beck-online.

wichtiger Milderungsgründe in Betracht[25]. Auch hier ist bei der Berechnung der Hinterziehungsbeträge Schwarzlohn nicht als Brutto- sondern als Nettoarbeitsentgelt zu bewerten (s. zum Abtastverfahren VII.3.d.).

Darüber hinaus bestehen bei einer fehlerhaften Statusbeurteilung *persönliche Haftungsrisiken* der verantwortlichen Geschäftsführung nach § 823 Abs. 2 BGB i.V.m. § 266a StGB, es kommen Schadensersatzforderungen des Unternehmens gegenüber der Geschäftsleitung wegen Verletzung der Legalitätspflicht in Betracht und schließlich droht auch ein Eintrag in das seit Juni 2018 bestehende zentrale *Wettbewerbsregister* nach WRegG mit der Folge eines Ausschlusses des betroffenen Unternehmens von öffentlichen Aufträgen[26]. Ein Steuerberater, der mit der Abrechnung der Sozialversicherungsbeiträge beauftragt war und die sozialversicherungsrechtliche Beurteilung von Mitarbeitern der Mandantschaft unzutreffend vorgenommen hat, haftet gegebenenfalls nach § 280 BGB und muss mit Schadensersatzansprüchen rechnen[27].

Angesichts dieser erheblichen Risiken einer falschen Statusbeurteilung tun Unternehmer gut daran, ein *Compliance-System* für den Bereich des Sozialrechts zu schaffen. Großkonzerne richten zwar mit großem Aufwand Kontrollsysteme ein, dabei spielt jedoch die „Status-Compliance" bisher allenfalls eine Nebenrolle. Im Mittelstand fehlen funktionierende Compliance-Systeme nahezu flächendeckend. Die richtige Statuseinstufung und die entsprechende Abführung von Beiträgen gehört jedoch zu den Kernpflichten eines Arbeitgebers im deutschen Rechtssystem und somit zu den Zentralbereichen der Compliance.[28]

25 s. *Lembke*, NZA 2018, 393, 394.
26 s. *Uffmann*, NZA 2018, 265, 267.
27 Vgl. *Mette*, NZS 2015, 721.
28 Vgl. *Zieglmeier*, NJW 2015, 1914, 1917.

2. Die Bestimmung der „Beschäftigung" mittels der Rechtsfigur des Typus

Die Bestimmung der sozialversicherungspflichtigen „Beschäftigung" hat Rechtsprechung und Literatur in den letzten Jahrzehnten vielfach beschäftigt. Gerade im Graubereich zwischen Beschäftigung und Selbstständigkeit bestehen erhebliche Abgrenzungsschwierigkeiten und Rechtsunsicherheiten. Normativer Ausgangspunkt ist § 7 Abs. 1 SGB IV. Nach Satz 1 der Norm ist „Beschäftigung" die nichtselbstständige Arbeit, insbesondere in einem Arbeitsverhältnis. Nach Satz 2 der Norm sind „Anhaltspunkte" für eine Beschäftigung eine Tätigkeit nach *Weisungen* und eine *Eingliederung* in die Arbeitsorganisation des Weisungsgebers. Das Gesetz bedient sich nicht eines tatbestandlich kontrollierten Begriffs, der auf eine einfache Subsumtion hoffen ließe, sondern der *Rechtsfigur des Typus*[29].

Ein *Typus* steht im Gegensatz zum abstrakt-allgemeinen Begriff, der durch unverzichtbare Merkmale abschließend definiert ist und eine Anwendung mittels Subsumtion erlaubt[30]. Der Typus bedarf einer Konkretisierung und Beschreibung mittels typusbildender Kriterien[31]. Er ist zwar auch durch Merkmale bestimmt, aber nicht im Sinne einer Definition, sondern im Sinne einer Beschreibung[32]. Der Typus kann nur durch eine größere und unbestimmte Zahl von Abgrenzungskriterien beschrieben werden[33] Er ist in wertender Betrachtung auszufüllen[34] und entwicklungsoffen[35]. Die Beurteilung, ob eine „Beschäftigung" vorliegt, ist also nicht starr, sondern typologisch anhand von Indizien zu bewerten[36]. Eine Sozialversicherungspflicht liegt regelmäßig vor, wenn tatsächliche Verhältnisse festgestellt werden, die den für das Beschäftigungsverhältnis erforderlichen „typusbildenden Merkmalen" zugeordnet werden können[37]. Es ist nicht erforderlich, dass stets sämt-

29 Vgl. BVerfG, Beschl. v. 20.05.1996 – 1 BvR 21/96, zitiert nach juris.
30 Vgl. *Hase*, S. 199 f.
31 BVerfG, Beschl. v. 20.05.1996 – 1 BvR 21/96, zitiert nach juris.
32 Vgl. *Hase*, S. 199 f., 404.
33 s. *Mette*, NZS 2015, 721,723.
34 s. *Mecke*, SGb 2016, 481, 482
35 Vgl. *Schnapp*, NZS 2014, 41, 43.
36 Vgl. von Steinau-Steinbrück/Mühlenhoff, NJW-Spezial 2018, 114.
37 s. *Seifert*, in: Münchener Anwaltshandbuch Sozialrecht, § 5 Rn. 2.

liche als idealtypisch erkannten, d.h. den Typus kennzeichnenden Merkmale vorliegen. Diese können vielmehr in unterschiedlichem Maße und verschiedener Intensität gegeben sein. Je für sich genommen haben sie nur die Bedeutung von Anzeichen oder Indizien. Entscheidend ist jeweils ihre Verbindung, die Intensität und die Häufigkeit ihres Auftretens im konkreten Einzelfall. Maßgeblich ist das *Gesamtbild.*[38] Die Zuordnung einer Tätigkeit nach deren Gesamtbild entweder zum rechtlichen Typus der Beschäftigung oder zur selbstständigen Tätigkeit setzt voraus, dass alle nach Lage des Einzelfalls als Indizien in Betracht kommenden Umstände festgestellt, in ihrer Tragweite zutreffend erkannt und gewichtet, in die Gesamtschau mit diesem Gewicht eingestellt und nachvollziehbar, also den Gesetzen der Logik entsprechend und widerspruchsfrei gegeneinander abgewogen werden[39].

Das Bundesverfassungsgericht[40] hat entschieden, dass die gesetzliche Normierung der Beschäftigung dem *Bestimmtheitsgrundsatz* genügt[41]. Zwar sei bei der Auslegung und Anwendung insbesondere in den zahlreichen Zwischenstufen zwischen versicherter Beschäftigung und Selbstständigkeit eine eindeutige Vorhersehbarkeit des Ergebnisses ausgeschlossen, jedoch sei in diesem Zusammenhang die Rechtsfigur des Typus zulässig und sinnvoll. Es sei gerade der Verwendung der Rechtsfigur des Typus zu verdanken, dass die Vorschriften über Versicherungspflicht und Beitragspflicht trotz des Festhaltens an hergebrachten Begrifflichkeiten (etwa des Angestellten, Arbeiters, Arbeitsver-

38 Vgl. zur st. Rspr.: BSG, Urt. v. 31.10.1972 – 2 RU 186/69, BSGE 35, 20; BSG, Urt. v. 30.11.1978 – 12 RK 33/76, BSGE 47, 201; BVerfG, Beschl. v. 20.05.1996 – 1 BvR 21/96, zitiert nach juris; BSG, Urt. v. 10.08.2000 – B 12 KR 21/98 R, zitiert nach beck-online; BSG, Urt. v. 12.02.2004 – B 12 KR 26/02 R, zitiert nach beck-online; BSG, Urt. v. 22.06.2005 – B 12 KR 28/03 R, zitiert nach juris; BSG, Urt. v. 11.03.2009 – B12 KR 21/07 R, zitiert nach juris; BSG, Urt. v. 28.09.2011 – B 12 R 17/09 R, zitiert nach juris; LSG Niedersachsen-Bremen, Urt. v. 18.12.2013 – L 2 R 64/10, zitiert nach beck-online; LSG Nordrhein-Westfalen, Urt. v. 26.11.2014 – L 8 R 573/12, zitiert nach juris; BSG, Urt. v. 17.12.2014 – B 12 R 13/13 R, zitiert nach juris; BSG, Urt. v. 31.03.2017 – B 12 R 7/15 R, zitiert nach juris; vgl. auch *Hase*, S. 200, 404.

39 Vgl. BSG, Urt. v. 30.10.2013 – B 12 KR 17/11 R, zitiert nach juris; LSG Niedersachsen-Bremen, Urt. v. 18.12.2013 – L 2 R 64/10, zitiert nach beck-online; BSG, Urt. v. 17.12.2014 – B 12 R 13/13 R, zitiert nach juris; BSG, Urt. v. 11.11.2015 – B 12 KR 10/14 R, zitiert nach juris.

40 Künftig abgekürzt: BVerfG.

41 s. BVerfG, Beschl. v. 20.05.1996 – 1 BvR 21/96, zitiert nach juris.

hältnisses oder Beschäftigungsverhältnisses) in Verbindung mit einer sich stetig weiterentwickelnden Konkretisierung durch Rechtsprechung und Literatur über Jahrzehnte hinweg auch bei geänderten sozialen Strukturen ihren Regelungszweck erfüllen und insbesondere die Umgehung der Versicherungs- und Beitragspflicht zum Nachteil abhängig arbeitender Personen verhindern konnten.[42] Das Bundesverfassungsgericht führt aus, dass bei der Typusbildung zunächst vom Normalfall eines Beschäftigten auszugehend ist. Die Kenntnis dieses Typus setzt das Gesetz stillschweigend voraus; es übernimmt den Typus so, wie ihn der Gesetzgeber in der sozialen Wirklichkeit idealtypisch, d.h. im Normal- oder Durchschnittsfall, vorfindet.[43] Der Typus des Beschäftigten stammt ursprünglich aus der Arbeitswelt der Industriegesellschaft. Der traditionelle Begriff ist orientiert an industriellen Arbeitsbedingungen des 19. Jahrhunderts und stellt ab auf die persönliche Abhängigkeit durch Einordnung in eine fremde Betriebsorganisation und Unterordnung unter das Direktionsrecht des Arbeitgebers hinsichtlich Art, Zeit und Ort der Tätigkeit.[44]

Es war und ist im Wesentlichen Aufgabe der Rechtsprechung, den Begriff des Typus durch Auslegung und Schaffung von Abgrenzungskriterien zu konkretisieren[45]. Die Sozialgerichtsbarkeit hat dementsprechend im Laufe der Zeit diverse typusbildende Kriterien entwickelt, die für eine Beschäftigung oder selbstständige Tätigkeit sprechen. Dies erklärt das Vorliegen einer fast unüberschaubaren Vielzahl an Urteilen, in denen die Rechtsprechung Indizien, die für eine Beschäftigung oder aber für eine selbstständige Tätigkeit sprechen, benennt, wertet und gewichtet. Nach wie vor bereiten aber die Rand- und Übergangsbereiche mit zahlreichen Zwischenstufen Probleme[46]. Auf die bei der Statusbeurteilung maßgeblichen typusbildenden Kriterien sowie ihre Bewertung wird im Einzelnen im nächsten Kapitel (siehe unter III.) einzugehen sein.

42 s. BVerfG, Beschl. v. 20.05.1996 – 1 BvR 21/96, zitiert nach juris.

43 s. BVerfG, Beschl. v. 20.05.1996 – 1 BvR 21/96, zitiert nach juris.

44 Vgl. *Mette*, NZS 2015, 721,723.

45 Vgl. *Timme*, jM 2018, 68.

46 So auch: BVerfG, Beschl. v. 20.05.1996 – 1 BvR 21/96, zitiert nach juris.

3. Der Begriff der Scheinselbstständigkeit

Für die sozialversicherungsrechtliche Statusbeurteilung ist der Begriff der „Scheinselbstständigkeit“ nicht von näherer Relevanz. Denn es handelt sich nicht um einen eigenständigen sozialversicherungsrechtlichen Rechtsbegriff[47], sondern lediglich um den plakativ umschriebenen Umstand, dass tatsächlich eine sozialversicherungsrechtliche Beschäftigung vorliegt, obwohl die Beteiligten ihre Zusammenarbeit *formell* außerhalb eines Beschäftigungsverhältnisses abwickeln, also keine Meldung zur Sozialversicherung erfolgt. Die Scheinselbstständigkeit bedarf keiner eigenen Kategorisierung, sondern kann ausnahmslos mit dem Begriff „Beschäftigung“ bezeichnet werden. Die rechtliche Abgrenzung hat allein zwischen Beschäftigung und selbstständiger Tätigkeit zu erfolgen.

4. Der Begriff des Strohmannes

Auch der Begriff des Strohmannes ist für die sozialversicherungsrechtliche Statusbeurteilung nicht von großer Relevanz, da es sich nicht um einen eigenständigen sozialversicherungsrechtlichen Rechtsbegriff handelt, sondern lediglich um die Beschreibung besonderer Fallkonstellationen, in denen eine Statusentscheidung problematisch sein kann. Die rechtliche Beurteilung beruht allein auf der klassischen Statusprüfung, also auf der Abgrenzung zwischen Beschäftigung und selbstständiger Tätigkeit.

Als Strohmann wird gemeinhin jemand bezeichnet, der zwischen dem Auftraggeber und dem Erwerbstätigen steht. Der Strohmann ist scheinbar der Auftragnehmer, der die Ausführung des Auftrages aber seinerseits an den ausführenden Erwerbstätigen delegiert. Der Strohmann verdeckt durch seine Zwischenstellung, dass der Erwerbstätige bei genauer Betrachtung persönlich vom Auftraggeber abhängig ist. Es liegt nur scheinbar ein Auftrag zwischen dem Auftraggeber und dem Strohmann vor. Bei näherer Prüfung ergibt sich tatsächlich ein Be-

47 Vgl. *Segebrecht*, in: jurisPK-SGB IV, § 7 Abs. 1 Rn. 20.

schäftigungsverhältnis zwischen Erwerbstätigem und Auftraggeber.[48] Letzterer ist also sozialversicherungsrechtlich als Arbeitgeber anzusehen.

Unter den Begriff des Strohmannes werden zwei Fallgruppen gefasst. In der ersten Fallgruppe delegiert der Auftragnehmer (Strohmann) die Ausführung des Auftrages an einen oder mehrere *scheinbar selbstständige Subunternehmer*. Diese werden für den Auftraggeber des Strohmannes tätig und sind bei näherer Betrachtung nicht als selbstständig, sondern als persönlich abhängig von diesem anzusehen. Sie sind also bei dem Auftraggeber sozialversicherungspflichtig beschäftigt. Eine solche Konstellation lag beispielsweise dem Urteil des SG Oldenburg vom 31.12.2012[49] zugrunde. Die der deutschen Sprache nur wenig mächtige Klägerin war als Kükensortiererin (sog. Chicken-Sexer) tätig. Sie führte gleichzeitig mit diversen anderen Arbeitern/Arbeiterinnen in zwei verschiedenen Brütereien an Sortieranlagen Geschlechtsbestimmungen an Eintagsküken durch. Sie hatte eine UG gegründet und schrieb für ihre Tätigkeit Rechnungen im Namen der UG. Die UG war nicht auf ihre eigene Initiative hin gegründet worden, sondern der UG-Vertrag war ihr fertig vorbereitet zur Unterschrift vorgelegt worden. Sie erhielt ihre Aufträge von einem Gruppenführer. Arbeitsutensilien und Hygienekleidung wurden in den Brütereien gestellt und die Arbeit der Klägerin war in einen komplexen Produktionsablauf eingebettet. Arbeitsbeginn und -ende wurden vorgegeben. Die Klägerin erhielt den gleichen Stückpreis wie alle anderen Kükensortierer/innen und durfte nach der Vertragslage nicht für weitere Auftraggeber tätig sein. Die Rentenversicherung hatte der Klägerin die Befreiung von der Rentenversicherungspflicht als Selbstständige versagt, weil sie die Klägerin für abhängig tätig hielt, also als sozialversicherungspflichtig beschäftigt ansah. Das Sozialgericht schloss sich dieser Auffassung an.

In der zweiten Fallgruppe delegiert der Auftragnehmer (Strohmann) die Ausführung des Auftrages an einen oder mehrere *scheinbar eigene Arbeitnehmer*. Die Arbeitnehmer sind förmlich beim Strohmann angestellt, werden aber für den Auftraggeber des Strohmannes

48 Ein Strohmannkonstrukt wird teilweise als „Scheinwerkvertrag“ bezeichnet, siehe etwa *Zieglmeier*, NJW 2015, 1914, 1915.

49 Az.: S 81 R 580/11, zitiert nach juris.

tätig und sind tatsächlich persönlich abhängig von diesem. Die Erwerbstätigen sind daher sozialversicherungspflichtig beschäftigt bei dem Auftraggeber (und nicht etwa bei dem Strohmann). Bei dieser zweiten Fallgruppe liegt eine *verdeckte Arbeitnehmerüberlassung* vor. Nach § 1 Abs. 1 Satz 2 AÜG[50] ist eine Arbeitnehmerüberlassung anzunehmen, wenn ein Arbeitnehmer in die Arbeitsorganisation des Entleihers eingegliedert ist und seinen Weisungen unterliegt. Die Arbeitgeberstellung ist bei der Arbeitnehmerüberlassung „aufgespalten": Der Verleiher ist der Vertragsarbeitgeber im arbeitsvertraglich geprägten Grundverhältnis, der Entleiher ist der nichtvertragliche „Betriebsarbeitgeber" im von der Erbringung der weisungsabhängigen Arbeitsleistung geprägten „Erfüllungsverhältnis"[51]. Nach § 1 Abs. 1 Satz 1 AÜG bedürfen Arbeitgeber einer Erlaubnis, wenn sie als Verleiher Dritten (Entleihern) ihre Arbeitnehmer (Leiharbeitnehmer) im Rahmen ihrer wirtschaftlichen Tätigkeit zur Arbeitsleistung überlassen wollen (Arbeitnehmerüberlassung). Zudem haben nach § 1 Abs. 1 Satz 5 AÜG Verleiher und Entleiher die Überlassung von Leiharbeitnehmern in ihrem Vertrag ausdrücklich als Arbeitnehmerüberlassung zu bezeichnen, bevor sie den Leiharbeitnehmer überlassen oder tätig werden lassen (Verbot der verdeckten Arbeitnehmerüberlassung). Sollten die erforderliche Genehmigung oder die ausdrückliche Bezeichnung nicht vorliegen, so ist der Vertrag zwischen Verleiher und Entleiher gem. § 9 Abs. 1 Nr. 1 und 2 AÜG unwirksam. Als Rechtsfolge gilt nach § 10 AÜG ein Arbeitsverhältnis zwischen dem Entleiher und Leiharbeitnehmer als zustande gekommen. Betroffene Arbeitnehmer haben gegenüber dem Entleiher einen Anspruch auf Zahlung des Differenzbetrags zwischen der erhaltenen Vergütung und der Vergütung, die beim Entleiherbetrieb ein vergleichbarer Arbeitnehmer erhält (equal pay).[52] Alle sozialversicherungsrechtlichen Arbeitgeberpflichten liegen bei dem illegalen Entleiher, daher ist dieser auch Adressat des Betriebsprüfungsbescheides[53]. Der illegale Verleiher haftet jedoch gesamtschuldnerisch mit dem Entleiher für den während des Beschäftigungszeitraums entstandenen Gesamtsozialversicherungsbeitrag nebst

50 Arbeitnehmerüberlassungsgesetz.
51 Vgl. *Lembke*, NZA 2018, 393, 395.
52 s. *Zieglmeier*, NJW 2015, 1914, 1915.
53 Vgl. *Diepenbrock*, NZS 2016, 127, 129.

Säumniszuschlägen. Zudem können ein Straftatbestand gem. § 15 AÜG oder Ordnungswidrigkeiten nach § 16 AÜG erfüllt sein.

In der Praxis kann eine Nachforderung von Beiträgen zur Sozialversicherung aufgrund abweichender Statusbeurteilung im Rahmen einer späteren Betriebsprüfung lediglich dadurch sicher verhindert werden, dass entweder der Arbeitskräftebedarf durch das Einsatzunternehmen mittels Anstellung von Arbeitnehmern im Rahmen eines Arbeitsverhältnisses[54] gedeckt wird, oder bei Zweifeln ein Statusfeststellungsverfahren durchgeführt wird (siehe dazu unter VII.1.).

5. Das Verhältnis der sozialversicherungspflichtigen Beschäftigung zum Arbeitnehmerbegriff im Arbeitsrecht

In den meisten Fällen wird die Beurteilung, ob aus arbeitsrechtlicher Sicht ein Arbeitsverhältnis vorliegt, parallel zu der Bewertung liegen, ob aus sozialrechtlicher Sicht eine versicherungspflichtige Beschäftigung vorliegt. In Randbereichen jedoch kann eine Beschäftigung vorliegen, obwohl kein Arbeitsvertrag zustande gekommen ist.

§ 7 Abs. 1 Satz 1 SGB IV klärt die Beziehungen einer sozialversicherungspflichtigen Beschäftigung zum Arbeitsvertrag im Arbeitsrecht in zweifacher Weise: Zum einen wird klargestellt, dass bei Bestehen eines Arbeitsverhältnisses stets auch eine sozialversicherungspflichtige Beschäftigung vorliegt, zum anderen wird die Eigenständigkeit gegenüber dem Arbeitsrecht dadurch bewirkt, dass auch ohne das Vorliegen eines Arbeitsverhältnisses eine Beschäftigung im Sinne des Sozialversicherungsrechts möglich ist. Die arbeitsrechtliche Beurteilung, ob ein Arbeitsvertrag vorliegt, ist nach dem Gesetzeswortlaut zu unterscheiden von der sozialversicherungsrechtlichen Beurteilung, ob eine Beschäftigung vorliegt[55] und andersherum folgen aus dem Vorliegen einer Beschäftigung im Sinne des Sozialversicherungsrechts noch nicht zwingend arbeitsrechtlichen Pflichten zwischen Arbeitnehmer und Ar-

54 Vgl. *Lembke*, NZA 2018, 393, 403.

55 Auch nach der Gesetzesbegründung kommt es für den Beschäftigtenbegriff nicht darauf an, ob ein wirksamer Arbeitsvertrag geschlossen wurde. S. BT-Drucks 7/4122, S. 31 zu § 7 SGB IV, Entwurf eines Sozialgesetzbuchs v. 08.10.1975, zitiert nach: http://dipbt.bundestag.de/doc/btd/07/041/0704122.pdf.

beitgeber. Es ist ständige Rechtsprechung des BSG, dass die Beurteilung des sozialverspflichtigen Status, also die Frage, ob eine Beschäftigung oder eine Selbstständigkeit vorliegt, sich allein nach sozialversicherungsrechtlichen Vorschriften richtet, nicht nach Arbeitsrecht[56]. Es bestehe kein vollständiger Gleichklang des arbeitsrechtlichen Arbeitnehmerbegriff mit der Beschäftigung, im Arbeitsrecht werde der privatautonomen Entscheidung der Vertragsparteien eine höhere Bedeutung beigemessen[57]. Gleichwohl kommt es in der Praxis regelmäßig zu parallelen Ergebnissen. Denn das Arbeitsverhältnis ist der Regelfall und das Leitbild der Beschäftigung[58]. Als Beispiel der unterschiedlichen Behandlung kann der Geschäftsführer einer GmbH genannt werden. Als Organ einer GmbH ist er nach § 5 Abs. 1 Satz 3 Arbeitsgerichtsgesetz (ArbGG) kein Arbeitnehmer. Dementsprechend wird der Anstellungsvertrag eines Fremdgeschäftsführers einer GmbH als „freier Dienstvertrag“ qualifiziert und nicht als Arbeitsverhältnis[59]. Diese Regelung beschränkt sich in der Wirkung jedoch auf das Arbeitsrecht[60]. Von der Sozialgerichtsbarkeit werden GmbH-Geschäftsführer regelmäßig als Beschäftigte angesehen, wenn sie nicht über die Mehrheit der Gesellschaftsanteile verfügen. (vgl. die Ausführungen unter V.)

Sowohl im Arbeitsrecht als auch im Sozialrecht erfolgt im Rahmen der rechtlichen Beurteilung des Status eine Gesamtbetrachtung der Erwerbstätigkeit unter Einbeziehung der schriftlichen Vertragslage, mündlicher Vereinbarungen und faktischer Aspekte. Nach § 611a Abs. 1 Satz 1 BGB wird der Arbeitnehmer durch den Arbeitsvertrag im Dienste eines anderen zur Leistung weisungsgebundener, fremdbestimmter Arbeit in persönlicher Abhängigkeit verpflichtet. Das Weisungsrecht kann nach Satz 2 dieser Norm Inhalt, Durchführung, Zeit und Ort der Tätigkeit betreffen. Weisungsgebunden ist nach § 611a Abs. 1 Satz 3 BGB, wer seine Tätigkeit und Arbeitszeit nicht im Wesentlichen frei gestalten kann. Für die Feststellung, ob ein Arbeitsver-

56 Vgl. BSG, Urt. v. 28.08.1961 – 3 RK 57/57, BSGE 15, 65, 68 f.; BSG, Urt. v. 31.07.1963 – 3 RK 46/59, BSGE 19, 265, 267; BSG, Urt. v. 30.07.1981 – 8–8 a RU 48/80, BSGE 52, 76, 78; BSG, Urt. v. 04.06.2019 – B 12 R 10/18 R, zitiert nach juris.

57 s. BSG, Urt. v. 04.06.2019 – B 12 R 10/18 R, zitiert nach juris.

58 Vgl. *Mecke*, SGb 2016, 481, 482.

59 Vgl. BGH, Urt. v. 10.05.2010 – II ZR 70/09, zitiert nach juris; *Schneider/Hohenstatt*, in: Scholz, GmbHG II, § 35, Rn. 261, 266 m.w.N.

60 Vgl. BSG, Urt. v. 18.12.2001 – B 12 KR 10/01 R, zitiert nach juris.

trag vorliegt, ist nach § 611a Abs. 1 Satz 5 BGB (ebenso wie im Sozialrecht für die Beurteilung, ob eine Beschäftigung vorliegt) eine Gesamtbetrachtung aller Umstände vorzunehmen. Maßgebliche Abgrenzungskriterien sind also (ebenso wie im Sozialrecht) die *Eingliederung* in die Organisation des Arbeitgebers und die *Weisungsgebundenheit*[61].

Der maßgebliche Unterschied zwischen der Statusfeststellung eines Beschäftigten im Sozialversicherungsrecht und der Statusfeststellung eines Arbeitnehmers im Arbeitsrecht ist, dass das Sozialrecht *keine Zwischenformen* zulässt. Eine Beschäftigung liegt entweder vor – oder sie liegt nicht vor. Diese klare Zuordnung ist notwendig, da die Versicherungspflicht in der gesetzlichen Sozialversicherung entweder besteht oder nicht besteht. Im Arbeitsrecht hingegen werden Zwischenformen wie arbeitnehmerähnliche Personen oder faktische Arbeitsverhältnisse anerkannt, dies kann zu einer nur teilweisen oder zeitlich begrenzten Anwendbarkeit des Arbeitsrechts führen. Diese arbeitsrechtlichen Zwischenformen werden im Sozialrecht der Beschäftigung zugeordnet. Der Beschäftigtenbegriff ist also weiter als der Arbeitnehmerbegriff und umfasst nicht nur Arbeitnehmer, sondern auch Auszubildende und arbeitnehmerähnliche Personen sowie in Heimarbeit Beschäftigte und ihnen Gleichgestellte sowie Freiwilligendienstleistende und die in Werkstätten für behinderte Menschen (WfbM) Tätigen (wenn sie formell nicht in einem Arbeitsverhältnis stehen[62]). Grundsätzlich sind auch Beamte, Richter und Soldaten als beschäftigt im Sinne des Sozialrechts anzusehen (wenn auch im zweiten Schritt Versicherungsfreiheit z.B. in der Rentenversicherung nach § 5 Nr. 1 SGB VI und in der Krankenversicherung nach § 6 Abs. 1 Nr. 2 SGB V vorgesehen ist).[63]

Auch bei einem unwirksamen Arbeitsvertrag kann eine Beschäftigung im Sinne der Sozialversicherung angenommen werden. Dies ist

61 s. LAG Hessen, Urteil vom 14.01.2013 – 16 Sa 1213/12, zitiert nach juris; *Lembke*, NZA 2018, 393, 394.

62 So führt das LAG Baden-Württemberg im Urt. v. 26.01.2009 (Az. 9 Sa 60/08, zitiert nach juris) aus, dass ein Arbeitsverhältnis erst dann vorliege, wenn der Hauptzweck der Beschäftigung das Erbringen wirtschaftlich verwertbarer Leistungen ist und nicht der Zweck des § 136 Abs. 1 Nr. 1 SGB IX (die Ermöglichung einer angemessenen Beschäftigung in einer Werkstatt für behinderte Menschen).

63 Vgl. *Uffmann*, NZA-Beilage 2016, 5.

beispielsweise bei einem sittenwidrigen[64] oder nichtigen Arbeitsvertrag[65] oder unter bestimmten Voraussetzungen bei einer ehrenamtlichen Tätigkeit (siehe hierzu unter IV.) der Fall. Auch wenn ein Arbeitsvertrag aufgrund von Willensmängeln nicht zustande gekommen ist, kann gleichwohl sozialversicherungsrechtlich ein Beschäftigungsverhältnis vorliegen[66]. Die zivilrechtliche Fehlerhaftigkeit des Arbeitsvertrages steht der Begründung eines versicherungs- und beitragspflichtigen Beschäftigungsverhältnisses also nicht entgegen[67]. Dadurch, dass eine Beschäftigung auch ohne ein wirksames Arbeitsverhältnis vorliegen kann, ist die sozialrechtliche Beurteilung unabhängig von der Frage eines faktischen Arbeitsverhältnisses oder einer arbeitnehmerähnlichen Person. Im Arbeitsrecht hingegen wird bei Fehlerhaftigkeit des Arbeitsvertrages (bspw. bei Sittenwidrigkeit, Verstoß gegen ein gesetzliches Verbot, Anfechtung, Geschäftsunfähigkeit, Formmangel) für die Vergangenheit ein *faktisches Arbeitsverhältnis* angenommen, das nicht rückwirkend beseitigt werden kann, sondern für die Vergangenheit so behandelt wird, als sei es fehlerfrei entstanden. Dem Arbeitnehmer stehen daher für die bereits geleistete Arbeit gegen den Arbeitgeber grundsätzlich die Ansprüche zu, die er gegen ihn im Falle der Gültigkeit des Arbeitsvertrages gehabt hätte[68]. Zudem kennt das Arbeitsrecht neben Angestellten und Selbstständigen als dritte Kategorie *arbeitnehmerähnliche Personen*, denen besondere Schutzrechte verliehen werden. Im Sozialrecht besteht demgegenüber keine dritte Kategorie, die Statusabgrenzung erfolgt lediglich zwischen Beschäfti-

64 s. BSG, Urt. v. 30.10.2013 – B 12 KR 17/11 R, zitiert nach juris (telefonische Gesprächspartnerin).

65 Vgl. BSG, Urt. v. 10.08.2000 – B 12 KR 21/98 R, zitiert nach beck-online (Telefonsex); *Felix*, NZS 2002, 225 ff.; *Dankelmann*, in: Eichenhofer/Wenner, § 7 Rn. 48 m.w.N. Durch das Prostitutionsgesetz vom 20.12.2001 sind Prostituierte ausdrücklich in den Schutz der gesetzlichen Sozialversicherung einbezogen worden.

66 Vgl. *Diepenbrock*, NZS 2016, 127, 128.

67 s. BSG, Urt. v. 10.08.2000 – B 12 KR 21/98 R, zitiert nach beck-online, das insbesondere mit dem Schutzzweck des Sozialversicherungsrechts argumentiert. Aus dem Gesetz ergebe sich kein Ausschluss zivilrechtlich fehlerhafter Beschäftigungsverhältnisse. Zudem würden die entsprechenden Wirtschaftszweige gefördert, wenn sie von der Beitragslast frei blieben, es entstünden dadurch gegenüber beitragspflichtigen Unternehmen Wettbewerbsvorteile.

68 s. BAG, Urt. v. 19.06.1959 – 1 AZR 565/57, zitiert nach beck-online.

gung und Selbstständigkeit.[69] Eine sozialversicherungspflichtige Beschäftigung liegt auch bei arbeitnehmerähnlichen Personen vor[70].

Zuletzt kann es in der Rechtsprechung der Arbeitsgerichtsbarkeit und der Sozialgerichtsbarkeit auch deshalb zu unterschiedlichen Statusbeurteilungen kommen, weil sowohl die Beschäftigung als auch das Arbeitsverhältnis aufgrund einer wertenden Gesamtwürdigung aller Aspekte festgestellt werden. Bei solchen Bewertungen kann es zu unterschiedlicher Schwerpunktsetzung kommen. So ist beispielsweise in der arbeitsrechtlichen Rechtsprechung anerkannt, dass die Tätigkeit eines *Facharztes in einem Krankenhaus* grundsätzlich auch selbstständig auf Honorarbasis erbracht werden kann[71]. Von der Sozialgerichtsbarkeit wird hingegen bei Krankenhausärzten regelmäßig ein Beschäftigungsverhältnis angenommen[72], auch wenn diese als Honorarärzte bezeichnet werden[73]. Das BSG führt aus, der Versorgungsauftrag von Krankenhäusern, Vorschriften zur Qualitätssicherung im Krankenhaus und zum Patientenschutz sowie das Abrechnungswesen für Krankenhäuser würden im Regelfall die Eingliederung ärztlichen Krankenhauspersonals in die Organisations- und Weisungsstruktur des Kran-

---

69 vgl. *Mette*, NZS 2015, 721.

70 s. BT-Drucks 7/4122, S. 31 zu § 7 SGB IV, Entwurf eines Sozialgesetzbuchs v. 08.10.1975, zitiert nach: http://dipbt.bundestag.de/doc/btd/07/041/0704122.pdf.

71 Vgl. LAG Thüringen 29.04.2010 – 1 Ta 29/10, zitiert nach juris; LAG Hamm 07.02.2011 – 2 Ta 505/10, zitiert nach juris; vgl. ferner: *Uffmann*, ZFA 2012, 1.

72 Vgl.: LSG Nordrhein-Westfalen, Urt. v. 30.09.2015 – L 8 R 584/11, zitiert nach juris; LSG Niedersachsen-Bremen, Urt. v. 16.12.2015 – L 2 R 516/14; LSG Baden-Württemberg, Urt. v. 27.04.2016 – L 5 R 852/14, zitiert nach juris; LSG Schleswig-Holstein, Beschl. v. 22.11.2016 – L 5 KR 176/16 B ER, zitiert nach juris; LSG Nordrhein-Westfalen, Urt. v. 08.02.2017 – L 8 R 850/14, zitiert nach juris; LSG Niedersachsen-Bremen, 05.04.2017 – L 2 R 385/16, zitiert nach juris; LSG Berlin-Brandenburg, Urt. v. 07.07.2017 – L 1 KR 101/14, zitiert nach juris; LSG Hessen, Urt. v. 10.08.2017 – L 1 KR 394/15 zitiert nach juris; LSG Niedersachsen-Bremen, Urt. v. 26.10.2017 – L 1 R 511/14, zitiert nach juris; LSG Berlin-Brandenburg, Urt. v. 18.01.2018 – L 1 KR 441/15, zitiert nach juris; LSG Nordrhein-Westfalen, Urt. v. 16.05.2018 – L 8 R 233/15, zitiert nach juris; *Diepenbrock*, NZS 2016, 127, 130 f. Deutlich nun auch: BSG, Urt. v. 04.06.2019 – B 12 R 10/18 R, zitiert nach juris; zusammengefasst im Terminbericht zu den Entscheidungen des BSG vom 04.06.2019, Aktenzeichen: B 12 R 11/18 R, B 12 KR 10/18 R, B 12 R 2/18 R, B 12 R 3/18 R, B 12 R 10/18 R, B 12 R 12/18 R, B 12 R 13/18 R, B 12 R 14/18 R, B 12 R 20/18 R, B 12 KR 14/18 R, B 12 R 22/18 R, B 12 R 23/18 R, B 12 R 5/19 R, zitiert nach juris.

73 BSG, Urt. v. 04.06.2019 – B 12 R 10/18 R, zitiert nach juris.

kenhauses mit sich bringen. Für eine nur ausnahmsweise in Betracht zu ziehende Selbstständigkeit müssten gewichtige Indizien bestehen. Dass Ärzte grundsätzlich frei und eigenverantwortlich handeln, lasse nicht ohne Weiteres auf eine selbstständige Tätigkeit schließen. Für eine Beschäftigung spreche die Erbringung einer vom Krankenhaus geschuldeten (Teil-)Leistung innerhalb der vorgegebenen Organisationsabläufe, die Nutzung der Einrichtungen und Betriebsmittel des Krankenhauses und die arbeitsteilige Zusammenarbeit mit dem ärztlichen und pflegerischen Krankenhauspersonal in vorgegebenen Strukturen. Für eine Beschäftigung spreche auch, wenn Anweisungen und Vorgaben der Chefärzte einzuhalten seien und die bei der Untersuchung oder Behandlung erhobenen Befunde und Protokolle, die Dokumentation der Aufklärung sowie die sich daraus ergebenden Beurteilungen dem zuständigen leitenden Abteilungsarzt zur Aufnahme in die Krankengeschichte zur Verfügung zu stellen seien. Auch spreche für eine Beschäftigung, wenn der Honorararzt – nicht anders als beim Krankenhaus angestellte Krankenhausärzte – seine Arbeitskraft einsetzt und dabei – verglichen mit angestellten Krankenhausärzten – keine ins Gewicht fallenden Freiheiten hinsichtlich Gestaltung und Umfang der Arbeitsleistung innerhalb des einzelnen Dienstes hat und keine eigenen Patienten behandelt, sondern die des Krankenhauses. Ein etwaiger Fachkräftemangel im Gesundheitswesen sei bei der gebotenen Gesamtabwägung nicht zu berücksichtigen.[74] Bei einem Belegarzt hingegen, der einige Betten in einem Krankenhaus mit *eigenen* Patienten belegen darf, dürfte in der Regel nicht von einer persönlichen Abhängigkeit, sondern von einer selbstständigen Tätigkeit auszugehen sein. Höchstrichterliche Rechtsprechung hierzu fehlt in der Sozialgerichtsbarkeit bisher.

74 Vgl. BSG, Urt. v. 04.06.2019 – B 12 R 10/18 R, zitiert nach juris; Terminbericht zu den Entscheidungen des BSG vom 04.06.2019, Aktenzeichen: B 12 R 11/18 R, B 12 KR 10/18 R, B 12 R 2/18 R, B 12 R 3/18 R, B 12 R 10/18 R, B 12 R 12/18 R, B 12 R 13/18 R, B 12 R 14/18 R, B 12 R 20/18 R, B 12 KR 14/18 R, B 12 R 22/18 R, B 12 R 23/18 R, B 12 R 5/19 R, zitiert nach juris.

III. Die Statusbeurteilung anhand typusbildender Kriterien

Das Vorliegen einer sozialversicherungspflichtigen Beschäftigung setzt voraus, dass der Erwerbstätige nach dem Gesamtbild der Tätigkeit vom Arbeitgeber *persönlich abhängig* ist[75]. Nicht maßgeblich ist hingegen das Bestehen einer wirtschaftlichen Abhängigkeit[76]. Die Statusbeurteilung erfolgt bei wertender Gesamtbetrachtung typologisch mittels Indizien (siehe hierzu oben unter II.2). Zur Abgrenzung ist eine Vielzahl typusbildender Kriterien entwickelt worden (siehe unter III.). Der Status hängt davon ab, welche Merkmale im konkreten Tätigkeitsverhältnis überwiegen[77]. Maßgeblich ist das *Gesamtbild* der Tätigkeit[78].

---

75 s. beispielsweise: BSG, Urt. v. 31.10.1972 – 2 RU 186/69, BSGE 35, 20; BSG, Urt. v. 10.08.2000 – B 12 KR 21/98 R, zitiert nach beck-online; BSG, Urt. v. 18.12.2001 – B 12 KR 10/01 R, zitiert nach juris; BSG, Urt. v. 12.02.2004 – B 12 KR 26/02 R, zitiert nach beck-online, BSG, Urt. v. 11.03.2009 – B 12 KR 21/07 R, zitiert nach juris; BSG, Urt. v. 28.09.2011 – B 12 R 17/09 R, zitiert nach juris; BSG, Urt. v. 30.10.2013 – B 12 KR 17/11 R, zitiert nach juris; BSG, Urt. v. 17.12.2014 – B 12 R 13/13 R, zitiert nach juris; LSG Berlin-Brandenburg, Urt. v. 18.01.2018 – L 1 KR 441/15, zitiert nach juris; BSG, Urt. v. 14.03.2018 – B 12 KR 13/17 R, zitiert nach juris; BSG, Urt. v. 04.06.2019 – B 12 R 10/18 R, zitiert nach juris.

76 BSG, Urt. v. 04.06.2019 – B 12 R 10/18 R, zitiert nach juris; s. auch: *Ruland*, NZS 2019, 681, 684 m.w.N.

77 Vgl. ständige Rechtsprechung: BSG, Urt. v. 30.11.1978 – 12 RK 33/76, BSGE 47, 201; BSG, Urt. v. 10.08.2000 – B 12 KR 21/98 R, zitiert nach beck-online; BSG, Urt. v. 25.01.2001 – B 12 KR 17/00 R, zitiert nach juris; BSG, Urt. v. 12.02.2004 – B 12 KR 26/02 R, zitiert nach beck-online; BSG, Urt. v. 22.06.2005 – B 12 KR 28/03 R, zitiert nach juris; BSG, Urt. v. 24.01.2007 – B 12 KR 31/06 R, zitiert nach juris; BSG, Urt. v. 11.03.2009 – B 12 KR 21/07 R, zitiert nach juris; BSG, Urt. v. 28.09.2011 – B 12 R 17/09 R, zitiert nach juris; LSG Nordrhein-Westfalen, Urt. v. 26.11.2014 – L 8 R 573/12, zitiert nach juris; LSG Berlin-Brandenburg, Urt. v. 18.01.2018 – L 1 KR 441/15, zitiert nach juris; BSG, Urt. v. 14.03.2018 – B 12 KR 13/17 R, zitiert nach juris.

78 Vgl. st. Rspr.: BSG, Urt. v. 31.10.1972 – 2 RU 186/69, BSGE 35, 20; BSG, Urt. v. 30.11.1978 – 12 RK 33/76, BSGE 47, 201; BVerfG, Beschl. v. 20.05.1996 – 1 BvR 21/96, zitiert nach juris; BSG, Urt. v. 10.08.2000 – B 12 KR 21/98 R, zitiert nach

Das Berufsbild ist dabei nicht von Bedeutung, insbesondere gibt es keine Vermutung, dass bestimmte Berufe in der Regel in abhängiger Beschäftigung ausgeübt werden[79].

Die Statusbeurteilung ist stets eine Einzelfallentscheidung[80]. Der Status kann folglich nicht für ein Berufsbild im Allgemeinen, sondern immer nur in Bezug auf ein *konkretes Tätigkeitsverhältnis* beurteilt werden[81]. Viele Tätigkeiten können theoretisch sowohl im Rahmen einer Beschäftigung als auch im Rahmen einer selbstständigen Tätigkeit ausgeübt werden. Sollte der Auftragnehmer/Arbeitnehmer für mehrere Auftraggeber/Arbeitgeber tätig sein, ist jede einzelne Arbeitsbeziehung gesondert zu prüfen. Die Ergebnisse dieser Prüfungen haben keinen direkten wechselseitigen Einfluss aufeinander. Es ist durchaus möglich, dass der Erwerbstätige gegenüber einem seiner Arbeit-/Auftraggeber in einem Beschäftigungsverhältnis steht, in seiner Tätigkeit für einen anderen aber selbstständig ist. Auch ist es möglich, dass eine Person zeitgleich in mehreren Beschäftigungsverhältnissen steht.[82] In der Regel wird bei einer Beschäftigung eine tatsächliche Arbeitsleistung vorliegen, dies ist jedoch nicht zwingend. Ausnahmsweise kann auch ohne tatsächliche Arbeitsleistung eine versicherungspflichtige Beschäftigung vorliegen, etwa bei *Freistellung* eines Arbeitnehmers.

Bei der Prüfung des sozialversicherungsrechtlichen Status sind zunächst die typusbildenden Kriterien, die im konkreten Tätigkeitsverhältnis für und gegen eine Beschäftigung oder Selbstständigkeit sprechen, festzustellen. Hierfür hat eine sorgfältige *Sachverhaltsaufklärung*

---

beck-online; BSG, Urt. v. 12.02.2004 – B 12 KR 26/02 R, zitiert nach beck-online; BSG, Urt. v. 22.06.2005 – B 12 KR 28/03 R, zitiert nach juris; BSG, Urt. v. 11.03.2009 – B 12 KR 21/07 R, zitiert nach juris; BSG, Urt. v. 28.09.2011 – B 12 R 17/09 R, zitiert nach juris; LSG Niedersachsen-Bremen, Urt. v. 18.12.2013 – L 2 R 64/10, zitiert nach beck-online; LSG Nordrhein-Westfalen, Urt. v. 26.11.2014 – L 8 R 573/12, zitiert nach juris; BSG, Urt. v. 17.12.2014 – B 12 R 13/13 R, zitiert nach juris; BSG, Urt. v. 31.03.2017 – B 12 R 7/15 R, zitiert nach juris; BSG, Urt. v. 04.06.2019 – B 12 R 10/18 R, zitiert nach juris.

79 Vgl. LSG Baden-Württemberg, Urt. v. 08.08.2019 – L 7 BA 3027/18, zitiert nach juris.

80 s. BSG, Urt. v. 28.09.2011 – B 12 R 17/09 R, zitiert nach juris.

81 s. LSG Niedersachsen-Bremen, Urt. v. 28.02.2018 – L 2 R 258/17, zitiert nach juris; BSG, Urt. v. 04.06.2019 – B 12 R 10/18 R, zitiert nach juris.

82 Vgl. *Mette*, NZS 2015, 721, 725.

zu erfolgen. Sodann sind die Merkmale qualitativ zu gewichten.[83] Zuletzt sind die relevanten Kriterien mit diesem Gewicht in die *Gesamtschau* einzustellen und nachvollziehbar, das heißt den Gesetzen der Logik entsprechend und widerspruchsfrei gegeneinander *abzuwägen*[84]. Vielfach kann der Status schnell festgestellt werden: sollte ein Arbeitsverhältnis im Sinne des Arbeitsrechts vorliegen, so ist nach § 7 Abs. 1 Satz 1 SGB IV von vornherein eine Beschäftigung im Sinne des Sozialversicherungsrechts anzunehmen. Auf der anderen Seite gibt es ebenso eindeutige Fälle von Selbstständigkeit, etwa wenn der Auftragnehmer die Arbeit unter Einsatz eigenen Personals ohne größere Überwachung und Einflussnahme durch den Auftraggeber eigenverantwortlich durchführt und der Auftrag eine für den Auftraggeber unternehmensfremde Tätigkeit zum Gegenstand hat, der Auftraggeber sich also durch den Auftrag externen Sachverstand „einkauft". Beispielhaft sei die Beauftragung eines Handwerksbetriebs mit der Reparatur von Produktionsgebäuden, die Beauftragung eines Steuerberaterbüros mit dem Jahresabschluss oder die Beauftragung einer Rechtsanwaltskanzlei mit einer Prozessführung genannt.

Im *Grenzbereich* zwischen selbstständiger Tätigkeit und Beschäftigung ergeben sich hingegen diverse Schwierigkeiten in der rechtlichen Bewertung, denn hier können sowohl Merkmale eruiert werden, die für eine selbstständige/unternehmerische Arbeit sprechen, als auch solche, die für eine Beschäftigung sprechen. Beispielsweise treten Abgrenzungsprobleme auf, wenn einerseits von den Beteiligten ein schriftlicher Vertrag über die freie Mitarbeit geschlossen wurde, der Erwerbstätige vertraglich keine Lohnfortzahlung bei Krankheit und Urlaub erhält und er die Möglichkeit hat, Aufträge anderer Auftraggeber anzunehmen, der Erwerbstätige aber andererseits regelmäßig nur für einen Auftraggeber arbeitet, keine unternehmensfremde Arbeit leistet sondern im Kernbereich des Unternehmens tätig wird und nach Stunden bezahlt wird, die monatlich abgerechnet werden. Problema-

83 Vgl. *Timme*, jM 2018, 68, 69.

84 Vgl. BSG, Urt. v. 30.10.2013 – B 12 KR 17/11 R, zitiert nach juris; LSG Niedersachsen-Bremen, Urt. v. 18.12.2013 – L 2 R 64/10, zitiert nach beck-online; BSG, Urt. v. 17.12.2014 – B 12 R 13/13 R, zitiert nach juris; BSG, Urt. v. 11.11.2015 – B 12 KR 10/14 R, zitiert nach juris; BSG, Urt. v. 14.03.2018 – B 12 KR 12/17 R, zitiert nach juris.

tisch kann die Statusbeurteilung auch sein, wenn Tätigkeiten „outgesourct" werden, die bisher im Unternehmen selbst erledigt wurden, insbesondere wenn dieselben Personen dieselben Tätigkeiten verrichten, nun aber vertraglich aus dem Unternehmensbereich ausgelagert sind. Dass die Abgrenzung im Einzelfall schwierig ist und sich Argumente sowohl für eine Beschäftigung als auch für eine selbstständige Tätigkeit finden lassen, entbindet nicht von der Notwendigkeit einer Beurteilung.

Ein Motiv der Beteiligten, eine Selbstständigkeit statt einer Beschäftigung zu wählen, kann darin bestehen, die mit einem Beschäftigungsverhältnis verbundenen finanziellen und bürokratischen Verpflichtungen zu vermeiden, insbesondere die Beiträge zur Sozialversicherung einzusparen.[85] Das Sparziel der Beteiligten wird üblicherweise mit prekärer Erwerbstätigkeit assoziiert, bei der der Erwerbstätige in erster Linie seine eigene Arbeitskraft verwertet und aufgrund der schwächeren Position vom Arbeit- bzw. Auftraggeber persönlich abhängig ist. Solche Konstellationen treten tatsächlich auf. Daneben bestehen jedoch auch Gruppen Erwerbstätiger, die selbst das Ziel verfolgen, sich vom Solidarsystem zu lösen. Eine solche Motivlage ist gerade in hochqualifizierten und/oder vom Fachkräftemangel betroffenen Tätigkeitsbereichen anzutreffen.[86] Beispielhaft seien der Programmierer und neuerdings auch die Pflegefachkraft genannt. Teils können mittels „freier Mitarbeit" größere Freiheiten generiert und eine höhere Vergütung erzielt werden.

Eine *im Einzelfall fehlende soziale Schutzbedürftigkeit* ist kein geeignetes typusbildendes Abgrenzungskriterium im Rahmen der Statusbeurteilung. Denn die Systematik des Sozialversicherungsrechts stellt gerade nicht auf die individuelle Schutzbedürftigkeit ab, sondern bezieht Beschäftigte generell in die Pflichtversicherung ein. Das Gesetz hat objektivierend über die Schutzbedürftigkeit im sozialversicherungsrechtlichen Sinn entschieden und eine Bewertung aufgrund gruppentypischer Lebenssituationen vorgenommen. Es orientiert sich nicht an den persönlichen Verhältnissen des Einzelnen. Die Versicherungspflicht umfasst demnach auch Personen, die ohne die Sozialver-

85 Vgl. *Segebrecht*, in: jurisPK-SGB IV, § 7 Rn. 20.
86 s. *Segebrecht*, in: jurisPK-SGB IV, § 7 Abs. 1 Rn. 21 f.

sicherung bestens abgesichert sind.[87] Das Gesetz sieht andere Mittel zur angemessenen Berücksichtigung von Einzelinteressen vor, insbesondere die Regelungen zur Beitragsbemessungsgrenze in der Renten-, Kranken- und Pflegeversicherung sowie die Möglichkeiten zur Befreiung von der Rentenversicherungspflicht, z.B. bei berufsständischer Versorgung gem. § 6 Abs. 1 Nr. 1 SGB VI und die Krankenversicherungsfreiheit nach §§ 5, 6 SGB V. Hierdurch wird dem Umstand mangelnder Schutzbedürftigkeit individuell Rechnung getragen, jedoch der Status nicht geändert[88].

Der Schutzbereich der Berufsfreiheit gem. Art. 12 GG wird durch die Annahme einer Beschäftigung und der daraus folgenden Sozialversicherungspflicht nicht berührt. Denn Beitragsregelungen haben keine objektiv berufsregelnde Tendenz, zumal keine Berufspflichten geregelt werden, sondern allgemeine Merkmale der Versicherungs- und Beitragspflicht.[89]

Im Folgenden wird einzeln auf die im Rahmen der Statusbeurteilung relevanten typusbildenden Kriterien eingegangen. Ein Anspruch auf Vollständigkeit kann dabei der Natur der Sache nach nicht erhoben werden, weil ein Typus stets entwicklungsoffen ist und einer wertenden Betrachtung bedarf.

1. Die Vertragslage

Ausgangspunkt der Statusprüfung ist regelmäßig die Vertragslage[90], die dem Tätigkeitsverhältnis zugrunde liegt. Sofern schriftliche Vereinbarungen getroffen wurden, ist neben deren Vereinbarkeit mit zwin-

87 Vgl. *Hase*, S. 59.

88 Vgl. *Diepenbrock*, NZS 2016, 127, 130.

89 BSG, Urt. v. 04.06.2019 – B 12 R 10/18 R, zitiert nach juris.

90 Vgl. BSG, Urt. v. 24.01.2007 – B 12 KR 31/06 R, zitiert nach juris; BSG, Urt. v. 18.11.2015 – B 12 KR 16/13 R, zitiert nach beck-online; LSG Niedersachsen-Bremen, Urt. v. 01.03.2017 – L 2 R 476/16, zitiert nach juris; LSG Niedersachsen-Bremen, Urt. v. 28.02.2018 – L 2 R 258/17, zitiert nach juris; BSG, Urt. v. 14.03.2018 – B 12 KR 13/17 R, zitiert nach juris; BSG, Urt. v. 04.09.2018 – B 12 KR 11/17 R, zitiert nach juris; LSG Nordrhein-Westfalen, Urt. v. 16.05.2018 – L 8 R 233/15, zitiert nach juris; *Seifert*, in: Münchener Anwaltshandbuch Sozialrecht, § 5 Rn. 4; vgl. auch *Ruland*, NZS 2019, 681, 684.

gendem Recht auch zu prüfen, ob mündliche oder konkludente Änderungen erfolgt sind[91].

Die Vertragslage kann in Bezug auf das Tätigkeitsverhältnis sowohl Indizien für eine Beschäftigung als auch für eine Selbstständigkeit enthalten. Anhaltspunkte für eine Beschäftigung liegen beispielsweise vor, wenn vertraglich arbeitnehmertypische Ansprüche und *Schutzrechte* wie Urlaub, Lohnfortzahlung bei Krankheit oder die nach dem Arbeitsrecht geltenden gesetzlichen Kündigungsfristen eingeräumt wurden. Denn in solchen Regelungen spiegelt sich die Auffassung der Vertragsparteien wider, dass ein arbeitnehmerähnlicher Schutzbedarf des Erwerbstätigen besteht. Für eine persönliche Abhängigkeit kann auch sprechen, wenn Art und Umfang sowie Zeit und Reihenfolge der zu leistenden Arbeit genau bestimmt sind[92] oder wenn die Verpflichtung besteht, die komplette Arbeitskraft nur einem Auftraggeber zur Verfügung zu stellen, so dass weitere Aufträge nicht angenommen werden können. Regelungen, die den Erwerbstätigen eng binden, können Ausdruck persönlicher Abhängigkeit und mangelnder unternehmerischer Freiheiten sein. Zudem kann für eine Nähe zum klassischen Arbeitsverhältnis sprechen, wenn die Vergütung in regelmäßigen monatlichen Abständen geschuldet ist oder wenn eine Weisungsgebundenheit vereinbart wurde. Bei klassischen Facharbeitertätigkeiten oder weniger anspruchsvollen Arbeiten kann für eine Beschäftigung sprechen, wenn die Pflicht besteht, die Leistung höchstpersönlich zu erbringen, so dass eine Delegation der Leistung an Subunternehmer oder eigene Mitarbeiter ausgeschlossen ist. Es ist aber einschränkend zu berücksichtigen, dass gerade bei hochqualifizierten Selbstständigen wie etwa der ärztlichen Koryphäe oder dem spezialisierten Rechtsanwalt durchaus eine höchstpersönliche Leistungserbringung vereinbart sein kann, *ohne* dass dies zu einer persönlichen Abhängigkeit führen würde. Die einzelnen Indizien können also nie

91 Vgl. BSG, Urt. v. 18.11.2015 – B 12 KR 16/13 R, zitiert nach beck-online; LSG Baden-Württemberg, Beschl. v. 10.06.2016 – L 4 R 3072/15, zitiert nach beck-online; BSG, Urt. v. 14.03.2018 – B 12 KR 13/17 R, zitiert nach juris; BSG, Urt. v. 14.03.2018 – B 12 KR 12/17 R, zitiert nach juris; BSG, Urt. v. 04.09.2018 – B 12 KR 11/17 R, zitiert nach juris.

92 s. BSG, Urt. v. 31.10.1972 – 2 RU 186/69, BSGE 35, 20.

isoliert bewertet werden, erforderlich ist stets eine Gesamtschau unter Berücksichtigung der weiteren Umstände.

Anhaltspunkte für eine selbstständige Tätigkeit können der schriftlich festgehaltenen Vertragslage beispielsweise entnommen werden, wenn hinsichtlich *Arbeitszeit, Arbeitsort und Ausgestaltung der Tätigkeit* besondere unternehmerische Freiheiten eingeräumt sind. Auch ein fester Fertigstellungstermin, eine Vergütung erst nach erfolgreichem Abschluss des Auftrages sowie die Vereinbarung von Vertragsstrafen und eine Haftung seitens des Erwerbstätigen sprechen typischerweise für eine Selbstständigkeit. Darüber hinaus kann die Möglichkeit, die Arbeit durch eigene Angestellte oder einen Subunternehmer erbringen zu können, für eine Selbstständigkeit sprechen, ebenso die Vereinbarung von Weisungsfreiheit. Sieht die schriftliche Vertragslage die klassischen Arbeitnehmerschutzrechte wie Lohnfortzahlung und Urlaub nicht vor, ist dies ebenfalls ein Hinweis darauf, dass die Vertragsparteien kein Beschäftigungsverhältnis begründen wollten, sondern von einer selbstständigen Tätigkeit ausgingen. Eine solche vereinbarte Eigenverantwortlichkeit des Erwerbstätigen kann für ein unternehmerisches Risiko sprechen. Allerdings kommt es auch hier auf die Gesamtbetrachtung an. Wenn nach der Gesamtwürdigung die für ein Arbeitsverhältnis sprechenden Aspekte überwiegen, entstehen die Arbeitnehmerschutzrechte qua Gesetzes, unabhängig davon, ob die Beteiligten sie ausschließen wollten. Der bei Vertragsschluss vorliegende Wille der Beteiligten, eine Beschäftigung oder Selbstständigkeit begründen zu wollen, ist also Anhaltspunkt, aber nicht alleinentscheidend. Auch die von den Vertragsparteien gewählten Bezeichnungen (bspw. Werkvertrag, Subunternehmervertrag, Rahmenvertrag) sind bei der vorzunehmenden Abgrenzung stets vor dem Hintergrund aller weiteren typusbildenden Merkmale zu bewerten[93], zumal eine Falschbeurteilung des Status seitens der Vertragsparteien vorliegen kann.

Die sozialversicherungsrechtliche Statusbeurteilung wird dadurch erschwert, dass in der modernen, digitalen Arbeitswelt auch bei Vorliegen einer Beschäftigung vermehrt Freiheiten eingeräumt werden, die bei hergebrachter Betrachtung für eine Selbstständigkeit sprechen

93 Vgl. *Diepenbrock*, NZS 2016, 127, 128; *von Steinau-Steinbrück/Mühlenhoff*, NJW-Spezial 2018, 114.

(wie etwa eine freie Zeiteinteilung oder die freie Wahl des Arbeitsortes), aber auch bei selbstständigen Tätigkeiten vermehrt eine Einbindung in eine vorgegebene Organisation zu beobachten ist (etwa bei Franchiseverträgen oder Zuliefererverträgen in der Produktion). Die Grenzen zwischen Beschäftigung und Selbstständigkeit verschwimmen. Dies verdeutlicht umso mehr, dass der Status sich nicht an einem einzelnen Aspekt entscheiden wird, sondern erst das Gesamtbild des Tätigkeitsverhältnisses eine wertende Beurteilung ermöglicht.

Der Umstand, *ob* ein schriftlicher Vertrag geschlossen wurde oder lediglich mündliche Vereinbarungen vorliegen, kann nicht als Indiz für die Statusbeurteilung herangezogen werden, da beides sowohl im Arbeitsverhältnis wie auch bei selbstständiger Tätigkeit möglich ist. Der Abschluss eines schriftlichen Arbeitsvertrages ist zwar eine Obliegenheit des Arbeitgebers, aber keine Voraussetzung für ein gültiges Arbeitsverhältnis. Gerade bei kleinen Unternehmen ist der Abschluss mündlicher Arbeitsverträge nicht gänzlich unüblich.[94]

Liegt ein schriftlicher Vertrag vor, so ist dieser zwar Ausgangspunkt der Statusprüfung aber nicht unbedingt entscheidend, sondern gemeinsam mit mündlichen oder konkludenten Änderungen und faktischen Gegebenheiten zu betrachten. Es bedarf einer umfassenden objektivierenden Einschätzung unter Berücksichtigung aller Aspekte. Maßgeblich ist das *Gesamtbild* des konkreten Tätigkeitsverhältnisses. Dies meint die Rechtsprechung, wenn sie das Gewicht der schriftlichen Vereinbarungen eingrenzt. So führt das BSG aus, die Vertragsbezeichnung könne nur als Indiz gewertet werden, wenn sie durch weitere Aspekte gestützt werde[95]. Der schriftlichen Vertragslage könne lediglich dann Bedeutung zukommen, wenn sie den weiteren Verhältnissen nicht zuwiderlaufe[96]. Die tatsächliche Beziehung gehe der nur formellen Vereinbarung vor, soweit eine formlose Abbedingung rechtlich möglich sei. Umgekehrt gelte, dass die Nichtausübung eines Rechts

94 s. SG Oldenburg, Urt. v. 27.07.2016 – S 51 R 49/14, zitiert nach juris.

95 Vgl. BSG, Urt. v. 12.02.2004 – B 12 KR 26/02 R, zitiert nach beck-online.

96 Vgl. BSG, Urt. v. 31.10.1972 – 2 RU 186/69, BSGE 35, 20; BSG, Urt. v. 30.11.1978 – 12 RK 33/76, BSGE 47, 201; BSG, Urt. v. 12.02.2004 – B 12 KR 26/02 R, zitiert nach beck-online; BSG, Urt. v. 22.06.2005 – B 12 KR 28/03 R, zitiert nach juris; BSG, Urt. v. 17.12.2014 – B 12 R 13/13 R, zitiert nach juris; vgl. auch LSG Baden-Württemberg, Urt. v. 29.06.2017 – L 10 R 592/17, zitiert nach juris; LSG Berlin-Brandenburg, Urt. v. 18.01.2018 – L 1 KR 441/15, zitiert nach juris.

unbeachtlich sei, solange diese Rechtsposition nicht wirksam abbedungen sei. Maßgebend sei die Rechtsbeziehung so, wie sie praktiziert werde, und die praktizierte Beziehung so, wie sie rechtlich zulässig sei.[97] Es komme nicht darauf an, ob die Beteiligten selbst von einer Beschäftigung oder selbstständigen Tätigkeit ausgingen, denn die subjektive Einschätzungen sei untauglich zur Qualifizierung einer Arbeitsleistung als Beschäftigung oder unternehmerische Tätigkeit[98]. Den Vertragsparteien sei es versagt, über ihre öffentlich-rechtlichen Pflichten zu paktieren[99], etwas anderes widerspräche der Natur der Sozialversicherung als Einrichtung des öffentlichen Rechts[100]. Der aus dem Verfassungsrecht (Art. 2 Abs. 1 GG) abgeleitete Grundsatz "in dubio pro libertate" könne bei der Beurteilung der Sozialversicherungspflicht nicht herangezogen werden. Diese Maxime, nach der ein Eingriff in die Freiheitssphäre des einzelnen nur zulässig ist, wenn die entsprechenden tatsächlichen Voraussetzungen zweifelsfrei erwiesen sind, sei als Entscheidungsregel nur im Falle des non liquet anzuwenden.[101] Würden die schriftlichen Vereinbarungen von den tatsächlichen Verhältnissen abweichen, gäben letztere den Ausschlag[102]. Dabei sei das Gewicht der vertraglichen Regelungen umso geringer, je uneindeutiger die Vertragsgestaltung sei und je stärker die Widersprüche zu den weiteren Aspekten seien. Zugleich schwäche es die indizielle Wirkung ab, wenn wegen eines erheblichen *Ungleichgewichts der Verhandlungspositionen* nicht ohne Weiteres davon ausgegangen werden könne, dass alle Vertragsparteien in gleicher Weise die Möglichkeit hatten, ihre Wün-

97 Vgl. BSG, Urt. v. 24.01.2007 – B 12 KR 31/06 R, zitiert nach juris; BSG, Urt. v. 17.12.2014 – B 12 R 13/13 R, zitiert nach juris; LSG Niedersachsen-Bremen, Urt. v. 28.02.2018 – L 2 R 258/17, zitiert nach juris.

98 S. BSG, Urt. v. 04.06.1998 – B 12 KR 5/97 R, zitiert nach juris.

99 Vgl. BSG, Urt. v. 22.06.2005 – B 12 KR 28/03 R, zitiert nach juris.

100 Vgl. BSG, Urt. v. 25.01.2001 – B 12 KR 17/00 R, zitiert nach juris; ferner: BSG, Urt. v. 04.06.2019 – B 12 R 10/18 R, zitiert nach juris.

101 Vgl. BSG, Urt. v. 31.10.1972 – 2 RU 186/69, BSGE 35, 20; BSG, Urt. v. 18.11.2015 – B 12 KR 16/13 R, zitiert nach beck-online.

102 s. BSG, Urt. v. 22.06.2005 – B 12 KR 28/03 R, zitiert nach juris; BSG, Urt. v. 04.06.2019 – B 12 R 10/18 R, zitiert nach juris.

sche bezüglich der Ausgestaltung des sozialversicherungsrechtlichen Status durchzusetzen.[103]

Die Instanzgerichte führen ergänzend aus, daraus, dass der Gesetzgeber die Möglichkeit vorgesehen habe, Tätigkeiten auch durch Selbstständige ausüben zu lassen, folge nicht, dass die Vertragsparteien über die Zuordnung einer Tätigkeit zum Typus der Beschäftigung beliebig entscheiden könnten, ohne an die überkommenen Abgrenzungsmerkmale gebunden zu sein[104]. Es könne von den Vertragsparteien nicht für das öffentliche Recht bindend vereinbart werden, ob eine Tätigkeit als Beschäftigung bzw. selbstständige Tätigkeit zu bewerten sei oder ob Sozialversicherungspflicht bestehe oder nicht bestehe[105].

Besonderheiten sind zu beachten, wenn die Beteiligten einen *Rahmenvertrag* für wiederkehrende Tätigkeiten abgeschlossen haben. Ein Rahmenvertrag liegt nach der Rechtsprechung des BSG vor, wenn durch eine Aneinanderreihung kurzfristiger Vertragsverhältnisse einzelne Rechtsverhältnisse begründet werden und kein Dauerrechtsverhältnis besteht[106]. Eine Rahmenvereinbarung verpflichtet weder den Auftragnehmer unmittelbar zum Tätigwerden noch den Auftraggeber zum Anbieten von Aufträgen, es bedarf stets der Konkretisierung durch Einzelaufträge[107]. In diesem Fall sei auf die tatsächlichen Verhältnisse *während* der Durchführung der *Einzelverträge* abzustellen, die Regelungen im Rahmenvertrag hätten allenfalls Indizwirkung, soweit dadurch die Einzelaufträge antizipiert ausgestaltet würden[108]. Dieser Fokus auf die Einzelaufträge wird in der Literatur teilweise kritisiert, da die „Unständigkeit" der Tätigkeit gerade für eine besondere

103 vgl. BSG, Urt. v. 18.11.2015 – B 12 KR 16/13 R, zitiert nach beck-online; *Seifert*, in: Münchener Anwaltshandbuch Sozialrecht, § 5 Rn. 9; s. auch Vgl. *Ruland*, NZS 2019, 681, 684.

104 So: LSG Berlin-Brandenburg, Urt. v. 18.01.2018 – L 1 KR 441/15, zitiert nach juris, zum Status einer Anästhesistin im Krankenhaus.

105 s. LSG Baden-Württemberg, Beschl. v. 19.07.2012 – L 11 R 1789/12 ER-B, zitiert nach juris.

106 Vgl. BSG, Urteil vom 28.05.2008 – B 12 KR 13/07 R, zitiert nach juris.

107 s. *Ruland*, NZS 2019, 681, 686.

108 Vgl. BSG, Urt. v. 28.05.2008 – B 12 KR 13/07 R, zitiert nach juris; BSG, Urt. v. 28.09.2011 – B 12 R 17/09 R, zitiert nach juris; BSG, Urt. v. 30.10.2013 – B 12 KR 17/11 R, zitiert nach juris; *Greiner*, SGb 2016, 301, 303.

Schutzbedürftigkeit des Erwerbstätigen sprechen könne. Die fortdauernde Geschäftsbeziehung könne eine große Nähe zum Arbeitsverhältnis haben, wenn zwar theoretisch Einzelaufträge abgelehnt werden könnten, dies faktisch aber existenzgefährdend sei.[109] In der Praxis ist im Einzelfall die Abgrenzung schwierig, bis zu welchem Grad der Häufigkeit und Intensität der Zusammenarbeit Einzelverträge angenommen werden können oder aber ein Dauerschuldverhältnis anzunehmen ist. Liegt ein Dauerschuldverhältnis vor, entspricht dies eher dem Typus einer Beschäftigung als einer Selbstständigkeit.

Im Rahmen der schriftlichen Vertragslage kann ein *Umgehungsgeschäft* anzunehmen sein, wenn (insbesondere um die Kosten der Sozialversicherung und Lohnsteuer zu sparen) bewusst formell ein Vertrag über eine selbstständige Tätigkeit abgeschlossen wird, obwohl die Beteiligten tatsächlich davon ausgingen, dass eine Beschäftigung vorliegt oder sie dies jedenfalls billigend in Kauf nahmen. Die sozialgerichtliche Rechtsprechung unterscheidet hier dogmatisch gemeinhin nicht korrekt und spricht fälschlich von einem *Scheingeschäft*[110], das nichtig sei. Ein Scheingeschäft setzt allerdings voraus, dass die Parteien einverständlich lediglich den äußeren Schein eines Rechtsgeschäftes hervorrufen wollen, aber die mit dem Geschäft verbundenen Rechtsfolgen nicht eintreten sollen[111]. Wenn die Beteiligten hingegen die vertraglich vereinbarten Rechtsfolgen ernsthaft erreichen wollen, liegt Umgehungsabsicht und kein Scheingeschäft vor[112]. Regelmäßig liegt der Fall so, dass die Beteiligten ernsthaft die Rechtsfolgen einer selbstständigen Tätigkeit erreichen und die Folgen einer Beschäftigung (insbesondere Sozialversicherungspflicht und Lohnsteuerpflicht) vermeiden wollen. Es liegt dann gerade kein Scheingeschäft nach § 117 BGB vor, sondern ein Umgehungsgeschäft. Dieses ist nicht per se nichtig. Nichtigkeit wäre nach § 134 BGB nur anzunehmen, wenn das Geschäft gegen ein ge-

109 Vgl. *Greiner*, SGb 2016, 301, 307 f.

110 S. BSG, Urt. v. 18.11.2015 – B 12 KR 16/13 R, zitiert nach beck-online; LSG Baden-Württemberg, Beschl. v. 10.06.2016 – L 4 R 3072/15, zitiert nach beck-online; BSG, Urt. v. 14.03.2018 – B 12 KR 13/17 R, zitiert nach juris; vgl. auch: BSG, Urt. v. 14.03.2018 – B 12 KR 12/17 R, zitiert nach juris; BSG, Urt. v. 04.09.2018 – B 12 KR 11/17 R, zitiert nach juris.

111 S. BGH, Urt. v. 25.10.1961 – V ZR 103/60, zitiert nach juris; BGH, Beschluss vom 04.04.2007 – III ZR 197/06, zitiert nach juris.

112 Vgl. hierzu BGH, Beschluss vom 04.04.2007 – III ZR 197/06, zitiert nach juris.

setzliches Verbot verstößt und sich aus dem Gesetz nicht ein anderes ergibt. Das Gesetz sieht aber gerade bei (fahrlässig oder auch vorsätzlich) fälschlicher Unterlassung der Meldung zur Sozialversicherung vielfach andere Rechtsfolgen vor, beispielsweise die Möglichkeit einer nachträglichen Statusfeststellung im Rahmen einer Betriebsprüfung, die Nachforderung der Sozialversicherungsbeiträge für die zurückliegenden 30 Jahre und die Erhebung von Säumniszuschlägen. (vgl. zum Verfahren unter VII.)

2. Weisungsabhängigkeit und Eingliederung

Die typusbildenden Kriterien der Weisungsabhängigkeit und der Eingliederung gehören im Rahmen einer Statusbeurteilung bei traditioneller Betrachtung zu den bedeutendsten Merkmalen. Sie sollen abbilden, wie eng die Anbindung des Erwerbstätigen an seinen Auftraggeber/Arbeitgeber ist und geben diversen Unterkriterien ihr Gepräge. Je enger, regelmäßiger und abgestimmter die Zusammenarbeit, desto eher ist von einer Beschäftigung auszugehen, je unabhängiger die konkrete Tätigkeit hingegen von Absprachen und Kooperation mit dem Auftraggeber ist, desto eher von einer Selbstständigkeit.

Jedoch sind diese Indizien im Wandel der Arbeitswelt zunehmend mit Vorsicht anzuwenden. Denn die *veränderten gesellschaftlichen und technischen Rahmenbedingungen*, innerhalb derer eine Erwerbstätigkeit heute ausgeübt wird, lassen das „klassische" Weisungsrecht im Sinne von tatsächlichen und laufenden Anordnungen zunehmend in den Hintergrund treten; Verflachung von Hierarchien, Arbeitszeitliberalisierung, Zielvereinbarungen, erfolgsabhängige Entgeltsysteme, Projektarbeit, Budgetverantwortung und ähnliches bezwecken gerade, Arbeitnehmern mehr Eigenverantwortung, Eigeninitiative, Gestaltungsfreiheit und „Selbstständigkeit" zuzugestehen[113]. Auf der anderen Seite kann auch bei einigen Selbstständigen eine zunehmend enge Anbindung an den Auftraggeber beobachtet werden, ohne dass deswegen der Status einer Beschäftigung anzunehmen wäre, etwa bei Franchisenehmern und Zulieferern. Die Statusabgrenzung ist angesichts dieser gelo-

113 Vgl. näher *Trittin*, NZA 2001, 1003; *Segebrecht*, in: jurisPK-SGB IV, § 7 Rn. 80.

ckerten Einbindung von Beschäftigten in Betriebsabläufe sowie andererseits enger und regelmäßiger Zusammenarbeit zwischen Selbstständigen oft schwierig. Zwar kann beispielsweise beim typischen Bandarbeiter oder beim „normalen" Büroangestellten regelmäßig eine Weisungsabhängigkeit hinsichtlich Zeit, Ort und Art der geschuldeten Tätigkeit eruiert werden, die Aussagekraft des Kriteriums der Weisungsabhängigkeit/Eingliederung ist jedoch insbesondere in Grenzfällen fraglich, wenn eine Tätigkeit sowohl selbstständig als auch beschäftigt ausgeübt werden kann[114] und die Intensität der Verbindung gegenüber dem Typus des klassischen Beschäftigten deutlich gelöst ist. Zu denken ist etwa an einen Projektleiter, der lediglich für einige Monate die fest angestellten Mitarbeiter eines Unternehmens bei der Durchführung eines Projektes unterstützt. Ein solcher kann sowohl selbstständiger Unternehmensberater als auch interner Projektbeauftragter sein. Auch bei einem rein digital arbeitenden Programmierer sind die Kriterien der Weisungsabhängigkeit und Eingliederung für die Statusbeurteilung nur bedingt aussagekräftig, da die Einbindung in die betrieblichen Strukturen und die anleitende Überwachung oft auf ein Minimum reduziert sind. Kaum aussagekräftig ist das Kriterium der Eingliederung/Weisungsabhängigkeit auch bei einem Franchisenehmer, der das unternehmerische Risiko seiner Betriebseinheit trägt, aber organisatorisch und vertraglich eng an den Franchisegeber angebunden ist und viele Vorgaben zu erfüllen hat. Es ist zu konstatieren, dass Weisungsbefugnis und Eingliederung in der modernen Arbeitswelt an Relevanz verlieren[115] und die Kriterien unter Berücksichtigung der sich wandelnden Arbeitsrealität fortzuentwickeln sind. Es bedarf zudem stets einer Gesamtschau nach Auswertung und Gewichtung der weiteren typusbildenden Abgrenzungskriterien.

Für eine Vielzahl von Fällen sind die Merkmale der Weisungsabhängigkeit und Eingliederung aber weiterhin richtunggebend. Traditionell formuliert die Rechtsprechung, dass eine persönliche Abhängigkeit vorliegt, wenn der Erwerbstätige *in die Arbeitsorganisation des Unternehmers eingegliedert* ist und einem *Weisungsrecht des Arbeitgebers*

114 Vgl. *Segebrecht*, in: jurisPK-SGB IV, § 7 Rn. 78.

115 Vgl. *Ruland*, NZS 2019, 681.

hinsichtlich Zeit, Dauer und Ort der Ausführung unterliegt[116]. Wegen ihrer Bedeutung in den vergangenen Jahrzehnten hat der Gesetzgeber diese beiden typusbildenden Kriterien als einzige ausdrücklich in den Gesetzeswortlaut aufgenommen. So heißt es in § 7 Abs. 1 Satz 2 SGB IV: „Anhaltspunkte für eine Beschäftigung sind eine Tätigkeit nach Weisungen und eine Eingliederung in die Arbeitsorganisation des Weisungsgebers.“ Diese hervorgehobene Stellung im Gesetz ist angesichts der geschilderten, sich wandelnden Arbeitswelt zu überdenken. Die Festschreibung einzelner Kriterien ist bei einem Typus grundsätzlich nicht sinnvoll, zumal die Entwicklungsoffenheit gerade Wesensmerkmal dieses Instituts ist.

Unter *Weisungsgebundenheit* versteht man die Verpflichtung, Weisungen in fachlicher oder organisatorischer Hinsicht Folge zu leisten. Weisungsgebunden ist insbesondere, wer nicht im Wesentlichen frei seine Tätigkeit gestalten und seine Arbeitszeit bestimmen kann[117]. *Fachliche Weisungen* betreffen die Art und Weise der Arbeit, sie zeigen sich beispielsweise in einer Fachaufsicht. *Organisatorische Weisungen* können sich zum Beispiel auf Arbeitszeit, Arbeitsort, Arbeitsdauer und Arbeitskleidung beziehen. Dem entspricht im Arbeitsrecht das Direktionsrecht des Arbeitgebers, die zu leistende Arbeit im Rahmen der vertraglichen Regelungen näher zu konkretisieren (Verfügungsmacht des Arbeitgebers)[118]. Wenn der Erwerbstätige während seiner Arbeit tatsächlich wiederholt Weisungen erhalten hat, ist dies als Zei-

---

116 Vgl. BSG, Urt. v. 31.10.1972 – 2 RU 186/69, BSGE 35, 20; BSG, Urt. v. 30.11.1978 – 12 RK 33/76, BSGE 47, 201; BSG, Urt. v. 10.08.2000 – B 12 KR 21/98 R, zitiert nach beck-online; BSG, Urt. v. 25.01.2001 – B 12 KR 17/00 R, zitiert nach juris; BSG, Urt. v. 18.12.2001 – B 12 KR 10/01 R, zitiert nach juris; BSG, Urt. v. 12.02.2004 – B 12 KR 26/02 R, zitiert nach beck-online; BSG, Urt. v. 24.01.2007 – B 12 KR 31/06 R, zitiert nach juris; BSG, Urt. v. 11.03.2009 – B 12 KR 21/07 R, zitiert nach juris; BSG, Urt. v. 28.09.2011 – B 12 R 17/09 R, zitiert nach juris; Sächsisches LSG, Urt. v. 06.03.2012 – L 5 KR 152/10, zitiert nach juris; BSG, Urt. v. 30.10.2013 – B 12 KR 17/11 R, zitiert nach juris; BSG, Urt. v. 17.12.2014 – B 12 R 13/13 R, zitiert nach juris; BSG, Urt. v. 16.08.2017 – B 12 KR 14/16 R, zitiert nach juris; LSG Berlin-Brandenburg, Urt. v. 18.01.2018 – L 1 KR 441/15, zitiert nach juris; LSG Niedersachsen-Bremen, Urt. v. 28.02.2018 – L 2 R 258/17, zitiert nach juris; BSG, Urt. v. 14.03.2018 – B 12 KR 13/17 R, zitiert nach juris; BSG, Urt. v. 04.06.2019 – B 12 R 10/18 R, zitiert nach juris; *Dankelmann*, in: Eichenhofer/Wenner, § 7 Rn. 27.

117 Vgl. *Ruland*, NZS 2019, 681, 683.

118 s. *Segebrecht* in: jurisPK-SGB IV, § 7 Abs. 1, Rn. 76.

chen der persönlichen Abhängigkeit ein zentrales Abgrenzungskriterium[119] und spricht für ein Beschäftigungsverhältnis. Als Anzeichen für eine Selbstständigkeit wird von der Rechtsprechung hingegen gewertet, wenn eine Verfügungsmöglichkeit über die eigene Arbeitskraft besteht und der Erwerbstätige die Arbeitszeit und die Tätigkeit im Wesentlichen frei gestalten kann[120]. Dies deutet jedoch nur dann auf eine Selbstständigkeit hin, wenn diese Freiheit Ausdruck eines fehlenden Weisungsrechts ist und nicht nur Folge einer Übertragung größerer Eigenverantwortung bei der Aufgabenerledigung bei ansonsten fortbestehender persönlicher Abhängigkeit. Freiheiten z.B. hinsichtlich Arbeitszeit und Arbeitsort haben zudem nur dann Gewicht, wenn sich deren Grenzen nicht einseitig an den Bedürfnissen des Auftraggebers orientieren.[121]

Insbesondere bei *höherqualifizierten Berufen* ist auch im Rahmen abhängiger Arbeit häufig eine erhebliche Selbstverantwortung und inhaltliche Freiheit bei der Ausgestaltung der Arbeit eingeräumt. So beurteilen und bearbeiten angestellte Rechtsanwälte, Steuerberater oder Ärzte die anfallende Arbeit in der Regel eigenverantwortlich, ohne ständige Einzelweisungen. Solche Freiheiten sprechen nicht zwangsläufig gegen das Vorliegen einer Beschäftigung[122]. Die Rechtsprechung hat zur Umschreibung dieser Situation folgende Formel entwickelt: „Das Weisungsrecht kann – insbesondere bei *Diensten höherer Art* – eingeschränkt und zur funktionsgerecht dienenden Teilhabe am Arbeitsprozess verfeinert sein"[123]. Aber auch bei einfacheren Arbeiten sind fachliche Einzelanweisungen oft entbehrlich, wenn der Erwerbs-

119 s. BSG, Urt. v. 12.02.2004 B 12 KR 26/02 R, zitiert nach beck online.

120 Vgl. BSG, Urt. v. 30.11.1978 – 12 RK 33/76, BSGE 47, 201; BSG, Urt. v. 11.03.2009 – B 12 KR 21/07 R, zitiert nach juris; BSG, Urt. v. 25.01.2001 – B 12 KR 17/00 R, zitiert nach juris.

121 Vgl. *Ruland*, NZS 2019, 681, 684.

122 So zum ärztlichen Beruf: LSG Berlin-Brandenburg, Urt. v. 18.01.2018 – L 1 KR 441/15, zitiert nach juris.

123 Vgl. BSG, Urt. v. 30.11.1978 – 12 RK 33/76, BSGE 47, 201; BSG, Urt. v. 04.06.1998 – B 12 KR 5/97 R, zitiert nach juris; BSG, Urt. v. 25.01.2001 – B 12 KR 17/00 R, zitiert nach juris; BSG, Urt. v. 18.12.2001 – B 12 KR 10/01 R, zitiert nach juris; BSG, Urt. v. 28.09.2011 – B 12 R 17/09 R, zitiert nach juris; BSG, Urt. v. 30.10.2013 – B 12 KR 17/11 R, zitiert nach juris; BSG, Urt. v. 17.12.2014 – B 12 R 13/13 R, zitiert nach juris; LSG Berlin-Brandenburg, Urt. v. 18.01.2018 – L 1 KR 441/15, zitiert nach juris; LSG Niedersachsen-Bremen, Urt. v. 28.02.2018 – L 2 R

tätige mit der Arbeit vertraut ist[124]. Allein aus dem Fehlen von konkreten Arbeitsanweisungen kann also nicht gefolgert werden, dass eine Selbstständigkeit vorliegt, es sind stets auch alle weiteren Indizien in die Gesamtschau einzubeziehen. Als Indiz für eine selbstständige Tätigkeit können Freiheiten bei der Arbeitsausübung insbesondere dann herangezogen werden, wenn sie im Vergleich zu Beschäftigten mit gleicher Qualifikation arbeitnehmeruntypisch sind.

Eine *Eingliederung* liegt vor, wenn der Erwerbstätige Teil einer *von anderer Seite vorgegebenen Ordnung* ist[125]. Dies beschreibt insbesondere strukturelle und organisatorische Gegebenheiten, in deren Rahmen sich eine Erwerbstätigkeit vollzieht[126]. Ordnet sich der Erwerbstätige ein bzw. unter, spricht dies typischerweise für eine Beschäftigung. Anhaltspunkte für eine Eingliederung in den Betriebsablauf und die Arbeitsorganisation des auftraggebenden Unternehmens können beispielsweise bei regelmäßiger persönlicher Anwesenheit des Erwerbstätigen, Einhaltung fester Arbeitszeiten sowie bei arbeitsteiliger Zusammenarbeit mit angestellten Mitarbeitern des Unternehmens angenommen werden. Für eine Eingliederung spricht auch, wenn ein fester Arbeitsplatz im Hause des Auftraggebers vorhanden ist, der Erwerbstätige in dessen Telefonverzeichnisse aufgenommen wurde, seine Erreichbarkeit oder Ansprechbarkeit vor Ort erwartet wird, er an Besprechungen, Meetings usw. teilnimmt oder gar ein Zeiterfassungssystem nutzt[127]. Deutlich spricht für eine Eingliederung zudem, wenn der Erwerbstätige in Organisations-, Dienst- und Produktionspläne eingebunden ist[128]. Darüber hinaus kann die Nutzung der Hard- und Software des Auftraggebers Ausdruck der Einbindung in dessen Organisation sein[129]. Auch Schulungen des Erwerbstätigen seitens des Auftrag-

---

258/17, zitiert nach juris; BSG, Urt. v. 14.03.2018 – B 12 KR 13/17 R, zitiert nach juris.

124 s. Sächsisches LSG, Urt. v. 04.03.2014 – L 5 R 425/12, zitiert nach juris.

125 Vgl. BSG, Urt. v. 04.06.1998 – B 12 KR 5/97 R, zitiert nach juris; Sächsisches LSG, Urt. v. 06.03.2012 – L 5 KR 152/10, zitiert nach juris; Sächsisches LSG, Urt. v. 04.03.2014 – L 5 R 425/12, zitiert nach juris.

126 *Segebrecht* in: jurisPK-SGB IV, § 7 Abs. 1, Rn. 85.

127 s. BSG, Urt. v. 17.12.2014 – B 12 R 13/13 R, zitiert nach juris.

128 Vgl. *Ruland*, NZS 2019, 681, 685.

129 Vgl. BSG, Urt. v. 10.08.2000 – B 12 KR 21/98 R, zitiert nach beck-online, s. auch *Ruland*, NZS 2019, 681, 685.

gebers[130] und die unentgeltliche Zurverfügungstellung von Arbeitsgeräten und Material sowie das Tragen der Firmenkleidung des auftraggebenden Unternehmens können für eine Einordnung sprechen[131].

Beispielsweise hat die Rechtsprechung aufgrund bestehender Eingliederung eine Beschäftigung angenommen bei:

- *Pflegepersonal* im Krankenhaus, das Übergabegespräche mit beschäftigtem Personal führte, die Pflegedokumentation des Krankenhauses fortführte und nicht selbst Therapieziel, Dosierung und Art der Medikation festlegte, sondern die Vorgaben des ärztlichen Personals umsetzte[132].
- einem *Honorararzt im Krankenhaus*, der keine eigenen Patienten behandelte, sondern die des Krankenhauses, der eine vom Krankenhaus geschuldete (Teil-)Leistung innerhalb der vorgegebenen Organisationsabläufe erbrachte, Einrichtungen und Betriebsmittel des Krankenhauses nutzte und eine arbeitsteilige Zusammenarbeit mit dem ärztlichen und pflegerischen Krankenhauspersonal in vorgegebenen Strukturen erbrachte[133].
- einem *Busfahrer*, der Schulbusse und Linienbusse für ein Busunternehmen auf vorgegebenen Routen führte, dabei vorgegebene Abfahrtszeiten einhielt und gegenüber Fahrgästen nicht als selbstständiger Personenbeförderungsunternehmer auftrat[134].
- einem *Kurierfahrer*, der weder hinsichtlich Arbeitszeit und -ort, noch hinsichtlich der Art und Weise der Ausführung der Tätigkeit maßgebliche Spielräume zur eigenen Gestaltung der Tätigkeit hatte, die Pakete taggleich ausliefern musste (bei Premium- oder Eil-

130 Vgl. Sächsisches LSG, Urt. v. 17.05.2011 – L 5 R 368/09, zitiert nach juris.

131 Vgl. *Ruland*, NZS 2019, 681, 685.

132 Vgl. LSG Nordrhein-Westfalen, Urt. v. 26.11.2014 – L 8 R 573/12, zitiert nach juris.

133 BSG, Urt. v. 04.06.2019 – B 12 R 10/18 R, zitiert nach juris; s. zusammengefasst: Terminbericht zu den Entscheidungen des BSG vom 04.06.2019, Aktenzeichen: B 12 R 11/18 R, B 12 KR 10/18 R, B 12 R 2/18 R, B 12 R 3/18 R, B 12 R 10/18 R, B 12 R 12/18 R, B 12 R 13/18 R, B 12 R 14/18 R, B 12 R 20/18 R, B 12 KR 14/18 R, B 12 R 22/18 R, B 12 R 23/18 R, B 12 R 5/19 R, zitiert nach juris. Das BSG führte aus, die regulatorischen Rahmenbedingungen, insbesondere nach § 30 Abs. 1 Gewerbeordnung, würden in der Regel eine Eingliederung des ärztlichen Krankenhauspersonals in die Organisations- und Weisungsstruktur des Krankenhauses bedingen.

sendungen innerhalb eines festgelegten Zeitfensters) und auf die Zahl der zugeteilten Sendungen keinen maßgeblichen Einfluss hatte[135].

- einem *Schweißer* ohne eigene Produktionsstätte, der Teil des laufenden Produktionsprozesses eines Industriebetriebs war und seine Arbeiten in der Werkshalle des auftraggebenden Unternehmens mit bereitgestellten Materialien unter Zuhilfenahme dortiger Werkzeuge erledigte[136].

Für eine Eingliederung des Erwerbstätigen spricht auch, wenn die *Arbeitseinsätze seitens des Auftraggebers strukturiert* werden oder der Erwerbstätige organisatorische Unterstützung durch den Auftraggeber erhält. Denn bei typisierender Betrachtung würde sich ein Selbstständiger aufgrund der konträren wirtschaftlichen Interessen möglichst eigenständig organisieren. Beispielsweise liegen Indizien für die Annahme einer Beschäftigung vor, wenn der Erwerbstätige das Büro oder den Steuerberater des Auftraggebers „mitnutzt“[137] oder wenn Rechnungen des Erwerbstätigen vom Auftraggeber für den Auftragnehmer angefertigt werden[138]. In diesem Fall ist die Rechnungserstellung vergleichbar mit einer vom Arbeitgeber vorgenommenen Lohnabrechnung – wenn auch unter Vermeidung von Lohnsteuer und Sozialversicherungsbeiträgen[139]. Insgesamt spricht eine fehlende oder unzureichende *eigenständige Organisation* für eine Beschäftigung, demgegenüber deutet eine professionelle Organisation der Tätigkeit auf eine Selbstständigkeit hin.

Die für eine Eingliederung sprechenden Indizien sind stets im Rahmen einer *Gesamtschau* mit den weiteren typusbildenden Kriterien einer Beschäftigung oder Selbstständigkeit zu bewerten und nicht al-

---

134 s. LSG Bayern, Urt. v. 11.02.2014 – L 5 R 1072/12, zitiert nach juris.

135 s. Landessozialgericht Baden-Württemberg, Urt. v. 24.01.2017 – L 11 KR 1554/16, zitiert nach juris.

136 s. SG Stade, Urt. v. 10.05.2012 – S 30 R 384/11, zitiert nach juris.

137 So etwa im Fall des SG Oldenburg, Beschl. v. 21.02.2018 – S 81 BA 28/18 ER, zitiert nach juris.

138 Wie in den Fällen des LSG Baden-Württemberg, Urt. v. 29.06.2017 – L 10 R 592/17, zitiert nach juris und SG Oldenburg, Beschl. v. 21.02.2018 – S 81 BA 28/18 ER, zitiert nach juris.

139 So auch: LSG Baden-Württemberg, Urt. v. 29.06.2017 – L 10 R 592/17, zitiert nach juris.

lein ausschlaggebend. (vgl. näher zu einzelnen Unterkriterien unter III.2.a. bis III.2.i.) Dabei können die beiden *Begriffe „Eingliederung" und „Weisungsabhängigkeit" nur teilweise voneinander getrennt werden.* Denn es handelt sich bei der Eingliederung um eine Weisungsbindung auf der Vollzugsebene[140]. Häufig sind Umstände einer Beschäftigung sowohl Ausdruck einer Weisungsbindung als auch einer Eingliederung. Die beiden Kriterien müssen aber nicht kumulativ vorliegen[141]. So kann ein Auftragnehmer Weisungen (beispielsweise zur Gestaltung des beauftragten Werkes) erhalten, ohne in den Betrieb des Auftraggebers (etwa hinsichtlich Arbeitszeit und Arbeitsort) eingegliedert zu sein. Andersherum kann auch ohne direkte Weisungen seitens des Arbeitgebers eine persönliche Abhängigkeit (und damit eine Beschäftigung) vorliegen, wenn der Erwerbstätige in eine ihm übergeordnete Verwaltung eingegliedert ist[142]. In der Folge sollen einige Unterkriterien der (fehlenden) Eingliederung und Weisungsabhängigkeit näher erläutert werden:

a) Zusammenarbeit mit Arbeitnehmern des Auftraggebers

Ein Unterkriterium im Rahmen der Eingliederung und Weisungsabhängigkeit ist die Zusammenarbeit mit Arbeitnehmern des Auftraggebers. Wenn Arbeiten arbeitsteilig mit Angestellten des Auftraggebers verrichtet werden oder der Erwerbstätige auf die beschäftigten Mitarbeiter seines Auftraggebers in seiner eigenen Tätigkeit angewiesen ist, beispielsweise weil er deren Arbeiten unmittelbar vorbereitet, im direkten Nachgang zu ihnen tätig ist, die Mitarbeiter anleitet oder ihnen assistiert, spricht dies für eine Integration in den Betriebsablauf des Auftraggebers[143]. In der Regel ist der Erwerbstätige dann Teil eines arbeitsteiligen Arbeitsprozesses und in eine vorgegebene Betriebsorganisation eingebunden. Dementsprechend hat die Rechtsprechung ein Beschäftigungsverhältnis beispielsweise angenommen bei:

---

140 s. *Uffmann*, NZA-Beilage 2016, 5, 10.

141 BSG, Urt. v. 04.06.2019 – B 12 R 10/18 R, zitiert nach juris.

142 Vgl. BSG, Urt. v. 31.10.1972 – 2 RU 186/69, BSGE 35, 20.

143 So im Ergebnis auch: SG Oldenburg, Urt. v.14.01.2015 – S 51 R 69/12, zitiert nach juris; SG Oldenburg, Beschl. v. 21.02.2018 – S 81 BA 28/18 ER, zitiert nach juris.

- einer *Bedienung und Küchenhilfe,* die mit festangestellten Mitarbeitern des Casinos arbeitsteilig zusammenarbeitete[144],
- einem Bauhelfer, der auf der Baustelle mit den angestellten Mitarbeitern seines Auftraggebers Hand in Hand arbeitete und sich in deren Arbeitsablauf einordnete[145],
- einem *Kranführer* auf einer Baustelle, der kein eigenes Gewerk verrichtete, sondern an einer Gesamtarbeit mitwirkte und anderen zuarbeitete[146], sowie
- einem Schlachter und Zerleger, der in einer Kolonne mit anderen arbeitete[147].

Demgegenüber kann für eine Selbstständigkeit sprechen, wenn die *Tätigkeit unabhängig von der Arbeit/Kooperation der Angestellten des Auftraggebers* ist. Bei der Abgrenzung ist darauf zu achten, dass eine Eingliederung in die Arbeitsorganisation des Auftraggebers nicht bereits dann besteht, wenn sich der Erwerbstätige wegen der weiteren Durchführung des Auftrages mit dem Auftraggeber abstimmen muss[148] oder weil auf einer Großbaustelle, auf der mehrere Selbstständige tätig sind, die einzelnen Gewerke miteinander abgestimmt werden müssen[149]. Das Unterkriterium der „Zusammenarbeit mit Mitarbeitern des Auftraggebers" bedarf – wie alle anderen typusbildenden Kriterien auch – stets einer wertenden Beurteilung unter Berücksichtigung der weiteren Umstände und kann nicht schematisch betrachtet werden.

Darüber hinaus kann als Indiz für eine Beschäftigung gewertet werden, wenn die gleiche Tätigkeit desselben Erwerbstätigen *früher* in Rahmen eines ordnungsgemäß gemeldeten Beschäftigungsverhältnisses ausgeübt wurde[150]. Insofern ist zu prüfen, ob die konkrete Ausge-

144 LSG Baden-Württemberg, Beschl. v. 21.06.2018 – L 13 R 127/17, zitiert nach juris.

145 SG Oldenburg, Beschl. v. 21.02.2018 – S 81 BA 28/18 ER, zitiert nach juris.

146 So: LSG Nordrhein-Westfalen, Urt. v. 11.11.2005 – L 13 R 112/05, zitiert nach juris.

147 Vgl. BSG, Urt. v. 04.06.1998 – B 12 KR 5/97 R, zitiert nach juris.

148 s. LSG Baden-Württemberg, Beschl. v. 10.06.2016 – L 4 R 3072/15, zitiert nach beck-online.

149 Vgl. LSG Baden-Württemberg, Beschl. v. 10.06.2016 – L 4 R 3072/15, zitiert nach beck-online.

150 Vgl. LSG Nordrhein-Westfalen, Urt. v. 11.11.2005 – L 13 R 112/05, zitiert nach juris.

staltung der Tätigkeit die Wandlung von der Beschäftigung zur Selbstständigkeit erklärt und stützt.

Indiz für eine Eingliederung kann auch sein, wenn Tätigkeiten ausgeführt werden, die *in diesem Betrieb üblicherweise von Arbeitnehmern verrichtet* werden. Insbesondere wenn die Arbeiten inhaltlich zum normalen Betrieb des Auftraggebers gehören, spricht dies für die Annahme einer Beschäftigung[151]. Denn häufig wird der Erwerbstätige wie auch die Arbeitnehmer, die die gleiche Arbeit verrichten, der Einsatzkoordinierung und den Weisungen des Unternehmens unterliegen. Insbesondere wenn das Team aus Angestellten durch den Erwerbstätigen vergrößert wird, liegt darin in aller Regel eine Eingliederung in den Betriebsablauf[152]. So hat die Rechtsprechung beispielsweise eine Beschäftigung angenommen bei einem Maurer, der vergleichbare Arbeiten verrichtete wie die angestellten Maurer des Bauunternehmens[153], einem LKW-Fahrer, der vergleichbare Arbeiten verrichtete wie die angestellten LKW-Fahrer des Logistik-Unternehmens[154], einem Wachmann, der vergleichbare Arbeiten verrichtete wie die angestellten Wachmänner des Sicherheitsdienstes[155] oder einem Koch, der vergleichbare Arbeiten verrichtete wie die angestellten Köche des Cateringunternehmens[156]. Für die Statusbeurteilung ist zu bewerten, ob und inwiefern sich die konkrete Tätigkeit von der Arbeit der angestellten Mitarbeiter unterscheidet. Eine identische oder teilidentische Tätigkeit ist als Indiz für eine Beschäftigung zu werten. Erfolgt der Einsatz lediglich *aushilfsweise*, z.B. um Arbeitsspitzen auffangen zu können, spricht dies keinesfalls gegen die Annahme einer Beschäftigung. Eine aushilfsweise Tätigkeit wird häufig als Beschäftigung ausgeübt, beispielsweise als Minijob oder kurzfristige Beschäftigung. Ohne Aussagekraft ist auch, wenn innerhalb einer größeren Gruppe von Auftragnehmern eine erhebliche Fluktuation der Erwerbstätigen be-

151 s. SG Oldenburg, Beschl. v. 21.02.2018 – S 81 BA 28/18 ER, zitiert nach juris.

152 Vgl. SG Oldenburg, Urt. v. 27.07.2016 – S 51 R 49/14, zitiert nach juris; SG Oldenburg, Urt. v. 20.09.2016 – S 81 R 471/15, zitiert nach juris; s. auch: LSG Bayern, Beschl. v. 29.10.2014 – L 5 R 868/14 B ER, zitiert nach beck-online.

153 Vgl. SG Oldenburg, Urt. v. 27.07.2016 – S 51 R 49/14, zitiert nach juris.

154 Vgl. SG Oldenburg, Urt. v. 20.09.2016 – S 81 R 471/15, zitiert nach juris.

155 s. LSG Bayern, Beschl. v. 29.10.2014 – L 5 R 868/14 B ER, zitiert nach beck-online.

156 So im Fall des SG Oldenburg, Urt. v.14.01.2015 – S 51 R 69/12, zitiert nach juris.

steht, denn es kommt lediglich auf die Verhältnisse *während* der jeweiligen Arbeitseinsätze an[157].

Teilweise wird als Indiz für eine Beschäftigung angeführt, wenn vergleichbare Tätigkeiten im Allgemeinen *üblicherweise von Arbeitnehmern verrichtet* werden, auch wenn das betroffene Unternehmen selbst keine entsprechenden Arbeitnehmer beschäftigt[158]. So wurden von der Rechtsprechung ein Telefonist für ein Call-Center[159] und ein LKW-Fahrer eines Unternehmens für Kleintransporte[160] als beschäftigt angesehen. Insofern sei zu prüfen, ob sich die konkrete Tätigkeit von einer vergleichbaren Arbeitnehmertätigkeit wesentlich unterscheidet[161]. Diese Auffassung ist jedoch nicht überzeugend. Denn es ist bei der Statusprüfung nicht auf ein Berufsbild im Allgemeinen abzustellen, sondern stets auf die konkrete Tätigkeit und die Arbeitsumstände im Einzelfall[162]. Die meisten Tätigkeiten können theoretisch sowohl im Rahmen einer Beschäftigung als auch im Rahmen einer selbstständigen Tätigkeit ausgeübt werden.

b) Arbeitsort

Als Unterkriterium der „Weisungsabhängigkeit und Eingliederung" ist auch der Arbeitsort von Relevanz. Wenn der Arbeitsort seitens des Auftraggebers vorgegeben wird, spricht dies bei typisierender Betrachtung für eine Fremdbestimmtheit der Arbeitsleistung und fehlende unternehmerische Freiheiten. Die örtliche Bindung an den Betriebssitz des Auftraggebers lässt zwar nicht zwingend auf eine Beschäftigung schließen[163], kann aber Ausdruck einer Eingliederung in den Betriebsablauf des auftraggebenden Unternehmens sein. Eine Fremdbestimmtheit hinsichtlich des Arbeitsortes kann auch dann anzunehmen sein,

---

157 s. BSG, Urt. v. 04.06.1998 – B 12 KR 5/97 R, zitiert nach juris.

158 Vgl. im Ergebnis: Sächsisches LSG, Urt. v. 06.03.2012 – L 5 KR 152/10, zitiert nach juris; Sächsisches LSG, Urt. v. 04.03.2014 – L 5 R 425/12, zitiert nach juris.

159 Sächsisches LSG, Urt. v. 06.03.2012 – L 5 KR 152/10, zitiert nach juris.

160 Sächsisches LSG, Urt. v. 04.03.2014 – L 5 R 425/12, zitiert nach juris.

161 Vgl. Sächsisches LSG, Urt. v. 04.03.2014 – L 5 R 425/12, zitiert nach juris.

162 s. LSG Niedersachsen-Bremen, Urt. v. 28.02.2018 – L 2 R 258/17, zitiert nach juris; BSG, Urt. v. 04.06.2019 – B 12 R 10/18 R, zitiert nach juris.

163 s. LSG Nordrhein-Westfalen, Urt. v. 26.11.2014 – L 8 R 573/12, zitiert nach juris.

wenn zwar keine ausdrückliche Weisung hinsichtlich des Arbeitsortes ausgesprochen wurde, die Arbeit aber kraft Natur der Tätigkeit nur in den Räumlichkeiten des Auftraggebers erbracht werden kann[164]. Zu denken ist hier etwa an den Regaleinräumer im Supermarkt, die Pflegekraft im Krankenhaus, den Bauhelfer auf der Baustelle oder die Putzkraft in einem Unternehmen.

Wenn der Arbeitsort hingegen vom Erwerbstätigen selbst bestimmt werden kann, spricht dies für unternehmerische Freiheiten und damit für eine selbstständige Tätigkeit. Selbst wenn die Endmontage oder Übergabe der geschuldeten Leistung an einem vorher definierten Ort stattfindet, liegen unternehmerische Freiheiten vor, wenn die Vorfertigung des Werkes am eigenen Betriebssitz erfolgt. Allerdings ist eine freie Bestimmung des Arbeitsortes vor dem Hintergrund einer sich wandelnden Arbeitswelt einzuordnen. Im Zuge der Digitalisierung der Arbeitswelt nimmt die örtliche Gebundenheit der Arbeit ab, vieles ist auch von Hause über den Rechner zu erledigen[165]. Dementsprechend wird auch Beschäftigten zunehmend die Möglichkeit eingeräumt, den Arbeitsort frei zu wählen, wenn bei der Tätigkeit die Erledigung bestimmter Aufgaben im Vordergrund steht, nicht die Anwesenheit im Betrieb. Denkbar ist beispielsweise das Führen von Telefonaten, das Schreiben von Diktaten, die kreative Gestaltung oder die Erstellung geisteswissenschaftlicher Arbeiten. Aussagekräftig wird die Wahl des Arbeitsortes erst in der Gesamtschau mit den übrigen typusbildenden Kriterien.

c) Arbeitszeit

Als Unterkriterium der „Weisungsabhängigkeit und Eingliederung" ist auch die Gestaltung der Arbeitszeit relevant. Wird die Arbeitszeit ausdrücklich vom Auftraggeber vorgegeben, liegt eine Weisung vor, die als Indiz für die Annahme einer Beschäftigung gewertet werden kann. So sprechen *Dienst- und Einsatzpläne* für eine Eingliederung und damit

164 Vgl. Sächsisches LSG, Urt. v. 17.05.2011 – L 5 R 368/09, zitiert nach juris, vgl. auch LSG Nordrhein-Westfalen, Urt. v. 26.11.2014 – L 8 R 573/12, zitiert nach juris.

165 Vgl. *Ruland*, NZS 2019, 681, 688.

für die Annahme einer Beschäftigung[166]. Denn eine zentrale Einsatzplanung ist untypisch für eine selbstständige Tätigkeit. Beispielsweise hat die Rechtsprechung bei einer Pflegekraft, die anhand eines verbindlichen Dienstplanes eingeteilt war, eine Eingliederung angenommen[167]. Durch ein *festes Zeitschema* kann der Erwerbstätige also in die betrieblichen Abläufe des Auftraggebers eingegliedert sein. Dies ist jedoch nicht vorschnell anzunehmen, sondern kann nur in der Zusammenschau mit weiteren Umständen die Statusbeurteilung stützen. Denn auch selbstständig Tätige treffen oft zeitliche Absprachen mit dem Auftraggeber, beispielsweise wenn der Handwerker Reparaturen am Fabrikgebäude lediglich außerhalb der Produktionszeiten ausführen soll.

Auch wenn sich (ohne ausdrückliche Weisungen) aus der *Notwendigkeit des Arbeitsablaufs* beim Auftraggeber Arbeitszeiten ergeben, kann dies Ausdruck einer Eingliederung und Fremdbestimmung sein. So hat die Rechtsprechung etwa beim *Regalauffüller im Supermarkt*, der sich zeitlich nach dem Eintreffen der Waren und den Öffnungszeiten des Marktes richten musste, eine Beschäftigung angenommen.[168]

Als Indiz für eine Eingliederung kann darüber hinaus eine *intensive zeitliche Bindung* gelten[169], wenn die tatsächlichen Bedingungen der Tätigkeit eine Verfügungsmöglichkeit des Auftragnehmers über die eigene Arbeitskraft und die Arbeitszeit nicht hergeben[170] und der Erwerbstätige faktisch seine gesamte Arbeitskraft einem Auftraggeber/Arbeitgeber zur Verfügung stellt. Insbesondere wenn die Tätigkeit im Wesentlichen täglich in der Kernarbeitszeit und durchschnittlich 160 Stunden pro Monat ausgeübt wird[171] und der Auftraggeber gleichsam

166 Vgl. LSG Baden-Württemberg, Beschl. v. 19.07.2012 – L 11 R 1789/12 ER-B, zitiert nach juris; LSG Nordrhein-Westfalen, Urt. v. 26.11.2014 – L 8 R 573/12, zitiert nach juris; vgl. auch BSG, Urt. v. 10.08.2000 – B 12 KR 21/98 R, zitiert nach beck-online.

167 Vgl. LSG Nordrhein-Westfalen, Urt. v. 26.11.2014 – L 8 R 573/12, zitiert nach juris.

168 Vgl. Sächsisches LSG, Urt. v. 17.05.2011 – L 5 R 368/09, zitiert nach juris.

169 Vgl. LSG Nordrhein-Westfalen, Beschl. v. 01.06.2012 – L 8 R 150/12 B ER, zitiert nach juris.

170 So: BSG, Urt. v. 22.06.2005 – B 12 KR 28/03 R, zitiert nach juris.

171 s. BSG, Urt. v. 25.01.2001 – B 12 KR 17/00 R, zitiert nach juris

vollständig über die Arbeitskraft des Auftragnehmers verfügt[172], spricht dies für die Annahme einer Beschäftigung. Denn dann besteht keine realistische Möglichkeit, noch anderweitig unternehmerisch tätig zu sein[173]. So hat das BSG beispielsweise einen *Transportfahrer*, der einen engen Zeitrahmen vorgegeben bekam und faktisch täglich 7–8 Stunden für denselben Auftraggeber tätig war, als beschäftigt angesehen[174].

Demgegenüber kann die *freie Verfügungsmöglichkeit über die eigene Arbeitskraft* mit eigenständiger Zeiteinteilung als Indiz für die Annahme einer selbstständigen Tätigkeit angeführt werden[175]. Dies gilt jedoch nur dann, wenn die Freiheit hinsichtlich der Arbeitszeit Ausdruck eines fehlenden Weisungsrechts und unternehmerischer Freiheit ist und nicht nur Folge der Übertragung größerer Eigenverantwortung bei der Aufgabenerledigung auf den einzelnen Arbeitnehmer bei ansonsten fortbestehender funktionsgerecht dienender Teilhabe am Arbeitsprozess[176]. Die Abgrenzung kann im Einzelfall schwierig sein. So ist es auch im Rahmen von Beschäftigungsverhältnissen durchaus üblich, dass von Seiten des Arbeitgebers eine Rücksichtnahme auf zeitliche Präferenzen des Arbeitnehmers erfolgt[177]. Eine solche Gestaltungsfreiheit wird häufig Beschäftigten eingeräumt, die beispielsweise aufgrund familiärer Verpflichtungen oder eines parallelen Studiums nicht in Vollzeit arbeiten. Zudem verlieren Freiheiten bei der Arbeitszeitgestaltung in der modernen Arbeitswelt zunehmend an Aussagekraft, weil auch Arbeitnehmern durch Vertrauensarbeitszeit, Gleitzeit und Heimarbeit zunehmend flexible Gestaltungsmöglichkeiten eingeräumt werden. Sie sind insbesondere dort anzutreffen, wo für den Arbeitgeber nicht die Anwesenheit des Arbeitnehmers im Betrieb zu einer bestimmten Zeit von Bedeutung ist, sondern die tatsächliche Erledigung bestimmter Arbeiten innerhalb eines Zeitfensters[178]. Das BSG erwog

172 Vgl. BSG, Urt. v. 22.06.2005 – B 12 KR 28/03 R, zitiert nach juris.
173 BSG, Urt. v. 11.03.2009 – B 12 KR 21/07 R, zitiert nach juris.
174 BSG, Urt. v. 22.06.2005 – B 12 KR 28/03 R, zitiert nach juris.
175 Vgl. BSG, Urt. v. 24.01.2007 – B 12 KR 31/06 R, zitiert nach juris.
176 s. BSG, Urt. v. 18.11.2015 – B 12 KR 16/13 R, zitiert nach beck-online.
177 s. LSG Niedersachsen-Bremen, Urt. v. 05.04.2017 – L 2 R 385/16, zitiert nach juris; vgl. auch: LSG Nordrhein-Westfalen, Urt. v. 26.11.2014 – L 8 R 573/12, zitiert nach juris.
178 Vgl. Sächsisches LSG, Urt. v. 17.05.2011 – L 5 R 368/09, zitiert nach juris.

hierzu im Rahmen eines obiter dictums, ob Freiheiten hinsichtlich Arbeitszeit und Arbeitsumfang zukünftig nur noch dann als Indiz für eine Selbstständigkeit angesehen werden könnten, wenn gerade hieraus verbesserte Verdienstchancen erwachsen[179].

Jedenfalls können Freiheiten in der Gestaltung der Arbeitszeit allenfalls dann als Indiz für eine selbstständige Tätigkeit angesehen werden, wenn diese *während* des Tätigkeitsverhältnisses fortbestehen, d.h. der Einsatz z.B. abgebrochen und an einem anderen Tag fortgeführt werden kann. Irrelevant ist, ob im Vorfeld der Tätigkeitsübernahme die Einsatzzeit seitens des Auftragnehmers beeinflusst werden kann. Ausschlaggebend für die Statusbeurteilung sind die Verhältnisse *nach* Annahme – also bei Durchführung – des einzelnen Auftrags[180]. Auch ein Tagelöhner kann demnach beschäftigt sein; er wird dies sogar vielfach sein[181].

d) Dauer der Tätigkeit

Teilweise wird eine längere Dauer der Tätigkeit für denselben Auftraggeber als Argument für eine Eingliederung in den Betriebsablauf angeführt[182]. Hierfür spricht, dass ein auf Dauer angelegtes Vertragsverhältnis typisch für ein klassisch ausgeprägtes Beschäftigungsverhältnis ist[183]. Allerdings ist dieses Kriterium nur von *geringer Aussagekraft*. Denn eine Beschäftigung muss keineswegs auf längere Zeit angelegt sein[184], kurzfristige Beschäftigungen bei wechselnden Arbeitgebern oder eine unständige Beschäftigung bei stets demselben Arbeitgeber sind weder ausgeschlossen noch besonders ungewöhnlich. Andersherum kann eine selbstständige Tätigkeit durchaus lange Zeiträume für

179 s. BSG, Urt. v. 18.11.2015 – B 12 KR 16/13 R, BSGE 120, 99.

180 Vgl. BSG, Urteil vom 25.04.2012 – B 12 KR 24/10 R, zitiert nach juris.

181 Vgl. LSG Niedersachsen-Bremen, Urt. v. 20.04.2016 – L 2 R 558/15, zitiert nach juris.

182 Vgl. SG Oldenburg, Beschl. v. 21.02.2018 – S 81 BA 28/18 ER, zitiert nach juris; LSG Nordrhein-Westfalen, Beschl. v. 01.06.2012 – L 8 R 150/12 B ER, zitiert nach juris; SG Oldenburg, Urt. v. 27.07.2016 – S 51 R 49/14, zitiert nach juris; vgl. auch: *Seifert*, in: Münchener Anwaltshandbuch Sozialrecht, § 5 Rn. 5.

183 Vgl. *Seifert*, in: Münchener Anwaltshandbuch Sozialrecht, § 5 Rn. 5.

184 s. BSG, Urt. v. 30.06.2009 – B 2 U 3/08 R, zitiert nach beck-online.

wiederkehrende Auftraggeber verrichtet werden. Dementsprechend können wechselnde Auftraggeber für begrenzte Zeiträume kaum als aussagekräftiges Indiz für eine selbstständige Tätigkeit gewertet werden. Es kommt im Einzelfall also auf die weiteren typusbildenden Kriterien an.

e) Fachaufsicht/Qualitätssicherung

Wird während der laufenden Arbeit eine Fachaufsicht durchgeführt, liegt darin ein Indiz für eine Eingliederung in das auftraggebende Unternehmen und eine persönliche Abhängigkeit. Die *laufende Überwachung oder Qualitätskontrolle* entspricht dem typischen Bild einer Beschäftigung[185]. Ein Selbstständiger hat während der laufenden Tätigkeit in der Regel keine Berichtspflicht und unterliegt nicht der ständigen Überwachung, es erfolgt typischerweise erst bei Übergabe der Leistung eine Abnahme. Auch ein Kontrollsystem, welches gewährleistet, dass der Auftraggeber über Mängel informiert wird, kann gegen eine Selbstständigkeit sprechen; dies wurde von der Rechtsprechung bei einem Regalauffüller im Supermarkt, angenommen, bei dem zwar der Auftraggeber nicht vor Ort war, also nicht direkt anleitete, aber der Marktleiter des jeweiligen Supermarktes eine Minderleistung melden würde[186]. Allerdings ist zu berücksichtigen, dass in der modernen Arbeitswelt immer häufiger eine Qualitätssicherung auch hinsichtlich der Tätigkeit von freien Mitarbeitern und Subunternehmern eingerichtet wird. Dies muss nicht zwingend ausschlaggebend für die Annahme einer Beschäftigung sein. Es kommt stets auf die Gesamtbetrachtung unter Berücksichtigung der weiteren typusbildenden Kriterien an, wobei in jedem Einzelfall eine Wertung erforderlich ist, inwieweit eine Eingliederung in die Arbeitsorganisation gegeben ist.

Für eine Beschäftigung kann auch angeführt werden, wenn der Erwerbstätige gesetzlichen oder ordnungsrechtlichen *Vorgaben* unterliegt, die *vom Unternehmen zu überwachen* sind, wie beispielsweise Lehrkräfte einer allgemeinbildenden Schule an Gesetze, Verwaltungs-

185 s. Seifert, in: Münchener Anwaltshandbuch Sozialrecht, § 5 Rn. 5.
186 Vgl. Sächsisches LSG, Urt. v. 17.05.2011 – L 5 R 368/09, zitiert nach juris.

vorschriften und das Curriculum gebunden sind[187] oder ärztliches Krankenhauspersonal den regulatorischen Rahmenbedingungen nach § 30 Abs. 1 Gewerbeordnung unterliegt[188]. Das Unternehmen ist in diesem Fall zur Kontrolle der Tätigkeit verpflichtet, es hat bei Bedarf Weisungen zu erteilen.

f) Unternehmerische Freiheiten

Als Unterkriterium im Rahmen der Eingliederung und Weisungsabhängigkeit ist das Vorhandensein von unternehmerischen Freiheiten relevant. Solche Freiheiten sprechen gegen eine Eingliederung und sind damit ein typusbildendes Kriterium für eine selbstständige Tätigkeit. Unternehmerische Freiheiten können sich auf verschiedene Weise zeigen. Typisch für Selbstständige ist eine im Wesentlichen frei gestaltete Tätigkeit[189]. Vergleichsmaßstab ist eine entsprechende Tätigkeit in angestellter Form. Damit ein Indiz für eine selbstständige Tätigkeit angenommen werden kann, müssen Handlungsspielräume vorliegen, die für Arbeitnehmer uncharakteristisch sind[190]. Beispielsweise spricht für unternehmerische Freiheiten, wenn keine Mindestzeiten der Anwesenheit bestehen, die *Arbeitszeiten* hinsichtlich Lage und Umfang selbst bestimmt werden können und keine Sanktionen bei kurzfristigen eigenmächtigen Änderungen der Arbeitszeit erfolgen[191]. Auch eigene *Entscheidungsbefugnisse* bezüglich des Inhaltes und der Ausführung der Tätigkeit können Ausdruck unternehmerischer Freiheiten sein[192]. Selbstständig Tätige verfügen typischerweise über eigene Entscheidungsbefugnisse[193] und erhebliche Gestaltungsspielräume, wie sie ihre Tätigkeit gestalten und einteilen. In diesem Sinne kann ein frei schöp-

187 Vgl. Sächsisches LSG, Urt. v. 21.03.2014 – L 1 KR 179/09, zitiert nach juris.

188 s. BSG, Urt. v. 04.06.2019 – B 12 R 10/18 R, zitiert nach juris.

189 Vgl. BSG, Urt. v. 24.01.2007 – B 12 KR 31/06 R, zitiert nach juris; BSG, Urt. v. 10.08.2000 – B 12 KR 21/98 R, zitiert nach beck-online.

190 s. BSG, Urt. v. 28.09.2011 – B 12 R 17/09 R, zitiert nach juris.

191 s. BSG, Urt. v. 30.10.2013 – B 12 KR 17/11 R, zitiert nach juris.

192 Vgl. BSG, Urt. v. 28.09.2011 – B 12 R 17/09 R, zitiert nach juris; Sächsisches LSG, Urt. v. 06.03.2012 – L 5 KR 152/10, zitiert nach juris.

193 Vgl. Sächsisches LSG, Urt. v. 04.03.2014 – L 5 R 425/12, zitiert nach juris (Lastwagenfahrer im Unternehmen für Kleintransporte).

ferisches Tätigwerden nach eigenem Gutdünken als Argument für eine selbstständige Tätigkeit angeführt werden[194]. Allerdings sind Entscheidungs- und Gestaltungsbefugnisse erst dann ein aussagekräftiges Indiz für eine Selbstständigkeit, wenn sie nicht mehr im Rahmen dienender Teilhabe am Arbeitsprozess liegen und eigennützig durch den Erwerbstätigen zur Steigerung seiner Verdienstchancen eingesetzt werden können. Dies wird eher anzunehmen sein, wenn es sich um höherwertige Tätigkeiten handeltund die Honorierung von Arbeitsergebnis und Arbeitserfolg abhängig ist.[195]

Teilweise wird als Indiz für eine selbstständige Tätigkeit angesehen, wenn der Auftragnehmer für jeden Einzelauftrag seine Entschließungsfreiheit, ob er den Auftrag annehmen möchte, erneut betätigen kann[196]. Ein *Ablehnungsrecht* spreche gegen eine Beschäftigung[197]. Dieses Abgrenzungskriterium hat jedoch nur untergeordnete Bedeutung, da grundsätzlich auf die persönliche Abhängigkeit bzw. auf die unternehmerische Freiheit *während* des Arbeitseinsatzes abzustellen ist, nicht auf die Situation vor Aufnahme der Tätigkeit. Hingegen kann eine Verpflichtung, sämtliche Aufträge entgegen zu nehmen, oder die Sanktionierung von Ablehnungen für eine Beschäftigung sprechen[198], da die Entschließungsfreiheit eingeschränkt ist.

Fehlen unternehmerische Freiheiten, so spricht dies für eine Beschäftigung[199]. Dies ist beispielsweise anzunehmen bei einfachen, typischen Arbeitnehmerverrichtungen ohne wesentliche eigene Gestaltungsspielräume[200] und ohne Möglichkeit zu einer individuellen Arbeitsgestaltung und Arbeitsleistung. So fehlt der für einen Selbstständi-

194 Vgl. Sächsisches LSG, Urt. v. 06.03.2012 – L 5 KR 152/10, zitiert nach juris.

195 Vgl. BSG, Urt. v. 18.11.2015 – B 12 KR 16/13 R, zitiert nach beck-online.

196 Vgl. BSG, Urt. v. 30.10.2013 – B 12 KR 17/11 R, zitiert nach juris.

197 LSG Baden-Württemberg, Urt. v. 08.08.2019 – L 7 BA 3027/18, zitiert nach juris.

198 BSG, Urt. v. 11.03.2009 – B 12 KR 21/07 R, zitiert nach juris.

199 s. Sächsisches LSG, Urt. v. 17.05.2011 – L 5 R 368/09, zitiert nach juris (Regalauffüller).

200 Vgl. Sächsisches LSG, Urt. v. 17.05.2011 – L 5 R 368/09, zitiert nach juris (externer Regalauffüller im Supermarkt); Sächsisches LSG, Urt. v. 06.03.2012 – L 5 KR 152/10, zitiert nach juris (Call-Center-Mitarbeiter); Sächsisches LSG, Urt. v. 04.03.2014 – L 5 R 425/12, zitiert nach juris (Lastwagenfahrer im Unternehmen für Kleintransporte); SG Oldenburg, Beschl. v. 21.02.2018 – S 81 BA 28/18 ER, zitiert nach juris (Trockenbauarbeiten für ein Trockenbauunternehmen); LSG Niedersachsen-Bremen, Urt. v. 28.02.2018 – L 2 R 258/17, zitiert nach juris (Kü-

gen typische Gestaltungsspielraum, wenn der für ein Bauunternehmen tätige Maurer weder die Baumaterialien aussucht, noch entscheidet, in welcher Reihenfolge er die Baustellen bearbeitet, noch die Bauherren berät oder Verhandlungen mit den Endkunden führt[201]. Unternehmerische Freiheiten wurden von der Rechtsprechung auch verneint bei einem Lastwagenfahrer[202], einem Regalauffüller im Supermarkt[203] und bei persönlich undifferenzierter Gruppenarbeit wie dem Schlachten und Zerlegen in einer Kolonne[204] oder dem Kükensortieren nach Geschlecht[205].

Bei der Wertung ist zu berücksichtigen, dass die Weisungen, die zur Erfüllung der gestellten Aufgaben erteilt werden, in der Regel auch bei Beschäftigten umso geringer sind, je höher die Qualifikation des Erwerbstätigen ist. Dass der Erwerbstätige während der Arbeit allein ist und seine Aufgabe unbeaufsichtigt umsetzt, ist auch bei angestellten *Facharbeitern* üblich und taugt daher nicht als Indiz für eine selbstständige Tätigkeit[206]. Eine gewisse Eigenverantwortung wird auch beschäftigten Mitarbeitern mit abgeschlossener Berufsausbildung typischerweise eingeräumt. Von einem Facharbeiter erwartet der Arbeitgeber, dass er den Beruf beherrscht und nicht jeder Arbeitsschritt überwacht werden muss. Individuelle Verantwortung und unternehmerische Freiheit, die für eine Selbstständigkeit sprechen sollen, müssen über solche Freiräume hinausgehen.[207] Von unternehmerischer Freiheit kann also nur ausgegangen werden, wenn *Entscheidungsbefugnisse*

kensortierer). Siehe auch: BSG, Urt. v. 28.09.2011 – B 12 R 17/09 R, zitiert nach juris (ablehnend für eine hauswirtschaftliche Familienbetreuerin).

201 So: SG Oldenburg, Beschl. v. 21.02.2018 – S 81 BA 28/18 ER, zitiert nach juris, vgl. auch SG Oldenburg, Urt. v. 27.07.2016 – S 51 R 49/14, zitiert nach juris.

202 Vgl. Sächsisches LSG, Urt. v. 17.05.2011 – L 5 R 368/09, zitiert nach juris; Sächsisches LSG, Urt. v. 06.03.2012 – L 5 KR 152/10, zitiert nach juris; Sächsisches LSG, Urt. v. 04.03.2014 – L 5 R 425/12, zitiert nach juris (Lastwagenfahrer im Unternehmen für Kleintransporte).

203 s. Sächsisches LSG, Urt. v. 17.05.2011 – L 5 R 368/09, zitiert nach juris.

204 Vgl. BSG, Urt. v. 04.06.1998 – B 12 KR 5/97 R, zitiert nach juris.

205 s. LSG Niedersachsen-Bremen, Urt. v. 28.02.2018 – L 2 R 258/17, zitiert nach juris.

206 s. SG Oldenburg, Urt. v. 27.07.2016 – S 51 R 49/14, zitiert nach juris (Maurer im Bauunternehmen).

207 Vgl. SG Oldenburg, Urt. v.14.01.2015 – S 51 R 69/12, zitiert nach juris (Koch im Cateringunternehmen).

und Eigenverantwortung über die von *vergleichbar ausgebildeten* und in ähnlichen Bereichen tätigen Beschäftigten hinausgehen. So müssen umfangreiche künstlerische Gestaltungsspielräume kein Indiz für eine selbstständige Tätigkeit sein, wenn gerade diese künstlerische Gestaltung die vertraglich geschuldete Aufgabe ist.[208] Auch Ärzte handeln bei medizinischer Heilbehandlung und Therapie grundsätzlich frei und eigenverantwortlich, ohne das hieraus auf eine Selbstständigkeit zu schließen wäre[209]. Ebenso verhält es sich bei angestellten Rechtsanwälten. Das typusbildende Kriterium unternehmerischer Freiheit ist zudem vor dem Hintergrund einer *sich wandelnden Arbeitswelt* zu betrachten. Angesichts zunehmender Freiheiten bezüglich Arbeitsort und Arbeitszeitgestaltung, die im Zuge moderner Entwicklungen der Arbeitswelt auch Arbeitnehmern eingeräumt werden, ist zu überdenken, ob Freiheiten zukünftig nur noch dann als Indiz für eine Selbstständigkeit angesehen werden, wenn gerade hieraus verbesserte Verdienstchancen erwachsen[210].

g) Einbringen von Fachwissen und Fähigkeiten

Als weiteres Unterkriterium der Eingliederung wird zukünftig vermehrt auf das Einbringen von Fachwissen und Fähigkeiten in den Betriebsablauf des Auftraggebers abzustellen sein. Der Wandel der Arbeitswelt macht es erforderlich, das typusbildende Kriterium der Eingliederung fortzuentwickeln. Neben einer zunehmenden Digitalisierung wird der Arbeitsmarkt deutlich wissensorientierter. Im Rahmen der Eingliederung kann daher relevant sein, wer während der Tätigkeitsausübung *„Herr des Wissens und der Fähigkeiten“* ist. Wenn der Erwerbstätige seinen Sachverstand dem Unternehmen zur Verfügung stellt und für das Unternehmen nutzbar macht, spricht dies für eine Eingliederung und damit für eine Beschäftigung. So werden Wissen und Fähigkeiten, die von Mitarbeitern in das Unternehmen eingebracht werden, dem Unternehmen zugeschrieben und nicht dem Ein-

208 Vgl. *Mette*, NZS 2015, 721, 725.
209 BSG, Urt. v. 04.06.2019 – B 12 R 10/18 R, zitiert nach juris.
210 Vgl. hierzu: BSG, Urt. v. 18.11.2015 – B 12 KR 16/13 R, zitiert nach beck-online.

zelnen. Wendet der Erwerbstätige hingegen seine besonderen Fähigkeiten und sein Fachwissen lediglich selbst an und belässt es nach Beendigung des Auftrages nicht im Unternehmen, sondern „nimmt es wieder mit", liegt hierin ein Indiz für eine fehlende Eingliederung und damit für eine Selbstständigkeit. Denn dann hat der Erwerbstätige sein Fachwissen und seine Fähigkeiten dem Unternehmen nicht zur Nutzung zur Verfügung gestellt. Wissen und Fähigkeiten sind dann nicht eingebracht, sondern bleiben für das Unternehmen extern.

Für eine Selbstständigkeit spricht insofern, wenn der Auftraggeber durch die Beauftragung des Erwerbstätigen vorübergehend die *Fachkompetenz einer anderen Branche „einkauft"*, die er selbst mit seinem Unternehmen nicht abdecken kann[211]. Hiervon ist auszugehen, wenn das Unternehmen keine Angestellten hat, die eine vergleichbare Tätigkeit ausüben. Beispielhaft sei die Beauftragung eines Steuerberaters mit dem Jahresabschluss, eines Rechtsanwaltes mit dem Aufsetzen eines Vertrages oder eines Handwerkers mit fremden Gewerken, die nicht zur Kompetenz des Auftraggebers gehören, genannt. Der beauftragte Handwerker, der beispielsweise eine Reparatur durchführt, wendet seine handwerklichen Fähigkeiten ausschließlich selbst an und bringt diese nicht zur weiteren Nutzung in den Betriebsablauf des Auftraggebers ein. Nach Beendigung des Auftrages verbleiben Wissen und Fähigkeiten nicht beim Auftraggeber. Der Handwerker bleibt „Herr seines Wissens und seiner Fähigkeiten", sie sind aus Sicht des Auftraggebers weiterhin extern.

In der Literatur wird teilweise die Frage diskutiert, ob das *besondere Know-how* eines Erwerbstätigen als positives Kriterium für das Vorliegen einer Selbstständigkeit zu qualifizieren ist, da der bewusste, marktliche Einsatz des eigenen Wissens und Könnens in der digitalen Informations- und Wissensgesellschaft wirtschaftlich bedeutsam sei[212]. Zur Begründung wird angeführt, dass insbesondere in Branchen mit *Fachkräftemangel* (etwa im Pflegebereich, im IT-Bereich und teilweise in der Ärzteversorgung) sowie bei projektbezogenem Einsatz von externen Spezialisten (etikettiert etwa als Interim-Manager, Interim-Pro-

211 So auch: SG Oldenburg, Urt. v. 27.07.2016 – S 51 R 49/14, zitiert nach juris; SG Oldenburg, Urt. v. 20.09.2016 – S 81 R 471/15, zitiert nach juris; SG Oldenburg, Beschl. v. 21.02.2018 – S 81 BA 28/18 ER, zitiert nach juris.

212 So: *Uffmann*, NZA 2018, 265, 269 f.

fessional, Berater oder Externer[213]) besonderes Know-How dazu führen könne, dass der Erwerbstätige sehr hohe Vergütungen verhandeln kann. Zudem habe der Erwerbstätige teilweise selbst ein Interesse daran, mittels „Honorarverträgen" eine höhere Flexibilität der Arbeitskraft sowie eine höhere Vergütung zu realisieren, als es im Rahmen einer Festanstellung gegebenenfalls möglich wäre. Außerdem sei der Erwerbstätige durch besonderes Know-How in der Lage, die vereinbarten Leistungen eigenständig und unabhängig wahrzunehmen, ohne dass ihm fachliche Weisungen erteilt werden könnten[214].

Ein eigenständiges typusbildendes Kriterium des besonderen Know-How ist von der Rechtsprechung bisher nicht anerkannt worden[215] und auch nicht überzeugend. Denn für die Statusbeurteilung ist nicht auf das *Vorhandensein* von besonderen Fähigkeiten und Fachwissen beim Erwerbstätigen abzustellen. Fachwissen und besondere Fähigkeiten sind für Beschäftigte und Selbstständige gleichermaßen wichtig. Sie werden sowohl vom angestellten Facharbeiter bzw. dem angestellten Akademiker erwartet als auch von einem Selbstständigen. Typusbildend kann nur der *Umgang* des Erwerbstätigen mit seinem Fachwissen sein. Maßgeblich ist also die Frage, ob Wissen und Fähigkeiten in das beauftragende Unternehmen *eingebracht* und für dieses nutzbar werden oder für den Auftraggeber extern bleiben. Ersteres spricht für eine Eingliederung, letzteres für eine Selbstständigkeit des Erwerbstätigen.

Die von der Gegenmeinung vorgetragenen Aspekte greifen nicht. Das Argument, es bestehe bei besonders hoher Vergütung keine Schutzbedürftigkeit des Erwerbstätigen, ist systemfremd, denn individuelle Schutzbedürftigkeit und wirtschaftliche Leistungsfähigkeit sind nach der Gesetzessystematik für Statusbeurteilungen gerade nicht maßgeblich (siehe zur Problematik besonders hoher Vergütung die Ausführungen unter III.5.). Auch das Argument, der Erwerbstätige habe teilweise selbst den Wunsch, selbstständig tätig zu sein, überzeugt nicht. Denn die Motivation für die Eingehung eines Honorarvertrages

213 So: *Uffmann*, NZA 2018, 265.

214 So: *Becker/Hennecke*, BB 2019, 820, 822.

215 s. insbesondere: BSG, Urt. v. 04.06.2019 – B 12 R 10/18 R, zitiert nach juris.

ist bei der Statusbeurteilung unbedeutend[216]. Maßgeblich sind allein die tatsächlichen Verhältnisse der Tätigkeitsausübung. Unerheblich ist insofern auch, welche der beiden Vertragsparteien das Ziel hatte, eine Selbstständigkeit, statt einer Beschäftigung zu begründen. Falls die Initiative für einen Honorarvertrag von dem Erwerbstätigen ausgegangen sein sollte und nicht vom Auftraggeber/Arbeitgeber, steht dies der Annahme einer Beschäftigung mit entsprechender Versicherungs- und Beitragspflicht also nicht entgegen[217].

Zuletzt kann ein etwaiger *Fachkräftemangel* keinen Einfluss auf die Versicherungspflicht haben. Für Unternehmer bestehende Schwierigkeiten, qualifizierte Beschäftigte zu gewinnen sowie Erfordernisse einer Kostenoptimierung sind für die sozialversicherungsrechtliche Statusbeurteilung nicht relevant[218]. Sozialrechtliche Regelungen zur Versicherungs- und Beitragspflicht können nicht außer Kraft gesetzt werden, um die Attraktivität durch „Entlastung" von Sozialversicherungsbeiträgen zu steigern; eine solche Entscheidung könnte allenfalls der Gesetzgeber treffen, wobei er die Gleichbehandlung der Versichertengruppen zu beachten hätte[219]. Die aktuelle Gesetzessystematik gibt die Berücksichtigung eines Fachkräftemangels nicht her. Denn betroffen wären von diesem Kriterium ganze Berufsgruppen, bei der Statusbeurteilung ist jedoch nicht auf ein Berufsbild im Allgemeinen, sondern stets auf das konkrete Tätigkeitsverhältnis abzustellen[220]. Maßgeblich sind stets die internen, von den Beteiligten gestalteten Arbeits-

216 Vgl. *Diepenbrock*, NZS 2016, 127, 130. Andere Ansicht: LSG Schleswig-Holstein, Urt. v. 11.05.2017 – L 5 KR 73/15 – zitiert nach juris; das für Fachpersonal im Bereich Pflege ausführte, es dürfe nicht übersehen werden, dass der Arbeitskräftemangel in bestimmten Branchen es erfordere, den Wunsch des Erwerbstätigen nach einer freiberuflichen Tätigkeit zu akzeptieren, um ausreichend qualifiziertes Personal im Betrieb einsetzen zu können.

217 Vgl. auch: *Diepenbrock*, NZS 2016, 127, 130.

218 BSG, Urt. v. 04.06.2019 – B 12 R 10/18 R, zitiert nach juris. Allein das LSG Schleswig-Holstein (Urt. v. 11.05.2017 – L 5 KR 73/15, zitiert nach juris) führte aus, dass es bei Fachkräftemangel in bestimmten Branchen erforderlich sei, den Wunsch des Erwerbstätigen nach einer freiberuflichen Tätigkeit zu akzeptieren, um ausreichend qualifiziertes Personal im Betrieb einsetzen zu können.

219 Vgl. *Ruland*, NZS 2019, 681, 686, der die Einführung des § 23c Abs. 2 SGB IV (Rentenversicherungsfreiheit für Notärzte im Nebenberuf) rügt, weil ein Verstoß gegen den Gleichheitsgrundsatz vorliege.

220 s. LSG Niedersachsen-Bremen, Urt. v. 28.02.2018 – L 2 R 258/17, zitiert nach juris; BSG, Urt. v. 04.06.2019 – B 12 R 10/18 R, zitiert nach juris.

bedingungen, es wäre systemfremd, ein nicht von den Beteiligten beeinflussbares, *externes Kriterium* bei der Statusbeurteilung zu berücksichtigen.

h) Schutz von Betriebsgeheimnissen/Patentschutz

Als Unterkriterium der Eingliederung ist der Schutz von Betriebsgeheimnissen von Relevanz. Maßgeblich ist hier die Frage, *in wessen Interesse* Wissen oder Betriebsgeheimnisse gewahrt werden. Es spricht insofern für eine Eingliederung, wenn ein *offener Wissenstransfer* stattfindet und der Erwerbstätige sein Wissen nicht zurückhält, sondern für seinen Arbeitgeber/Auftraggeber *nutzbar* macht, es mit anderen Mitarbeitern teilt und dem Unternehmen frei zur Verfügung stellt. Hingegen spricht es für eine Selbstständigkeit, wenn der Erwerbstätige Betriebsgeheimnisse für sich behält und einen Wissensvorsprung nicht offen mit seinem Auftraggeber teilt. Im Zuge dessen kann auf eine Eingliederung hindeuten, wenn vom Erwerbstätigen angefertigte *Unterlagen* wie etwa Gesprächsprotokolle, Stundenzettel, Arbeitsentwürfe, bei dem Arbeitgeber/Auftraggeber verbleiben. Behält der Erwerbstätige die Unterlagen hingegen in seinem Besitz, spricht dies für die Annahme einer Selbstständigkeit.

Parallel verläuft die Wertung bei Patenten und anderen Schutzrechten. Es ist ein Indiz für eine Eingliederung, wenn nach einer Neuentwicklung des Erwerbstätigen der Arbeitgeber/Auftraggeber das hieraus erwachsende neue Patent oder neue Markenrecht für sich in Anspruch nimmt und im eigenen Namen anmeldet. Hingegen spricht es für eine selbstständige Tätigkeit, wenn dem Erwerbstätigen selbst die Vorteile seiner Neuentwicklung zugutekommen und er die Patentanmeldung im eigenen Namen durchführt, denn hierdurch eröffnen sich dem Erwerbstätigen unternehmerische Gewinnchancen.

i) Erkennbarkeit einer Selbstständigkeit für den Endkunden

Im Rahmen der Eingliederung kann auch die Erkennbarkeit der Selbstständigkeit für den Endkunden von Bedeutung sein. Gibt sich der Auftragnehmer gegenüber dem Endkunden nicht als Selbstständiger zu erkennen[221], sondern bleibt er für die Kunden des allein am Markt auftretenden Auftraggebers anonym, so erhält der Endkunde den Eindruck, dass dieser „im Lager" des Unternehmers steht. Insbesondere wenn der Erwerbstätige im Namen des Auftraggebers auftritt, indem er beispielsweise Arbeitskleidung von dem Auftraggeber mit dessen Firmenlogo trägt, dessen Firmenfahrzeug nutzt und sich gegenüber dem Endkunden mit dem Firmennamen seines Auftraggebers vorstellt, kann dies Ausdruck der Eingliederung des Erwerbstätigen in das auftraggebende Unternehmen sein und für eine Beschäftigung sprechen. Dadurch erweckt er nach außen den Eindruck, angestellter Mitarbeiter seines Auftraggebers zu sein und wird aus der Sicht eines Dritten dem Einflussbereich des Auftraggebers zugerechnet[222]. Für eine Eingliederung spricht demgemäß auch, wenn der Erwerbstätige weder Verhandlungen mit den Endkunden führt noch persönlich die Verantwortung für die Qualität der geleisteten Arbeit übernimmt oder Rechnung direkt gegenüber dem Endkunden ausstellt[223] und deshalb für den Endkunden nicht als Selbstständiger erkennbar ist.

So hat die Rechtsprechung beispielsweise bei einem *Busfahrer*, der gegenüber Fahrgästen nicht als selbstständiger Personenbeförderungsunternehmer auftrat, eine Beschäftigung angenommen[224], ebenso bei einem Chatpartner, der auf einer allein nach außen in Erscheinung tretenden Plattform neben anderen Erwerbstätigen Bildschirmnachrichten sexuellen Inhalts verfasste[225], bei einem Transportfahrer ohne eigenes Fahrzeug[226] und bei einem Bauarbeiter, der Firmenkleidung des Auftraggebers trug und für die Bauherren nicht als Einzelunternehmer erkennbar war[227].

221 So etwa im Fall des BSG, Urt. v. 10.08.2000 – B 12 KR 21/98 R, zitiert nach beck-online; vgl. auch: LSG Bayern, Beschl. v. 13.01.2014 – L 5 R 911/13 B ER, zitiert nach beck-online.

222 Vgl. SG Oldenburg, Beschl. v. 21.02.2018 – S 81 BA 28/18 ER, zitiert nach juris.

223 Vgl. SG Oldenburg, Urt. v. 20.09.2016 – S 81 R 471/15, zitiert nach juris.

224 Vgl. LSG Bayern, Urt. v. 11.02.2014 – L 5 R 1072/12, zitiert nach juris.

225 Vgl. BSG, Urt. v. 10.08.2000 – B 12 KR 21/98 R, zitiert nach beck-online.

226 s. LSG Bayern, Beschl. v. 13.01.2014 – L 5 R 911/13 B ER, zitiert nach beck-online.

227 s. SG Oldenburg, Beschl. v. 21.02.2018 – S 81 BA 28/18 ER, zitiert nach juris.

Für eine selbstständige Tätigkeit spricht hingegen, wenn der Auftragnehmer nach außen *im eigenen Namen als Unternehmer auftritt*[228], z.B. indem er sich unter eigener Firma vorstellt, Arbeitskleidung mit eigenem Firmenlogo trägt und sein Arbeitsfahrzeug mit einem eigenen Firmenlogo bedruckt ist. Auch wenn er im eigenen Namen Besprechungen und Verhandlungen mit dem Endkunden durchführt, spricht dies für eine selbstständige Tätigkeit. Er macht damit deutlich, nicht Teil des auftraggebenden Unternehmens, also nicht eingegliedert zu sein. Als Indiz für eine selbstständige Tätigkeit kann auch angeführt werden, wenn der Erwerbstätige selbst mit dem Endkunden einen Vertrag schließt und von diesem direkt bezahlt wird[229]. In diesem Fall spricht der erste Anschein dafür, dass der Auftraggeber den Erwerbstätigen lediglich vermittelt hat und letzterer nicht im Lager des Auftraggebers steht. Dementsprechend wurde von der Rechtsprechung eine Pflegekraft als selbstständig angesehen, die einen *direkten Vertrag* mit der zu pflegenden Person geschlossen hatte und nicht vom vermittelnden Unternehmer bezahlt wurde, sondern unmittelbar von der zu pflegenden Person[230].

3. Höchstpersönliche Leistungserbringung versus Einsatz weiterer Personen

Als weiteres typusbildendes Kriterium für die Annahme einer Beschäftigung wird eine höchstpersönliche Leistungserbringung des Auftragnehmers angesehen[231], denn sie ist typisch für eine Arbeitnehmerbeziehung. Ein Angestellter hat selbst keine sozialversicherungspflichtig beschäftigten Arbeitnehmer, die ihn in seiner Tätigkeit unterstützen

228 Vgl. SG Oldenburg, Beschl. v. 21.02.2018 – S 81 BA 28/18 ER, zitiert nach juris.

229 So auch: LSG Baden-Württemberg, Beschl. v. 19.07.2012 – L 11 R 1789/12 ER-B, zitiert nach juris.

230 So im Fall des LSG Baden-Württemberg, Beschl. v. 19.07.2012 – L 11 R 1789/12 ER-B, zitiert nach juris.

231 Vgl. BSG, Urt. v. 17.12.2014 – B 12 R 13/13 R, zitiert nach juris; BSG, Urt. v. 18.11.2015 – B 12 KR 16/13 R, zitiert nach beck-online; LSG Baden-Württemberg, Urt. v. 29.06.2017 – L 10 R 592/17, zitiert nach juris; SG Oldenburg, Beschl. v. 21.02.2018 – S 81 BA 28/18 ER, zitiert nach juris; *Seifert*, in: Münchener Anwaltshandbuch Sozialrecht, § 5 Rn. 6.

könnten. Auch beauftragt er typischerweise keine Subunternehmer und sorgt im Falle seiner Verhinderung in der Regel nicht eigenständig für eine Ersatzkraft. Die *Aussagekraft* der höchstpersönlichen Leistungserbringung ist als typusbildendes Kriterium jedoch *gering*. Denn auch der Solo-Selbstständige erbringt die Arbeitsleistung grundsätzlich selbst[232]. Einschränkend ist zudem zu berücksichtigen, dass im Falle besonderer Kompetenz eines Selbstständigen oft gerade die höchstpersönliche Leistungserbringung Vertragsinhalt ist, beispielsweise bei einem Arzt, Rechtsanwalt oder Dozenten. Ist der Auftrag wegen dieser *Expertise* vergeben worden, ist die persönliche Leistungserbringung Teil der Beauftragung und ein Austausch der leistenden Person kaum möglich[233]. In diesem Falle kann die persönliche Leistungserbringung demgemäß nicht als Argument für eine Beschäftigung herangezogen werden.

Andersherum aber spricht für eine selbstständige Tätigkeit, wenn vom Auftragnehmer tatsächlich *eigene sozialversicherungspflichtige Arbeitnehmer* entsandt werden oder er eigenmächtig einen *Subunternehmer* mit der Erfüllung der geschuldeten Tätigkeit beauftragt. Die Möglichkeit, Leistungen durch Dritte erbringen zu lassen, besteht in Arbeitsverhältnissen nicht und kann daher als Kriterium für eine Selbstständigkeit gewertet werden[234]. Auch wenn der Erwerbstätige im Falle seiner Verhinderung (etwa bei Krankheit, Arzttermin, Krankheit des Kindes usw.) die Verantwortung für die Erledigung der vereinbarten Leistung übernimmt und eigenverantwortlich für eine Ersatzkraft sorgt, spricht dies für eine unternehmerische Risikoverteilung. Ein Arbeitnehmer würde seinem Arbeitgeber den Umstand seiner Verhinderung klassischerweise lediglich mitteilen, ohne selbst für eine Ersatzkraft zu sorgen[235]. Allerdings ist erforderlich, dass von der Delegationsbefugnis realistischerweise Gebrauch gemacht werden kann und

232 a.A. wohl: BSG, Urt. v. 11.03.2009 – B 12 KR 21/07 R, zitiert nach juris, das ein Indiz für eine Beschäftigung annimmt, wenn der Auftragnehmer regelmäßig keinen versicherungspflichtigen Arbeitnehmer beschäftigt und damit die persönliche Arbeitsleistung die Regel ist.

233 Vgl. *Becker/Hennecke*, BB 2019, 820, 825.

234 Vgl. *Becker/Hennecke*, BB 2019, 820, 825.

235 Vgl. ähnlich: LSG Baden-Württemberg, Urt. v. 29.06.2017 – L 10 R 592/17, zitiert nach juris.

diese Freiheit die Tätigkeit tatsächlich prägt[236]. Wenn die Leistungserbringung durch Dritte lediglich eine seltene Ausnahme darstellt, soll nach der Rechtsprechung nicht unbedingt auf eine Selbstständigkeit geschlossen werden können[237]. Entscheidend sei, ob Art und Umfang der tatsächlichen Einschaltung Dritter als prägend für die konkrete Tätigkeit angesehen werden können[238] und der Auftragnehmer hierdurch die Möglichkeit hat, den Umfang seiner Tätigkeit wesentlich zu erweitern[239], indem er nunmehr z.B. parallele Aufträge entgegennehmen oder seine Arbeitskraft anderweitig nutzen kann.

4. Unternehmerische Gewinnchancen

Unternehmerische Gewinnchancen sind Indiz für eine selbstständige Tätigkeit. Sie bestehen, wenn die Verdienstmöglichkeiten durch besondere, arbeitnehmer*un*typische Anstrengungen erhöht werden können[240]. Insbesondere liegen unternehmerische Gewinnchancen vor, wenn das Verhältnis zwischen Aufwand und eigenem Ertrag des Erwerbstätigen durch unternehmerisches Geschick beeinflusst werden kann[241]. Es kommt darauf an, ob der Erwerbstätige die Möglichkeit hat, durch wirtschaftliches Handeln seinen *eigenen wirtschaftlichen Erfolg zu maximieren* – nicht den des beauftragenden Unternehmens. Unternehmerisches Handeln kann beispielsweise in der Senkung von Betriebskosten durch hartnäckige Verhandlungen mit Lieferanten, effektive Arbeitsplanungen und sparsamen Personaleinsatz bestehen, oder aber durch die Erhöhung der Einnahmen mittels eines guten Verkaufsauftritts und sicheren Verhandlungsgeschicks beim Kunden.[242]

236 Vgl. BSG, Urt. v. 11.03.2009 – B 12 KR 21/07 R, zitiert nach juris; vgl. ferner: BSG, Urt. v. 18.11.2015 – B 12 KR 16/13 R, zitiert nach beck-online.

237 Vgl. BSG, Urt. v. 22.06.2005 – B 12 KR 28/03 R, zitiert nach juris; BSG, Urt. v. 11.03.2009 – B 12 KR 21/07 R, zitiert nach juris.

238 s. BSG, Urt. v. 18.11.2015 – B 12 KR 16/13 R, zitiert nach beck-online.

239 Vgl. BSG, Urt. v. 26.02.1960 – 3 RK 41/57, zitiert nach juris (Zeitungsausträger), Sächsisches LSG, Urt. v. 17.05.2011 – L 5 R 368/09 (externer Regalauffüller), zitiert nach juris.

240 s. BSG, Urt. v. 30.10.2013 – B 12 KR 17/11 R, zitiert nach juris.

241 s. BSG, Urt. v. 04.06.2019 – B 12 R 10/18 R, zitiert nach juris.

242 Vgl. SG Oldenburg, Urt. v. 27.07.2016 – S 51 R 49/14, zitiert nach juris.

Für unternehmerische Gewinnchancen spricht, wenn der Erwerbstätige die Kalkulation selbst fertigt und er maßgeblichen Einfluss auf die Preisgestaltung hat, er über die Einstellung von Personal sowie über den Einsatz von Kapital entscheidet. Unternehmerische Gewinnchancen bestehen auch dann, wenn Schutzrechte wie etwa der Patentschutz bei Neuentwicklungen unmittelbar dem Erwerbstätigen zugutekommen, nicht dem Auftraggeber (vgl. hierzu die Ausführungen unter III.2.h).

Besteht hingegen keine Möglichkeit, im Rahmen der Tätigkeit den eigenen wirtschaftlichen Erfolg zu beeinflussen, spricht dies für die Annahme einer Beschäftigung[243]. Dies ist der Fall, wenn der Erwerbstätige *fremdnützig* tätig ist. Kommt wirtschaftliches Handeln nicht dem Erwerbstätigen selbst, sondern seinem Auftraggeber/Arbeitgeber zugute, liegen keine unternehmerischen Gewinnchancen vor. So liegt der Fall, wenn das Verhandlungsgeschick des Erwerbstätigen zu einer Gewinnmaximierung beim Auftraggeber führt, aber nicht unmittelbar die Vergütung des Erwerbstätigen selbst erhöht, oder wenn Patentschutz dem Auftraggeber zugutekommt, nicht dem Erwerbstätigen selbst. Auch wenn die Vergütung lediglich durch schnelles Arbeiten (etwa bei Stücklohnzahlung) beeinflusst werden kann, liegt darin keine unternehmerische Chance[244], sondern klassische angestellte Akkordtätigkeit.

5. Vergütung

Innerhalb der Sozialversicherung wird durchgehend auf eine *entgeltliche* Beschäftigung abgestellt. Denn es erfolgt keine isolierte Betrachtung der Beschäftigung. Erforderlich ist in einem zweiten Schritt der Eintritt der Versicherungspflicht.[245] Versicherungs- und Beitragspflicht beziehen sich stets auf das erzielte Entgelt, der Beitrag wird prozentual von diesem berechnet. Die Entgeltlichkeit wird daher von der Rechtsprechung als typusbildend für eine Beschäftigung bezeichnet, da

243 s. Sächsisches LSG, Urt. v. 17.05.2011 – L 5 R 368/09, zitiert nach juris.

244 So auch: SG Oldenburg, Urt. v. 27.07.2016 – S 51 R 49/14, zitiert nach juris.

245 Vgl. BSG, Urt. v. 04.06.2009 – B 12 KR 31/07 R, zitiert nach juris; BSG, Urt. v. 04.06.2009 – B 12 R 6/08 R, zitiert nach juris.

der Beschäftigung regelmäßig ein Erwerbsweck zugrunde liege[246]. Allerdings taugt die Entgeltlichkeit an sich nicht als Abgrenzungskriterium gegenüber der Selbstständigkeit, da auch dieser regelmäßig ein Erwerbszweck zugrunde liegt.

a) Rhythmus der Vergütung

Der Rhythmus der Vergütung kann die Statusbeurteilung beeinflussen. Bei Selbstständigen erfolgt eine Vergütung meist nicht in monatlichen Teilbeträgen, sondern unregelmäßig nach Rechnungstellung. Zudem geht ein Selbstständiger häufiger für längere Zeiträume in Vorleistung. Demgegenüber spricht die *Zahlung regelmäßiger Bezüge* eher für das Bestehen eines versicherungspflichtigen Beschäftigungsverhältnisses[247], insbesondere wenn die Vergütung in gleichen monatlichen Teilbeträgen ausgezahlt wird[248]. Denn dann fehlt das wirtschaftliche Risiko, das der unternehmertypischen Gewinn- und Verlustbeteiligung innewohnt[249]. Einschränkend ist aber zu berücksichtigen, dass sowohl bei einer Beschäftigung eine unregelmäßige Zahlung vereinbart sein kann als auch bei einer selbstständigen Tätigkeit regelmäßige Abschlagszahlungen erfolgen können. Es bedarf daher der Wertung im Einzelfall, unter Berücksichtigung der weiteren typusbildenden Kriterien.

Auch die Zahlung eines *Stundenlohnes* wird häufig als Indiz für eine Beschäftigung angeführt[250], da der Erwerbstätige in diesem Falle seine eigene Arbeitskraft nicht mit ungewissem Erfolg einsetze[251] und

246 s. BSG, Urt. v. 16.08.2017 – B 12 KR 14/16 R, zitiert nach juris.

247 Vgl. BSG, Urt. v. 30.11.1978 – 12 RK 33/76, BSGE 47, 201; BSG, Urt. v. 30.06.2009 – B 2 U 3/08 R, zitiert nach beck-online.

248 Vgl. BSG, Urt. v. 11.11.2015 – B 12 KR 10/14 R, zitiert nach juris; *Seifert*, in: Münchener Anwaltshandbuch Sozialrecht, § 5 Rn. 7, vgl. auch: BSG, Urt. v. 25.01.2001 – B 12 KR 17/00 R, zitiert nach juris; BSG, Urt. v. 19.08.2015 – B 12 KR 9/14 R, zitiert nach juris.

249 s. BSG, Urt. v. 30.06.2009 – B 2 U 3/08 R, zitiert nach beck-online.

250 Vgl. LSG Nordrhein-Westfalen, Beschl. v. 01.06.2012 – L 8 R 150/12 B ER, zitiert nach juris; LSG Baden-Württemberg, Urt. v. 18.07.2013, L 11 R 1083/12, zitiert nach juris; Sächsisches LSG, Urt. v. 04.03.2014 – L 5 R 425/12, zitiert nach juris; LSG Baden-Württemberg, Urt. v. 16.01.2018 – L 11 R 4682/16, zitiert nach juris.

251 s. LSG Nordrhein-Westfalen, Urt. v. 26.11.2014 – L 8 R 573/12, zitiert nach juris.

daher kein Unternehmerrisiko trage[252]. Dieses Kriterium ist jedoch kaum aussagekräftig. Denn eine Vergütung nach Zeitaufwand ist nicht nur bei Arbeitsverträgen üblich, sondern auch bei anderen Dienstverträgen[253], etwa bei Tagesmüttern[254] oder niedergelassenen Rechtsanwälten. Bei Dienstleistungen ist ein erfolgsabhängiges Entgelt aufgrund der Eigenheiten der zu erbringenden Leistung nicht zu erwarten[255]. Sogar bei klassischen Werkverträgen sind Stundenlöhne anzutreffen, beispielsweise beim selbstständigen Handwerker. Die Vereinbarung eines regelmäßigen zeitabhängigen Entgelts schließt also eine Selbstständigkeit nicht aus[256].

Als Kriterium für eine selbstständige Tätigkeit kann aber angeführt gewertet werden, wenn *nur tatsächlich geleistete Stunden vergütet* werden[257], das Risiko von Krankheit und sonstiger Verhinderung also allein beim Erwerbstätigen liegt. Denn ein Selbstständiger kann eine Vergütung nur beanspruchen, wenn er eine bestimmte Leistung auch erbringt, wogegen dem Beschäftigten ein Lohnanspruch typischerweise schon dann zusteht, wenn er sich arbeitsbereit hält[258].

b) Fälligkeit der Vergütung

Darüber hinaus wird als Indiz für eine Beschäftigung gewertet, wenn dem Erwerbstätigen die *Vergütung unabhängig vom Ergebnis* der Tätigkeit sowie vom wirtschaftlichen Erfolg des Auftraggebers zusteht und

252 s. LSG Baden-Württemberg, Urt. v. 16.01.2018 – L 11 R 4682/16, zitiert nach juris.

253 Vgl. *Becker/Hennecke*, BB 2019, 820, 826.

254 BSG, Urt. v. 25.05.2011 – B 12 R 13/09 R, zitiert nach juris.

255 s. BSG, Urt. v. 31.03.2017 – B 12 R 7/15 R, zitiert nach juris.

256 Vgl. BSG, Urt. v. 31.03.2017 – B 12 R 7/15 R, zitiert nach juris (Erziehungspflege); BSG, Urt. v. 25.05.2011 – B 12 R 13/09 R, zitiert nach juris (Tagesmutter); BSG, Urt. vom 28.09.2011 – B 12 R 17/09 R, zitiert nach juris (Hauswirtschaftliche Pflegerin); vgl. aber BSG, Urt. vom 18.11.2015 – B 12 KR 16/13 R, BSGE 120, 99 (Rackjobbing).

257 Vgl. BSG, Urt. v. 12.02.2004 – B 12 KR 26/02 R, zitiert nach beck-online; LSG Baden-Württemberg, Beschl. v. 10.06.2016 – L 4 R 3072/15, zitiert nach beck-online.

258 s. LSG Baden-Württemberg, Beschl. v. 10.06.2016 – L 4 R 3072/15, zitiert nach beck-online.

er keine Vergütungsabzüge wegen Schlechtleistung zu befürchten hat. Denn diese Situation ist arbeitnehmertypisch.[259] Demgegenüber sprechen die Vereinbarung eines *Festbetrages* für die gesamte Arbeitsleistung oder eine Gewinn- und Verlustbeteiligung eher für eine Selbstständigkeit, insbesondere wenn die leistungsabhängige Vergütung mit entsprechenden unternehmerischen Freiheiten bei der Auftragsdurchführung korrespondiert[260]. Auch wenn die Vergütung erst nach Fertigstellung und *Abnahme* des gesamten Werkes erfolgt, ist dies als Indiz für eine selbstständige Tätigkeit zu werten. Zudem ist es typisch für eine Selbstständigkeit, wenn der Erwerbstätige das Risiko der Bezahlung trägt und für längere Zeiträume in *Vorleistung* geht. Wenn die Vergütung nicht ausgezahlt, sondern gestundet und dem Unternehmen als *Darlehen* gewährt wird, ist dies untypisch für eine Beschäftigung, es schließt diese aber nicht aus. Denn auch bei Beschäftigungen sind Darlehen zur Überwindung wirtschaftlicher Schwierigkeiten des Arbeitgebers nicht gänzlich untypisch.[261]

c) Die Vergütungshöhe

Es kann als Indiz für eine Beschäftigung angesehen werden, wenn alle Arbeitseinsätze des Erwerbstätigen zu *identischen Konditionen* abgerechnet werden[262]. Denn eine gleichbleibende Entlohnung ist bei typisierender Betrachtung im Arbeitsverhältnis üblich, nicht aber bei Selbstständigen. Wird die Höhe der Vergütung hingegen pro Auftrag neu ausgehandelt, spricht dies für Verhandlungen zwischen zwei „gleich starken" Partnern und damit eher für eine Selbstständigkeit. Jedoch ist die Aussagekraft solcher Umstände begrenzt, beispielsweise ist auch denkbar, dass ein selbstständiger Handwerker stets denselben Stundenlohn veranschlagt oder ein Beschäftigter beispielsweise je nach Schwierigkeitsgrad der Aufgabe unterschiedlich entlohnt wird. Auf-

259 Vgl. *Mette*, NZS 2015, 721, 725.
260 Vgl. *Seifert*, in: Münchener Anwaltshandbuch Sozialrecht, § 5 Rn. 7.
261 Vgl. BSG, Urt. v. 11.11.2015 – B 12 KR 10/14 R, zitiert nach juris.
262 s. LSG Nordrhein-Westfalen, Beschl. v. 01.06.2012 – L 8 R 150/12 B ER, zitiert nach juris.

grund der vielfältigen Lebenswirklichkeiten verbieten sich schematische Lösungen.

Neuerdings ist die *Vergütungshöhe* als eigenständiges Abgrenzungskriterium im Rahmen der Statusbeurteilung in der Diskussion. Dies ist problematisch[263], denn nach der Gesetzessystematik ist die Höhe der Vergütung für die sozialversicherungsrechtliche Statusbeurteilung nicht beurteilungsrelevant. Zwar wäre die Vergütungshöhe unter dem Gesichtspunkt der sozialen Schutzbedürftigkeit durchaus ein mögliches Abgrenzungskriterium für die Einbeziehung in die Sozialversicherung, jedoch hat der Gesetzgeber sie gerade nicht als Abgrenzungskriterium vorgesehen. Er hat sich dafür entschieden, die Pflichtversicherung im Sozialversicherungsrecht nach einer typisierten Schutzbedürftigkeit auszurichten, ohne Rücksicht auf die individuellen wirtschaftlichen Verhältnisse[264]. Es besteht keine gesetzliche Regelungslücke, da der Gesetzgeber sich bewusst für den Schutz grundsätzlich aller Beschäftigter entschieden hat, unabhängig von einer wirtschaftlichen Schutzbedürftigkeit. Die Ausrichtung der Statusbeurteilung anhand der Vergütungshöhe bedürfte daher einer neuen gesetzgeberischen Wertungsentscheidung. Es steht dem Gesetzgeber frei, die gesetzliche Sozialversicherung nur dann greifen zu lassen, wenn die individuelle wirtschaftliche Situation eine adäquate private Vorsorge nicht ermöglicht.

Aktuell geht das Sozialgesetzbuch bei der Beurteilung der Sozialversicherungs- und Beitragspflicht zweistufig vor. Systematisch *auf erster Stufe erfolgt die Statusbeurteilung*, also die Abgrenzung zwischen selbstständiger Tätigkeit und sozialversicherungspflichtiger Beschäftigung. In diesem ersten Prüfungsschritt wird die Vergütungshöhe grundsätzlich nicht berücksichtigt. Erst systematisch *auf zweiter Stufe ist die Vergütungshöhe relevant*, indem ausgehend von ihr die Beitragshöhe berechnet und Versicherungspflichtgrenzen geprüft werden[265]. Ein hohes Arbeitsentgelt führt gegebenenfalls zur Versicherungsfrei-

---

263 So wurde die Vergütungshöhe als typusbildendes Kriterium abgelehnt von: LSG Baden-Württemberg, Beschl. v. 10.06.2016 – L 4 R 3072/15, zitiert nach beck-online; *Dankelmann*, in: Eichenhofer/Wenner, § 7 Rn. 53.

264 Vgl. BSG, Urt. v. 05.12.2017 – B 12 R 10/15 R, zitiert nach juris.

265 s. LSG Baden-Württemberg, Beschl. v. 10.06.2016 – L 4 R 3072/15, zitiert nach beck-online.

heit in der Kranken- und Pflegeversicherung bzw. zum Überschreiten der Beitragsbemessungsgrenze in der Renten- und Arbeitslosenversicherung[266]. Die Anerkennung der Vergütungshöhe als typusbildendes Kriterium bei der Statusbeurteilung steht grundsätzlich im Widerspruch zur gesetzlichen Systematik. Zudem ist die Vergütungshöhe inhaltlich wenig aussagekräftig. Denn sowohl in Beschäftigungsverhältnissen als auch in selbstständigen Tätigkeiten existieren besonders niedrig vergütete Tätigkeiten und besonders hoch vergütete Tätigkeiten[267]. Gerade bei Hochqualifizierten, etwa Chefärzten, Unternehmensberatern und Rechtsanwälten in Großkanzleien und Geschäftsführern oder in Branchen mit Fachkräftemangel, wie zum Beispiel in der IT-Branche, kann die Vergütung auch im Falle einer Beschäftigung sehr hoch sein. Demgegenüber bieten gerade Selbstständige ihre Leistung teils unterhalb der Kostendeckungsgrenze an, beispielsweise um Marktanteile zu generieren. In diesem Falle ist die Preisgestaltung Ausdruck der unternehmerischen Freiheit und des unternehmerischen Risikos und kann umgekehrt eher als Indiz für eine selbstständige Tätigkeit angeführt werden. Die Höhe der Vergütung lässt daher grundsätzlich keine Schlussfolgerung auf den Status zu. Als eigenständiges Abgrenzungskriterium ist sie abzulehnen. Sie kann allenfalls stützend für andere typusbildende Kriterien herangezogen werden, etwa wenn eine besonders niedrige Vergütung Ausdruck einer arbeitnehmertypischen persönlichen Abhängigkeit ist bzw. eine besonders hohe Vergütung Ausdruck der unternehmerischen Gewinnchancen.

aa) untypisch hohe Vergütung für eine Beschäftigung

Neuerdings vertritt das BSG die Auffassung, es stelle ein gewichtiges Indiz für eine selbstständige Tätigkeit dar, wenn das vereinbarte Honorar deutlich über dem Arbeitsentgelt eines vergleichbar eingesetzten sozialversicherungspflichtig Beschäftigten liege und dadurch Eigenvor-

266 Vgl. BSG, Urt. v. 18.12.2001 – B 12 KR 10/01 R, zitiert nach juris, vgl. auch: LSG Baden-Württemberg, Beschl. v. 10.06.2016 – L 4 R 3072/15, zitiert nach beck-online.

267 Vgl. LSG Baden-Württemberg, Beschl. v. 10.06.2016 – L 4 R 3072/15, zitiert nach beck-online; LSG Baden-Württemberg, Urt. v. 18.01.2018 – L 7 R 850/17, zitiert nach juris.

sorge zulasse[268]. Es sei aber nicht allein ausschlaggebend, sondern nur eines der in der Gesamtwürdigung zu berücksichtigenden Indizien[269]. Dieses neu entwickelte Abgrenzungskriterium einer „untypisch hohen Vergütung" ist wie bereits geschildert wenig aussagekräftig und widerspricht der Gesetzessystematik. Als eigenständiges typusbildendes Merkmal ist sie abzulehnen.

Die Vergütungshöhe kann allenfalls *im Rahmen des Kriteriums „Unternehmerische Gewinnchancen"* stützend für die Statusbeurteilung herangezogen werden, wenn sie mit weiteren für eine selbstständige Tätigkeit sprechenden Merkmalen zusammentrifft, wie etwa einem werbenden Auftreten am Markt. Eine untypisch hohe Vergütung kann nur dann angenommen werden, wenn der Bruttolohn eines vergleichbaren Arbeitnehmers erheblich überschritten wird. Als Vergleichsgruppe ist auf Beschäftigte abzustellen, die entsprechende Tätigkeiten in vergleichbarer Region mit entsprechender Qualifikation und in derselben Branche ausführen. Losgelöst von dieser Vergleichsgruppe hat die Höhe der Vergütung keinerlei Aussagekraft. Zudem müssten aufgrund der Höhe des Verdienstes sowohl eine adäquate soziale Absicherung bezahlbar sein, die mit dem Sozialversicherungsschutz von Arbeitnehmern vergleichbar ist, als auch typische Unternehmenskosten gedeckt werden können, insbesondere die Bezahlung eigener Arbeitnehmer, die Unterhaltung einer eigenen Betriebsstätte, Kosten für Vertrieb, Buchhaltung und sonstige Verwaltungskosten. Zu berücksichtigen ist dabei, dass von einem Selbstständigen auch die bei Arbeitnehmern vom Arbeitgeber zu tragenden sogenannten "Arbeitgeberanteile", eigenständig aufzubringen sind, denn er allein hat die Beiträge in voller Höhe zu tragen. Dass der Erwerbstätige für seinen Lebensunterhalt tatsächlich mehr Geld zur Verfügung hat, als ein vergleichbarer Beschäftigter, darf nicht durch einen Verzicht auf eine adäquate soziale Absicherung herbeigeführt worden sein. Es wäre ein Zirkelschluss, eine fehlende Risikoabsicherung zu Lasten des sozialen Schutzes von Schein-/Selbstständigen zur Begründung des sozialversicherungsrechtlichen Status heranzuziehen. Reicht der Verdienst aus, um erstens

268 Vgl. BSG, Urt. v. 31.03.2017 – B 12 R 7/15 R, zitiert nach juris; BSG, Beschl. v. 28.11.2018 – B 12 R 34/18 B, zitiert nach beck-online, befürwortend auch: *Becker/Hennecke*, BB 2019, 820, 822.

269 Vgl. BSG, Beschl. v. 28.11.2018 – B 12 R 34/18 B, zitiert nach beck-online.

eine adäquate soziale Absicherung zu bezahlen, zweitens den Lebensunterhalt zu bestreiten und drittens das Unternehmen wirtschaftlich führen zu können, kann die untypisch hohe Vergütung gegebenenfalls die Annahme einer selbstständigen Tätigkeit stützen[270], wenn auch nicht als eigenständiges Kriterium, sondern als Ausdruck unternehmerischer Gewinnchancen.

bb) untypisch niedrige Vergütung für eine selbstständige Tätigkeit

Auch eine untypisch niedrige Vergütung taugt nicht als eigenständiges Abgrenzungskriterium, sondern kann allenfalls mittelbar zu berücksichtigen sein, als Ausdruck *mangelnder unternehmerischer Gewinnchancen.* Eine untypisch niedrige Vergütung ist von Rechtsprechung und Literatur bisher nicht allgemein als typusbildendes Kriterium anerkannt[271]. Bei typisierender Betrachtung sind niedrigere Vergütungen eher bei Beschäftigten anzutreffen, als bei Selbstständigen, denn ein Selbstständiger hat ungleich höhere Kosten. Er hat neben seinem Lebensunterhalt auch betriebsbedingte Ausgaben zu erwirtschaften, z.B. für Buchhaltung, Steuerberater, gegebenenfalls für Personal, die Anmietung einer Betriebsstätte, das Leasing von Betriebsfahrzeugen, Lizenzgebühren für Software usw. Zudem hat er die Kosten seiner sozialen Absicherung komplett selbst zu tragen, wohingegen diese Lasten bei einem Beschäftigten hälftig vom Arbeitgeber getragen werden. Ein Selbstständiger muss also, bei typisierender Betrachtung gegenüber einem Beschäftigten einen erheblich höheren Bruttoverdienst erzielen. Einschränkend ist zu berücksichtigen, dass Selbstständige teilweise durchaus Preise unterhalb der Kostendeckungsgrenze anbieten, etwa um Marktanteile zu generieren. Wenn die Vergütung allerdings längerfristig nicht ausreicht, um die Kosten zu decken, handelt der Selbstständige nicht wirtschaftlich. Eine derart niedrige Vergütung, die die Kosten einer seriösen Selbstständigkeit nicht deckt, ist in der Betriebsprüfungspraxis auffällig häufig anzutreffen. Immer wieder liegt der Bruttoverdienst von (Schein-)Selbstständigen sowohl unterhalb des

270 Vgl. SG Oldenburg, Beschl. v. 21.02.2018 – S 81 BA 28/18 ER, zitiert nach juris.

271 Sie wird nur vereinzelt diskutiert, etwa von: SG Oldenburg, Beschl. v. 21.02.2018 – S 81 BA 28/18 ER, zitiert nach juris; SG Oldenburg, Urt. v. 27.07.2016 – S 51 R 49/14, zitiert nach juris.

üblichen Verdienstes eines vergleichbaren Selbstständigen als auch unter dem (teils tariflichen) Bruttolohn von Beschäftigten, die eine vergleichbare Tätigkeit ausführen[272]. Sofern dies Ausdruck fehlender unternehmerischer Gewinnchancen ist, kann ein Indiz für die Annahme einer Beschäftigung vorliegen.

Voraussetzung für die Annahme einer „untypisch niedrigen Vergütung für eine selbstständige Tätigkeit", ist eine taugliche *Vergleichsgruppe*. Dafür ist die Vergütung des Erwerbstätigen mit dem üblichen Bruttoeinkommen von selbstständig Tätigen zu vergleichen, die in derselben Region, mit vergleichbarer Qualifikation, in vergleichbarer Branche und mit entsprechendem Arbeitsinhalt tätig sind. Liegt der Verdienst des Erwerbstätigen relevant niedriger als der Bruttoverdienst in der Vergleichsgruppe, kann dies in der Zusammenschau mit den anderen typusbildenden Kriterien gegebenenfalls als Ausdruck fehlender unternehmerischer Gewinnchancen gewertet werden. Insbesondere wenn die Kosten einer seriösen Selbstständigkeit dauerhaft nicht gedeckt werden, die (scheinbare) Selbstständigkeit auf Kosten des sozialen Schutzes ausgeübt wird und der Erwerbstätige sich nicht erlauben kann, Aufträge abzulehnen, Personal einzustellen oder betriebliche Investitionen zu tätigen spricht dies für eine persönliche Abhängigkeit.

6. Anzahl der Auftraggeber

Hat der Erwerbstätige nur einen Hauptauftraggeber, kann dies im Rahmen der Statusbeurteilung als Indiz für die Annahme einer Beschäftigung gelten. Denn bei typisierender Betrachtung kann die regelmäßige Zusammenarbeit mit demselben Auftraggeber Ausdruck einer arbeitnehmertypischen persönlichen Abhängigkeit sein[273]. Dies gilt insbesondere, wenn die Möglichkeit, für weitere Auftraggeber tätig zu werden, vertraglich oder durch umfassende zeitliche Einbindung bei

272 So etwa im Fall des SG Oldenburg, Urt. v. 27.07.2016 – S 51 R 49/14, zitiert nach juris, bei dem ein Maurer während seiner scheinselbstständigen Tätigkeit ein geringeres Einkommen hatte, als zu Zeiten seiner Beschäftigung.

273 Vgl. etwa: SG Oldenburg, Beschl. v. 21.02.2018 – S 81 BA 28/18 ER, zitiert nach juris; SG Oldenburg, Urt. v. 27.07.2016 – S 51 R 49/14, zitiert nach juris; LSG Schleswig-Holstein, Urt. v. 11.05.2017 – L 5 KR 73/15, zitiert nach juris.

dem Hauptauftraggeber beschränkt ist. Auch wenn der Erwerbstätige nahezu jeden Auftrag seines Hauptauftraggebers annimmt, kann dies als Hinweis auf eine untergeordnete Rolle und einen hohen persönlichen Abhängigkeitsgrad gewertet werden. Zudem kann ein *Wettbewerbsverbot* für eine Beschäftigung sprechen[274].

Als Anhaltspunkt für eine selbstständige Tätigkeit wird demgegenüber in der Rechtsprechung angeführt, wenn der Erwerbstätige *tatsächlich wechselnde Auftraggeber* hat[275], denn hierdurch werde eine Dispositionsfreiheit deutlich[276]. Allerdings ist einschränkend zu berücksichtigen, dass durchaus mehrere Beschäftigungsverhältnisse parallel bestehen können, insbesondere bei Teilzeitarbeit bzw. Aushilfsbeschäftigungen[277]. Es gehört gerade nicht zu den tatbestandlichen Voraussetzungen eines Beschäftigungsverhältnisses, dass daneben keine weitere berufliche Betätigung wahrgenommen wird[278]. Von der Möglichkeit der Ausübung mehrerer Beschäftigungsverhältnisse geht das Gesetz selbst aus, wie die Regelungen des § 8 Abs. 2 SGB IV für das Zusammentreffen mehrerer geringfügiger Beschäftigungsverhältnisse und des § 22 Abs. 2 SGB IV für das Zusammentreffen mehrerer versicherungspflichtiger Beschäftigungsverhältnisse deutlich machen. Teilweise drückt sich in der Übernahme mehrerer Tätigkeiten lediglich aus, dass der Verdienst aus einer Tätigkeit zu gering ist, um davon leben zu können und der Erwerbstätige daher darauf angewiesen ist, weitere Tätigkeiten zu übernehmen[279]. Wenn der Fall so liegt, spricht dies *für* eine persönliche Abhängigkeit, nicht dagegen. Eine Tätigkeit für mehrere Auftraggeber kann also nicht allein ausschlaggebend für

---

274 Vgl. BSG, Urt. v. 10.08.2000 – B 12 KR 21/98 R, zitiert nach beck-online; SG Oldenburg, Urt. v. 31.10.2012 – S 81 R 580/11, zitiert nach juris.

275 So: LSG Baden-Württemberg, Beschl. v. 10.06.2016 – L 4 R 3072/15, zitiert nach beck-online; LSG Schleswig-Holstein, Urt. v. 11.05.2017 – L 5 KR 73/15, zitiert nach juris, vgl. auch: BSG, Urt. v. 04.09.2018 – B 12 KR 11/17 R, zitiert nach juris.

276 s. BSG, Urt. v. 04.09.2018 – B 12 KR 11/17 R, zitiert nach juris.

277 Vgl. auch: Sächsisches LSG, Urt. v. 06.03.2012 – L 5 KR 152/10, zitiert nach juris; LSG Niedersachsen-Bremen, Urt. v. 05.04.2017 – L 2 R 385/16, zitiert nach juris; *Mette*, NZS 2015, 721, 725.

278 Vgl. LSG Niedersachsen-Bremen, Urt. v. 05.04.2017 – L 2 R 385/16, zitiert nach juris.

279 So auch im Falle des Sächsischen LSG, Urt. v. 17.05.2011 – L 5 R 368/09, zitiert nach juris; und Sächsisches LSG, Urt. v. 06.03.2012 – L 5 KR 152/10, zitiert nach juris; s. auch: SG Hannover, Urt. v. 10.01.2018 – S 14 R 32/16, zitiert nach juris.

die Statusbeurteilung sein. Sie erhält erst in der Zusammenschau mit weiteren typisierenden Merkmalen Gewicht, wie z.B. einem werbenden Auftreten am Markt[280].

Generell gilt, dass bei der Statusbeurteilung Tätigkeiten für unterschiedliche Auftraggeber jeweils *gesondert zu prüfen* sind. In den verschiedenen Tätigkeitsbeziehungen kann durchaus ein unterschiedlicher Status vorliegen, auch für parallele Zeiträume[281]. Ein Erwerbstätiger kann sowohl mehrere Beschäftigungen als auch mehrere selbstständige Tätigkeiten ausüben, wie auch neben einer selbstständigen Tätigkeit zusätzlich einer Beschäftigung nachgehen[282].

7. Unternehmerisches Risiko

Als weiteres typusbildendes Kriterium kann ein unternehmerisches Risiko als Indiz für eine selbstständige Tätigkeit gewertet werden[283]. Maßgebend für ein unternehmerisches Risiko ist nach den vom BSG entwickelten Grundsätzen, ob eigenes Kapital oder die eigene Arbeitskraft mit der Gefahr des Verlustes eingesetzt wird, der Erfolg des Einsatzes der sächlichen oder persönlichen Mittel also ungewiss ist[284]. Im Unterschied zu den anderen typusbildenden Kriterien ist hierbei nicht nur auf die Verhältnisse *bei* Durchführung der einzelnen Aufträge abzustellen, denn ein unternehmerisches Risiko kann sich gerade daraus

280 BSG, Urt. v. 04.06.2019 – B 12 R 10/18 R, zitiert nach juris; BSG, Urt. v. 18.11.2015 – B 12 KR 16/13 R, zitiert nach beck-online.

281 Vgl. *Mette*, NZS 2015, 721, 725; BSG, Urt. v. 30.06.2009 – B 2 U 3/08 R, zitiert nach beck-online.

282 s. BSG, Urt. v. 30.06.2009 – B 2 U 3/08 R, zitiert nach beck-online.

283 Vgl. BSG, Urt. v. 12.02.2004 – B 12 KR 26/02 R, zitiert nach beck-online; BSG, Urt. v. 22.06.2005 – B 12 KR 28/03 R, zitiert nach juris; BSG, Urt. v. 11.03.2009 – B 12 KR 21/07 R, zitiert nach juris; BSG, Urt. v. 30.10.2013 – B 12 KR 17/11 R, zitiert nach juris; BSG, Urt. v. 17.12.2014 – B 12 R 13/13 R, zitiert nach juris; LSG Berlin-Brandenburg, Urt. v. 18.01.2018 – L 1 KR 441/15, zitiert nach juris; BSG, Urt. v. 14.03.2018 – B 12 KR 13/17 R, zitiert nach juris.

284 Vgl. BSG, Urt. v. 04.06.1998 – B 12 KR 5/97 R, zitiert nach juris; BSG Urt. v. 25.01.2001 – B 12 KR 17/00 R, zitiert nach juris; BSG, Urt. v. 28.05.2008 – B 12 KR 13/07 R, zitiert nach juris; BSG, Urt. v. 28.09.2011 – B 12 R 17/09 R, zitiert nach juris; BSG, Urt. v. 11.11.2015 – B 12 KR 10/14 R, zitiert nach juris; BSG, Urt. v. 18.11.2015 – B 12 KR 16/13 R, zitiert nach beck-online.

ergeben, dass vorgreiflich Investitionen im Hinblick auf eine ungewisse Vielzahl zukünftig am Markt noch einzuwerbender Aufträge getätigt werden[285]. So werden langfristige Verträge wie die Anmietung von Räumen, das Leasing von Fahrzeugen oder die Einstellung von unbefristetem Personal in der Regel nicht im Hinblick auf einen einzelnen Auftrag eingegangen, sondern auch in Erwartung künftiger Aufträge.

Das typusbildende Kriterium des unternehmerischen Risikos kann jedoch grundsätzlich nur dann Indiz für eine selbstständige Tätigkeit sein, wenn mit diesem Risiko auch *größere Freiheiten* in der Gestaltung der Arbeit und in der Bestimmung des Arbeitsumfangs einhergehen[286] oder wenn dem Risiko größere Verdienstchancen gegenüberstehen[287], sich beispielsweise nennenswerte Spielräume für ein anderweitiges Tätigwerden am Markt ergeben[288]. So kann die Überbürdung arbeitnehmeruntypischer Risiken wie etwa die Last der sozialen Absicherung oder die Abwälzung der Haftung[289] allein kein aussagekräftiges Indiz für die Annahme einer selbstständigen Tätigkeit sein.

Das Fehlen von unternehmerischen Risiken kann als Indiz für eine Beschäftigung zu werten sein. Dies ist der Fall, wenn die wesentlichen Risiken vom Auftraggeber getragen werden[290], der Erwerbstätige beispielsweise nicht auf eigene Rechnung und Gefahr tätig ist und er kein eigenes Kapital investiert[291]. Es liegt auch kein Unternehmerrisiko in

285 Vgl. BSG, Urt. v. 18.11.2015 – B 12 KR 16/13 R, zitiert nach beck-online.

286 Vgl. LSG Baden-Württemberg, Urt. v. 21.11.2008 – L 4 KR 4098/06, zitiert nach juris; BSG, Urt. v. 11.03.2009 – B 12 KR 21/07 R, zitiert nach juris; BSG, Urt. v. 18.11.2015 – B 12 KR 16/13 R, BSGE 120, 99; BSG, Urt. v. 28.05.2008 – B 12 KR 13/07 R, zitiert nach juris (Pilot); BSG, Urt. v. 28.09.2011 – B 12 R 17/09 R, zitiert nach juris; BSG, Urt. v. 30.10.2013 – B 12 KR 17/11 R, zitiert nach juris; LSG Nordrhein-Westfalen, Urt. v. 26.11.2014 – L 8 R 573/12, zitiert nach juris; BSG, Urt. v. 11.11.2015 – B 12 KR 10/14 R, zitiert nach juris; BSG, Urt. v. 18.11.2015 – B 12 KR 16/13 R, BSGE 120, 99; LSG Niedersachsen-Bremen, Beschl. v. 20.12.2018 – L 12 BA 23/18 B ER, zitiert nach juris.

287 Vgl. BSG, Urt. v. 25.01.2001 – B 12 KR 17/00 R, zitiert nach juris; BSG, Urt. v. 18.11.2015 – B 12 KR 16/13 R, BSGE 120, 99; BSG Urt. v. 25.01.2001 – B 12 KR 17/00 R, zitiert nach juris; BSG, Urt. v. 11.03.2009 – B 12 KR 21/07 R, zitiert nach juris; BSG Urt. v. 31.3.2015 – B 12 KR 17/13 R, zitiert nach juris; BSG, Urt. v. 18.11.2015 – B 12 KR 16/13 R, zitiert nach beck-online.

288 s. BSG, Urt. v. 11.03.2009 – B 12 KR 21/07 R, zitiert nach juris.

289 So: BSG, Urt. v. 04.06.1998 – B 12 KR 5/97 R, zitiert nach juris.

290 Vgl. *Diepenbrock*, NZS 2016, 127.

291 Vgl. *Ruland*, NZS 2019, 681, 685.

der Gefahr, *keine weiteren Aufträge* zu erhalten. Denn das Risiko, nicht durchgehend arbeiten zu können und daher keine regelmäßigen Einkünfte zu haben, trifft auch Beschäftigte, die nur befristet, auf Abruf, für einen konkreten Einsatzzeitraum oder für einen konkreten einzelnen Einsatz beschäftigt werden[292]. Das Risiko, nicht tätig werden zu können, kann nur dann ein Indiz für eine Selbstständigkeit sein, wenn ein Wagnis besteht, das über dasjenige hinausgeht, kein Entgelt zu erzielen. Ein echtes Unternehmerrisiko liegt demgemäß erst vor, wenn bei Auftragsmangel nicht nur kein Einkommen erzielt wird, sondern gleichwohl weiterhin betriebliche Kosten anfallen[293], wie beispielsweise Personalkosten oder Mieten.

a) Investitionen und Dauerschuldverhältnisse

Investitionen im Hinblick auf die selbstständige Tätigkeit stellen ein typisches unternehmerisches Risiko dar. Hierzu gehört beispielsweise der Erwerb von Produktionsmitteln, Immobilien, Geschäftsfahrzeugen, Geschäftsausstattung und Lizenzen, auch mittels Krediten. Ein unternehmerisches Risiko geht auch ein, wer Dauerschuldverhältnisse abschließt, z.B. durch Anmietung von Räumen, Einstellen von Personal. Denn langfristige Verträge sind fortlaufend zu bedienen, Personal ist fortlaufend zu entlohnen, auch wenn die Auftragslage schlecht ist. Hingegen spricht die Übernahme einer *Bürgschaft* nicht unbedingt für eine Selbstständigkeit, denn sie birgt zwar ein erhebliches Risiko, aber keine vergrößerten Einflussmöglichkeiten[294].

Wenn Betriebsmittel *dem privaten Bereich entnommen* wurden, ohne hierfür extra Kapital aufzuwenden, ist darin kein unternehmerisches Risiko zu sehen, da keine betriebsbezogene Investition vorliegt. Werden also das private Grundstück oder der privat genutzte PKW für

292 Vgl. Sächsisches LSG, Urt. v. 04.03.2014 – L 5 R 425/12, zitiert nach juris; SG Oldenburg, Beschl. v. 21.02.2018 – S 81 BA 28/18 ER, zitiert nach juris; vgl. auch LSG Nordrhein-Westfalen, Urt. v. 11.11.2005 – L 13 R 112/05, zitiert nach juris.

293 Vgl. LSG Nordrhein-Westfalen, Urt. v. 10.12.2009 – L 16 R 5/08, zitiert nach juris; ferner: Sächsisches LSG, Urt. v. 04.03.2014 – L 5 R 425/12, zitiert nach juris.

294 Vgl. LSG Baden-Württemberg, Urt. v. 22.12.2017 – L 10 R 1637/17, zitiert nach juris.

die Selbstständigkeit genutzt, ist das zur Anschaffung eingesetzte Kapital nicht unternehmensbezogen verbraucht worden. In diesem Fall ist ein unternehmerisches Risiko zu verneinen. Allgemein kann bei *Gegenständen des täglichen Lebens*, die nicht nur bei Selbstständigen, sondern auch in den meisten Haushalten Beschäftigter oder nicht erwerbstätiger Personen regelmäßig zur privaten Nutzung vorhanden sind, etwa bei einem PKW, Computer oder Mobiltelefon nicht auf ein unternehmerisches Risiko geschlossen werden[295]. Ein eigener PKW beispielsweise ist ein üblicher Gebrauchsgegenstand, den Beschäftigte zum Erreichen des Arbeitsplatzes in gleicher Weise benötigen wie Selbstständige[296]. Im Einzelfall kann die berufliche Nutzung eines eigenen PKW beispielsweise sogar Ausdruck wirtschaftlicher Macht des dahinterstehenden Auftraggebers sein[297], beispielsweise bei Kurierfahrern. Darin läge eher ein Anhaltspunkt für eine der Arbeitnehmerstellung typische untergeordnete Position. Auch ein *Büroraum im häuslichen Bereich* mit Computer, Drucker, Telefon und Akten erfüllt noch nicht die qualitativen Anforderungen an eine echte Betriebsstätte, denn er geht nicht über das hinaus, was in der modernen Lebenswirklichkeit auch in vielen privaten Haushalten beschäftigter Arbeitnehmer vorzufinden ist. Es muss sich bei der Betriebsstätte qualitativ um eine feste Geschäftseinrichtung handeln, die dem Betrieb eines Unternehmens dient.[298]

b) Vorhalten von Arbeitsgeräten und Arbeitsmaterialien

Im Rahmen des unternehmerischen Risikos kann für die Statusbeurteilung relevant sein, wer Arbeitsgeräte und Arbeitsmaterialien beschafft. Ein Beschäftigter bringt typischerweise keine eigenen Arbeitsgeräte ein, sondern nutzt vom Arbeitgeber bereitgestellte Geräte und

295 Vgl. BSG, Urt. v. 18.11.2015 – B 12 KR 16/13 R, BSGE 120, 99; LSG Baden-Württemberg, Urt. v. 20.06.2018 – L 5 R 2323/17, zitiert nach juris. Zum privaten PKW auch: BSG, Urt. v. 11.03.2009 – B 12 KR 21/07 R, zitiert nach juris.

296 Vgl. LSG Nordrhein-Westfalen, Urt. v. 11.11.2005 – L 13 R 112/05, zitiert nach juris.

297 Vgl. *Diepenbrock*, NZS 2016, 127, 130.

298 s. LSG Nordrhein-Westfalen, Urt. v. 26.11.2014 – L 8 R 573/12, zitiert nach juris.

Verbrauchsmaterialien[299], er hat also insofern keinen Investitionsaufwand. Ein selbstständiger Unternehmer hingegen sorgt in aller Regel eigenständig für alles, was er zur Erledigung der Arbeit benötigt, häufig mit erheblichem Kapitaleinsatz. So beschafft beispielsweise ein selbstständiger Maurer regelmäßig in eigener Verantwortung und mit eigenem Kapitalaufwand Mischmaschine, Werkzeuge, Mörtel und Steine, hingegen bekommt ein angestellter Maurer dies von seinem Arbeitgeber gestellt – ein selbstständiger Arzt beschafft typischerweise in eigener Verantwortung und mit eigenem Kapitalaufwand Untersuchungsgeräte, Verbandsmaterial und Medikamente, ein angestellter Arzt hingegen bekommt diese von seinem Arbeitgeber gestellt. Maßgeblich ist für das unternehmerische Risiko also, von welcher Seite die Arbeitsgeräte und Verbrauchsmaterialien beschafft werden und ob und in welchem Umfang hierfür ein Kapitaleinsatz erforderlich ist. Voraussetzung für die Annahme eines unternehmerischen Risikos ist, dass die Gegenstände gerade im Hinblick auf die ausgeübte Tätigkeit angeschafft und hierfür eingesetzt wurden und dass das hierfür aufgewandte Kapital bei Verlust des Auftrags oder bei Ausbleiben weiterer Aufträge als verloren anzusehen wäre[300].

Wenn der Erwerbstätige *Arbeitsmittel aus dem privaten Bereich* in die berufliche Tätigkeit übernimmt (der Handwerker etwa Werkzeuge aus dem eigenen Hausbau), kann hieraus mangels betriebsbezogenen Kapitaleinsatzes kein unternehmerisches Risiko abgeleitet werden. Auch die Beschaffung von *Kleingeräten* kann aufgrund des geringen Kapitalaufwandes kein maßgebendes unternehmerisches Risiko begründen[301]. Zu Kleingeräten gehören beispielsweise die persönliche Schere des Friseurs, die eigenen Messer des Kochs oder der persönliche Latthammer des Zimmermannes. Werden solche Kleingeräte vom Erwerbstätigen eingebracht, ist zu eruieren, wer den überwiegenden Kapitaleinsatz für die Beschaffung der der Arbeitsgeräte und Arbeitsmaterialien hatte. Der Zimmermann beispielsweise nutzt auf dem Bau neben seinem persönlichen Latthammer auch Gerüst, Bauholz und Nägel, der Koch nutzt neben seinen persönlichen Messern in der Kü-

299 s. *Seifert*, in: Münchener Anwaltshandbuch Sozialrecht, § 5 Rn. 5.
300 s. BSG, Urt. v. 18.11.2015 – B 12 KR 16/13 R, BSGE 120, 99.
301 Vgl. LSG Baden-Württemberg, Urt. v. 29.06.2017 – L 10 R 592/17, zitiert nach juris.

che auch Töpfe, Herd, Geschirr und Zutaten, der Friseur nutzt neben seiner persönlichen Schere beispielsweise die Räumlichkeiten des Friseursalons, Friseurstuhl, Waschbecken, Föhn und Verbrauchsmaterialen wie Farben und Haarpflegeprodukte. Werden diese weiteren Arbeitsmittel und -materialien von Seiten des Auftraggebers zur Verfügung gestellt, sind die selbst eingebrachten Kleingeräte von untergeordneter Bedeutung. Ein solches Nutzen fremder Ressourcen spricht bei typisierender Betrachtung für ein Beschäftigungsverhältnis. So hat auch die Rechtsprechung ein unternehmerisches Risiko verneint, wenn ein Fahrer eines Transportunternehmens das Transportfahrzeug gestellt bekommt[302], ein Kranführer den Kran[303], ein Busfahrer den Bus[304] oder ein Pfleger auf der Intensivstation die behandlungsrelevanten medizintechnischen Instrumente und Geräte, das Verbrauchsmaterial sowie die erforderlichen Medikamente[305].

Einschränkend ist zu berücksichtigen, dass *Dienstleistungen* typischerweise vor allem Arbeitszeit, Arbeitsaufwand und Know-How erfordern, also nicht mit größeren Investitionen in Arbeitsgeräte und Verbrauchsmaterialien verbunden sind. Das Fehlen solcher Investitionen kann dann kein ins Gewicht fallendes Indiz für eine Beschäftigung und gegen ein unternehmerisches Tätigwerden darstellen.[306] Bei Dienstleistungen kann ein unternehmerisches Risiko beispielsweise angenommen werden, wenn der Erwerbstätige relevante Kosten für eigene Angestellte und die sonstige typische Infrastruktur eines selbstständigen Unternehmens trägt und er langfristige Verträge abschließt, die für den Betrieb erforderlich sind, wie etwa Anmietung von Räumen, Leasing von Fahrzeugen oder Lizenzverträge über Software.

302 Vgl. LSG Baden-Württemberg, Urt. v. 21.11.2008 – L 4 KR 4098/06, zitiert nach juris; LSG Nordrhein-Westfalen, Beschl. v. 01.06.2012 – L 8 R 150/12 B ER, zitiert nach juris; Sächsisches LSG, Urt. v. 04.03.2014 – L 5 R 425/12, zitiert nach juris.

303 s. LSG Nordrhein-Westfalen, Urt. v. 11.11.2005 – L 13 R 112/05, zitiert nach juris.

304 s. LSG Baden-Württemberg, Urt. v. 23.01.2004 – L 4 KR 3083/02, zitiert nach juris.

305 Vgl. LSG Nordrhein-Westfalen, Urt. v. 26.11.2014 – L 8 R 573/12, zitiert nach juris.

306 Vgl. BSG Urt. v. 31.03.2017 – B 12 R 7/15 R, zitiert nach juris; vgl. auch: LSG Baden-Württemberg, Beschl. v. 10.06.2016 – L 4 R 3072/15, zitiert nach beck-online.

c) (fehlende) Arbeitnehmerschutzrechte

Für die Beurteilung des unternehmerischen Risikos kann darüber hinaus relevant sein, ob dem Erwerbstätigen Arbeitnehmerschutzrechte eingeräumt wurden. Die Gewährung arbeitsrechtlicher Schutzstandards spricht für die Annahme einer Beschäftigung, denn sie ist untypisch für eine selbstständige Tätigkeit[307]. So ist beispielsweise die Leistung von Lohnfortzahlung mit dem unternehmerischen Risiko eines Selbstständigen nicht vereinbar[308]. Auch in der Gewährung von anderen arbeitnehmertypischen Rechten wie Kündigungsschutz und Urlaubsanspruch oder in der Beitragszahlung zur Sozialversicherung spiegelt sich die Annahme der Beteiligten wieder, dass eine der Beschäftigung entsprechende Schutzbedürftigkeit vorliegt. In diesem Falle spricht der erste Anschein für die Annahme eines Beschäftigungsverhältnisses.

Demgegenüber haben *fehlende Arbeitnehmerschutzrechte* für die Statusbeurteilung kaum Aussagekraft, sofern nicht weitere gewichtige Merkmale für eine Selbstständigkeit sprechen. Insbesondere begründen Vertragsklauseln, die darauf gerichtet sind, an den Arbeitnehmer- bzw. Beschäftigtenstatus anknüpfende, arbeits-, steuer- und sozialrechtliche Regelungen abzubedingen bzw. zu vermeiden, grundsätzlich nicht das typusbildende Merkmal des unternehmerischen Risikos. Denn allein die Belastung eines Erwerbstätigen, der im Übrigen als Beschäftigter einzustufen wäre, mit zusätzlichen Risiken, rechtfertigt nicht die Annahme einer Selbstständigkeit[309]. Das Fehlen von Schutzrechten für die Begründung des Status heranzuziehen, wäre ein Zirkelschluss[310]. Denn der Status des Erwerbstätigen ist Vorfrage für das

307 Vgl. BSG, Urt. v. 11.11.2015 – B 12 KR 10/14 R, zitiert nach juris; LSG Baden-Württemberg, Beschl. v. 10.06.2016 – L 4 R 3072/15, zitiert nach beck-online.

308 Vgl. LSG Baden-Württemberg, Beschl. v. 19.07.2012 – L 11 R 1789/12 ER-B, zitiert nach juris.

309 Vgl. st. Rspr.: BSG, Urt. v. 25.1.2001 – B 12 KR 17/00 R, zitiert nach juris; vgl. auch BSG, Urt. v. 22.06.2005 – B 12 KR 28/03 R, zitiert nach juris; LSG Nordrhein-Westfalen, Urt. v. 26.11.2014 – L 8 R 573/12, zitiert nach juris; BSG, Urt. v. 18.11.2015 – B 12 KR 16/13 R, BSGE 120, 99.

310 a.A. LSG Baden-Württemberg, Beschl. v. 10.06.2016 – L 4 R 3072/15, zitiert nach beck-online, wonach der Umstand, dass kein bezahlter Urlaub gewährt wird, gegen das Vorliegen einer Beschäftigung spreche.

Entstehen der Schutzrechte: sofern ein Status als Arbeitnehmer bzw. Beschäftigter vorliegt, entstehen als Rechtsfolge Sozialversicherungspflicht und gegebenenfalls arbeitsrechtliche Schutzrechte zwingend qua Gesetzes. Andersherum kann durch die Nichtgewährung von gesetzlichen Rechten der sozialversicherungsrechtliche Status nicht bestimmt werden. Dies widerspräche der Schutzfunktion des Sozialversicherungsrechts und würde dem Missbrauch Tür und Tor öffnen[311]. Lediglich wenn die übrigen typusbildenden Kriterien das Vorliegen einer selbstständigen Tätigkeit belegen, kann das Fehlen von Arbeitnehmerschutzrechten *als Ausprägung des unternehmerischen Risikos* bei der Statusbeurteilung berücksichtigt werden. Dann kann es als Ausdruck einer professionell organisierten Selbstständigkeit gewertet werden, wenn der Erwerbstätige eigenverantwortlich für eine soziale Absicherung sorgt, etwa durch Abschluss von Kranken- und Pflegeversicherung sowie den Aufbau einer Altersvorsorge und der Bildung von Rücklagen für Auftragsflauten.

d) Haftung

Als Ausprägung des unternehmerischen Risikos kann eine *Haftung* des Erwerbstätigen für Schlechtleistung[312] als Indiz für eine Selbstständigkeit zu werten sein. Denn eine Gewährleistungsverantwortung ist nicht arbeitsvertragstypisch[313]. Ein Arbeitnehmer schuldet grundsätzlich lediglich das Tätigwerden und kein bestimmtes Arbeitsergebnis. Allerdings ist einschränkend zu beachten, dass eine Haftung in gewissem Umfang auch Arbeitnehmer treffen kann[314], diese haften für von ihnen verursachte Schäden bei Vorsatz und grober Fahrlässigkeit. Eine darüberhinausgehende Haftung auch für leichte Fahrlässigkeit spricht eher für die Annahme einer Selbstständigkeit. Zudem haftet ein Arbeitnehmer nicht nach außen, sondern lediglich im Innenverhältnis

311 Vgl. *Ruland*, NZS 2019, 681, 687.

312 Vgl. *Seifert*, Münchener Anwaltshandbuch Sozialrecht, § 5 Rn. 8; *Greiner*, SGb 2016, 301, 309.

313 Vgl. *Greiner*, SGb 2016, 301, 309.

314 s. BSG, Urt. v. 28.09.2011 – B 12 R 17/09 R, zitiert nach juris.

gegenüber seinem Arbeitgeber[315]. Demzufolge stützt eine Außenhaftung gegenüber dem Endkunden ebenfalls die Annahme einer Selbstständigkeit. Das Gewicht des typusbildenden Kriteriums einer Haftungsübernahme ist jedoch begrenzt, es kann erst in der Gesamtschau mit weiteren typusbildenden Kriterien eine Statusbeurteilung stützen. Dies ist insbesondere anzunehmen, wenn im Gegenzug ein erweiterter unternehmerischer Gestaltungsspielraum eingeräumt wurde[316].

Ist eine *Vertragsstrafe* vereinbart, so hat nicht das Vertragsstrafenversprechen als solches Aussagekraft für die Statusbeurteilung, vorrangig sind die (vertragsstrafenbewehrten) Verpflichtungen zu bewerten[317]. Eine strafbewehrte Verpflichtung kann nur dann Indiz für eine selbstständige Tätigkeit sein, wenn sie Ausdruck des unternehmerischen Risikos ist und diesem Risiko größere Freiheiten und Gewinnchancen gegenüberstehen.

8. Außenwirkung und Organisation der Tätigkeit

Die *Außenwirkung und Organisation der Tätigkeit* können Hinweise auf den sozialversicherungsrechtlichen Status geben. So kann Indiz für eine Beschäftigung sein, wenn der vorgebliche Selbstständige gegenüber dem Kunden *unprofessionell* auftritt. Hierfür spricht, wenn kein Büro sowie keine eigene Betriebsstätte vorhanden sind und kein professionell wirkender Kundenempfang erfolgt. Auch wenn keine Werbemaßnahmen durchführt werden, kein Internetauftritt[318] und kein Telefonbucheintrag bestehen, deutet dies bei typisierender Betrachtung eher auf das Selbstverständnis eines Arbeitnehmers als eines Unternehmers hin.

Hingegen spricht eine *professionell-unternehmerische Erscheinung* der Tätigkeit gegenüber Kunden für die Annahme einer Selbstständigkeit. Wenn der Erwerbstätige eine eigene Betriebsstätte hat und Kunden in angemessenem Rahmen empfängt, er Werbemaßnahmen durchführt, im Telefonbuch eingetragen ist und einen Internetauftritt

315 Vgl. *Ruland*, NZS 2019, 681 685.

316 So: BSG, Urt. v. 04.06.1998 – B 12 KR 5/97 R, zitiert nach juris.

317 Vgl. BSG, Urt. v. 11.03.2009 – B 12 KR 21/07 R, zitiert nach juris.

318 SG Oldenburg, Beschl. v. 21.02.2018 – S 81 BA 28/18 ER, zitiert nach juris.

pflegt, spricht dies für ein unternehmerisches Selbstverständnis. Insbesondere Vertriebsbemühungen und Marketing sind taugliche Indizien. Hierzu gehören beispielsweise auch ein eigener Briefkopf, Prospekte, Visitenkarten, werbende Annoncen in örtlichen Zeitungen, Reklame auf Firmenfahrzeugen, Firmenlogo auf der Arbeitskleidung und proaktive Akquisemaßnahmen wie Ausstellungen auf Messen oder Informationsveranstaltungen.

Die *rechtliche Organisation der Tätigkeit* kann im Rahmen der Statusbeurteilung als Indiz herangezogen werden, wenn sie nicht der tatsächlichen Durchführung der Arbeiten widerspricht. Argument für die Annahme einer selbstständigen Tätigkeit kann beispielsweise die *Gründung einer Kapitalgesellschaft* sein. Argument für eine sozialversicherungspflichtige Beschäftigung kann demgegenüber die Meldung zur Sozialversicherung sein. Hingegen hat eine *Gewerbeanmeldung* im Rahmen der Statusbeurteilung kaum Aussagekraft. Sie spiegelt den Willen des Erwerbstätigen wider, selbstständig zu sein. Darüber hinaus kommt ihr keine Indizwirkung zu, zumal das Gewerbeaufsichtsamt das Vorliegen einer Selbstständigkeit nicht überprüft[319]. Die Anmeldung eines Gewerbes setzt ihrerseits zwar eine selbstständige Tätigkeit voraus, begründet eine solche aber nicht[320]. Es handelt sich bei der Gewerbeanmeldung also nur um ein formales Merkmal[321]. Auch etwaige steuerrechtliche *Beurteilungen der Finanzverwaltung* haben nur eine bedingte Aussagekraft für die Statusbeurteilung, weil der sozialversicherungsrechtliche Tatbestand der Beschäftigung mit dem Tatbestand der nichtselbstständigen Arbeit im Steuerrecht nicht vollständig deckungsgleich ist. Es handelt sich um unterschiedliche Rechtsinstitute, daher ist die sozialversicherungsrechtliche Einordnung eines Beschäftigungsverhältnisses grundsätzlich unabhängig von der Entscheidung der Finanzbehörden.[322]

Fehlen *notwendige gesetzliche Voraussetzungen* einer selbstständigen Tätigkeit, kann dies gegebenenfalls als Indiz für eine sozialversi-

319 Vgl. LSG Baden-Württemberg, Urt. v. 21.11.2008 – L 4 KR 4098/06, zitiert nach juris

320 Vgl. LSG Baden-Württemberg, Beschl. v. 19.07.2012 – L 11 R 1789/12 ER-B; LSG Baden-Württemberg, Urt. v. 29.06.2017 – L 10 R 592/17, beide zitiert nach juris.

321 s. Sächsisches LSG, Beschl. v. 12.02.2018 – L 9 KR 496/17 B ER, zitiert nach juris.

322 Vgl. BSG, Beschl. v. 17.10.1990 – 11 BAr 39/90, zitiert nach juris.

cherungsrechtliche Beschäftigung zu beachten sein. So ist beispielsweise eine Erlaubnis nach § 34a GewO bei Tätigkeiten im Bewachungsgewerbe[323] oder im Pfandleihgewerbe erforderlich, nach § 2 PBefG ist für Personenbeförderungen und nach § 3 GüKG für den gewerblichen Güterkraftverkehr eine Genehmigung einzuholen.[324]

Die Aussagekraft dieses Indizes ist aber begrenzt, die rechtliche Organisation der Tätigkeit kann die Gesamtbeurteilung allenfalls stützen. Insgesamt ist die rechtliche Organisation der Tätigkeit stets mit den weiteren typusbildenden Kriterien in eine Gesamtschau einzubeziehen. Wenn die tatsächliche Ausprägung der Tätigkeit für eine Beschäftigung spricht, kann die rechtliche Durchführung kein ausschlaggebendes Kriterium für eine selbstständige Tätigkeit sein[325].

9. Kriterienkatalog zur Beurteilung des sozialversicherungsrechtlichen Status

Typusbildende Kriterien für eine Beschäftigung	Typusbildende Kriterien für eine selbstständige Tätigkeit
Schriftliche Vertragslage:	**Schriftliche Vertragslage:**
– Weisungsabhängigkeit ist vereinbart – arbeitnehmertypische Ansprüche und Schutzrechte sind vereinbart (z.B. Lohnfortzahlung, Urlaubsanspruch oder Kündigungsfristen)	– es sind arbeitnehmeruntypische, unternehmerische Freiheiten vereinbart (wie z.B. die Möglichkeit, durch Subunternehmer tätig zu werden) – es ist eine unternehmerische Risikoverteilung vereinbart (z.B. Haftungsregelungen, Vertragsstrafen, fester Fertigstellungstermin)

323 Vgl. LSG Bayern, Beschl. v. 29.10.2014 - L 5 R 868/14 B ER, zitiert nach beck-online.

324 Vgl. Sächsisches LSG, Urt. v. 04.03.2014 - L 5 R 425/12, zitiert nach juris (Lastwagenfahrer ohne eigene Güterkraftverkehrsgenehmigung); *Zieglmeier*, NJW 2015, 1914, 1918.

325 Vgl. BSG, Urt. v. 04.06.1998 - B 12 KR 5/97 R, zitiert nach juris: Sächsisches LSG, Urt. v. 17.05.2011, L 5 R 368/09, zitiert nach juris.

Weisungsabhängigkeit/Eingliederung:	**Weisungsfreiheit/keine Eingliederung:**
– es werden Weisungen hinsichtlich Ort, Zeit und Dauer der Tätigkeit erteilt (vorgegebene Arbeitszeit, Dienstpläne, Bindung an Öffnungszeiten, Anwesenheit unerlässlich, intensive zeitliche Bindung wie bei Vollzeitarbeit) – es erfolgen inhaltliche Vorgaben während der Tätigkeitsausübung – Zeiterfassung/ Stundendokumentation – Tätigkeit erfolgt räumlich überwiegend beim Auftraggeber oder beim Endkunden des Auftraggebers – Einordnung in übergeordnete Verwaltung, Tätigkeit ist vorstrukturiert, der Erwerbstätige ordnet sich unter oder ein – Überwachung, Qualitätskontrolle, Berichtspflicht, Fachaufsicht während der laufenden Tätigkeit – Einbeziehung ins Alltagsgeschäft des Auftraggebers: Aufnahme in Telefonverzeichnis, Teilnahme an Besprechungen, fester Arbeitsplatz im Hause des Auftraggebers, Nutzen von Hard- und Software des Auftraggebers – Tätigkeit gehört zum normalen Betrieb des Arbeitgebers – Zusammenarbeit/Kooperation mit angestelltem Personal des Auftraggebers – kein eigenes, abgrenzbares Arbeitsergebnis des Erwerbstätigen – persönlich undifferenzierte Gruppenarbeit (z.B. in der Kolonne) – Erwerbstätiger vergrößert das festangestellte Team (identische oder teilidentische Tätigkeiten) – dieser Erwerbstätige hat diese Tätigkeit früher als Beschäftigter ausgeübt – Bindung an dieselben Vorgaben wie angestellte Mitarbeiter des Auftraggebers – Regelmäßige Tätigkeit für denselben Auftraggeber/Arbeitgeber – vom Erwerbstätigen angefertigte Unterlagen verbleiben bei Arbeitgeber (Gesprächsprotokolle, Stundenzettel, Entwürfe)	– es besteht freie Zeiteinteilung, – der Arbeitsort wird frei gewählt (ggf. Tätigkeit überwiegend in eigener Betriebsstätte/eigenem Büro oder Vorfertigung des Werkes an eigenem Betriebssitz) – es erfolgen keine Vorgaben während der Tätigkeitsausübung – Keine Vorlage von Stundenzetteln – Verfügungsmöglichkeit über die eigene Arbeitskraft, arbeitnehmeruntypische Freiheiten im Vergleich zu Beschäftigten mit gleicher Qualifikation – der Erwerbstätige strukturiert und organisiert seine Arbeit selbst – während der laufenden Tätigkeit keine Berichtspflicht und Fachaufsicht, lediglich Endabnahme – keine Mitwirkung im üblichen Betriebsalltag, sondern unternehmensfremde Tätigkeit – Auftraggeber kauft Fachkompetenz einer fremden Branche ein – Tätigkeit ist unabhängig von der Arbeit der beschäftigten Mitarbeiter des Auftraggebers – Auftraggeber hat keine Angestellten, die eine vergleichbare Tätigkeit ausüben – eigenverantwortliche Tätigkeit – individuelle Arbeitsleistung, inhaltliche Freiheiten – frei schöpferisches Tätigwerden nach eigenem Gutdünken – vom Erwerbstätigem angefertigte Unterlagen verbleiben in seinem Besitz

Fachwissen:	Fachwissen:
– Einbringen von Fachwissen und Fähigkeiten in das auftraggebende Unternehmen – Patentschutz kommt dem auftraggebenden Unternehmen zugute – Betriebsgeheimnisse werden im Interesse des auftraggebenden Unternehmens gewahrt – offener Wissenstransfer	– Der Erwerbstätige bleibt „Herr seines Wissens und seiner Fähigkeiten“ – Patentschutz kommt dem Erwerbstätigen selbst zugute – Betriebsgeheimnisse bewahrt der Erwerbstätige im eigenen unternehmerischen Interesse – eingeschränkter Wissenstransfer
Keine Erkennbarkeit der Selbstständigkeit für den Endkunden:	**Erkennbarkeit der Selbstständigkeit für den Endkunden:**
– Erwerbstätiger tritt nach außen nicht als Selbstständiger in Erscheinung – Endkunde hat den Eindruck, der Erwerbstätige stehe im Lager des beauftragenden Unternehmers – keine eigene Abrechnung gegenüber dem Endkunden des Auftraggebers – Erwerbstätiger tritt arbeitnehmertypisch im Namen seines Auftraggebers auf – Erwerbstätiger trägt Firmenkleidung seines Auftraggebers – führt selbst keine Verhandlungen mit Endkunden	– der Erwerbstätige tritt nach außen erkennbar als Selbstständiger (Subunternehmer) auf – stellt sich unter eigener Firma vor – direkte Abrechnung gegenüber dem Endkunden des Auftraggebers – hat sein Fahrzeug mit Firmenlogo bedruckt – trägt eigene Arbeitskleidung mit Firmenlogo – führt selbst Verhandlungen oder nimmt Einfluss auf Verhandlungen zwischen Auftraggeber und Endkunden
Höchstpersönliche Leistungserbringung:	**Einsatz eigener Angestellter oder Beauftragung von Subunternehmern:**
– Erwerbstätiger beschäftigt selbst keine sozialversicherungspflichtigen Arbeitnehmer – (nahezu) ausschließlich höchstpersönliche Leistungserbringung, Unternehmen ist nicht auf Wertschöpfung durch mehrere Arbeitskräfte ausgelegt – tatsächlich keine Einschaltung Dritter (auch wenn gegebenenfalls theoretisch erlaubt) – bei eigener Verhinderung keine eigene Beschaffung von Ersatzpersonal, nur Mitteilung an Auftraggeber – Beschaffung von Ersatzpersonal nur im Ausnahmefall ohne zusätzliche Verdienstchancen	– Auftragnehmer beschäftigt eigene, sozialversicherungspflichtige Arbeitnehmer – tatsächlich Einschaltung Dritter in die Arbeitsleistung, dadurch mehr Verdienstchancen = Delegationsbefugnis prägt die Tätigkeit – bei Verhinderung eigene Beschaffung von Ersatzpersonal – Annahme von parallelen Aufträgen, so dass Delegation von vornherein beabsichtigt ist

Keine unternehmerischen Gewinnchancen:	**Unternehmerische Gewinnchancen:**
– wirtschaftliches Handeln kommt nicht dem Erwerbstätigen selbst, sondern seinem Auftraggeber/Arbeitgeber zugute – keine Einsparmöglichkeiten durch wirtschaftliches Handeln – höhere Vergütung kann allein durch schnelleres Arbeiten erreicht werden – kein Verhandlungsspielraum gegenüber Endkunden und Lieferanten – keine eigene Kalkulation – kein maßgeblicher Einfluss auf Preise	– eigener Ertrag des Erwerbstätigen kann durch wirtschaftliches Handeln gesteigert werden (bspw. durch Senkung von Betriebskosten, Verhandlungsgeschick, sparsamen Personaleinsatz) – eigene Verhandlungsführung mit Kunden, Lieferanten, Vertragspartnern – eigene Kalkulation – maßgeblicher Einfluss auf Preisgestaltung
Vergütung:	**Vergütung:**
– regelmäßiger Verdienst – Auszahlung in gleichen monatlichen Teilbeträgen, alle Einsätze werden identisch vergütet – ggf. Stundenlohn – Vergütung ist unabhängig von dem Ergebnis der Tätigkeit – keine Vorleistung für lange Zeiträume – untypisch niedrige Vergütung für eine Selbstständigkeit, sofern Ausdruck fehlender unternehmerischer Chancen.	– Unregelmäßiges Einkommen in wechselnder Höhe – Vergütung nur für tatsächlich geleistete Stunden – Festbetrag für gesamte Arbeitsleistung – Gewinn- und Verlustbeteiligung – erfolgsabhängige Bezahlung – Vergütung erst nach Fertigstellung und Abnahme des gesamten Werkes – Vorleistung für längere Zeiträume – untypisch hohe Vergütung nur relevant, falls Ausdruck der unternehmerischen Chancen
Dauer der Tätigkeit:	**Dauer der Tätigkeit:**
– längere Zeit für denselben Auftraggeber tätig – recht regelmäßige Tätigkeit für denselben Auftraggeber über mehrere Wochen/Monate/Jahre	– häufig wechselnde Auftraggeber für begrenzte Zeiträume – nur unregelmäßige Tätigkeit für den Auftraggeber
Ein Hauptauftraggeber:	**Wechselnde Auftraggeber:**
– es gibt einen Hauptauftraggeber – Wettbewerbsverbot – nimmt jeden Auftrag des Hauptauftraggebers an	– es gibt tatsächlich mehrere, wechselnde Auftraggeber – zumindest ernsthafter und aktiver Versuch, weitere Auftraggeber zu akquirieren

Kein unternehmerisches Risiko:	Unternehmerisches Risiko:
– kein erheblicher Kapitaleinsatz – keine maßgeblichen Investitionen – Betriebsmittel wie Grundstücke und Gebäude, Einrichtungsgegenstände, Konzessionen und Lizenzen werden vom Auftraggeber gestellt – Arbeitsgeräte (Werkzeuge, Maschinen, Fahrzeuge) werden vom Auftraggeber gestellt – Verbrauchsmaterialien werden vom Auftraggeber gestellt – lediglich Kleingeräte werden eingebracht – Gegenstände des täglichen Lebens werden eingebracht, für die kein zusätzlicher Kapitaleinsatz erforderlich war (PKW, PC, Drucker, Schreibtisch, Mobiltelefon) – Büroraum im häuslichen Bereich – keine langfristigen Verbindlichkeiten im Zusammenhang mit der Tätigkeitsausübung	– erheblicher Kapitaleinsatz – es werden Investitionen getätigt – eigenes Kapital oder die eigene Arbeitskraft wird mit der Gefahr des Verlustes eingesetzt, der Erfolg ist ungewiss – dem Risiko stehen größere Freiheiten und größere Verdienstchancen gegenüber – Investitionen im Hinblick auf eine ungewisse Vielzahl künftiger Aufträge – eigene Arbeitsgeräte (Werkzeuge, Maschinen, Fahrzeuge) – eigene Beschaffung von Verbrauchsmaterialien – erhebliche Verbindlichkeiten werden eingegangen (Leasingverträge, Mietverträge, Lizenzverträge, Einstellung von Personal, Warenbestellungen)
Arbeitnehmerschutzrechte werden eingeräumt: – Urlaubsansprüche – Kündigungsschutz – Lohnfortzahlung bei Krankheit und Urlaub	**Fehlende Arbeitnehmerschutzrechte** sind grundsätzlich kein Indiz für eine Selbstständigkeit, sie entstehen qua Gesetzes sofern als Vorstufe der Status der Beschäftigung geklärt ist. – eigenständig Kranken- und Pflegeversicherung abgeschlossen – eigenständig für Altersabsicherung gesorgt – eigenständig für Auftragsflauten abgesichert
Keine Haftung für Schlechtleistung: – Haftung nur für Vorsatz und grobe Fahrlässigkeit, nicht weitergehend als bei Arbeitnehmern – Haftung nur im Innenverhältnis zum Auftraggeber – der Erwerbstätige übernimmt gegenüber Endkunden keine Verantwortung für Qualität	**Haftung für Schlechtleistung:** – Nachbesserungspflicht bei Mängeln – Haftung für leichte Fahrlässigkeit – Haftung auch im Außenverhältnis zum Endkunden – der Erwerbstätige hat eine Betriebshaftpflichtversicherung – die Haftung geht einher mit einem erweiterten unternehmerischen Gestaltungsspielraum

Unprofessionelle Außenwirkung der Tätigkeit:	**Professionelle Außenwirkung der Tätigkeit:**
– kein aktiver Vertrieb – kein Internetauftritt, Telefonbucheintrag, Prospekte, Visitenkarten, Zeitungsannoncen – kein professioneller Kundenempfang – keine eigene Betriebsstätte, eigenes Büro	– Selbstständiger Vertrieb z.B. durch Prospekte, Reklame auf PKW, Firmenlogo auf Arbeitskleidung, proaktive Kundenakquise, Internetauftritt, Telefonbucheintrag – Professioneller Kundenempfang – Betriebsstätte/Büroräume
Unprofessionelle Organisation der Tätigkeit:	**Professionelle Organisation der Tätigkeit:**
– keine professionelle eigene Büroführung – keine systematische Buchführung – kein Steuerberater beauftragt – Organisationsleistungen des Auftraggebers werden genutzt	– funktionierende Büroführung – eigene Buchhaltung – Steuerberater beauftragt
Rechtliche Organisation der Tätigkeit:	**Rechtliche Organisation der Tätigkeit:**
– keine Gesellschaftsgründung – es fehlen rechtliche Qualifikationen oder Erlaubnisse zur selbstständigen Tätigkeit (z.B. § 34a GewO)	– Gründung einer Kapitalgesellschaft – Gewerbeanmeldung ist lediglich formelles Merkmal ohne Aussagekraft

IV. Besonderheiten der Statusbeurteilung bei ehrenamtlich Tätigen

Ehrenamtlich Tätige bilden einen Sonderfall bei Statusbeurteilungen, weil der Erwerbzweck bei Ihnen regelmäßig nicht im Vordergrund steht, sondern ideelle, gemeinnützige Zwecke verfolgt werden und die Vergütung, sofern denn eine gezahlt wird, gemessen am Zeitaufwand oft unverhältnismäßig niedrig ist. Klassischerweise wird ein Ehrenamt als unentgeltliche Tätigkeit verstanden[326]. Für das Sozialversicherungsrecht sind nur solche ehrenamtlichen Tätigkeiten von Bedeutung, in denen eine Aufwandsentschädigung gezahlt wird, denn letztere ist als Beitragsbemessungsgrundlage Voraussetzung für die Beitragspflicht.

Wenn der ehrenamtlich Tätige eine *Entschädigung lediglich nach dem tatsächlichen Aufwand* erhält, liegt kein Erwerbszweck vor. Denn es wird kein Verdienst erzielt, der die konkreten Aufwendungen übersteigt und eine Gegenleistung zur Arbeitsleistung darstellt. In diesem Fall ist die Aufwandsentschädigung steuerfrei und es besteht weder eine Versicherungs- noch eine Beitragspflicht in der Sozialversicherung. Eine solche Aufwandsentschädigung kann beispielsweise Fahrkosten, Verpflegungskosten und Kosten für Lehrgänge umfassen, hingegen wird der Wert des eigenen Engagements, also die Investition von Zeit, nicht entschädigt[327].

Bei Zahlung einer *pauschalierten Aufwandsentschädigung* kommt es für die Abgrenzung, ob eine beitragsfreie Aufwandsentschädigung vorliegt oder eine versicherungspflichtige Beschäftigung anzunehmen ist, auf die Umstände des Einzelfalles an. Jedenfalls der pauschalierte „*Ehrenamtsfreibetrag*“ nach § 3 Nr. 26a EstG in Höhe von 720,- Euro pro Kalenderjahr (60,- Euro monatlich) ist steuerfrei und sozialversicherungsfrei, da dieser nicht als Arbeitsentgelt qualifiziert wird. Vor-

326 *Hoppe/Groffy*, npoR 2019, 205.
327 *Hoppe/Groffy*, npoR 2019, 205, 206.

aussetzung ist, dass die Tätigkeit nebenberuflich ausgeübt wird (nicht mehr als 1/3 einer Vollzeitstelle ausmacht) und sie der Förderung von gemeinnützen, mildtätigen oder kirchlichen Zwecken dient. Zudem kann unter gewissen Voraussetzungen die *Übungsleiterpauschale* nach § 3 Nr. 26 EstG in Höhe von 2400,- Euro pro Kalenderjahr (200,- Euro monatlich) steuerfrei und sozialversicherungsfrei ausgezahlt werden. Wird eine höhere Aufwandspauschale gezahlt, bedarf es einer Statusbeurteilung in jedem Einzelfall unter Würdigung der Gesamtumstände der Tätigkeit.

Das BSG hat bei der Beurteilung ehrenamtlicher Tätigkeiten bisher eine sozialversicherungspflichtige Beschäftigung angenommen, wenn allgemein zugängliche Verwaltungsaufgaben übernommen werden und für die Ausübung der Tätigkeit eine Aufwandsentschädigung gezahlt wird, die über den tatsächlichen Aufwendungen liegt[328]. Zudem ging das BSG von einem Beschäftigungsverhältnis aus, wenn die Tätigkeit nicht allein aufgrund mitgliedschaftlicher Verpflichtung ausgeübt wird, sondern auch einen Erwerbszweck hat[329]. In letzter Zeit hat das BSG diese Grundsätze weiterentwickelt und entschieden, dass Aufgaben und Tätigkeiten regelmäßig dann nicht zu einer persönlichen Abhängigkeit im Sinne eines Beschäftigungsverhältnisses führen, wenn sie Ausfluss der organschaftlichen Stellung einer ein Ehrenamt ausübenden Person sind und nicht für jedermann frei zugänglich[330]. Eine ehrenamtliche Tätigkeit sei im Unterschied zu erwerbsorientierten Beschäftigungsverhältnissen dadurch geprägt, dass sie ideelle Zwecke verfolge und ohne Erwerbsabsicht unentgeltlich ausgeübt werde. Bei einem ehrenamtlichen Engagement werde typischerweise keine Gegenleistung erbracht und erwartet, sondern allenfalls eine Entschädigung gewährt, die Aufwände konkret oder pauschal abdecke. Die gewährte Aufwandsentschädigung dürfe sich dabei nicht als verdeckte Entlohnung einer Erwerbsarbeit darstellen. Wenn Aufgaben des allgemeinen Arbeitsmarktes ausgeübt würden, die das Ehrenamt überschreiten, liege eine Beschäftigung vor. Kennzeichnend für die persönliche Abhängigkeit von sozialversicherungspflichtig Beschäftigten sei,

328 s. BSG, Urt. v. 25.1.2006 – B 12 KR 12/05 R, zitiert nach juris.

329 s. BSG, Urt. v. 20.12.1961 – 3 RK 65/57, BSGE 16, 98; BSG, Urt. v. 18.12.2001 – B 12 KR 8/01 R, zitiert nach juris.

330 Vgl. BSG, Urt. v. 16.08.2017 – B 12 KR 14/16 R, zitiert nach juris.

dass der Tätige seine Arbeitsleistung erbringe, *um* als Gegenleistung dafür eine Entlohnung zu erhalten. Die Arbeitsleistung müsse bei objektiver Betrachtung zu Erwerbszwecken erbracht werden.[331]

In nicht eindeutigen Fällen wird die Praxis zur Klärung der „Erwerbsabsicht" durch Befragung des ehrenamtlich Tätigen dessen subjektive Motivlage zu ermitteln haben, die Umstände der Tätigkeit bewerten und eine Einzelfallentscheidung treffen müssen. Dies ist mit erheblichem Aufwand und Rechtsunsicherheiten für die Beteiligten verbunden. Eine gesetzliche Regelung, unter welchen Voraussetzungen eine ehrenamtliche Tätigkeit als sozialversicherungsfrei anzusehen ist, wäre der Rechtsklarheit dienlich und könnte das Ehrenamt stärken.[332] Schon aufgrund der Vielzahl Betroffener ist eine gesetzliche Klarstellung angezeigt. Laut Statistischem Bundesamt hat sich beispielsweise im Jahre 2012 in Deutschland 41 % der Bevölkerung im Alter von 10 Jahren und älter bürgerschaftlich engagiert. Dabei haben sich 11 % der Bevölkerung mit weniger als 3 Stunden pro Monat in einem eher geringen Umfang engagiert, ebenfalls 11 % in einem größeren zeitlichen Umfang von mehr als 10 Stunden pro Monat.[333]

---

331 Vgl. BSG, Urt. v. 16.08.2017 – B 12 KR 14/16 R, zitiert nach juris, wonach ein Kreishandwerksmeister, der eine Entschädigung i.H.v. 6.600,- Euro jährlich erhalten hatte, nicht als Beschäftigter angesehen wurde, da er seine Tätigkeit als selbstständiger Handwerker nicht aufgegeben hatte die Höhe der Aufwandsentschädigung keinen Erwerbszweck nahelegte.

332 So hat auch das BSG ausgeführt, dass eine gesetzliche Normierung wünschenswert sei, vgl. BSG, Urt. v. 16.08.2017 – B 12 KR 14/16 R, zitiert nach juris.

333 Statistisches Bundesamt, Wie die Zeit vergeht – Analysen zur Zeitverwendung in Deutschland – Beiträge zur Ergebniskonferenz der Zeitverwendungserhebung 2012/13 am 5./6. Oktober 2016 in Wiesbaden (Gesamtausgabe), S. 199, zitiert nach: https://www.destatis.de/DE/Themen/Gesellschaft-Umwelt/Einkommen-Konsum-Lebensbedingungen/Zeitverwendung/Publikationen/Downloads-Zeitverwendung/tagungsband-wie-die-zeit-vergeht-5639103169004.pdf?__blob=publicationFile (abgerufen am 26.10.2019).

V. Der sozialversicherungsrechtliche Status von Erwerbstätigen mit Leitungsfunktion oder gesellschaftsrechtlicher Sonderfunktion

Die Statusbeurteilung von leitenden Erwerbstätigen sowie von Erwerbstätigen mit gesellschaftsrechtlicher Sonderfunktion im Unternehmen hat die Sozialgerichte in den letzten Jahrzehnten vielfach beschäftigt. Eine gesellschaftsrechtliche Sonderfunktion liegt beispielsweise vor bei einem Gesellschaftergeschäftsführer, einem Gesellschafter ohne Geschäftsführerbestellung, aber auch bei einem Fremdgeschäftsführer. (siehe zu diesen Fallgruppen unten unter V.3.) Vielfach haben sich die gerichtlichen Entscheidungen zudem mit einer besonderen Nähebeziehung von leitenden Erwerbstätigen zum Unternehmen auseinandergesetzt, insbesondere mit dem Status von Familienangehörigen anderer Gesellschafter (sog. Familiengesellschaft) und dem Status bei überragendem Fachwissen bzw. besonderem Einfluss des Erwerbstätigen (sog. Kopf-und-Seele-Rechtsprechung). (siehe zur Problematik der Nähebeziehungen unten unter V.2.).

Aufgrund der Praxisrelevanz beziehen sich die folgenden Ausführungen insbesondere auf die Gesellschaft mit beschränkter Haftung nach GmbHG. Sie gelten entsprechend für die UG (haftungsbeschränkt)[334]. Denn bei der UG handelt es sich um keine eigene Rechtsform, sondern um eine besondere Unterform der GmbH. Sie wurde als Einstiegsvariante zur klassischen GmbH insbesondere für Existenz-

334 So auch: Besprechung der Spitzenverbände der Krankenkassen, der Deutschen Rentenversicherung Bund und der Bundesagentur für Arbeit über Fragen des gemeinsamen Beitragseinzugs am 25./26.09.2008, Top 1. Entwurf eines Gesetzes zur Modernisierung des GmbH-Rechts und zur Bekämpfung von Missbräuchen (MoMiG), S. 4, zitiert nach: https://www.aok-business.de/fileadmin/user_upload/global/Fachthemen/Besprechungsergebnisse/2008/bsperg_20080926-BeitrEinz.pdf (abgerufen am 26.10.2019).

gründer eingeführt.[335] Die Ausführungen in diesem Kapitel sind auch auf die GmbH & Co. KG zu übertragen, wobei es dort maßgeblich auf die Verhältnisse in der Komplementär-GmbH ankommt[336]. Für Vorstände von Aktiengesellschaften gelten Sondervorschriften. Sie stehen nach § 7 Abs. 1 SGB IV zwar in einem Beschäftigungsverhältnis, sind aber nach § 1 Satz 3 SGB VI nicht versicherungspflichtig in der Rentenversicherung und nach § 27 Abs. 1 Nr. 5 SGB III versicherungsfrei in der Arbeitslosenversicherung.

Ausgangspunkt der Statusprüfung ist stets das Vertragsverhältnis der Beteiligten, so wie es sich aus den von ihnen getroffenen Vereinbarungen ergibt oder sich aus ihrer gelebten Beziehung erschließen lässt[337]. Im Rahmen dessen sind sowohl der Gesellschaftsvertrag als auch ein etwaiger (Geschäftsführer-)Anstellungsvertrag und sonstige schriftliche und mündliche Vereinbarungen auszuwerten sowie eine förmliche Geschäftsführerbestellung zu berücksichtigen.

1. Die „gesellschaftsrechtliche Rechtsmacht" und ihr Verhältnis zu den allgemeinen typusbildenden Kriterien

Häufig gehen die betroffenen Unternehmen und auch die leitenden Erwerbstätigen selbst vom Vorliegen einer Selbstständigkeit aus, weil die übertragenen Leitungsaufgaben gegenüber einer klassischen Arbeitnehmertätigkeit regelmäßig besondere Entscheidungskompetenzen beinhalten und größere Freiheiten ermöglichen. Für die Statusbeurteilung von leitenden Erwerbstätigen ist nach ständiger Rechtsprechung jedoch insbesondere die gesellschaftsrechtliche *Rechtsmacht in-*

335 *Uckermann/Drees*, DStR 2019, 561, 565.

336 Eine GmbH & Co. KG wird durch die persönlich haftende Komplementärin (GmbH) vertreten. Diese hat in der Regel auch die alleinige Geschäftsführungsbefugnis. Daher ist der Geschäftsführer der GmbH mittelbar auch der Geschäftsführer der KG. Die Kommanditisten (nicht persönlich haftende Gesellschafter) sind nach § 164 HGB von der Führung der Geschäfte der Gesellschaft ausgeschlossen. Sie sind nach § 170 HGB auch nicht zur Vertretung der Gesellschaft ermächtigt.

337 Vgl. BSG, Urt. v. 29.08.2012 – B 12 R 14/10 R, zitiert nach juris; ferner: BSG, Urt. v. 29.07.2015 – B 12 KR 23/13 R, zitiert nach juris; BSG, Urt. v. 29.07.2015 – B 12 R 1/15 R, zitiert nach beck-online.

nerhalb der Gesellschaft von maßgebender Bedeutung[338]. Rechtsmacht in diesem Sinne habe in einer Gesellschaft, wer über *bestimmenden Einfluss in der Gesellschafterversammlung* verfügt. Denn die Gesellschafterversammlung sei oberstes Gesellschaftsorgan. Sie bestimme die Ordnung und Unternehmenspolitik des Betriebes[339]. Allein die Gesellschafter (bzw. die Mehrheitsgesellschafter der Muttergesellschaft) hätten es aufgrund ihrer gesellschaftsrechtlichen Stellung in der Hand, den Unternehmenszweck zu ändern, eine Neuausrichtung des Unternehmens vorzunehmen oder dieses gar zu liquidieren[340], Geschäftsführer zu bestellen und diese zu maßregeln.

Maßgeblich für die Statusbeurteilung eines Erwerbstätigen mit Leitungsfunktion oder mit gesellschaftsrechtlicher Sonderfunktion ist also nach ständiger Rechtsprechung, ob er Beschlüsse der Gesellschafterversammlung herbeiführen oder zumindest verhindern kann. Die Begründung dieser Rechtsprechung liegt darin, dass die *Gesellschafterversammlung weisungsbefugt gegenüber der Geschäftsführung* und dadurch mittelbar gegenüber sämtlichen Mitarbeitern des Unternehmens ist. Nach § 46 Nr. 5 GmbHG bestimmt die Gesellschafterversammlung über die Bestellung und die Abberufung von Geschäftsführern sowie die Entlastung derselben. Nach § 46 Nr. 6 GmbHG hat die Gesellschafterversammlung die Geschäftsführung zu prüfen und zu überwachen. Nach § 46 Nr. 7 GmbHG entscheidet die Gesellschafterversammlung über die Bestellung von Prokuristen und Handlungsbevollmächtigten. Nach § 46 Nr. 8 GmbHG hat die Gesellschafterversammlung Ersatzansprüche gegen Geschäftsführer und einzelne Gesellschafter geltend zu machen. Zudem kann die Gesellschafterversammlung die Vertretungsbefugnis der Geschäftsführer nach § 37 Abs. 1 GmbHG einschränken. Diese Befugnisse der Gesellschafterversammlung sind grundsätzlich *nicht abdingbar*. Die GmbH-Gesellschafter dürfen dem Geschäftsführer zwar große Freiheiten lassen, ihn jedoch nicht ganz von der Überwachung befreien[341]. Die Bestellung eines Geschäftsführers ist nach § 38 Abs. 1 GmbHG durch die Gesellschafter jederzeit widerruflich.

---

338 Vgl. BSG, Urt. v. 29.08.2012 – B 12 R 14/10 R, zitiert nach juris; LSG Baden-Württemberg, Urt. v. 22.12.2017 – L 10 R 1637/17, zitiert nach juris.

339 Vgl. BSG, Urt. v. 18.12.2001 – B 12 KR 10/01 R, zitiert nach juris.

340 Vgl. BSG, Urt. v. 29.07.2015 – B 12 R 1/15 R, zitiert nach beck-online.

341 Vgl. BSG, Urt. v. 29.07.2015 – B 12 R 1/15 R, zitiert nach beck-online.

Nach § 38 Abs. 2 GmbHG kann die Zulässigkeit des Widerrufs vertraglich nicht ausgeschlossen werden, jedenfalls aus wichtigem Grund bleibt sie immer erhalten.[342] Den Gesellschaftern steht bei der Entscheidung über die *Abberufung eines Geschäftsführers* aus wichtigem Grund ein weiter Ermessensspielraum zu[343]. So hat die Rechtsprechung bei Überschreitung der durch Satzung oder Geschäftsordnung festgelegten Kompetenzen eine Abberufung aus wichtigem Grund für gerechtfertigt gehalten[344]. Ein wichtiger Grund liegt auch vor, wenn der Geschäftsführer sich den Weisungen der Gesellschafterversammlung widersetzt, denn nach § 37 Abs. 1 GmbHG sind die Geschäftsführer der Gesellschaft gegenüber verpflichtet, die Beschränkungen einzuhalten, welche sich aus dem Gesellschaftsvertrag ergeben oder, soweit dieser nicht ein anderes bestimmt, die durch Beschlüsse der Gesellschafterversammlung festgesetzt sind. Ebenso wurde von der Rechtsprechung ein wichtiger Grund angenommen bei Zerwürfnis der Geschäftsführer untereinander[345] oder zwischen einem Geschäftsführer und einer Mehrheit der Gesellschafter[346]. Bei zusammenfassender Betrachtung ist also insbesondere dann ein wichtiger Grund für den Widerruf der Geschäftsführerbestellung anzunehmen, wenn sich der Geschäftsführer ernsthaft den Beschlüssen der Gesellschafterversammlung widersetzt. Hierin spiegelt sich die untergeordnete Stellung der Geschäftsführung wider.

Aus dieser Stellung der Gesellschafterversammlung als oberstes Gesellschaftsorgan folgert die Sozialgerichtsbarkeit, dass ein Gesellschafter, der über bestimmenden Einfluss in der Gesellschafterversammlung verfügt, Weisungen an sich selbst verhindern kann. Er wer-

342 Formell betrifft die Abberufung eines Geschäftsführers die gesellschaftsrechtliche Ebene und ist von der schuldrechtlichen Ebene des Geschäftsführer-Anstellungsvertrages zu trennen. Bei Widerruf der gesellschaftsrechtlichen Bestellung kann aufgrund des fortbestehenden schuldrechtlichen Vertrages gegebenenfalls ein Anspruch auf Schadensersatzansprüche oder Lohnfortzahlung bestehen. Der schuldrechtliche Vertrag kann nicht die Rechtsbeziehungen innerhalb der Gesellschaft regeln (vgl. BSG, Urt. v. 08.08.1990 – 11 RAr 77/89, zitiert nach juris) und berührt die Wirksamkeit der Abberufung nicht.

343 Vgl. KG, Urt. v. 26.08.2014 – 14 U 124/12, zitiert nach beck-online.

344 Vgl. KG, Urt. v. 26.08.2014 – 14 U 124/12, zitiert nach beck-online.

345 s. BGH, Urt. v. 12.01.2009 – II ZR 27/08, NJW-RR 2009, 618.

346 s. OLG Köln, Urt. v. 01.06.2010 – 18 U 72/09, NZG 2011, 307.

de selbstbestimmt im „eigenen" Unternehmen tätig und sei daher grundsätzlich als Selbstständiger zu qualifizieren. Wer hingegen nicht über eine bestimmende Rechtsmacht in der Gesellschafterversammlung verfügt, habe sich den Weisungen der Gesellschafterversammlung unterzuordnen und sei dadurch persönlich abhängig. Er werde in einem „fremden" Unternehmen tätig und sei grundsätzlich als Beschäftigter einzuordnen. Entscheidend sei, ob für den Erwerbstätigen die rechtliche Möglichkeit besteht, nicht genehme Weisungen jederzeit abzuwenden[347]. Die Sozialgerichtsbarkeit *überträgt diese gesellschaftsrechtlichen Grundsätze* auf die sozialversicherungsrechtliche Statusbeurteilung und qualifiziert den sich aus der Kapitalbeteiligung ergebenden Einfluss auf die Gesellschaft (also die Rechtmacht in der Gesellschafterversammlung) zum *maßgeblichen Abgrenzungskriterium* bei der Statusentscheidung zwischen Beschäftigung und selbstständiger Tätigkeit[348].

Zur Anwendung dieser Rechtsprechung ist zu klären, ob und mit welchem Gesellschaftsanteil der Erwerbstätige im konkreten Fall an der Gesellschaft beteiligt ist, mit welchen Mehrheitsverhältnissen Beschlüsse der Gesellschafterversammlung laut Gesellschaftsvertrag getroffen werden und inwiefern der leitende Erwerbstätige infolgedessen in der Gesellschafterversammlung stimmberechtigt ist. Die gesellschaftsrechtliche Rechtsmacht ergibt sich aus dem Gesellschaftsvertrag des Unternehmens. Denn aus ihm ergeben sich gem. § 3 Abs. 1 Nr. 3 und 4 GmbHG der Betrag des Stammkapitals sowie die Zahl und die Nennbeträge der Geschäftsanteile, die jeder Gesellschafter gegen Einlage auf das Stammkapital übernimmt (Stammeinlage). Die Stimmberechtigung in der Gesellschafterversammlung einer GmbH richtet sich gem. § 47 Abs. 2 GmbHG nach dem *Geschäftsanteil*. Nach § 47 Abs. 1 GmbHG werden Beschlüsse der Gesellschafterversammlung grundsätzlich mit der Mehrheit der abgegebenen Stimmen gefasst, aus dem Gesellschaftsvertrag können sich jedoch strengere Mehrheitsanforderungen ergeben. Folglich bilden die durch den Gesellschaftsanteil vermittelten Einflussmöglichkeiten die Rechtsmacht auf Gesellschaftsrechtsebene.

347 s. LSG Baden-Württemberg, Urt. v. 22.12.2017 – L 10 R 1637/17, zitiert nach juris.

348 Vgl. BSG, Urt. v. 11.11.2015 – B 12 KR 10/14 R, zitiert nach juris.

Es kommt nach ständiger Rechtsprechung nicht darauf an, ob der Rechtsinhaber seine Rechtsmacht auch tatsächlich nutzt. Denn die *Nichtausübung des Rechts sei unbeachtlich,* solange diese Rechtsposition nicht wirksam abbedungen ist[349]. Maßgeblich sei die Rechtsbeziehung so wie sie praktiziert werde und die praktizierte Beziehung so, wie sie rechtlich zulässig sei[350]. Eine konkludente Abbedingung der gesellschaftsrechtlichen Befugnisse sei nicht wirksam[351]. Hierbei stützt sich die sozialgerichtliche Rechtsprechung auf die *gesellschaftsrechtlich geregelten formellen Voraussetzungen einer Änderung des Gesellschaftsvertrages.* Ein Gesellschaftsvertrag kann nach § 53 Abs. 1 GmbHG nur durch einen gesellschaftsrechtlichen Beschluss der Gesellschafter wirksam geändert werden. Dieser Beschluss muss gem. § 53 Abs. 2 GmbHG notariell beurkundet werden und bedarf einer Mehrheit von drei Vierteln der abgegebenen Stimmen (falls der Gesellschaftsvertrag keine weiteren Erfordernisse aufstellt). *Hieraus folgert das BSG, dass die faktischen Verhältnisse von dem im Gesellschaftsvertrag Geregelten nicht rechtserheblich abweichen können*[352]. Außerhalb des Gesellschaftsvertrags zustande gekommene, sich auf die Stimmverteilung auswirkende Abreden seien für die sozialversicherungsrechtliche Statusbeurteilung daher ohne Bedeutung[353]. (s. vertiefend unter V.4.)

Es ist noch nicht abschließend übersehbar, inwieweit die *allgemeinen typusbildenden Kriterien* (siehe oben unter III.) für die Statusbeurteilung eines Erwerbstätigen mit Leitungsfunktion zukünftig neben der gesellschaftsrechtlichen Rechtsmacht von der Rechtsprechung als relevant angesehen werden. Noch im Jahre 2015 führte das BSG aus, die Beurteilung der Rechtsmacht habe für die Statusbeurteilung keinen unbedingten Vorrang, sondern lediglich Indizfunktion[354]. Obwohl das

349 Vgl. BSG, Urt. v. 24.01.2007 – B 12 KR 31/06 R, zitiert nach juris; BSG, Urt. v. 29.08.2012 – B 12 KR 25/10 R, BSGE 11, 257; BSG, Urt. v. 29.08.2012 – B 12 R 14/10 R, zitiert nach juris; BSG, Urt. v. 29.07.2015 – B 12 R 1/15 R, zitiert nach beck-online; BSG, Urt. v. 19.08.2015 – B 12 KR 9/14 R, zitiert nach juris.

350 Vgl. BSG, Urt. v. 24.01.2007 – B 12 KR 31/06 R, zitiert nach juris; BSG, Urt. v. 29.08.2012 – B 12 KR 25/10 R, BSGE 11, 257; BSG, Urt. v. 19.08.2015 – B 12 KR 9/14 R, zitiert nach juris.

351 Vgl. BSG, Urt. v. 14.03.2018 – B 12 KR 13/17 R, zitiert nach juris.

352 Vgl. BSG, Urt. v. 24.01.2007 – B 12 KR 31/06 R, zitiert nach juris.

353 Vgl. BSG, Urt. v. 14.03.2018 – B 12 KR 13/17 R, zitiert nach juris.

354 s. BSG, Urt. v. 11.11.2015 – B 12 KR 13/14 R, BSGE, 120, 59.

BSG die Bedeutung der gesellschaftsrechtlichen Rechtsmacht seit einigen Jahren gegenüber den übrigen Abgrenzungskriterien deutlich hervorhebt, prüfte es bisher im Nachgang gleichwohl die weiteren typusbildenden Kriterien, wenn auch oft recht oberflächlich. Auch in der Literatur wird bisher die Ansicht vertreten, die Beurteilung, ob eine Beschäftigung oder eine selbstständige Tätigkeit vorliegt, richte sich auf Leitungsebene ebenso wie bei allen Statusbeurteilungen grundsätzlich nach den in den letzten Jahrzenten entwickelten allgemeinen typusbildenden Kriterien[355]. Nach neuester Rechtsprechung prüft das BSG jedoch soweit ersichtlich ausschließlich das Kriterium der Rechtsmacht, *ohne die weiteren typusbildenden Abgrenzungskriterien überhaupt zu benennen oder inhaltlich auf sie einzugehen*[356]. Stattdessen hebt das BSG hervor, dass außerhalb des Gesellschaftsvertrages stehende Abreden, die sich auf die Stimmbindung auswirken, für die sozialversicherungsrechtliche Statusbeurteilung irrelevant seien[357]. Daraus ergibt sich der Eindruck, dass bei Erwerbstätigen mit Leitungsfunktion im Unternehmen nach Auffassung des BSG *jegliches tatsächliches Verhalten für bedeutungslos erachtet* wird und die weiteren typusbildenden Kriterien keine von der Rechtmacht abweichende Statusbeurteilung begründen können[358]. Diese Beurteilungskriterien unterscheiden sich damit grundlegend von der sonst üblichen Statusbeurteilung (etwa bei einem Subunternehmer oder einem freien Mitarbeiter, vgl. hierzu die Ausführungen unter III.).

Eine *dogmatisch schlüssige Begründung* für diese *unterschiedlichen Grundsätze bei der Statusbeurteilung* ist soweit ersichtlich von der Rechtsprechung nicht vorgebracht worden. Sicher führt die strenge Orientierung an der gesellschaftsrechtlichen Rechtsmacht zu einer größeren Rechtssicherheit aufgrund der Vorhersehbarkeit der Ergebnisse. Auch führt es zu erheblichen Verwaltungsvereinfachungen bei der Statusbeurteilung, wenn die aufwändige Ermittlung der konkreten

355 Vgl. *Kaufmann/Kleemann*, BB 2014, 821 ff.; *Stotz*, jM 2016, 199, 202; Das BSG habe sich nicht gänzlich gegen die Heranziehung der Einzelaspekte entschieden, da es die einzelnen Indizien (auch bei einer fehlenden Beteiligung am Gesellschaftskapital) ausführlich in seinen Entscheidungsgründen erörtert habe.

356 Vgl. BSG, Urt. v. 14.03.2018 – B 12 KR 13/17 R, zitiert nach juris.

357 Vgl. BSG, Urt. v. 14.03.2018 – B 12 KR 13/17 R, zitiert nach juris.

358 So ist *Brand*, DStR 2017, 728, 732 der Auffassung, dass die tatsächlichen Umstände fast nur noch rudimentär zu berücksichtigen seien.

Umstände der Tätigkeitsausübung im Einzelfall entfällt und nur Gesellschaftsvertrag und Gesellschafterbeschlüsse auszuwerten sind. Allerdings können solche *Praktikabilitätserwägungen* nicht maßgeblich für eine statusrechtliche Entscheidung und die entsprechende Beitragserhebung sein.

Die Unterschiede bei der Statusbeurteilung lassen sich auch nicht allein durch eine *Leitungsfunktion* des Erwerbstätigen rechtfertigen. Denn sowohl einfache als auch leitende Tätigkeiten können sowohl im Rahmen einer Beschäftigung als auch selbstständig ausgeübt werden. Zu nennen sind beispielsweise die Reinigungskraft, die entweder angestellt oder selbstständig tätig sein kann oder der Projektleiter, der entweder intern für diese Aufgabe abgestellt wurde und als Beschäftigter zu qualifizieren ist, oder als externer Unternehmensberater selbstständig tätig ist. Auch lässt sich allein mit dem Bekleiden einer Leitungsfunktion nicht erklären, weshalb nach der Rechtsprechung ein Geschäftsführer ohne Gesellschaftsanteil beschäftigt ist, ein Geschäftsführer mit Mehrheitsbeteiligung am Stammkapital hingegen selbstständig (vgl. zu Geschäftsführern die Ausführungen unter V.3.f und V.3.g.).

Dieser Ansatz unterscheidet sich grundlegend von der allgemeinen Statusabgrenzung nach typusbildenden Kriterien (siehe hierzu unter III). Dogmatisch nachvollziehbar lässt sich die vom BSG entwickelte Statusbeurteilung nach Rechtsmacht nur begründen, wenn danach unterschieden wird, ob der Erwerbstätige eine *gesellschaftsrechtlich vorgesehene Sonderfunktion* innehat, sei es durch eine Beteiligung als Gesellschafter, durch eine Bestellung zum Geschäftsführer, durch Prokura oder Handlungsvollmacht. Nur im Falle einer solchen, insbesondere im Rahmen des GmbHG und HGB vorgesehenen, „gesellschaftsrechtlichen" Verbindung des Erwerbstätigen zum Unternehmen kann sinnvoll mit der gesellschaftsrechtlichen Rechtsmacht argumentiert werden. Denn ohne eine gesellschaftsrechtliche Sonderfunktion kann keine auf dem Gesellschaftsrecht beruhende Rechtsmacht bestehen. Ziel der Rechtsprechung des BSG ist es scheinbar, den hinter der Gesellschaft stehenden Unternehmenslenker als selbstständig einzuordnen. Es handelt sich hierbei um eine Art *„internen Selbstständigen"*, der über die Geschicke des Unternehmens entscheidet. Gemeint ist die natürliche Person, die bestimmend hinter der Kapitalgesellschaft steht.

Welche natürliche Person das Handeln der Gesellschaft bestimmen kann, ist eine *gesellschaftsrechtliche Frage*. Insofern ist nachvollziehbar, dass das BSG bei „internen Selbstständigen" auf die sich aus dem Gesellschaftsrecht ergebende Rechtsmacht abstellt.

Demgegenüber kann eine Statusbeurteilung nach den allgemeinen Kriterien nur bei einem *„externen Selbstständigen"*, also bei einem außerhalb des Unternehmens stehenden Erwerbstätigen angewendet werden (vgl. dazu die Ausführungen unter III.). Je unabhängiger dieser vom Unternehmen ist, desto eher wird er als selbstständig angesehen, je enger er ins Unternehmen eingebunden ist, desto eher wird eine Beschäftigung angenommen.

Hat der Erwerbstätige hingegen eine gesellschaftsrechtliche Sonderfunktion, also eine Position als Gesellschafter und/oder Geschäftsführer, Prokurist oder Handlungsbevollmächtigter, kann er nicht mehr „externer Selbstständiger" sein, denn er steht aufgrund der gesellschaftsrechtlichen Verbindung nicht außerhalb des Unternehmens. Die allgemeinen typusbildenden Kriterien tragen daher in diesem Fall nicht. Durch die gesellschaftsrechtliche Position im Unternehmen ist der Erwerbstätige eingegliedert, er ist aus gesellschaftsrechtlicher Sicht selbst Teil des Unternehmens. Nach den allgemeinen typusbildenden Kriterien wäre *bei gesellschaftsrechtlicher Sonderfunktion stets eine Beschäftigung anzunehmen*, eine „externe Selbstständigkeit" ist ausgeschlossen. Dementsprechend kommt bei Bestehen einer gesellschaftsrechtlichen Sonderfunktion allenfalls die Annahme einer „internen Selbstständigkeit" in Betracht. Welche Person innerhalb eines Unternehmens rechtlich verbindlich Entscheidungen treffen kann, beurteilt sich nach Gesellschaftsrecht. Die gesellschaftsrechtliche Rechtsmacht ist ausschlaggebend dafür, wer als natürliche Person der „Unternehmer" hinter der Kapitalgesellschaft ist. Dies ist in aller Regel der Mehrheitsgesellschafter.

Vor dem Hintergrund dieser dogmatischen Einordnung wird im Falle von Erwerbstätigen mit gesellschaftsrechtlicher Sonderfunktion die Auffassung der sozialgerichtlichen Rechtsprechung nachvollziehbar, wonach die gesellschaftsrechtliche Rechtsmacht maßgebliches Abgrenzungskriterium für die sozialversicherungsrechtliche Statusbeurteilung ist und es nicht auf die allgemeinen typusbildenden Kriterien ankomme. Voraussetzung ist jedoch stets, dass die Anwendung des

Abgrenzungskriteriums der „gesellschaftsrechtlichen Rechtsmacht" auf Fälle beschränkt wird, in denen der Erwerbstätige eine *gesellschaftsrechtlich vorgesehene Sonderfunktion* ausfüllt, er also insbesondere Gesellschafter, Geschäftsführer, Prokurist oder Handlungsbevollmächtigter ist. Sofern dies nicht der Fall ist, kann allenfalls eine „externe" Selbstständigkeit nach den allgemeinen typusbildenden Kriterien (vgl. hierzu III.) bestehen.

Allerdings hielt die Rechtsprechung sich insbesondere in der Vergangenheit nicht konsequent an diese Begrenzung und nahm eine interne Selbstständigkeit als Unternehmenslenker im Ausnahmefall auch ohne Bestehen einer gesellschaftsrechtlichen Sonderfunktion an, insbesondere bei besonderer Nähebeziehung des Erwerbstätigen zum Unternehmen (vgl. hierzu die Ausführungen im folgenden Kapitel). Dieser weite Anwendungsbereich wurde mittlerweile korrigiert:

2. Nähebeziehung eines Erwerbstätigen zum Unternehmen

Die Rechtsprechung des BSG zum Status von Erwerbstätigen mit besonderer Nähebeziehung zur Gesellschaft hat sich in den letzten Jahren erheblich gewandelt. In der Vergangenheit war trotz fehlender gesellschaftsrechtlicher Rechtsmacht teilweise eine selbstständige Tätigkeit von leitenden Erwerbstätigen im Unternehmen angenommen worden, wenn der Erwerbstätige mit dem Mehrheitsgesellschafter verwandt war oder aufgrund seines überragenden Fachwissens besonders großen Einfluss ausüben konnte. Mittlerweile hat das BSG aber mit verschiedenen Grundsatzurteilen sowohl die Rechtsprechung zur Familien-Gesellschaft[359] als auch die „Kopf- und Seele" Rechtsprechung aufgegeben[360]. Diese beiden Fallgruppen waren ursprünglich höchstrichterlich von den für das Leistungsrecht der Arbeitsförderung und

359 Vgl. BSG, Urt. v. 29.08.2012 – B 12 R 14/10 R, zitiert nach juris; BSG, Urt. v. 29.08.2012 – B 12 KR 25/10 R, BSGE 11, 257; BSG, Urt. v. 11.11.2012 – B 12 KR 13/14 R, BSGE 120, 59; BSG, Urt. v. 29.07.2015 – B 12 KR 23/13 R, zitiert nach juris; BSG, Urt. v. 19.08.2015 – B 12 KR 9/14 R, zitiert nach juris.

360 Vgl. BSG, Urt. v. 29.08.2012 – B 12 KR 25/10 R, BSGE 11, 257; BSG, Urt. v. 29.07.2015 – B 12 KR 23/13 R, zitiert nach juris; BSG, Urt. v. 29.07.2015 – B 12 R 1/15 R, zitiert nach beck-online; BSG, Urt. v. 14.03.2018 – B 12 KR 13/17 R, zitiert nach juris.

das Recht der Unfallversicherung zuständigen Senaten des BSG entwickelt worden. Sie waren von dem Bestreben bestimmt, Leistungsansprüche von GmbH-Geschäftsführern gegen die Sozialversicherungsträger abzuwehren[361]:

- Nach der früheren Rechtsprechung zur *Familien-GmbH* konnte eine Selbstständigkeit eines Geschäftsführers mit Minderheitsbeteiligung[362] oder auch ganz ohne Beteiligung[363] angenommen werden, wenn das Tätigwerden innerhalb der Gesellschaft durch eine besondere Rücksichtnahme aufgrund familiärer Bindungen geprägt war. Teilweise wurde eine Selbstständigkeit auch ohne Geschäftsführerstellung des Erwerbstätigen[364] angenommen, ausnahmsweise sogar gänzlich ohne gesellschaftsrechtliche Verbindung, also ohne Gesellschaftsanteil sowie ohne Organstellung[365].
- Nach der früheren "*Kopf-und-Seele*"*-Rechtsprechung*[366] konnte eine selbstständige Tätigkeit des leitenden Erwerbstätigen (insbes. eines Geschäftsführers) auch ohne familiäre Bindung angenommen werden, wenn dieser als sachkundiger Fachmann die Geschäfte der Gesellschaft im Wesentlichen nach eigenem Gutdünken führen konnte und tatsächlich keine Weisungen erhielt. Das BSG vertrat die Ansicht, der tatsächliche Einfluss auf die Gesellschaft könne

361 s. LSG Niedersachsen-Bremen, Beschl. v. 20.12.2018 – L 12 BA 23/18 B ER, zitiert nach juris.

362 Vgl. BSG, Urt. v. 29.10.1986 – 7 RAr 43/85, zitiert nach juris; BSG, Urt. v. 08.12.1987 – 7 RAr 25/86, zitiert nach juris; BSG, Urt. v. 28.01.1992 – 11 RAr 133/90, zitiert nach juris; BSG, Urt. v. 14.12.1999 – B 2 U 48/98 R, zitiert nach juris.

363 Vgl. BSG, Urt. v. 08.12.1987 – 7 RAr 25/86, zitiert nach juris; BSG, Urt. v. 11.02.1993, 7 RAr 48/92, zitiert nach juris; BSG, Urt. v. 10.05.2007 – B 7a AL 8/06 R, zitiert nach juris.

364 Vgl. BSG, Urt. v. 17.05.2001 – B 12 KR 34/00 R, zitiert nach juris.

365 s. BSG, Urt. v. 30.01.1990 – 11 RAr 47/88, zitiert nach juris.

366 Vgl. BSG, Urt. v. 15.12.1971 – 3 RK 67/68, zitiert nach juris; BSG, Urt. v. 23.09.1982 – 10 RAr 10/81, zitiert nach juris; BSG, Urt. v. 30.01.1990 – 11 RAr 47/88, zitiert nach juris; BSG, Urt. v. 23.06.1994 – 12 RK 72/92, zitiert nach beck-online; LSG Niedersachsen-Bremen, Urt. v. 24.01.2007 – L 2 R 35/06, zitiert nach juris; BSG, Urt. v. 08.08.1990 – 11 RAr 77/89, zitiert nach juris; ferner: BSG, Urt. v. 28.10.1986 – 7 RAr 43/85, zitiert nach juris; LSG Nordrhein-Westfalen, Urt. v. 19.05.2004 – L 12 AL 102/03, zitiert nach juris. Bei gleichberechtigter Geschäftsführung durch mehrere Minderheitsgesellschafter: LSG Mecklenburg-Vorpommern, Urt. v. 22.01.2002 – L 2 AL 17/00, zitiert nach juris.

eine Beschäftigung auch dann ausschließen, wenn die gesellschaftsrechtliche Stellung allein einen bestimmenden Einfluss nicht ermögliche[367].

Es erfolgte seitens der Rechtsprechung keine strenge Trennung von internen und externen Selbständigen. Es wurde in jedem Einzelfall geprüft, ob der faktische Einfluss des Erwerbstätigen auf die Gesellschaft wesentlich größer war, als der rechtlich aufgrund des Gesellschaftsanteils zustehende Einfluss. Bei faktisch beherrschender Stellung wurde eine Selbstständigkeit angenommen.[368] Es wurde als relevant angesehen, ob die Gesellschafterversammlung von ihrer Weisungsbefugnis im Einzelfall tatsächlich Gebrauch gemacht hatte[369]. Ein Geschäftsführer wurde als selbstständig angesehen, wenn er faktisch wie ein Alleininhaber die Geschäfte der Gesellschaft nach eigenem Gutdünken führen konnte, ohne dass ihn Gesellschafter daran hinderten[370]. Dies wurde etwa angenommen, wenn die (weiteren) Gesellschafter mangels Sachverstandes keinen maßgeblichen Einfluss auf die Führung des Unternehmens nehmen konnten[371]. Auch ein Fremdgeschäftsführer ohne jeden Kapitalanteil konnte als selbstständig angesehen werden, wenn die Gesellschafter ihm bei seiner Tätigkeit völlig freie Hand ließen und von einer etwaigen Weisungsbefugnis keinen Gebrauch machten[372]. Berücksichtigt wurde auch, ob die Tätigkeit wirtschaftlich gesehen nicht wie für ein fremdes, sondern wie für ein eigenes Unternehmen ausgeübt wurde[373]. Dabei wurde es als Unternehmensrisiko angesehen, wenn die Höhe der Bezüge auch von der Ertragslage der Gesellschaft abhängig war[374].

Mittlerweile hat das BSG sich jedoch sowohl von der Kopf- und Seele-Rechtsprechung als auch von der Rechtsprechung zur Familien-

367 s. BSG, Urt. v. 08.08.1990 – 11 RAr 77/89, zitiert nach juris.
368 Vgl. BSG, Urt. v. 07.09.1988 – 10 RAr 10/87, zitiert nach beck-online.
369 Vgl. BSG, Urt. v. 11.02.1993 – 7 RAr 48/92, zitiert nach beck-online.
370 Vgl. BSG, Urt. v. 08.12.1987 – 7 RAr 25/86, zitiert nach juris
371 s. BSG, Urt. v. 20.03.1984 – 7 RAr 70/82, zitiert nach juris.
372 Vgl. BSG, Urt. v. 11.02.1993 – 7 RAr 48/92, zitiert nach juris.
373 s. BSG, Urt. v. 08.12.1987 – 7 RAr 25/86, zitiert nach juris; BSG, Urt. v. 11.02.1993 – 7 RAr 48/92, zitiert nach juris.
374 Vgl. BSG, Urt. v. 08.12.1987 – 7 RAr 25/86, zitiert nach juris.

gesellschaft ausdrücklich abgewandt[375]. Der für das Beitrags- und Mitgliedschaftsrecht zuständige 12. Senat des BSG hat die Bedeutsamkeit einer besonderen Nähebeziehung für die Statusbeurteilung eines Erwerbstätigen aufgegeben und billigt der gesellschaftsrechtlichen Rechtsmacht des Erwerbstätigen für dessen Status nunmehr maßgebende Bedeutung zu[376]. Der Senat führt aus, die sozialversicherungsrechtliche Statuszuordnung könne nicht vom rein faktischen, nicht rechtlich gebundenen und daher jederzeit änderbaren Verhalten der Beteiligten abhängen[377]. Nach dem *Postulat der sozialversicherungsrechtlichen Vorhersehbarkeit*[378] müsse die Statusentscheidung auch im Falle des Zerbrechens des Vertrauensverhältnisses in der Gesellschaft fortdauern. Eine „*Schön-Wetter-Selbstständigkeit*" sei mit Blick auf das Erfordernis der Vorhersehbarkeit sozialversicherungs- und beitragsrechtlicher Tatbestände schwerlich hinnehmbar, vielmehr sei die Frage der Versicherungspflicht schon zu Beginn der Tätigkeit zu klären[379]. Selbst wenn Weisungen aufgrund familiärer Rücksichtnahme solange nicht erteilt würden, wie das Einvernehmen der Familienmitglieder gewahrt sei, so käme doch im Falle eines familiären Zerwürfnisses zwischen den Beteiligten allein die den einzelnen Familienmitgliedern zustehende Rechtsmacht zum Tragen, sodass dann auch nach den gelebten tatsächlichen Verhältnissen wieder eine Weisungsunterworfenheit bestehe[380]. Das faktische Verhalten der Gesellschafter könne sich

375 Vgl. BSG, Urt. v. 29.08.2012 – B 12 R 14/10 R, zitiert nach juris; BSG, Urt. v. 29.08.2012 – B 12 KR 25/10 R, BSGE 11, 257; BSG, Urt. v. 11.11.2012 – B 12 KR 13/14 R, BSGE 120, 59; BSG, Urt. v. 29.07.2015 – B 12 KR 23/13 R, zitiert nach juris; BSG, Urt. v. 29.07.2015 – B 12 R 1/15 R, zitiert nach beck-online, BSG, Urt. v. 19.08.2015 – B 12 KR 9/14 R, zitiert nach juris; BSG, Urt. v. 14.03.2018 – B 12 KR 13/17 R, zitiert nach juris.

376 s. BSG, Urt. v. 29.08.2012 – B 12 R 14/10 R, zitiert nach juris.

377 s. BSG, Urt. v. 29.07.2015 – B 12 R 1/15 R, zitiert nach beck-online; BSG, Urt. v. 14.03.2018 – B 12 KR 13/17 R, zitiert nach juris.

378 So: BSG, Urt. v. 11.11.2015 – B 12 KR 13/14 R, BSGE, 120, 59 ff.

379 Vgl. BSG, Urt. v. 29.08.2012 – B 12 R 14/10 R, zitiert nach juris; BSG, Urt. v. 29.08.2012 – B 12 KR 25/10, BSGE 111, 257 ff.; BSG, Urt. v. 29.07.2015 – B 12 KR 23/13 R, zitiert nach juris; BSG, Urt. v. 19.08.2015 – B 12 KR 9/14 R, zitiert nach juris; BSG, Urt. v. 11.11.2015 – B 12 KR 13/14 R, BSGE, 120, 59 ff.; vgl. ferner: BSG, Urt. v. 14.03.2018 – B 12 KR 13/17 R, zitiert nach juris.

380 Vgl. BSG, Urt. v. 29.08.2012 – B 12 KR 25/10 R, BSGE 11, 257; BSG, Urt. v. 29.08.2012 – B 12 R 14/10 R, zitiert nach juris; BSG, Urt. v. 29.08.2012 – B 12 KR 25/10 R, BSGE 11, 257.

jederzeit ändern. Es sei keinesfalls ausgeschlossen, dass die Gesellschafter, auch wenn es sich für sie eventuell lediglich um eine (Risiko-)Kapitalanlage handele, von ihren Kontrollmöglichkeiten Gebrauch machten.[381] Es sei daher im Hinblick auf eine größtmögliche Rechtssicherheit geboten, eine von Anfang an latent vorhandene Rechtsmacht auch dann als ein Kriterium für die Annahme einer Beschäftigung zu berücksichtigen, wenn von ihr konkret (noch) kein Gebrauch gemacht werde.[382] Eine faktische Machtposition gegenüber den Gesellschaftern rechtfertige nicht die Annahme einer Selbstständigkeit[383], da die gesellschaftsrechtsrechtliche Rechtsmacht nicht konkludent oder einfachvertraglich abbedungen werden könne[384]. Beim Fehlen einer bestimmenden Unternehmensbeteiligung sei daher von einer Beschäftigung auszugehen[385]. Dem stehe nicht entgegen, dass die Abhängigkeit unter Familienangehörigen im Allgemeinen weniger stark ausgeprägt sei und deshalb das Weisungsrecht möglicherweise mit gewissen Einschränkungen ausgeübt werde[386]. Auch stehe nicht entgegen, wenn der Erwerbstätige den Gesellschaftern des Unternehmens durch besonderes Fachwissen und langjährige Erfahrung überlegen sei[387]. Durch die Änderung der höchstrichterlichen Rechtsprechung wird der gesellschaftsvertraglich eingeräumten Rechtsmacht innerhalb des Unternehmens also nun maßgebliches Gewicht beigemessen. Ein *Vertrauensschutz* im Hinblick auf die frühere Rechtsprechung zur Familiengesellschaft sowie betreffend die Kopf-und-Seele-Rechtsprechung wurde seitens der Rechtsprechung nicht anerkannt[388].

---

381 Vgl. *Stotz*, jM 2016, 199, 202.

382 Vgl. LSG Hessen, Urt. v. 27.10.2011 – L 8 KR 175/19, zitiert nach beck-online.

383 Vgl. BSG, Urt. v. 29.07.2015 – B 12 R 1/15 R, zitiert nach beck-online.

384 s. BSG, Urt. v. 29.08.2012 – B 12 R 14/10 R, zitiert nach juris.

385 Vgl. BSG, Urt. v. 29.07.2015 – B 12 R 1/15 R, zitiert nach beck-online; vgl. auch: LSG Hessen, Urt. v. 27.10.2011 – L 8 KR 175/19, zitiert nach beck-online.

386 s. LSG Nordrhein-Westfahlen, Urt. v. 25.06.2009 – L 16 KR 99/09, zitiert nach beck-online; LSG Hessen, Urt. v. 25.02.2010 – L 8 KR 81/08, zitiert nach beck-online; LSG Hessen, Urt. v. 27.10.2011 – L 8 KR 175/19, zitiert nach beck-online; BSG, Urt. v. 29.07.2015 – B 12 R 1/15 R, zitiert nach beck-online.

387 Vgl. BSG, Urt. v. 29.07.2015 – B 12 R 1/15 R, zitiert nach beck-online.

388 Vgl. BSG, Urt. v. 28.02.2017 – B 12 R 21/16 B, zitiert nach juris; LSG Baden-Württemberg, Urt. v. 22.12.2017 – L 10 R 1637/17, zitiert nach juris; LSG Niedersachsen-Bremen, Beschl. v. 20.12.2018 – L 12 BA 23/18 B ER, zitiert nach juris; s. auch: Terminbericht des BSG Nr. 41/19 zum Versicherungs- und Beitragsrecht,

Diese Rechtsprechungsänderung wird nachvollziehbar, wenn klar unterschieden wird zwischen *„externer Selbstständigkeit"* (Erwerbstätige, die außerhalb des Unternehmens stehen) einerseits, und *„interner Selbstständigkeit"* (Erwerbstätige, die gesellschaftsrechtlich mit dem Unternehmen verbunden sind) andererseits. Bei Erwerbstätigen mit besonderer Nähebeziehung zum Unternehmen wird nach den allgemeinen typusbildenden Kriterien (vgl. unter III.) regelmäßig keine Selbstständigkeit als „externer Selbstständiger", also als außerhalb des Unternehmens stehender Erwerbstätiger angenommen werden können, sondern allenfalls eine „interne Selbstständigkeit". Denn aufgrund der Nähebeziehung sind sie selbst gleichsam Teil des Unternehmens, bringen ihre Arbeitskraft, ihr Fachwissen und ihre Fähigkeiten in das Unternehmen ein. In einem solchen Fall beurteilt sich die Frage, wer als natürliche Person der „Unternehmer" hinter der Kapitalgesellschaft ist, allein nach der gesellschaftsrechtlichen Rechtsmacht. (vgl. zur näheren Erläuterung unter V.1.).

Seitdem das BSG die Bedeutung der Rechtsmacht auch bei besonderer Nähebeziehung als maßgebliches Kriterium hervorgehoben hat, ist eine Vereinheitlichung der entsprechenden Statusfeststellungsverfahren zu beobachten. So wurden im Jahre 2017 insgesamt 41.425 obligatorische Statusfeststellungen bezüglich Familienangehörigen nach § 7a Abs. 1 Satz 2 SGB IV durchgeführt. Lediglich in 20 Fällen stellte die DRV Bund eine selbstständige Tätigkeit fest. Hingegen wurde in 99,9% der Fälle von der DRV Bund eine sozialversicherungspflichtige Beschäftigung festgestellt.[389]

Entscheidungen vom 19.09.2019 zu den Aktenzeichen: B 12 R 25/18 R, B 12 KR 21/19 R, B 12 R 7/19 R und B 12 R 9/19 R, zitiert nach juris.; a.A. *Brandt*, DStR 2017, 728, 732.

389 s. BT-Drucks. 19/749 v. 14.02.2018: Antwort der Bundesregierung auf die Kleine Anfrage der Abgeordneten Markus Kurth, Anja Hajduk, Beate Müller-Gemmeke, weiterer Abgeordneter und der Fraktion BÜNDNIS 90/DIE GRÜNEN (BT-Drucks. 19/551), zitiert nach: http://dipbt.bundestag.de/dip21/btd/19/007/1900749.pdf (abgerufen am 23.10.2019).

3. Fallgruppen bei der Statusbeurteilung Erwerbstätigen mit Leitungsfunktion oder gesellschaftsrechtlicher Sonderfunktion

Im Folgenden soll die aktuelle sozialgerichtliche Rechtsprechung zur Statusbeurteilung bei leitenden Erwerbstätigen sowie bei Erwerbstätigen mit gesellschaftsrechtlicher Sonderfunktion auf Fallgruppen heruntergebrochen werden, um eine bessere Übersichtlichkeit zu erreichen:

a) Der nichtmitarbeitende Gesellschafter

Sofern ein Gesellschafter nicht im Unternehmen mitarbeitet, an dem er beteiligt ist, kann kein sozialversicherungspflichtiges Beschäftigungsverhältnis vorliegen. Denn die gesellschaftsrechtliche Stellung an sich ist keine „Tätigkeit". Nur wenn eine über das Halten und die Verwaltung des Gesellschaftsanteils hinausgehende Tätigkeit eines Gesellschafters für das Unternehmen vorliegt, ist eine Statusbeurteilung erforderlich.

b) Der mitarbeitende Alleingesellschafter

Ein mitarbeitender Alleingesellschafter ist nach der Rechtsprechung in seiner Tätigkeit für das Unternehmen *stets als Selbstständiger* zu qualifizieren[390], da er aufgrund seines Gesellschaftsanteils die alleinige Bestimmungsgewalt in der Gesellschafterversammlung hat. Es kommt nach der Rechtsprechung des BSG auch nicht darauf an, ob der Alleingesellschafter förmlich zum Geschäftsführer bestellt ist. Selbst wenn er für die Gesellschaft nur untergeordnete Tätigkeiten verrichtet, stehe er in keinem Beschäftigungsverhältnis.[391] Denn der Alleingesellschafter kann aufgrund seiner gesellschaftsrechtlichen Stellung den Fremdge-

390 Vgl. BSG, Urt. v. 09.11.1989 – 11 RAr 39/89, zitiert nach beck-online; Hessisches LSG, Urt. v. 28.10.2004 – L 14 KR 186/01, zitiert nach juris; BSG, Urt. v. 04.06.2009 – B 12 KR 3/08 R, zitiert nach juris.

391 Vgl. BSG, Urt. v. 09.11.1989 – 11 RAr 39/89, zitiert nach beck-online.

schäftsführern seinerseits Weisungen erteilen und alle grundsätzlichen Unternehmensentscheidungen allein treffen.

c) Der mitarbeitende Mehrheitsgesellschafter

Ein mitarbeitender Mehrheitsgesellschafter ist nach der sozialgerichtlichen Rechtsprechung aufgrund gesellschaftsrechtlicher Rechtsmacht als *selbstständig* anzusehen, wenn er kraft seiner Beteiligung aktiv Beschlüsse der Gesellschafterversammlung herbeiführen kann. Mehrheitsgesellschafter ist, wer mehr als 50% der Gesellschaftsanteile hält. Sieht der Gesellschaftsvertrag keine andere Regelung vor, sind Beschlüsse der Gesellschafterversammlung nach § 47 GmbHG mit der Mehrheit der abgegebenen Stimmen zu treffen. Um wie ein Alleingesellschafter über die Geschicke der Gesellschaft bestimmen zu können reicht es in diesem Fall aus, wenn der Gesellschafter *mehr* als 50% der Gesellschaftsanteile hält. Dann kann er die Unternehmenspolitik selbst aktiv gestalten und wird nicht als persönlich abhängig angesehen. Dies gilt auch, wenn der Mehrheitsgesellschafter nicht förmlich zum Geschäftsführer bestellt ist, sondern ohne eine solche Organstellung mitarbeitet. Zwar sind Dienstaufsicht und Weisungsrecht Sache der laufenden Geschäftsführung und nicht der Gesellschafterversammlung, jedoch hat ein Mehrheitsgesellschafter aufgrund seiner gesellschaftsrechtlichen Position seinerseits Weisungsbefugnisse gegenüber der Geschäftsführung[392]. Er kann aufgrund seiner „bestimmenden" Rechtsmacht in der Gesellschafterversammlung der Geschäftsführung Weisungen erteilen und die Geschicke der Gesellschaft wie ein Alleingesellschafter lenken. Dadurch kann er auch Weisungen seitens der Geschäftsführung an sich selbst verhindern. Er hat gesellschaftsrechtliche Rechtsmacht, auch ohne zum Geschäftsführer bestellt zu sein.

Wenn der Gesellschaftsvertrag für Beschlüsse der Gesellschafterversammlung *strengere Mehrheitsanforderungen* stellt als die Mehrheit der abgegebenen Stimmen nach § 47 GmbHG, kann ein Mehrheitsgesellschafter, der nicht gleichzeitig zum Geschäftsführer bestellt ist, nach der sozialgerichtlichen Rechtsprechung nur dann als selbststän-

392 Vgl. auch: *Uckermann/Drees*, DStR 2019, 561, 563.

dig angesehen werden, wenn er über die für Beschlüsse erforderliche *qualifizierte Mehrheit* verfügt. Denn nur dann kann er wie ein Alleingesellschafter über die Geschicke der Gesellschaft bestimmen und aufgrund seines Stimmrechts aktiv einen Beschluss der Gesellschafterversammlung herbeiführen, insbesondere der Geschäftsführung des Unternehmens Weisungen erteilen. Wenn Beschlüsse nach dem Gesellschaftsvertrag beispielsweise einer Mehrheit von 70% bedürfen, ist eine Selbstständigkeit eines Mehrheitsgesellschafters ohne Geschäftsführerstellung erst ab genau dieser Beteiligung anzunehmen.

Ist der Mehrheitsgesellschafter hingegen *zugleich* zum *Geschäftsführer* bestellt, ist irrelevant, ob der Gesellschaftsvertrag eine qualifizierte Mehrheit für Beschlüsse der Gesellschafterversammlung vorschreibt. Dem zum Geschäftsführer bestellten Gesellschafter genügt stets eine hälftige Beteiligung am Stammkapital, um die vom BSG für maßgeblich erachtete gesellschaftsrechtliche Rechtsmacht inne zu haben. Denn die Stellung als Geschäftsführer ermöglicht es dem Gesellschaftergeschäftsführer, das Unternehmen zu lenken. Im Rahmen seiner Stellung als Gesellschafter genügt ihm eine mindestens hälftige Beteiligung, um Beschlüsse der Gesellschafterversammlung zu verhindern. Dadurch kann er Weisungen der Gesellschafterversammlung an sich als Geschäftsführer verhindern. Ein Gesellschaftergeschäftsführer ist daher stets ab einem Gesellschaftsanteil von 50% als selbstständig anzusehen (siehe näher unter V.4.f.).

d) Der mitarbeitende Minderheitsgesellschafter

Ein mitarbeitender Minderheitsgesellschafter ist nach der aktuellen sozialgerichtlichen Rechtsprechung aufgrund fehlender gesellschaftsrechtlicher Rechtsmacht grundsätzlich als beschäftigt anzusehen[393].

393 Vgl. BSG, Urt. v. 19.08.2015 – B 12 KR 9/14 R, zitiert nach juris; BSG, Urt. v. 11.11.2015 – B 12 KR 13/14 R, BSGE, 120, 59; BSG, Urt. v. 11.11.2015 – B 12 R 2/14 R, zitiert nach juris; BSG, Urt. v. 11.11.2015 – B 12 KR 10/14 R, zitiert nach juris; LSG Rheinland-Pfalz, Urt. v. 18.05.2016 – L 4 R 296/15, zitiert nach juris; LSG Schleswig-Holstein, Urt. v. 29.06.2017 – L 5 KR 20/15, zitiert nach juris; BSG, Urt. v. 14.03.2018 – B 12 KR 13/17 R, zitiert nach juris; LSG Niedersachsen-Bremen, Beschl. v. 20.12.2018 – L 12 BA 23/18 B ER, zitiert nach juris; *Fabritius/Markgraf*, NZS 2016, 808, 810.

Minderheitsgesellschafter ist, wer weniger als 50% der Gesellschaftsanteile hält. Er kann in der Gesellschafterversammlung überstimmt werden und ist daher rechtlich nicht in der Lage, ihm nicht genehme Weisungen von Seiten Geschäftsführung sich selbst gegenüber zu verhindern. Auch kann er nicht die Unternehmenspolitik bestimmen. Er ist aufgrund der fehlenden gesellschaftsrechtlichen Rechtsmacht in seiner mitarbeitenden Tätigkeit für das Unternehmen weisungsgebunden und wird dementsprechend als persönlich abhängig angesehen. Es besteht grundsätzlich auch dann keine gesellschaftsrechtliche Rechtsmacht des Minderheitsgesellschafters, wenn er zugleich zum Geschäftsführer bestellt ist. Denn die Geschäftsführung ist der Aufsicht und Kontrolle sowie den Weisungen der Gesellschafterversammlung unterworfen. Ein Minderheitsgesellschafter-Geschäftsführer hat kraft seines Gesellschaftsanteils nicht die Rechtsmacht, Weisungen an sich als Geschäftsführer abzuwenden, weil er Beschlüsse der Gesellschafterversammlung nicht verhindern kann.

Nach der Rechtsprechung des BSG besteht auch dann keine bestimmende Rechtsmacht des Minderheitsgesellschafters *ohne Geschäftsführerstellung*, wenn er über eine gesellschaftsrechtlich eingeräumte *Sperrminorität* verfügt[394]. Eine Sperrminorität ist ein Minderheitenrecht. Sie bezeichnet die Möglichkeit, bei Abstimmungen der Gesellschafterversammlung Mehrheitsbeschlüsse zu verhindern, ohne über die hierfür eigentlich erforderliche Quote der für eine Beschlussfassung erforderlichen Stimmen zu verfügen[395]. Wenn eine solche Sperrminorität gesellschaftsrechtlich eingeräumt wurde, kann der Gesellschafter mittels seiner Minderheitenrechte Beschlüsse der Gesellschafterversammlung verhindern, sie aber nicht aktiv herbeiführen. Er kann die Unternehmenspolitik also nicht wie ein Alleingesellschafter lenken auch nicht allein Weisungen an die Geschäftsführung veranlassen. Er besitzt aufgrund seiner Sperrminorität in der Gesellschafterversammlung auch nicht die Rechtsmacht, seine Weisungsgebundenheit als Angestellter der Gesellschaft aufzuheben oder abzuschwächen, denn die Dienstaufsicht über ihn und das Weisungsrecht ihm gegenüber betreffend die tägliche Arbeit ist Sache der laufenden Geschäfts-

394 Vgl. BSG, Urt. v. 19.08.2015 – B 12 KR 9/14 R, zitiert nach juris.
395 s. *Fabritius/Markgraf*, NZS 2016, 808, 810.

führung[396]. Dementsprechend verfügt er nicht über die von der Rechtsprechung vorausgesetzte gesellschaftsrechtliche Rechtsmacht, um als selbstständig angesehen zu werden. (vgl. zum Abgrenzungskriterium der Rechtsmacht die Ausführungen unter V.1.)

Es führt auch nicht zur Annahme einer Selbstständigkeit, wenn der Minderheitsgesellschafter der Gesellschaft ein *Darlehen* gewährt[397]. Die Darlehensgewährung enthält zwar ein Haftungs- und Ausfallrisiko, erhöht aber im Gegenzug keine rechtlichen Einflussmöglichkeiten in der Gesellschaft[398]. Das gleiche gilt bei einer *Bürgschaft*[399].

Etwas anderes gilt, wenn der Minderheitsgesellschafter mit gesellschaftsrechtlicher *Sperrminorität zugleich* zum *Geschäftsführer* bestellt ist. Denn dann kann er aufgrund der Stellung als Geschäftsführer die Geschicke der Gesellschaft lenken. Zudem hat er aufgrund seiner Minderheitenrechte in der Gesellschafterversammlung die Rechtsmacht, Weisungen an sich als Geschäftsführer zu verhindern und seine Abberufung zu vereiteln. Aufgrund dieser gesellschaftsrechtlichen Rechtsmacht, ihm nicht genehme Weisungen abzuwehren, nimmt die Rechtsprechung eine Selbstständigkeit an[400]. Die Minderheitenrechte müssen nach der Rechtsprechung jedoch im Gesellschaftsvertrag selbst vereinbart sein, damit sie für die sozialversicherungsrechtliche Beurteilung bedeutsam sind[401]. Außerhalb des Gesellschaftsvertrages bestehende Vereinbarungen sollen die Rechtsmachtverhältnisse nicht mit sozialversicherungsrechtlicher Wirkung verschieben können[402].

Wenn dem Minderheitsgesellschafter mit Sperrminorität *Prokura* gem. § 48 ff. HGB eingeräumt wurde, reicht dies nicht aus, um eine

396 S. BSG, Urt. v. 19.08.2015 – B 12 KR 9/14 R, zitiert nach juris.

397 Vgl. BSG, Urt. v. 19.08.2015 – B 12 KR 9/14 R, zitiert nach juris; LSG Nordrhein-Westfalen, Beschl. v. 04.01.2018 – L 8 R 985/17 B ER, zitiert nach juris.

398 s. LSG Nordrhein-Westfalen, Beschl. v. 04.01.2018 – L 8 R 985/17 B ER, zitiert nach juris.

399 Vgl. LSG Nordrhein-Westfalen, Urt. v. 27.06.2018 – L 8 R 884/17, zitiert nach juris.

400 Vgl. BSG, Urt. v. 19.08.2015 – B 12 KR 9/14 R, zitiert nach juris; Sächsisches LSG, Beschl. v. 22.02.2016 – L 1 KR 217/15 B ER, zitiert nach juris.

401 Vgl. BSG, Urt. v. 11.11.2015 – B 12 KR 10/14 R, zitiert nach juris; LSG Berlin-Brandenburg, Urt. v. 16.11.2017 – L 9 KR 369/16, zitiert nach juris.

402 s. LSG Nordrhein-Westfalen, Urt. v. 27.06.2018 – L 8 R 884/17, zitiert nach juris.

Selbstständigkeit anzunehmen[403], da der Minderheitsgesellschafter mit Prokura Weisungen des Geschäftsführers an sich selbst nicht verhindern kann. Er könne aufgrund seiner Beteiligung am Stammkapital zudem nicht aktiv Beschlüsse der Gesellschafterversammlung herbeiführen, die den Geschäftsführer entsprechend einschränken. Dies muss erst recht für einen Minderheitsgesellschafter gelten, dem nur eine *Handlungsvollmacht* eingeräumt wurde.

e) Der mitarbeitende Gesellschafter mit hälftiger Beteiligung

Ein hälftig beteiligter Gesellschafter, der lediglich mitarbeitet, *ohne als Geschäftsführer bestellt* zu sein, ist nach der sozialgerichtlichen Rechtsprechung als Beschäftigter anzusehen[404], da er gesellschaftsrechtlich keine Rechtsmacht hat, die Geschicke des Unternehmens zu lenken. Er muss wie jeder andere Mitarbeiter während seiner Arbeit Weisungen der Geschäftsführung befolgen. Denn die Dienstaufsicht und das Weisungsrecht über Mitarbeiter einer Gesellschaft sind Sache der laufenden Geschäftsführung und nicht der Gesellschafterversammlung[405]. Zudem kann der hälftig beteiligte Gesellschafter mittels seiner Stimmberechtigung in der Gesellschafterversammlung seinerseits keine Weisungen an die Geschäftsführung erteilen. Er kann in der Gesellschafterversammlung zwar Beschlüsse verhindern, aber nicht positiv Beschlüsse herbeiführen, die ihrerseits die Geschäftsführung lenken oder beschränken würden. Da er nicht zum Geschäftsführer bestellt ist, kann er selbst auch keine leitenden Entscheidungen treffen. Dementsprechend wird von der akteuellen Rechtsprechung aufgrund fehlender Rechtsmacht eine Selbstständigkeit verneint.[406] (vgl. zum Abgrenzungskriterium der Rechtsmacht die Ausführungen unter V.1.)

403 Vgl. Sächsisches LSG, Beschl. v. 22.02.2016 – L 1 KR 217/15 B ER, zitiert nach juris.

404 Vgl. LSG Berlin-Brandenburg, Urt. v. 07.01.2016 – L 9 KR 84/13, zitiert nach juris; LSG Baden-Württemberg, Urt. v. 08.08.2019 – L 7 R 715/17, zitiert nach beck-online.

405 s. LSG Berlin-Brandenburg, Urt. v. 07.01.2016 – L 9 KR 84/13, zitiert nach juris.

406 Dies hat das BSG früher soweit ersichtlich nur in einem Fall anders beurteilt. Es nahm in einer Entscheidung vom 20.03.1984 (Az. 7 RAr 70/82, zitiert nach juris) eine selbstständige Tätigkeit eines hälftig beteiligten Einkaufsleiters an, der nicht

f) Der Fremdgeschäftsführer

Ein Fremdgeschäftsführer wird von der Rechtsprechung mittlerweile ausnahmslos als sozialversicherungspflichtig beschäftigt angesehen[407]. Denn als Geschäftsführer ohne eigenen Gesellschaftsanteil hat er keine Rechtsmacht, die Willensbildung der Gesellschafterversammlung zu beeinflussen. Er wird stets in einer seitens der Gesellschafterversammlung vorgegebenen oder jedenfalls vorgebbaren Ordnung tätig. Hierbei stützt sich die Sozialgerichtsbarkeit auf die gesellschaftsrechtlich gegenüber der Gesellschafterversammlung untergeordnete Stellung von Geschäftsführern. Die Geschäftsführung sei im Innenverhältnis gegenüber der Gesellschaft gebunden[408] und lediglich ausführendes Organ nach den Weisungen der Gesellschafterversammlung.

Die *Organstellung* (Geschäftsführerstellung) innerhalb einer juristischen Person des Privatrechts schließe das Vorliegen einer Beschäftigung und daraus folgend die Versicherungspflicht nicht aus[409]. (vgl. ausführlich zum Abgrenzungskriterium der gesellschaftsrechtlichen Rechtsmacht die Ausführungen unter V.1.) Der Annahme einer sozialversicherungspflichtigen Beschäftigung eines Geschäftsführers einer juristischen Person stehe zudem auch nicht entgegen, dass er im Verhältnis zu sonstigen Arbeitnehmern *Arbeitgeberfunktionen* wahrnimmt[410]. Wer solche Funktionen ausübt, könne gleichwohl seinerseits

zum Geschäftsführer bestellt war. Das Urteil erging nicht im Beitragssenat des BSG, sondern im Leistungssenat betreffend Arbeitslosengeld I. Durch die Annahme einer selbstständigen Tätigkeit lehnte das BSG Leistungsansprüche gegen die Sozialversicherung ab. Eine nähere Begründung, weshalb eine Selbstständigkeit auch ohne Geschäftsführereigenschaft angenommen wurde, lieferte der Senat jedoch nicht. Er verwies – neben der Sache – auf frühere Entscheidungen anderer Senate, in denen eine Selbstständigkeit angenommen worden war. Die Sachverhalte in den zitierten Entscheidungen lagen jedoch grundlegend anders, denn dort war der hälftig beteiligte Gesellschafter jeweils zum Geschäftsführer bestellt.

407 Vgl. BSG, Urt. v. 14.03.2018 – B 12 KR 13/17 R, zitiert nach juris; *Fabritius/Markgraf*, NZS 2016, 808, 810; s. auch zuvor schon: BSG, Urt. v. 18.12.2001 – B 12 KR 10/01 R, zitiert nach juris.

408 s. BSG, Urt. v. 13.12.1960 – 3 RK 2/56, BSGE 13, 196 ff.

409 Vgl. BSG, Urt. v. 13.12.1960 – 3 RK 2/56, BSGE 13, 196 ff.; BSG, Urt. v. 30.11.1978 – 12 RK 33/76, BSGE 47, 201.

410 Vgl. BSG, Urt. v. 24.06.1982 – 12 RK 45/80, zitiert nach juris; BSG, Urt. v. 08.12.1987 – 7 RAr 25/86, zitiert nach juris; BSG, Urt. v. 11.02.1993 – 7 RAr

beschäftigt sein.[411] Zudem spreche auch die *Befreiung vom Selbstkontrahierungsverbot* des § 181 BGB nicht maßgeblich für das Vorliegen einer selbstständigen Tätigkeit[412], zumal diese Befreiung auch bei angestellten Geschäftsführern durchaus üblich und die eingeräumten Befugnisse nur punktuell seien, übrige Bindungen aber bestehen blieben. Darüber hinaus könne auch eine *Jahressonderprämie*, die neben den zustehenden festen Vergütungsbestandteilen gezahlt werde, nicht als geeignetes Indiz für eine Selbstständigkeit herangezogen werden, weil sie nicht mit Wagniskapital gleichzusetzen sei und daher kein unternehmerisches Risiko begründe[413].

Eine Geschäftsführertätigkeit ist nach der Rechtsprechung auch nicht deshalb sozialsicherungsfrei, weil ein *Organ einer GmbH* nach § 5 Abs. 1 Satz 3 Arbeitsgerichtsgesetz (ArbGG) *kein Arbeitnehmer* ist. Denn diese Regelung beschränke sich in ihrer Tragweite auf das Arbeitsrecht und habe keine Bedeutung für das Sozialversicherungsrecht[414]. Ebenso könne als Indiz für eine selbstständige Tätigkeit nicht angeführt werden, dass auf Geschäftsführer das *Kündigungsschutzgesetz* nach § 14 KSchG *nicht anwendbar* ist, da auch diese Vorschrift auf das Arbeitsrecht beschränkt sei und keine sozialrechtlichen Auswirkungen habe[415].

Zu einer Statusänderung führt nach der Rechtsprechung auch nicht, wenn zwischen Gesellschaft und Geschäftsführer vertraglich eine *Weisungsfreiheit vereinbart* wurde, denn eine Abbedingung des Weisungsrechts der Gesellschafterversammlung gegenüber dem Geschäftsführer sei gesellschaftsrechtlich *unwirksam*[416]. Die Gesellschafterversammlung müsse jederzeit Herrin über die Gesellschaft sein. Zudem sei die Abbedingung von Regelungen des Gesellschaftsvertrages nach § 2 Abs. 1 Satz 1 GmbH an die notarielle Form gebunden, es kön-

48/92, zitiert nach beck-online; BSG, Urt. v. 18.12.2001 – B 12 KR 10/01 R, zitiert nach juris.

411 Vgl. BSG, Urt. v. 24.06.1982 – 12 RK 45/80, zitiert nach juris; LSG Niedersachsen-Bremen, Urt. v. 24.01.2007 – L 2 R 35/06, zitiert nach juris; BSG, Urt. v. 14.03.2018 – B 12 KR 13/17 R, zitiert nach juris.

412 BSG, Urt. v. 11.11.2015 – B 12 KR 10/14 R, zitiert nach juris.

413 s. BSG, Urt. v. 18.12.2001 – B 12 KR 10/01 R, zitiert nach juris.

414 Vgl. BSG, Urt. v. 18.12.2001 – B 12 KR 10/01 R, zitiert nach juris.

415 Vgl. BSG, Urt. v. 18.12.2001 – B 12 KR 10/01 R, zitiert nach juris.

416 s. LSG Berlin-Brandenburg, Urt. v. 16.11.2017 – L 9 KR 369/16, zitiert nach juris.

ne weder einfachvertragliche noch faktische Gestaltungen des Gesellschaftsvertrages geben.[417] Der Anstellungsvertrag könne dem Geschäftsführer daher nicht mehr Kompetenzen vermitteln, als es der Gesellschaftsvertrag zulässt.

Darüber hinaus rechtfertigt nach der Rechtsprechung auch ein dem Geschäftsführer vertraglich eingeräumtes *Vetorecht* gegen mehrheitlich gefasste Beschlüsse der Gesellschafterversammlung nicht die Annahme des sozialversicherungsrechtlichen Status als Selbstständiger[418]. Denn außerhalb des Gesellschaftsvertrags zustande gekommene, *das Stimmverhalten regelnde Vereinbarungen* seien bei der Bewertung der Rechtsmachtverhältnisse nicht zu berücksichtigen[419]. Nur Befugnisse, die auf Ebene des Gesellschaftsrechts eingeräumt sind, werden als rechtsmachtbegründend angesehen. (Vgl. näher unter V.4.)

Zuletzt führt auch eine besondere *Nähebeziehung*, z.B. eine Verwandtschaft des Fremdgeschäftsführers mit Gesellschaftern des Unternehmens oder eine besondere Fachkompetenz seit Aufgabe der Rechtsprechung zur „Familiengesellschaft" und nach Aufgabe der „Kopf-und-Seele"-Rechtsprechung nicht mehr zur Annahme einer Selbstständigkeit (siehe dazu die Ausführungen unter V.2.).

Demnach scheidet eine selbstständige Tätigkeit bei einem Fremdgeschäftsführer nach aktueller Rechtsprechung generell aus[420]. Etwas anderes kann allerdings gelten, wenn die Gesellschaft von einer *Muttergesellschaft* beherrscht wird und der Fremdgeschäftsführer der Tochtergesellschaft aufgrund seiner gesellschaftsrechtlichen Stellung innerhalb der Muttergesellschaft jede auf seine Funktion als Fremdgeschäftsführer bezogene Weisung verhindern kann[421]. Dies ist der Fall, wenn der Fremdgeschäftsführer aufgrund seiner Beteiligung an der Muttergesellschaft in der dortigen Gesellschafterversammlung aktiv Beschlüsse herbeiführen kann und die Muttergesellschaft bei der Tochtergesellschaft mindestens hälftig beteiligt ist[422]. Denn dann kann

417 s. *Uckermann/Drees*, DStR 2019, 561.

418 Vgl. LSG Berlin-Brandenburg, Urt. v. 16.11.2017 – L 9 KR 369/16, zitiert nach juris; LSG Nordrhein-Westfalen, Beschl. v. 28.08.2018 – L 8 BA 98/18 B ER, zitiert nach beck-online.

419 Vgl. BSG, Urt. v. 14.03.2018 – B 12 KR 13/17 R, zitiert nach juris.

420 Vgl. BSG, Urt. v. 14.03.2018 – B 12 KR 13/17 R, zitiert nach juris.

421 s. LSG, Urt. v. 06.07.2017 – L 8 KR 61/16, zitiert nach juris.

422 s. *Fabritius/Markgraf*, NZS 2016, 808, 811.

die Muttergesellschaft Beschlüsse der Tochtergesellschaft verhindern und damit Weisungen an dessen Geschäftsführer unterbinden oder seine Abberufung verhindern.

Konsequenterweise muss eine Selbstständigkeit auch angenommen werden, wenn der Fremdgeschäftsführer *bei der Muttergesellschaft* über eine *Sperrminorität* verfügt. Denn die Rechtsmacht des Fremdgeschäftsführers ist in beiden Fällen vergleichbar mit der eines Gesellschaftergeschäftsführers mit hälftiger Beteiligung (vgl. zu diesem die Ausführungen unter V.3.g).

g) Der Gesellschaftergeschäftsführer

Bei Gesellschaftergeschäftsführern ist nach § 7a Abs. 1 Satz 2 SGB IV zwingend ein Anfrageverfahren zur Statusklärung einzuleiten.

Maßgeblich für die Statusbeurteilung eines Gesellschaftergeschäftsführers ist nach der Rechtsprechung die aus seiner Gesellschafterstellung folgende Rechtsmacht (vgl. zum Abgrenzungskriterium der Rechtsmacht ausführlich die Ausführungen unter 5.1.). Danach ist ein Gesellschafter-Geschäftsführer mit *Mehrheitsbeteiligung* nicht als persönlich abhängig anzusehen, weil er nicht weisungsgebunden und damit nicht fremdbestimmt tätig ist[423]. Zum einen sei er kraft seiner Organstellung als Geschäftsführer in der Lage, die Geschicke des Unternehmens im Tagesgeschäft zu lenken, ihm oblägen als Geschäftsführer alle Führungsfunktionen, er übe gegenüber den Arbeitnehmern die Weisungsbefugnisse des Arbeitgebers aus und er habe das Unternehmen zu organisieren.[424] Zudem habe er aufgrund seiner Kapitalbeteiligung einen so maßgeblichen Einfluss auf die Entscheidungen der Gesellschaft, dass er jeden Beschluss und jede ihm nicht genehme Weisung an sich als Geschäftsführer verhindern könne[425]. Ein Gesellschaftergeschäftsführer mit Mehrheitsbeteiligung kann also sowohl inhaltliche Vorgaben seitens der Gesellschafterversammlung als auch seine eigene Abberufung als Geschäftsführer verhindern.

423 s. BSG, Urt. v. 28.04.1987 – 12 RK 47/85, zitiert nach juris.

424 s. Sächsisches LSG, Beschl. v. 22.02.2016 – L 1 KR 217/15 B ER, zitiert nach juris.

425 Vgl. BSG, Urt. v. 24.06.1982 – 12 RK 43/81, zitiert nach juris; BSG, Urt. v. 28.04.1987 – 12 RK 47/85, zitiert nach juris.

Aus diesem Grund wird auch ein Gesellschafter-Geschäftsführer mit genau *hälftiger Beteiligung* als selbstständig angesehen[426]. Zur Begründung wird ausgeführt, er könne aufgrund seiner Stellung als Gesellschafter ebenso wie ein Mehrheitsgesellschafter verhindern, dass ihm in seiner Eigenschaft als Geschäftsführer Weisungen erteilt werden[427]. Er könne von den Mitgesellschaftern niemals überstimmt werden[428]. Die Situation ist also vergleichbar zum Mehrheitsgesellschafter-Geschäftsführer: Als Geschäftsführer leitet der hälftig beteiligte Gesellschafter-Geschäftsführer die Geschäfte und nimmt damit maßgeblichen Einfluss. Diese Einflussmöglichkeiten können ihm nicht gegen seinen Willen genommen werden, da er durch seinen Anteil am Stammkapital Gesellschafterbeschlüsse verhindern und dadurch seine Abberufung abwenden kann. Dementsprechend nimmt die Rechtsprechung kein persönliches Abhängigkeitsverhältnis im Sinne einer Weisungsgebundenheit an[429].

Es kommt bei einem Mehrheitsgesellschafter-Geschäftsführer oder einem hälftig beteiligten Gesellschafter-Geschäftsführer, nach der Rechtsprechung auch nicht darauf an, ob im Gesellschaftsvertrag eine *qualifizierte Mehrheit* für die Beschlussfassung der Gesellschafterversammlung vorgesehen ist, denn für die Annahme einer Selbstständigkeit ist nicht erforderlich, dass der Gesellschafter-Geschäftsführer einen positiven Beschluss herbeiführen kann, es genügt, wenn er Beschlüsse *verhindern* kann[430]. Dadurch ist er in der Lage, Weisungen an

426 Vgl. BSG, Urt. v. 22.11.1974 – 1 RA 251/73, zitiert nach beck-online; BSG, Urt. v. 30.04.1976 – 8 RU 78/75, BSGE 42, 1 ff; BSG, Urt. v. 24.06.1982 – 12 RK 43/81, zitiert nach juris; BSG, Urt. v. 20.03.1984 – 7 RAr 70/82, zitiert nach juris; BSG, Urt. v. 14.12.1999 – B 2 U 48/98 R, zitiert nach juris; BSG, Urt. v. 14.03.2018 – B 12 KR 13/17 R, zitiert nach juris; LSG Nordrhein-Westfalen, Beschl. v. 28.08.2018 – L 8 BA 98/18 B ER, zitiert nach beck-online; *Fabritius/Markgraf*, NZS 2016, 808, 810.

427 Vgl. BSG, Urt. v. 24.06.1982 – 12 RK 43/81, zitiert nach juris; BSG, Urt. v. 14.03.2018 – B 12 KR 13/17 R, zitiert nach juris.

428 So zur Begründung der Rechtsmacht: BSG, Urt. v. 22.11.1974 – 1 RA 251/73, zitiert nach beck-online.

429 Vgl. BSG, Urt. v. 30.04.1976 – 8 RU 78/75, BSGE 42, 1 ff.; BSG, Urt. v. 24.06.1982 – 12 RK 43/81, zitiert nach juris.

430 Vgl. BSG, Urt. v. 14.12.1999 – B 2 U 48/98 R, zitiert nach juris; BSG, Urt. v. 28.04.1987 – 12 RK 47/85, zitiert nach juris.

sich als Geschäftsführer zu vermeiden und seine Abberufung als Geschäftsführer abzuwenden.

Ein Gesellschafter-Geschäftsführer mit *Minderheitsbeteiligung* wird hingegen als beschäftigt angesehen[431]. Denn er hat aufgrund seiner Beteiligung am Stammkapital keine Rechtsmacht, die Beschlüsse der Gesellschafterversammlung maßgeblich zu lenken. Dementsprechend kann er weder Weisungen der Gesellschafterversammlung an sich selbst als Geschäftsführer abwenden noch seine eigene Abberufung als Geschäftsführer verhindern. (vgl. näher die Ausführungen unter V.3.g.)

Wenn allerdings ein Gesellschafter-Geschäftsführer mit Minderheitsbeteiligung über eine *Sperrminorität* verfügt, wird er als selbstständig angesehen[432].. Erforderlich, um eine sozialversicherungsrechtlich bestimmende Rechtsmacht zu vermitteln, sei aber umfassende ("echte" oder "qualifizierte"), die gesamte Unternehmenstätigkeit erfassende Sperrminorität, hingegen sei eine auf bestimmte Gegenstände begrenzte Sperrminorität nicht ausreichend[433]. Die Sperrminorität müsse zudem gesellschaftsrechtlich verankert sein, um eine bestimmende Rechtsmacht zu gewährleisten, eine einfachvertragliche Regelung (etwa im Geschäftsführer-Anstellungsvertrag) genüge nicht[434]. Ein Gesellschafter-Geschäftsführer mit einer solchen umfassenden Sperrminorität könne Beschlüsse der Gesellschafterversammlung verhindern und damit auch Weisungen an sich selbst als Geschäftsführer

431 Vgl. BSG, Urt. v. 11.11.2015 – B 12 KR 10/14 R, zitiert nach juris; BSG, Urt. v. 11.11.2015 – B 12 R 2/14 R, zitiert nach juris; BSG, Urt. v. 14.03.2018 – B 12 KR 13/17 R, zitiert nach juris; *Fabritius/Markgraf*, NZS 2016, 808, 810.

432 Vgl. BSG, Urt. v. 07.09.1988 – 10 RAr 10/87, zitiert nach beck-online; BSG, Urt. v. 18.04.1991 – 7 RAr 32/90, zitiert nach beck-online; LSG Bayern, Urt. v. 16.07.2014 – L 16 R 851/13, zitiert nach juris; BSG, Urt. v. 11.11.2015 – B 12 KR 10/14 R, zitiert nach juris; Sächsisches LSG, Beschl. v. 22.02.2016 – L 1 KR 217/15 B ER, zitiert nach juris; LSG Baden-Württemberg, Urt. v. 23.11.2016 – L 5 R 50/16, zitiert nach juris; LSG Berlin-Brandenburg, Urt. v. 10.05.2017 – L 1 KR 281/15, zitiert nach juris; LSG Sachsen-Anhalt, Urt. v. 13.07.2017 – L 3 R 6/16, zitiert nach juris; BSG, Urt. v. 14.03.2018 – B 12 KR 13/17 R, zitiert nach juris; *Fabritius/Markgraf*, NZS 2016, 808, 810.

433 s. BSG, Urt. v. 14.03.2018 – B 12 KR 13/17 R, zitiert nach juris.

434 Vgl. LSG Bayern, Urt. v. 16.07.2014 – L 16 R 851/13, zitiert nach juris; BSG, Urt. v. 14.03.2018 – B 12 KR 13/17 R, zitiert nach juris, vgl. auch: LSG Nordrhein-Westfalen, Beschl. v. 28.08.2018 – L 8 BA 98/18 B ER, zitiert nach beck-online.

ausschließen[435]. Im Konfliktfall könne er zudem eine Entziehung seiner Sperrminorität verhindern[436] und seine Abberufung als Geschäftsführer abwenden.

h) Der leitende Mitarbeiter ohne Gesellschaftsanteil

Der sozialversicherungsrechtliche Status von leitenden Mitarbeitern ohne Gesellschaftsanteil und ohne Geschäftsführerstellung richtet sich nach den allgemeinen typusbildenden Kriterien (siehe hierzu unter III). Denn mangels gesellschaftsrechtlicher Sonderfunktion kann die gesellschaftsrechtliche Rechtsmacht kein ausschlaggebendes Kriterium sein (vgl. die Ausführungen unter V.1.). Zwar wird ein leitender Mitarbeiter aufgrund seiner Vorgesetztenfunktion in vielfacher Hinsicht zur Arbeitgeberseite gerechnet, dies schließt aber eine sozialversicherungsrechtliche Einordnung als Beschäftigter nicht aus[437]. Denn wie alle Mitarbeiter unterliegt auch ein leitender Erwerbstätiger den Weisungen der Geschäftsführung. Er hat aufgrund seiner fehlenden Gesellschaftsbeteiligung zudem keinerlei rechtliche Möglichkeit, die Geschäftsführung zu beeinflussen und Weisungen abzuwenden. Auch die besonderen Entscheidungsbefugnisse eines "leitenden" Mitarbeiters machen diesen also nicht zu einem Selbstständigen. Denn eine persönliche Abhängigkeit kann auch bei "Diensten höherer Art" bestehen, wenn diese fremdbestimmt bleiben, weil sie in einer von anderer Seite vorgegebenen Ordnung aufgehen[438]. Ausschlaggebend soll auch nicht sein, dass leitende Erwerbstätige in der Regel keine Weisungen Dritter bezüglich Zeit, Art und Ort ihrer Arbeitsleistung erhalten und „im täglichen Dienstbetrieb im Wesentlichen frei schalten und walten“ können[439]. Der Status eines leitenden Erwerbstätigen als Beschäftigter sei zuletzt auch nicht dadurch ausgeschlossen, dass eine erfolgsabhän-

435 s. BSG, Urt. v. 07.09.1988 – 10 RAr 10/87, zitiert nach beck-online.

436 Vgl. BSG, Urt. v. 11.11.2015 – B 12 KR 10/14 R, zitiert nach juris; *Fabritius/Markgraf*, NZS 2016, 808, 810.

437 s. BSG, Urt. v. 13.12.1960 – 3 RK 2/56, BSGE 13, 196 ff.

438 Vgl. BSG, Urt. v. 18.12.2001 – B 12 KR 10/01 R, zitiert nach juris; BSG, Urt. v. 15.05.2012 – B 2 U 8/11 R, zitiert nach juris.

439 s. BSG, Urt. v. 18.12.2001 – B 12 KR 10/01 R, zitiert nach juris.

gige Tantieme gezahlt wird, zumal dies auch bei Arbeitnehmern nicht gänzlich unüblich sei[440].

Wenn der leitende Erwerbstätige hingegen über einen Gesellschaftsanteil verfügt, richtet sich der sozialversicherungsrechtliche Status wie oben ausgeführt nach der gesellschaftsrechtlichen Rechtsmacht. (Zum Mehrheitsgesellschafter siehe die Ausführungen unter V.3.c, zum Minderheitsgesellschafter siehe die Ausführungen unter V.3.d. und zum hälftig beteiligten Gesellschafter sie die Ausführungen unter V.3.e.)

Im Falle einer Gesellschaftsbeteiligung des leitenden Erwerbstätigen von genau 50% besteht der einzige Unterschied zur Statusbeurteilung bei einem Geschäftsführer. Denn sofern der Erwerbstätige als Geschäftsführer bestellt ist, hat er bei hälftigem Gesellschaftsanteil die Rechtsmacht, Weisungen an sich zu verhindern wird als selbstständig angesehen (vgl. die Ausführungen unter V.3.g.). Bei einem leitenden Erwerbstätigen hingegen, der *keine* Organstellung innehat, genügt ein hälftiger Gesellschaftsanteil nicht, um eine Weisungsfreiheit zu erreichen. Er unterliegt den Weisungen der Geschäftsführung und kann kraft seines hälftigen Gesellschaftsanteils nicht seinerseits aktiv in die Geschäftsführung eingreifen. Demzufolge ist er bei Zugrundelegung der gesellschaftsrechtlichen Rechtsmacht als weisungsgebunden und damit als Beschäftigter einzuordnen.

i) Der Status des Gesellschafters einer Ein-Mann-Kapitalgesellschaft während der Tätigkeit für deren Auftraggeber

Als Ausweg aus der Scheinselbstständigkeit wird immer wieder die Gründung einer GmbH bzw. einer UG (haftungsbeschränkt) empfohlen[441]. Dies begegnet jedoch erheblichen Bedenken. Denn die Zwischenschaltung einer Ein-Mann-Kapitalgesellschaft ist keinesfalls geeignet, das Entstehen einer Sozialversicherungspflicht rechtssicher zu vermeiden. Bei einer „Ein-Mann-Kapitalgesellschaft" ist der Alleingesellschafter in Personalunion auch der Geschäftsführer. Wenn die Ka-

440 s. BSG, Urt. v. 29.08.2012 – B 12 KR 25/10 R, BSGE 111, 257 ff.
441 Vgl. *Plagemann*, in: Münchener Anwaltshandbuch Sozialrecht, § 6 Rn. 25.

pitalgesellschaft über keine Angestellten verfügt und der Gesellschafter-Geschäftsführer die Arbeiten für den Auftraggeber der Kapitalgesellschaft höchstpersönlich erbringt, kann ein Versuch zur *Umgehung* der Sozialversicherungspflicht des Gesellschafter-Geschäftsführers vorliegen. Die Beteiligten laufen Gefahr, dass der Auftraggeber der Kapitalgesellschaft im Rahmen einer späteren Betriebsprüfung auf die Gesamtsozialversicherungsbeiträge nebst Säumniszuschlägen in Haftung genommen wird, weil der prüfende Rentenversicherungsträger eine sozialversicherungspflichtige Beschäftigung des Gesellschafter-Geschäftsführers beim Auftraggeber der Kapitalgesellschaft annimmt.

In einem solchen *Drei-Personen-Verhältnis* zwischen Auftraggeber, Ein-Mann-Kapitalgesellschaft und Gesellschafter-Geschäftsführer sind die verschiedenen Rechtsbeziehungen dogmatisch voneinander zu trennen. Es bedarf der Unterscheidung zwischen:

1. dem formellen *Auftragsverhältnis*, also dem Vertrag zwischen der Ein-Mann-Kapitalgesellschaft und dem Auftraggeber,
2. dem *innergesellschaftlichen Verhältnis*, also dem Verhältnis der Ein-Mann-Kapital-Gesellschaft zu ihrem Alleingesellschafter-Geschäftsführer sowie
3. dem *Tätigkeitsverhältnis mit Außenwirkung*, also dem tatsächlichen höchstpersönlichen Tätigwerden des Alleingesellschafters für den Auftraggeber der Ein-Mann-Kapitalgesellschaft.

Das *Auftragsverhältnis* beschreibt den von den Beteiligten gewollten Vertrag zwischen Auftraggeber und Ein-Mann-Kapitalgesellschaft. Die Beteiligten haben die Absicht, einen Vertrag zwischen zwei Unternehmen zu schließen, der sich auf klassisch selbstständiger Ebene bewegt. Auftragnehmer ist formell die Kapitalgesellschaft. Diese kann per se nicht sozialversicherungspflichtig beschäftigt sein, weil sie keine natürliche Person ist.

Im *innergesellschaftlichen Verhältnis* der Ein-Mann-Kapitalgesellschaft zu ihrem Alleingesellschafter-Geschäftsführer liegt eine selbstständige Tätigkeit vor, *soweit* der Alleingesellschafter im Innenverhältnis für seinem Unternehmen tätig wird und hierfür eine Vergütung enthält. Dies betrifft insbesondere die *Geschäftsführung* und Verwaltungsaufgaben wie Buchhaltung, das Schreiben von Rechnungen usw. Eine Beschäftigung ist in dieser Tätigkeit, insbesondere in der Tätigkeit als Geschäftsführer nicht anzunehmen, da der Alleingesellschafter aufgrund seiner Rechtsmacht in der Gesellschafterversammlung in der Lage ist, ihm nicht genehme Entscheidungen und Weisungen der Gesellschaft zu verhindern.[442] Er ist *Selbstständiger im eigenen Unternehmen* und kann die Gesellschaft aufgrund seiner beherrschenden Stellung nach eigenem Gutdünken führen.

Hiervon zu unterscheiden ist das *Tätigkeitsverhältnis mit Außenwirkung*, also das höchstpersönliche Tätigwerden des Gesellschaftergeschäftsführers einer Ein-Mann-Kapitalgesellschaft für den Auftraggeber der Kapitalgesellschaft. In diesem Tätigkeitsverhältnis zwischen natürlicher Person und Auftraggeber kann eine verdeckte Beschäftigung vorliegen. Wenn der Gesellschaftergeschäftsführer für den Auftraggeber seiner Ein-Mann-Kapitalgesellschaft höchstpersönlich tätig wird, bedarf *diese Tätigkeit* für den Auftraggeber einer Statusbeurteilung[443]. Maßgeblich für die Statusbeurteilung sind die allgemeinen typusbildenden Kriterien (siehe hierzu unter III.). Es kommt gerade nicht auf etwaige Rechtsmachtverhältnisse an, da der höchstpersönlich Tätige beim Auftraggeber seiner Ein-Mann-Kapitalgesellschaft keine gesellschaftsrechtliche Sonderfunktion innehat (vgl. zur Anwendbarkeit des Kriteriums der gesellschaftsrechtlichen Rechtsmacht unter V.1.).

Es ist also anhand der allgemeinen typusbildenden Kriterien zu beurteilen, ob der Gesellschaftergeschäftsführer in der ausführenden Tätigkeit für den Auftraggeber persönlich abhängig ist, insbesondere ob er Weisungen seitens des Auftraggebers unterliegt und in dessen Unternehmen eingegliedert ist, ob seine Ein-Mann-Kapitalgesellschaft als förmliche Auftragnehmerin unternehmerische Gewinnchancen hat (und dadurch mittelbar er selbst als Alleingesellschafter), ob ein wirtschaftliches Risiko besteht, ob die zwischengeschaltete Ein-Mann-Kapitalgesellschaft nach außen am Markt und gegenüber den Endkunden des Auftraggebers in Erscheinung tritt usw. Wenn bei der Betrachtung des *Tätigkeitsverhältnisses mit Außenwirkung* die typusbildenden Kriterien für eine Beschäftigung sprechen, stellt sich das *Auftragsverhältnis*, also die Zwischenschaltung einer Ein-Mann-Kapitalgesellschaft auf formaler Vertragsebene als *Umgehungsgeschäft* dar (vgl. vertiefend

442 Vgl. auch BSG, Urt. v. 24.11.2005 – B 12 RA 1/04 R, zitiert nach juris.
443 Vgl. SG Oldenburg, Urt. v. 31.10.2012 – S 81 R 580/11, zitiert nach juris.

zum Umgehungsgeschäft die Ausführungen unter III.1). Der Auftraggeber ist sodann im sozialrechtlichen Sinne als Arbeitgeber anzusehen und dementsprechend Schuldner der Gesamtsozialversicherungsbeiträge (ggf. nebst Säumniszuschlägen).

Durch eine formelle Zwischenschaltung einer Ein-Mann-Kapitalgesellschaft zwischen deren höchstpersönlich arbeitenden Gesellschaftergeschäftsführer und den Auftraggeber kann also die Sozialversicherungspflicht nicht verhindert werden. Könnte allein durch den formalen Akt einer Gesellschaftsgründung, unabhängig von der konkreten Art der Tätigkeit, eine Selbstständigkeit erreicht werden, wäre einer massenweisen Umgehung der Sozialversicherungssysteme durch Arbeitnehmer aller Branchen Tür und Tor geöffnet[444]. Dass die *Zahlung* nach der formellen Firmenkonstruktion[445] im Auftragsverhältnis abgewickelt wird, also vom Auftraggeber über die zwischengeschaltete Ein-Mann-Gesellschaft, und eine Vergütung erst auf diesem Umweg an deren Alleingesellschafter ausgeschüttet wird, ist Teil des Umgehungskonstrukts und kann daher für die Statusbeurteilung nicht maßgeblich sein. Denn es ist nicht hinnehmbar, dass die (wirtschaftlich dem Alleingesellschafter zugutekommende) Vergütung allein durch die Gründung einer zwischengeschalteten Kapitalgesellschaft in Einkommen aus selbstständiger Tätigkeit umgewandelt und dadurch versicherungsfrei in der Sozialversicherung wird; eine solche Umgehungsmöglichkeit würde das Sozialversicherungssystem insgesamt zu Fall bringen[446]. Der Beitragserhebung ist das Entgelt zugrunde zu legen, welches bei wirtschaftlicher Betrachtung vom Auftraggeber der Gesellschaft an den Alleingesellschafter der Gesellschaft geflossen ist.

Das Urteil des BSG vom 24.11.2005 – B 12 RA 1/04 R[447] steht dem nicht entgegen. Denn das BSG hatte nicht den Status der natürlichen Person im Tätigkeitsverhältnis gegenüber dem Auftraggeber seiner Ein-Mann-Kapitalgesellschaft zu beurteilen. Streitgegenständlich war allein die Frage, ob der Gesellschafter-Geschäftsführer im *Innenverhältnis* zu „seiner“ Ein-Mann-GmbH als versicherungspflichtiger Selbst-

444 s. SG Oldenburg, Urt. v. 31.10.2012 – S 81 R 580/11, zitiert nach juris.

445 So der Begriff des SG Oldenburg, Urt. v. 31.10.2012 – S 81 R 580/11, zitiert nach juris.

446 Vgl. SG Oldenburg, Urt. v. 31.10.2012 – S 81 R 580/11, zitiert nach juris.

447 Zitiert nach juris.

ständiger nach § 2 Satz 1 Nr. 9 SGB VI anzusehen ist, weil er Aufträge nur von „seiner" GmbH erhalte. Die Entscheidung kann dementsprechend nicht als Argument für die Ansicht herangezogen werden, nach Gründung einer Kapitalgesellschaft, könne im *Außenverhältnis* (also im Tätigkeitsverhältnis zwischen Alleingesellschafter und Auftraggeber der Gesellschaft) keine Scheinselbstständigkeit vorliegen[448].

Die Frage, ob die Zwischenschaltung der Ein-Mann-Kapitalgesellschaft ein Umgehungsgeschäft darstellt, ist strikt von der Frage der *Wirksamkeit der Gründung der Kapitalgesellschaft* zu unterscheiden. Die Kapitalgesellschaft als solche ist existent. Es handelt sich bei der Gründung nicht um ein Scheingeschäft, da die Gesellschaft mit allen Rechtsfolgen gewollt war. Die Gesellschaft ist nicht nur zum Schein gegründet worden.

4. Rechtsmacht außerhalb des Gesellschaftsvertrages

Eine außerhalb des Gesellschaftsvertrages eingeräumte Rechtsmacht begründet nach der Rechtsprechung des BSG nicht den Status der Selbstständigkeit, da einfachvertragliche Regelungen oder faktisches Verhalten die Gesellschafterversammlung nicht dauerhaft binden können. Maßgeblich sei für die Statusbeurteilung auf Leitungsebene eines Unternehmens allein, ob dem Erwerbstätigen gesellschaftsvertraglich eine ausreichende Rechtsmacht eingeräumt wurde.[449] Außerhalb des Gesellschaftsvertrags (Satzung) zustande gekommene, sich auf die Stimmverteilung auswirkende Abreden sind für die sozialversicherungsrechtliche Statusbeurteilung danach ohne Bedeutung[450].

Dies betrifft insbesondere eine außerhalb des Gesellschaftsvertrages von den Gesellschaftern getroffene *Stimmbindungsvereinbarung*. Eine solche ist nach der Rechtsprechung nicht geeignet, die sich aus dem Gesellschaftsvertrag ergebenden Rechtsmachtverhältnisse mit so-

448 So aber: *Plagemann*, in: Münchener Anwaltshandbuch Sozialrecht, § 6 Rn. 25 ff.

449 Vgl. BSG, Urt. v. 14.03.2018 – B 12 KR 13/17 R, zitiert nach juris; LSG Niedersachsen-Bremen, Beschl. v. 20.12.2018 – L 12 BA 23/18 B ER, zitiert nach juris.

450 s. BSG, Urt. v. 14.03.2018 – B 12 KR 13/17 R, zitiert nach juris.

zialversicherungsrechtlicher Wirkung zu verschieben[451]. Zwar sind Stimmbindungsverträge zwischen Gesellschaftern zivil- bzw. gesellschaftsrechtlich grundsätzlich rechtlich zulässig[452], sie stehen aber mit dem kapitaldemokratischen Prinzip des inneren Gesellschaftsrechts in Widerspruch[453]. Eine auf Dauer eingegangene Stimmbindungsvereinbarung außerhalb des Gesellschaftsvertrages führt zu einer Innengesellschaft bürgerlichen Rechts gem. §§ 705 ff. BGB und zu schuldrechtlichen Abstimmungsverpflichtungen[454], allerdings ist der unbefristet abgeschlossene Stimmbindungsvertrag nach § 723 Abs. 1 S. 1 BGB jederzeit ordentlich kündbar. Sofern eine bestimmte Laufzeit vereinbart wurde, ist der Stimmbindungsvertrag gem. § 723 Abs. 1 S. 2 BGB jedenfalls aus wichtigem Grund kündbar. Diese Kündigungsrechte können gem. § 723 Abs. 3 BGB vertraglich nicht abbedungen werden, eine entgegenstehende Vereinbarung ist nichtig. Das Stimmrecht ist als wesentliches Element der gesellschaftsrechtlichen Stellung an den Gesellschaftsanteil gebunden und kann nicht ohne den dazugehörigen Geschäftsanteil übertragen werden (*Abspaltungsverbot*)[455]. Die Gesellschafter dürfen sich der Bestimmungsrechte, die ihnen gesellschaftsvertraglich und gesetzlich eingeräumt sind, nicht vollständig begeben[456], denn die Gesellschafterversammlung würde sich damit ihrer Handlungsfähigkeit berauben. Ein ausdrücklich unwiderruflich abgeschlossener Stimmrechtsvertrag ist also gesellschaftsrechtlich unzulässig und verstieße das gesellschaftsrechtliche Verbot der Stimmrechtsspaltung.

Ebenso verhält es sich mit einer *Stimmrechtsvollmacht*, die dazu berechtigt, das Stimmrecht in der Gesellschafterversammlung wahrzu-

451 Vgl. auch: Hessisches LSG, Urt. v. 28.10.2004 – L 14 KR 186/01, zitiert nach juris; BSG, Urt. v. 11.11.2015 – B 12 KR 13/14 R, BSGE, 120, 59; BSG, Urt. v. 14.03.2018 – B 12 KR 13/17 R, zitiert nach juris.

452 Vgl. BGH, Urt. v. 29.05.1967 – II ZR 105/56, zitiert nach juris; BGH, Urt. v. 20.01.1983 – II ZR 243/81, zitiert nach juris; BGH, Urt. v. 24.11.2008 – II ZR 116/08, zitiert nach juris; vgl. auch BSG, Urt. v. 11.11.2015 – B 12 KR 13/14 R, BSGE, 120, 59.

453 s. Hessisches LSG, Urt. v. 28.10.2004 – L 14 KR 186/01, zitiert nach juris.

454 Vgl. BGH, Urt. v. 13.06.1994 – II ZR 38/93, zitiert nach juris; BGH, Urt. v. 24.11.2008 – II ZR 116/08, zitiert nach juris.

455 s. *Fabritius/Markgraf*, NZS 2016, 808, 812.

456 s. Hessisches LSG, Urt. v. 28.10.2004 – L 14 KR 186/01, zitiert nach juris.

nehmen, und so Gesellschafterbeschlüsse zu fassen. Diese Vollmacht kann keine selbstständige Tätigkeit begründen, da sie widerrufbar ist[457]. Eine unwiderrufliche Stimmrechtsvollmacht ist nichtig[458], da sie gegen das gesellschaftsrechtliche Abspaltungsverbot verstieße.

Aus der Möglichkeit, die Stimmrechtsvollmacht bzw. den Stimmrechtsvertrag zu kündigen/widerrufen folgt, dass diese Instrumente *keine unbedingte Rechtsmacht* vermitteln, Einzelweisungen an sich im Bedarfsfall jederzeit zu verhindern. Denn im Konfliktfall zwischen den Gesellschaftern käme aufgrund der Beendigungsmöglichkeit wieder die Rechtsmacht des Inhabers des Gesellschaftsanteils zum Tragen[459]. Diese gesellschaftsrechtliche Betrachtung wird auf das Sozialrecht übertragen. Schon die (bloße) Möglichkeit einer Kündigung/eines Widerrufs z.B. bei Zerrüttung unter den Gesellschaftern mit den sich daraus potenziell ergebenden gesellschaftsrechtlichen Folgen (= Entfallen der Stimmbindung) wird bei einer Statusentscheidung wegen des Erfordernisses der *Vorhersehbarkeit sozialversicherungs- und beitragsrechtlicher Tatbestände* als maßgeblich angesehen[460]. Die Frage der Versicherungspflicht sei schon zu Beginn der Tätigkeit zu klären, weil diese nicht nur für die Entrichtung der Beiträge, sondern auch für die Leistungspflichten der Sozialversicherungsträger und die Leistungsansprüche des Betroffenen von entscheidender Bedeutung sei[461]. Das Stimmverhalten regelnde Vereinbarungen würden daher nicht dem Grundsatz der Vorhersehbarkeit sozialversicherungs- und beitragsrechtlicher Tatbestände genügen[462]. Eine parallele Wertung erfolgt bei einem einfachvertraglich eingeräumten (also außerhalb des Gesell-

457 Vgl. BSG, Urt. v. 18.12.2001 – B 12 KR 10/01 R, zitiert nach juris; LSG Nordrhein-Westfalen, Beschl. v. 12.02.2019 – L 8 BA 169/18 B ER, zitiert nach beck-online.

458 s. LSG Nordrhein-Westfalen, Beschl. v. 12.02.2019 – L 8 BA 169/18 B ER, zitiert nach beck-online.

459 vgl. BSG, Urt. v. 11.11.2015 – B 12 KR 13/14 R, BSGE, 120, 59.

460 BSG, Urt. v. 11.11.2015 – B 12 KR 13/14 R, BSGE 120, 59.

461 Vgl. BSG, Urt. v. 11.11.2015 – B 12 KR 13/14 R, BSGE, 120, 59 m.w.N.

462 Vgl. BSG, Urt. v. 14.03.2018 – B 12 KR 13/17 R, zitiert nach juris; LSG Niedersachsen-Bremen, Beschl. v. 20.12.2018 – L 12 BA 23/18 B ER, zitiert nach juris.

schaftsvertrages stehenden) *Vetorechts* gegen Beschlüsse der Gesellschafterversammlung[463].

Insgesamt sind nach der Rechtsprechung außerhalb des Gesellschaftsvertrags bestehende wirtschaftliche Verflechtungen bei der Bewertung des Status nicht zu berücksichtigen, da sie die sich aus dem Gesellschaftsvertrag ergebenden Rechtsmachtverhältnisse nicht mit sozialversicherungsrechtlicher Wirkung zu verschieben vermögen[464]. Das gleiche gilt für außerhalb des Gesellschaftsvertrages zustande gekommene das Stimmverhalten regelnde Vereinbarungen[465].

5. EU-ausländische Gesellschaftsformen

Die Abgrenzungsprobleme, die bei der Statusbeurteilung eines GmbH-Gesellschafters maßgeblich sind, stellen sich gleichermaßen beim Führungspersonal von Kapitalgesellschaften, die nach dem Recht anderer Mitgliedstaaten der Europäischen Union gegründet wurden[466]. Die sozialversicherungsrechtliche Statusbeurteilung einer in der Bundesrepublik Deutschland ausgeübten Erwerbstätigkeit richtet sich nach deutschem Sozialversicherungsrecht. Daher sind auch bei EU-ausländischen Kapitalgesellschaften die Grundsätze der sozialgerichtlichen Rechtsprechung anzuwenden. Das BSG beurteilt den Status von Erwerbstätigen mit gesellschaftsrechtlicher Sonderfunktion streng anhand der gesellschaftsrechtlichen Rechtsmacht innerhalb der Gesellschaft (vgl. vertiefend die Ausführungen unter V.1.). Maßgeblich für die Frage, wer die Rechtsmacht hat, über die Geschicke der Kapitalgesellschaft zu bestimmen sind die die gesellschaftsrechtlichen Regelungen des jeweiligen *nationalen Gesellschaftsrechts.*

Praxisrelevanz haben vor allem die englische Private limited company (Ltd.) und die niederländische BV[467] erlangt. Die Rechtsform der

463 Vgl. BSG, Urt. v. 11.11.2015 – B 12 KR 10/14 R, zitiert nach juris; BSG, Urt. v. 14.03.2018 – B 12 KR 13/17 R, zitiert nach juris.

464 s. LSG Niedersachsen-Bremen, Beschl. v. 20.12.2018 – L 12 BA 23/18 B ER, zitiert nach juris.

465 Vgl. BSG, Urt. v. 14.03.2018 – B 12 KR 13/17 R, zitiert nach juris.

466 s. *Schreiber/Moritz-Richter*, S. 65.

467 Besloten vennootschap met beperkte aansprakelijkheid (niederländische Gesellschaft mit beschränkter Haftung).

britischen Ltd. ist aktuell erheblich risikobelastet. Es besteht die Gefahr, dass nach dem Austritt Großbritanniens aus der Europäischen Union eine persönliche Haftung der Gesellschafter eintritt. Dies folgt aus dem Umstand, dass grundsätzlich deutsches Recht auf eine Gesellschaft anwendbar ist, wenn der Verwaltungssitz in der Bundesrepublik Deutschland liegt. Nach deutschem Recht sind lediglich die hier gesetzlich geregelten Kapitalgesellschaftsformen gründungsfähig und eintragungsfähig. Die Eintragung in das Handelsregister ist Voraussetzung für die Wirksamkeit einer Haftungsprivilegierung von Gesellschaftern einer Kapitalgesellschaft. Durch das EU-Recht ist als Ausdruck der Niederlassungsfreiheit die gegenseitige Anerkennung von Gesellschaftsrechtsformen zwischen den EU-Ländern gewährleistet. Entfällt diese Anerkennung für die Ltd., ist die Haftungsprivilegierung für die Gesellschafter einer englischen Ltd. mit Verwaltungssitz in Deutschland nicht mehr rechtswirksam. Folge wäre die Annahme einer Personengesellschaft, insbesondere einer Gesellschaft bürgerlichen Rechts (GbR) oder einer Offenen Handelsgesellschaft (OHG) bzw. die Einordnung als Einzelkaufmann. Bei diesen Formen besteht eine persönliche Haftung der Gesellschafter bzw. des Kaufmannes. Dementsprechend empfiehlt es sich in der Praxis, eine eventuell noch bestehende Ltd. in die Gesellschaftsrechtsform eines anderer EU-Staates oder in eine deutsche Gesellschaftsform umzuwandeln. Hier wird häufig die Unternehmergesellschaft (UG haftungsbeschränkt) in Frage kommen, weil der Eigenkapitalbedarf wie bei einer Ltd. gering ist.

6. Praxishinweise zur Statusbeurteilung von Erwerbstätigen mit Leitungsfunktion oder mit gesellschaftsrechtlicher Sonderfunktion

Sofern die Beteiligten einen Erwerbstätigen mit Leitungsfunktion oder mit gesellschaftsrechtlicher Sonderfunktion als selbstständig ansehen, obwohl dieser nicht über die gesellschaftsrechtliche Rechtsmacht verfügt, in der Gesellschafterversammlung bestimmende Entscheidungen herbeizuführen, empfiehlt es sich, proaktiv eine Statusfeststellung zu beantragen. Nur dadurch kann notwendige Rechtssicherheit herbeigeführt und verhindert werden, dass Beiträge in erheblichem Umfang nachgefordert werden. Wird im Rahmen einer Betriebsprüfung rückwirkend eine Beschäftigung festgestellt, sind die Gesamtsozialversicherungsbeiträge regelmäßig vom Arbeitgeber allein zu tragen. Ein Rückgriff auf den Arbeitnehmer wegen der Arbeitnehmeranteile ist kaum möglich. (vgl. zu den wirtschaftlichen Konsequenzen einer rückwirkenden Statusfeststellung im Rahmen einer Betriebsprüfung unter II.1.). Die Beitragsnachforderung wird regelmäßig erheblich durch Säumniszuschläge erhöht. Säumniszuschläge würden lediglich entfallen, wenn das geprüfte Unternehmen glaubhaft machen kann, dass die Unkenntnis der Beitragspflicht unverschuldet war. Dies dürfte, wenn ein Erwerbstätiger trotz fehlender Rechtsmacht nicht als Beschäftigter gemeldet wurde, angesichts der mittlerweile ständigen Rechtsprechung des BSG aus den letzten Jahren zur Bedeutung der Rechtsmachtverhältnisse für Statusfragen schwierig sein. (vgl. zu Säumniszuschlägen näher unter VII.3.j.)

Für *Gesellschafter-Geschäftsführer* ist die Durchführung eines Statusfeststellungsverfahrens in § 7a Abs. 1 S. 2 SGB IV gesetzlich vorgeschrieben (sog. obligatorisches Statusfeststellungsverfahren). Sofern das Unternehmen hinsichtlich eines Gesellschafter-Geschäftsführers selbst von einer Beschäftigung ausgeht und gegenüber der Einzugsstelle eine entsprechende Meldung abgibt, wird das obligatorische Statusfeststellungsverfahren von dort eingeleitet. Wenn die Beteiligten jedoch von einer selbstständigen Tätigkeit ausgehen, ist das Anfrageverfahren nach § 7a Abs. 1 Satz 2 SGB IV stets von den Beteiligten selbst einzuleiten. Die Verpflichtung nach § 7a Abs. 1 S. 2 SGB IV bedeutet auch, dass die Gesellschaft trotz bereits erfolgter Statusfeststellung verpflichtet ist, jede Veränderung der Gesellschaftsverhältnisse der Clearingstelle der Deutschen Rentenversicherung Bund anzuzeigen, damit diese prüfen kann, ob sich hierdurch an dem sozialversicherungsrechtlichen Status des Gesellschafter-Geschäftsführers etwas geändert hat. Dieser Verpflichtung kommen viele Unternehmen nicht nach.[468] Im Eigeninteresse ist zur Vermeidung hoher Nachforderungen für eine sorgfältige Einhaltung dieser Pflicht zu sorgen, klassischerweise anzusiedeln im Rahmen eines *Compliance-Managements*.

468 Vgl. *Kaufmann/Kleemann*, BB 2014, 821.

VI. Ausblick in die Zukunft der Statusbeurteilung

Zu unterscheiden ist die Frage der Praktikabilität der Statusbeurteilung von der Frage, ob es in der modernen Arbeitswelt noch zeitgemäß ist, dass sich der persönliche Schutzbereich der Sozialversicherung am Begriff der Beschäftigung orientiert.

1. Ist die Statusbeurteilung noch praktikabel?

Bei Statusbeurteilungen anhand der typusbildenden Kriterien (vgl. die Ausführungen unter III.) können erhebliche Abgrenzungsschwierigkeiten bestehen, denn im Grenzbereich zwischen Beschäftigung und selbstständiger Tätigkeit ist eine Vielzahl von Abstufungen möglich. Durch moderne Formen der Zusammenarbeit und verschiedenste vertragliche und gesellschaftsrechtliche Konstrukte entstehen ständig neue Herausforderungen. Insbesondere im Falle digitaler Arbeit verlieren klassische Abgrenzungskriterien wie Arbeitszeit und Arbeitsort zunehmend an Bedeutung. Für die Frage beispielsweise, ob ein „Freelancer" oder „Crowdworker" sozialversicherungspflichtig beschäftigt ist, gelten keine Sonderregelungen, der Status ist nach den allgemeinen Kriterien zu beurteilen[469], die entsprechend den Veränderungen der Arbeitswelt fortzuentwickeln sind. Die Kritik am Beschäftigtenbegriff ist vielfältig. Teils wird der Typus als zu unscharf kritisiert, das Arbeits- und Sozialrecht könne bei geschickter Gestaltung der Rechtsbeziehungen gemieden werden.[470] Einige typusbildende Kriterien werden als überholt kritisiert, weil neue Arbeitsformen wie Heim- und Digitalarbeit an Bedeutung gewinnen und sich die Arbeitswelt im Sinne einer Intellektualisierung, Akademisierung und Entmaterialisierung des Be-

469 Vgl. *Ruland*, NZS 2019, 681, 686.
470 s. *Schlegel*, NZS 2000, 421, 423.

triebsbegriffs verändere[471]. Es mangele dem Verfahren an Transparenz, Rechtssicherheit und Akzeptanz, das Ergebnis von Statusfeststellungen sei kaum prognostizierbar[472].

In der Tat bereiten Statusentscheidungen im Grenzbereich zwischen Beschäftigung und Selbstständigkeit der Praxis erhebliche Schwierigkeiten. Die streitigen Fälle nehmen in den letzten 20 Jahren deutlich zu. Die Umstände der Tätigkeitsverhältnisse sind vielfältig und variantenreich, oft liegen sowohl gewichtige Anhaltpunkte für eine Selbstständigkeit als auch für eine Beschäftigung vor. Die Einzelfallprüfungen sind aufwändig und erfordern eine erhebliche personelle Ausstattung. Die genaue Betrachtung jedes Einzelfalles verursacht erheblichen Arbeitsaufwand bei Arbeit-/Aufraggeber, den beratenden Berufen, den statusfeststellenden Sozialversicherungsträgern und den Sozialgerichten. Die Ergebnisse sind aufgrund der zu treffenden Wertung oft kaum vorhersehbar, sie variieren im Laufe von Verwaltungs- und Gerichtsverfahren durch die Instanzen teilweise mehrfach.

Die Rechtsfortbildung im Bereich des Beschäftigtenbegriffes steht an einem Wendepunkt. Aufgrund der Veränderungen der Arbeitswelt verlieren hergebrachte typusbildende Kriterien an Aussagekraft und sind fortzuentwickeln. In der virtuellen Arbeitswelt, in der das Knowhow hochqualifizierter Mitarbeiter als wichtigstes und oft auch einziges Betriebskapital zur Verfügung steht, ist beispielsweise das Kriterium der „Weisungsabhängigkeit" neu zu bewerten[473]. Auch die Kriterien der „Eingliederung, insbesondere von „Arbeitsort und Arbeitszeit" bedürfen bei fortschreitenden technischen Möglichkeiten, von allen Orten der Welt aus arbeiten zu können, einer Fortentwicklung unter Berücksichtigung der modernen Arbeitswelt. Eine persönliche Anwesenheit des Erwerbstätigen in der Betriebsstätte wird in vielen Berufen immer weniger erforderlich. Umgekehrt ist zu berücksichtigen, dass auch Selbstständige vermehrt in übergeordnete Organisationsstrukturen eingebunden werden, beispielsweise bei Franchisemodellen und in Zuliefererverhältnissen. Der Auftragnehmer ist teilweise organisatorisch eng an den Auftraggeber angebunden. Die Abgrenzung des Status ist hier eine Gradwanderung. Zur Lösung dieser Fälle wird das Kri-

471 Vgl. *Mette*, NZS 2015, 721,724; *Schlegel*, NZS 2000, 421, 425.

472 Vgl. *Becker/Hennecke*, BB 2019, 820.

473 Vgl. *Mette*, NZS 2015, 721,723; *Schlegel*, NZS 2000, 421, 425.

terium der Eingliederung zukünftig an neue Umstände geknüpft werden müssen, wie die Nutzung von Computerprogrammen des Auftraggebers und die jederzeitige kommunikative Erreichbarkeit des Erwerbstätigen. Wachsende Bedeutung werden eine Einbindung in das Informations- und Datennetz Auftraggebers, die Abhängigkeit von dessen Datenorganisation sowie eine Überwachungsmöglichkeit mittels Datenschatten erlangen[474]. Auch die Frage, wer in einem Tätigkeitsverhältnis „Herr des Wissens" ist, wird zunehmend wichtiger.

Im Falle von *Crowdworking* etwa, wenn die Arbeit an eine nicht vorher definierte Masse von Internetnutzern (die Crowd) vergeben wird, kann je nach Einzelfall eine selbstständige Tätigkeit vorliegen oder eine Beschäftigung im Verhältnis zur vermittelnden Crowdworking-Plattform oder auch eine Beschäftigung im Verhältnis zum dahinterstehenden Auftraggeber der Arbeitsleistung. Viele der Plattformen haben ihren Sitz im Ausland und keine inländische Niederlassung. Die Statusbeurteilung richtet sich aber nach deutschem Sozialversicherungsrecht, wenn die übernommene Aufgabe in Deutschland erledigt wird. Ein ausländischer Auftraggeber hat dann dieselben Arbeitgeberpflichten zu erfüllen wie ein inländischer, also insbesondere auch den Gesamtsozialversicherungsbeitrag abzuführen.[475] Hier treten als weitere Schwierigkeiten die Durchführbarkeit von Prüfungen bei ausländischen Kapitalgesellschaften und die Durchsetzbarkeit von Beitragsansprüchen hinzu.

Zur Abgrenzung des persönlichen Geltungsbereichs hat die Sozialversicherung mit dem Typus der Beschäftigung ein traditionell bewährtes und anpassungsfähiges Instrument zur Hand[476]. Die bedarfsgerechte Fortentwicklung der typusbildenden Kriterien obliegt insbesondere den statusbeurteilenden Verwaltungsträgern und den Sozialgerichten. Allerdings stoßen diese zunehmend an die Grenzen, je freier eine Beschäftigung gestaltet ist bzw. je gebundener eine Selbstständigkeit. Die Wertentscheidung im Einzelfall ist oft beeinflusst von Erfahrungen und persönlichen Ansichten des Betrachters. Dies führt zu *mangelnder Vorhersehbarkeit* des Beurteilungsergebnisses und einer gewissen Beliebigkeit. Hierunter leidet die Akzeptanz von Statusent-

474 Vgl. *Schlegel*, NZS 2000, 421, 425.
475 Vgl. *Mecke*, SGb 2016, 481, 484 f.
476 s. *Schlegel*, NZS 2000, 421, 428.

scheidungen. Die Bereitschaft der Beteiligten, den Rechtsweg zu beschreiten und „durch die Instanzen" zu gehen wächst. In der Praxis ist oft Unverständnis zu beobachten, einerseits der unternehmerisch denkenden Beteiligten gegenüber Verwaltungsentscheidungen und umgekehrt auch seitens der Sozialversicherungverwaltung gegenüber den aus ihrer Sicht bestehenden Versuchen zur Umgehung der Sozialversicherungspflicht. Es liegt nahe, die aktuelle Statusabgrenzung mittels sozialpolitischer Erwägungen zu überdenken. Mittelfristig sind *strukturelle Änderungen* im Bereich der Zuordnung zur gesetzlichen Sozialversicherung seitens des Gesetzgebers angezeigt, um eine gesellschaftlich akzeptierte und vorhersehbare Regelung über die Zugehörigkeit zur gesetzlichen Sozialversicherung zu finden.

Hinzu kommt, dass der erhebliche Verwaltungs- und Personalaufwand für die Durchführung von Statusbeurteilungen zunehmend nicht mehr im Verhältnis zur Tragweite der Entscheidung steht, insbesondere bei nur kurzer Dauer des Tätigkeitsverhältnisses. Diese *Praktikabilitätsschwierigkeiten* können zwar allein keine Rechtfertigung dafür sein, den persönlichen Schutzbereich der Sozialversicherung neu zuzuschneiden, denn eine Systemänderung bedarf sozialpolitischer Gründe und gesellschaftlicher Wertentscheidungen, die sich am Schutzbedürfnis der Versicherten orientieren (siehe dazu VI.2.). Eine mangelnde Praxistauglichkeit kann aber durchaus als Anlass dienen, die bisherige Rechtslage mittels sozialpolitischer Erwägungen auf den Prüfstand zu stellen.

2. Sozialpolitische Erwägungen zum Schutzbereich der Sozialversicherung

Es stellt sich die Frage, ob es angesichts der modernen Arbeitswelt noch zeitgemäß ist, die Zugehörigkeit zur Sozialversicherung am Beschäftigtenbegriff zu orientieren. Denn der persönliche Schutzbereich der Sozialversicherung ist ursprünglich unter anderen gesellschaftlichen und wirtschaftlichen Bedingungen festgelegt worden. Zudem stößt die Statusbeurteilung als Zugangstor zur Sozialversicherung wegen zunehmender Praktikabilitätsschwierigkeiten an ihre Grenzen (vgl.

dazu VI.1.). Der persönliche Schutzbereich der Sozialversicherung ist daher mittels sozialpolitischer Erwägungen zu überprüfen.

Ausgangspunkt der Bismark'schen Sozialgesetzgebung war die deutsche Industrialisierung, wodurch eine Entwicklung, weg von landwirtschaftlich geprägten Einstehensgemeinschaften innerhalb von Großfamilie und dörflichen Strukturen, hin zu einer Urbanisierung mit geringeren Haushaltsgrößen und fremdbestimmter Tätigkeit in der Privatwirtschaft in Gang gesetzt wurde. Der abhängig Erwerbstätige wurde als besonders schutzbedürftig angesehen und der Sozialversicherungspflicht unterworfen. Wer hingegen als Selbstständiger tätig war, wurde als vermögender und grundsätzlich in der Lage angesehen, selbst für seine soziale Absicherung zu sorgen. Nach der Vorstellung der Gesetzesväter bedurften sie daher keines Schutzes durch die Sozialversicherung. Anlass für die Bismarck'sche Sozialgesetzgebung im ausgehenden 19. Jahrhundert war also die soziale Schutzbedürftigkeit der Arbeitnehmerschaft[477]. Denn in der Industriegesellschaft war für Bereiche von existentiellem Gewicht keine privatrechtliche Vorsorge zustande gekommen[478]. Weil die Armenfürsorge damals auch das Notwendigste nicht gewährleistete, sollte eine Existenzsicherung auf bescheidenem Niveau eingeführt werden. Die Reichsversicherungsgesetze über Unfall-, Kranken- und Invaliditätsversicherung knüpften hierfür an den Arbeitsvertrag an und verbanden diesen mit einer Zwangsversicherung für die Arbeitnehmer, unter finanzieller und organisatorischer Einbeziehung der Arbeitgeber. Historisch gesehen ist die Sozialversicherung eine „Organisationshilfe des Staates" zur zwangsweisen Eigenvorsorge. Ihr Ausgangspunkt war die wirtschaftliche Schwäche der Arbeitnehmer. Denn aus dem erzielten Arbeitsentgelt waren die Aufwendungen zur Erhaltung und Wiederherstellung der Arbeitskraft zuvor für eine große Zahl Beschäftigter nicht aufzubringen, so dass Krankheit oder Erwerbsunfähigkeit zwangsläufig zu Armut und Not führten.[479]

Bereits seit der Bismarck'schen Sozialgesetzgebung ist der Status der Beschäftigung maßgeblich für die Frage der Zugehörigkeit zur Sozialversicherung. Seit der Industrialisierung haben sich Gesellschaft

477 Vgl. *Schlegel*, NZS 2000, 421.
478 s. *Hase*, S. 396.
479 Vgl. *Schlegel*, NZS 2000, 421.

und Arbeitsrealität jedoch erheblich gewandelt und es bestehen Anhaltspunkte dafür, dass die hergebrachten Annahmen zum sozialen Schutzbedarf überholt sind. Seit der Industrialisierung hat sich in der Gesellschaft eine Individualisierung vollzogen. Kleinfamilien und Singlehaushalte prägen die Gegenwart. Zudem ist eine fortgeschrittene Urbanisierung zu beobachten. Die zunehmende Gleichberechtigung von Frauen und die Erwerbsnotwendigkeit auch für Frauen führte zu dem Bedarf, Pflegeleistungen, Altenversorgung und Krankenversorgung immer weitgehender außerhalb der Familien zu gewährleisten. Dies hat erhebliche Auswirkungen auf die entsprechenden Bereiche der Sozialversicherung.

Auch die Arbeitswelt hat sich gewandelt. Die Wirtschaft ist mittlerweile stark globalisiert und digitalisiert, diese Entwicklung wird weiter fortschreiten. Einerseits gibt es eine Tendenz, Beschäftigten größere Freiheiten einzuräumen. Insbesondere bei Tätigkeiten, die digital erledigt werden können, werden mehr Selbstbestimmung hinsichtlich Arbeitsort und Arbeitszeit ermöglicht und eingefordert. Durch die Digitalisierung der Arbeitswelt nimmt die örtliche Gebundenheit der Arbeit ab[480]. Der Betrieb als gegenständlicher Bezugspunkt verliert an Bedeutung, zudem wird vermehrt auf Selbstorganisation und Selbststeuerung von wechselnden Projektgruppen gesetzt[481]. Gegenläufig dazu ist aber auch eine Tendenz erkennbar, selbstständig Tätige in größere Organisationszusammenhänge einzubinden, beispielsweise im Rahmen von Franchisesystemen oder Rahmenverträgen. Zudem bemühen sich Unternehmen, Tätigkeiten auszulagern und dadurch Lohnnebenkosten einzusparen, insbesondere auch Beiträge zur Sozialversicherung. So ist insgesamt zu beobachten, dass die Fälle im Graubereich zwischen selbstständiger Tätigkeit und Beschäftigung zunehmen und variantenreicher werden. Die Grenzen verschwimmen. Vermehrt sind Abgrenzungsfälle kaum mehr handhabbar, etwa bei „Crowdworkern", die über Internetplattformen digitale Arbeitsaufträge verschiedener Auftraggeber vermittelt bekommen. Eine steigende Anzahl von Tätigkeitsverhältnissen enthält gewichtige Anhaltspunkte sowohl für eine selbstständige Tätigkeit als auch für eine Beschäftigung,

480 *Ruland*, NZS 2019, 681, 688.
481 s. *Mecke*, SGb 2016, 481, 482.

so dass das Beurteilungsergebnis kaum vorhersehbar ist und stark von den Wertungen des Betrachters abhängt. Dies wiederum mindert die Akzeptanz von Statusentscheidungen bei den Betroffenen und in der Gesellschaft.

Darüber hinaus ist zu konstatieren, dass sich die, den Bismarck'schen Sozialgesetzen zugrunde liegende Annahme, Beschäftigte seien sozial schutzbedürftiger als Selbstständige, nicht ausreichend bestätigen lässt. Diverse Selbstständige mit prekärem Einkommen haben den sozialen Schutz nötiger als so mancher abhängig arbeitende Geschäftsführer, Chefarzt oder IT-Fachmann. Diverse Erwerbstätige mit Leitungsaufgaben in einem Unternehmen fühlen sich in ihrer Arbeitsgestaltung frei, unternehmerisch denkend und sehen sich als selbstständig an, werden aber gleichwohl als abhängig arbeitend eingeordnet.

Die Wertung der Gesetzesväter, dass Selbstständige auf der Seite des Kapitals stehen und keines Schutzes durch die Sozialversicherung bedürfen, kann als generelle Aussage nicht aufrechterhalten werden. Denn bei einem dem Großteil der Selbstständigen ist der soziale Schutzbedarf keinesfalls geringer als bei Beschäftigten. Gerade in den letzten 20 Jahren wurden durch den Gesetzgeber erhebliche Anreize für Existenzgründungen geschaffen (genannt seien insbesondere die Ich-AG und die haftungsbeschränkte Unternehmergesellschaft UG). Von vielen Selbstständigen wird das Sicherungsniveau der gesetzlichen Sozialversicherung nicht erreicht. Es ist im Gegenteil zu beobachten, dass sich Erwerbstätige die im Vergleich zu einer Beschäftigung größere finanzielle Freiheit im Alltag immer wieder auf Kosten ihrer sozialen Absicherung erkaufen. Eine Kranken- und Pflegeversicherung wird oft noch vorgehalten, eine Arbeitslosenversicherung nur selten, eine insolvenzfeste und existenzsichernde Altersvorsorge, wie die gesetzliche Rentenversicherung sie gewährleisten kann, ist in der privaten Absicherungspraxis kaum anzutreffen. Die Situation vieler Selbstständiger ist vergleichbar mit dem Schutzbedarf der Beschäftigten zu Bismarcks Zeiten, denn es kommt auf privatem Sektor keine adäquate soziale Absicherung – insbesondere für das Alter – zustande. Durch die Einbeziehung der Selbstständigen in die Sozialversicherung könnte ein solides Absicherungsniveau gewährleistet werden. Der persönliche Schutzbereich der Sozialversicherung bedarf daher bei sozialpolitischer Betrachtung zügig einer Anpassung an die moderne Arbeitswelt. Erforderlich sind *grundlegende gesetzliche Änderungen*.

Die Beurteilung, welche Personengruppen auf ein öffentlich-rechtliches Vorsorgesystem angewiesen sind, so dass ihre Versicherungspflicht gerechtfertigt ist, hat mittels sozialpolitischer Bewertungen zu erfolgen[482]. Eine Sozialversicherungspflicht ist nur gerechtfertigt, wenn dadurch Personen Zugang zu sozialer Vorsorge erhalten, die sonst (mangels ausreichender Kaufkraft) unter Marktbedingungen hiervon ausgeschlossen blieben[483]. Diese *soziale Schutzbedürftigkeit* ist auch im heutigen Recht Voraussetzung und Grundlage der Sozialversicherungspflicht und damit der Sozialversicherung als Institution[484]. Schutzbedürftig ist, wer sich in einer Situation befindet, aus der heraus er typischerweise auf die Absicherung seiner wirtschaftlichen Lebensgrundlage angewiesen ist[485]. Die mit einer Sozialversicherungspflicht einhergehenden Einschränkungen persönlicher Freiheit (insbesondere die Zahlungsverpflichtungen) können lediglich mit einem Bedarf an sozialem Schutz gerechtfertigt werden[486]. Die gesetzliche Versicherungs- und Beitragspflicht in der Sozialversicherung ist zwar ein Eingriff in den Schutzbereich des Art. 2 I GG, Beschränkungen des Rechts auf freie Entfaltung der Persönlichkeit sind jedoch im Rahmen der verfassungsmäßigen Ordnung zulässig. Der Gesetzgeber verfügt insofern über einen weiten Gestaltungsspielraum.[487]

Es bestehen erhebliche Unterschiede, inwieweit Selbstständige in den einzelnen Zweigen der Sozialversicherung *aktuell pflichtversichert* sind:

– Im Bereich der *Krankenversicherung* ist die Bevölkerung bereits nahezu flächendeckend abgesichert, sei es durch die gesetzliche Krankenversicherung (GKV), sei es durch die private Krankenversicherung (PKV). Die Auffangpflichtversicherung der GKV gem. § 5 Abs. 1 Nr. 13 SGB V umfasst alle, die zuletzt gesetzlich krankenversichert waren oder die zuvor weder gesetzlich noch privat versi-

482 Vgl. *Hase*, S. 65.
483 s. *Hase*, S. 56.
484 Vgl. *Hase*, S. 65.
485 Vgl. *Hase*, S. 46, 57.
486 Vgl. *Hase*, S. 398.
487 BSG, Urt. v. 04.06.2019 – B 12 R 10/18 R, zitiert nach juris.

chert waren[488]. Im Übrigen besteht nach § 193 Abs. 3 VVG die Verpflichtung, eine private Krankenversicherung abzuschließen.

- Die Versicherungspflicht in der sozialen *Pflegeversicherung* ist nach §§ 20, 21 SGB XI als Annex zur gesetzlichen Krankenversicherung ausgestaltet. Wer privat krankenversichert ist, den trifft nach § 23 SGB XI eine Verpflichtung, zusätzlich eine private Pflegepflichtversicherung abzuschließen. Dadurch ist die Bevölkerung weitgehend flächendeckend pflegeversichert.
- In der gesetzlichen *Unfallversicherung* können Selbstständige nach § 3 SGB VII kraft Satzung pflichtversichert sein. Zudem sind bestimmte Gruppen von Selbstständigen nach § 2 SGB VII berufsspezifisch in den Schutz der gesetzlichen Unfallversicherung einbezogen, z.B. Landwirte, Hausgewerbetreibende und Küstenschiffer.
- In der *Arbeitslosenversicherung* stehen nach § 24 Abs. 1 SGB III grundsätzlich nur Beschäftigte in einem Versicherungspflichtverhältnis. Selbstständige können allenfalls unter bestimmten Voraussetzungen nach § 28a Abs. 1 Satz 1 Nr. 2, Abs. 2, Abs. 3 SGB III auf Antrag ein Versicherungspflichtverhältnis begründen.
- Die gesetzliche *Rentenversicherung* orientiert sich ebenfalls noch weitgehend am Beschäftigtenbegriff. Zudem wurden nach § 2 SGB VI bestimmte Berufsgruppen von Selbstständigen ausdrücklich in den Schutzbereich der Sozialversicherung einbezogen, z.B. Lehrer, Erzieher, Hebammen, Künstler, Hausgewerbetreibende und in die Handwerksrolle eingetragene Gewerbetreibende. Nach § 2 Satz 1 Nr. 9 SGB VI sind zudem kleine Selbstständige versicherungspflichtig, die im Zusammenhang mit ihrer selbstständigen

488 Ein erhebliches Problem liegt allerdings darin, dass die Beiträge zur Kranken- und Pflegeversicherung gerade von Solo-Selbstständigen oft nicht aufgebracht werden (können). Insbesondere im Bereich der Auffangpflichtversicherung der gesetzlichen Krankenversicherungen bestehen in großem Umfang Beitragsschulden. Ende 2018 betrug bei Personen nach § 5 Abs. 1 Nr. 13 SGB V der laufende Rückstand laut Bundesversicherungsamt gut 435 Millionen Euro. Inklusive befristet niedergeschlagener Forderungen betrug der Gesamtrückstand mehr als 1 Milliarde Euro. Besonders hervorzuheben ist die Soll-Ist-Quote von 65,6% im Jahre 2018. (zitiert nach: https://www.bundesversicherungsamt.de/gesundheitsfonds-strukturfonds/beitragsaufkommen-und-rueckstaende.html). Dies bedeutet, dass 1/3 der in der Auffangversicherung geschuldeten Beiträge nicht gezahlt wurden. Zahlungsrückstände führen gem. § 16 Abs. 3a SGB V zu einem Ruhen vieler Leistungsansprüche gegen die GKV.

Tätigkeit regelmäßig keinen versicherungspflichtigen Arbeitnehmer beschäftigen und auf Dauer und im Wesentlichen nur für einen Auftraggeber tätig sind. Daraus folgt, dass die *meisten Berufsgruppen nicht rentenversicherungspflichtig sind, sobald sie mindestens einen sozialversicherungspflichtigen Arbeitnehmer beschäftigen oder wechselnde Auftraggeber haben.* Sie können sich lediglich auf Antrag gesetzlich rentenversichern. Wer weder pflichtversichert, noch auf Antrag gesetzlich rentenversichert ist, kann privat für das Alter vorsorgen, beispielsweise über Lebensversicherungen, Vermögensbildung oder den Abschluss einer privaten Rentenversicherung.

Insbesondere *im Bereich der Rentenversicherung bedarf es eines gesetzgeberischen Tätigwerdens durch Einbeziehung aller Selbstständigen*[489]. Denn bei einem relevanten Teil der Selbstständigen besteht ein unzureichender sozialer Schutz für das Alter. Eine erfolgreiche, adäquate, private Altersvorsorge wird in der Praxis häufig nicht betrieben. Die Zahl der Selbstständigen in Deutschland beläuft sich derzeit auf über vier Millionen[490]. Der Anteil der Selbstständigen, der nicht in der gesetzlichen Rentenversicherung versichert ist, beläuft sich auf 57 Prozent[491]. Das Sicherungsniveau im Alter ist bei vielen Selbstständigen, die versicherungsfrei in der gesetzlichen Rentenversicherung sind, unzureichend und führt zu Altersarmut und damit zu einem Sozialhilfebedarf im Alter.

Erforderlich für eine erfolgreiche, adäquate private Altersvorsorge eines Selbstständigen wäre:

1. eine wirtschaftliche *Vorsorgemöglichkeit*, also ein Einkommen, das in wirtschaftlicher Hinsicht neben der Sicherung des eigenen Lebensunterhaltes des Selbstständigen und seiner Familie eine Rücklagenbildung überhaupt ermöglicht. Vor allem wenn die Einkünfte sehr schwanken oder dauerhaft gering sind, ist eine private Altersvorsorge wirtschaftlich kaum möglich[492]. Dabei ist für eine adäquate soziale Absicherung eines Selbstständigen in Eigenregie ein er-

489 Ähnlich: *Ruland*, NZS 2019, 681, 693.
490 s. *Maier/Ivanov*, S. 3.
491 s. *Maier/Ivanov*, S. 42.
492 s. Maier/Ivanov, S. 40.

heblicher finanzieller Aufwand zu betreiben, weil der Selbstständige die Beitragslast seiner sozialen Absicherung (in Ermangelung eines Arbeitgeberanteils) allein trägt.

2. die *Vorsorgedisziplin* des Selbstständigen, die finanziellen Mittel zu einem ganz erheblichen Teil weder in das Unternehmen, noch für private Zwecke und den eigenen Lebensstandard zu nutzen, sondern damit Beiträge zur sozialen Absicherung zu leisten.
3. eine *Vorsorgeabsicherung*, um die Altersrücklagen vor einem Zugriff Dritter zu schützen. Diese letzte Voraussetzung ist nach aktueller Rechtslage außerhalb der gesetzlichen Rentenversicherung nur schwer zu erreichen. Selbst bei Kapitalgesellschaften haben Gläubiger häufig Zugriff auf das Privatvermögen des dahinterstehenden Unternehmers, insbesondere Banken verlangen als Bedingung für eine Darlehensgewährung in aller Regel Bürgschaften der Gesellschafter. Privates Vermögen, das der Altersvorsorge dienen soll, ist zudem nur in eng begrenztem Rahmen insolvenzfest. Im Falle einer (nicht unbedingt selbstverschuldeten) Insolvenz Selbstständigen wird sein Privatvermögen verwertet. Dies betrifft sowohl Kapitallebensversicherungen, Aktien, Immobilien als auch Barvermögen. Selbst eine private Rentenversicherung ist nur in engen Grenzen insolvenzfest, nämlich insbesondere bei Abschluss einer sog. „Riester-Rente" oder „Rürup-Rente" oder bei Direktversicherungen ohne vorzeitige Kündigungsmöglichkeit. Im Übrigen bleibt nur die gesetzliche Rentenversicherung als insolvenzfeste Altersvorsorge, gegebenenfalls auch als freiwillige Versicherung.

Bei Selbstständigen sind diese drei *Voraussetzungen einer erfolgreichen, adäquaten Altersvorsorge häufig nicht erfüllt*. Ein unzureichendes soziales Sicherungsniveau im Alter führt zu einem steuerfinanzierten Sozialhilfeanspruch mit entsprechend geringem Lebensstandard. Die fehlende Altersvorsorge vieler Selbstständiger ist sowohl bei individueller Betrachtung als auch *gesamtgesellschaftlich ein drängendes Problem*, zumal die fehlende Altersabsicherung der Selbstständigen später durch das Steueraufkommen, also durch die Allgemeinheit aufzufangen ist. Der Gesetzgeber sollte dem Schutzbedürfnis Taten folgen lassen. Es ist eine legitime öffentliche Aufgabe, über die Sicherung des Existenzminimums hinaus im Rahmen des öffentlichen Rechts denen eine Vorsorge für künftigen Bedarf zu ermöglichen, die eine solche Sicherung in der Privatrechtsordnung nicht zu finden vermögen[493]. In der *gesetzgeberischen Tatenlosigkeit* liegt seit Jahren ein nicht nachvollziehbares Versäumnis der Politik[494].

Die Lage vieler Selbstständiger lässt sich anhand sogenannter Solo-Selbstständiger anschaulich darstellen: Hierunter werden Personen verstanden, die eine selbstständige Tätigkeit allein, das heißt ohne angestellte Mitarbeiter, ausüben. Seit Anfang der 1990er Jahre ist die Zahl der Selbstständigen in Deutschland deutlich gestiegen; dies ist fast ausschließlich auf die Entwicklung bei den Solo-Selbstständigen zurückzuführen. Eine erhebliche Rolle hat dabei die Förderung von „Ich-AGs" durch die Bundesagentur für Arbeit ab dem Jahr 2003 gespielt. Seit Anfang dieses Jahrtausends gibt es in der Bundesrepublik *mehr Solo-Selbstständige als Selbstständige mit Beschäftigten*[495]. Auch wenn ein Teil der Solo-Selbstständigen hohe Einkünfte erzielt, liegt das durchschnittliche *Einkommen dieser Erwerbstätigengruppe unter dem der Arbeitnehmer*. Viele kommen über Einkünfte, wie sie Arbeitnehmer im Niedriglohnsektor beziehen, nicht hinaus.[496] Auf Basis der Daten des Mikrozensus 2008 ermittelte die Friedrich Ebert Stiftung, dass im Erhebungszeitpunkt knapp *29% der vollzeittätigen Solo-Selbstständigen ein Nettoeinkommen von unter 1100 Euro* hatten. Ein monatliches Nettoeinkommen von mindestens 2.900 Euro hatten weniger als 16% der Solo-Selbstständigen, 55% lagen dazwischen[497]. 68% der Solo-Selbstständigen gaben an, keine Vermögensbildung durch Sparanlagen vorzunehmen (oder vornehmen zu können) und *nur 6,9 % der Solo-Selbstständigen hatten eine Sparquote von 20% oder mehr*[498], so dass eine vergleichbar hohe Altersrückstellung wie in der gesetzlichen Rentenversicherung erfolgt. Da die Mehrzahl der Solo-Selbstständigen ein geringeres Einkommen hat, als der Durchschnitt der versicherungspflichtigen Beschäftigten und keine Vermögensbildung betreibt, liegt sogar eine schlechtere soziale Absicherungsmöglichkeit vor, als bei Be-

493 Vgl. *Hase*, S. 59

494 s. *Waltermann*, SGb 2017, 425, 426.

495 s. Koch/Rosemann/Späth, S. 28.

496 Deutsches Institut für Wirtschaftsforschung e.V. (DIW Berlin), Mohrenstraße 58, 10117 Berlin, zitiert nach: https://www.diw.de/de/diw_01.c.416701.de/presse/diw_glossar/solo_selbstaendige.html (abgerufen am 05.09.2020).

497 Vgl. Koch/Rosemann/Späth, S. 36 f.

498 s. *Maier/Ivanov*, S. 40.

schäftigten. Vielen Selbstständigen fehlen schlicht die finanziellen Mittel zur Bildung einer auskömmliche Altersvorsorge. Das soziale Schutzbedürfnis von Solo-Selbstständigen ist also mindestens so ausgeprägt wie bei Beschäftigten. Staatliche Organisationshilfe ist angezeigt.

Diese Schutzbedürftigkeit hat den Gesetzgeber bereits dazu veranlasst, Solo-Selbstständige nach § 2 Satz 1 Nr. 9 SGB VI dann in die Rentenversicherungspflicht einzubeziehen, wenn sie im Wesentlichen nur für *einen Auftraggeber* tätig sind. Diese Einschränkung auf solche Solo-Selbstständigen, die nur einen Auftraggeber haben, ist bei sozialpolitisch nicht sinnvoll. Denn wenn ein Solo-Selbstständiger keinen festen Auftraggeber hat, muss dies durchaus kein Zeichen fehlender Schutzbedürftigkeit sein. Es kann sogar eine prekäre wirtschaftliche Situation begünstigen, wenn der Erwerbstätige ohne regelmäßige Einkünfte durch einen wiederkehrenden Auftraggeber auskommen muss, die seine Lebenshaltungskosten zuverlässig decken könnten. Das soziale Schutzbedürfnis kann also umso mehr für die Einbeziehung in die gesetzliche Sozialversicherung sprechen. Die Unterscheidung von Solo-Selbstständigen mit einem oder mehreren Aufraggebern dürfte zudem bei Zugrundelegung des Gleichbehandlungsgrundsatzes nach Art. 3 GG nicht gerechtfertigt sein, da die Vergleichsgruppen von Solo-Selbstständigen mit einem und mit mehreren Auftraggebern hinsichtlich des sozialen Schutzbedürfnisses nicht derart verschieden sind, dass ihre Ungleichbehandlung gerechtfertigt wäre. Insgesamt ist es sozialpolitisch sinnvoll, *alle Solo-Selbstständigen* (also auch die mit mehreren Auftraggebern) aufgrund ihrer augenfälligen sozialen Schutzbedürftigkeit in die gesetzliche Rentenversicherung einzubeziehen. Dies wäre leicht erreichbar, durch ein Streichen von § 2 Satz 1 Nr. 9 lit. b SGB VI.

Bei sozialpolitischer Betrachtung sollte die Einbeziehung von Selbstständigen in den Schutzbereich der Rentenversicherung jedoch weit darüber hinausgehen. Denn betroffen von unzureichender oder gänzlich fehlender Altersvorsorge und damit schutzbedürftig im Sinne der gesetzlichen Sozialversicherung sind keinesfalls nur Solo-Selbstständige, sondern auch ein relevanter Anteil der Selbstständigen mit sozialversicherungspflichtigen Mitarbeitern. Diese Selbstständigen sind zwar wirtschaftlich tendenziell besser gestellt als Solo-Selbstständige und daher etwas häufiger in der Lage, in guten Zeiten für das Alter vorzusorgen, jedoch lehrt die Praxis, dass es ihnen mit privatrechtlichen Mitteln oft nicht gelingt, ein Sicherungsniveau zu erreichen, das mit der gesetzlichen Rentenversicherung tatsächlich vergleichbar ist. *56% der „Selbstständigen mit eigenen Beschäftigten" geben an, keine Vermögensbildung durch Spareinlagen vorzunehmen* (oder vornehmen zu können) und *nur 13,6% dieser Selbstständigen haben eine Sparquote von 20% oder mehr*[499], so dass eine vergleichbar hohe Altersrückstellung wie in der gesetzlichen Rentenversicherung erfolgt. Damit wird deutlich, dass bei weitem nicht nur Solo-Selbstständige über eine unzureichende Altersabsicherung verfügen, sondern auch mehr 80% der weiteren Selbstständigen. Dies wird noch dadurch verschärft, dass die Altersvorsorge, die betrieben wird, häufig nicht insolvenzfest ist. Die Schutzbedürftigkeit als Voraussetzung der Einbeziehung in die gesetzliche Sozialversicherung liegt dementsprechend insgesamt auch bei Selbstständigen *mit* eigenen sozialversicherungspflichtigen Mitarbeitern vor.

Für eine Einbeziehung sämtlicher Selbstständiger in die Rentenversicherungspflicht spricht auch, dass kaum begründbar ist, weshalb in § 2 SGB VI nur *bestimmte Berufsgruppen* von Selbstständigen in den Schutzbereich der gesetzlichen Rentenversicherung aufgenommen sind. Der Gesetzgeber sah sich in der Vergangenheit wiederholt veranlasst, Selbstständige punktuell in die Rentenversicherung einzubeziehen. Das Gesetz richtet sich dabei nicht nach der Schutzbedürftigkeit im konkreten Einzelfall, sondern knüpft typisierend an Sachverhalte an, insbesondere an verschiedene Berufsgruppen. Der Gesetzgeber hat mit dem Herausgreifen einiger Berufsgruppen deutlich gemacht, dass er sie bei typisierender Betrachtung als besonders schutzwürdig ansieht[500], die übrigen jedoch offenbar nicht. Diese Unterscheidung vermag weder sozialpolitisch zu überzeugen, noch entspricht sie dem *Gleichbehandlungsgrundsatz*. Eine schlüssige Struktur des persönlichen Schutzbereichs der Rentenversicherung fehlt. Die vom Gesetzgeber vorgenommene Unterscheidung nach Berufsgruppen verstößt gegen Art. 3 GG, da die Ungleichbehandlung der Vergleichsgruppen auf-

499 s. *Maier/Ivanov*, S. 40.
500 Vgl. *Schlegel*, NZS 2000, 421, 422.

grund ihrer vergleichbaren sozialen Schutzbedürftigkeit nicht rechtmäßig ist. Eine selbstständige Reinigungskraft ist bei wirtschaftlicher Betrachtung typischerweise nicht besser in der Lage, für das Alter vorzusorgen als ein (schon jetzt pflichtversicherter) selbstständiger Lehrer, auch ein selbstständiger Kurierfahrer ist typischerweise nicht besser in der Lage, eine adäquate Altersvorsorge zu betreiben, als ein (schon jetzt pflichtversicherter) in die Handwerksrolle eingetragener Gewerbetreibender oder ein Selbstständiger eines verkammerten Berufes. Wenn aber der Gesetzgeber einzelnen Personengruppen den Zwang auferlegt, Vorsorge für die Wechselfälle des Lebens zu treffen, hat er selbst Vergleichsmaßstäbe gesetzt, an denen er sich auch im Hinblick auf andere Personengruppen messen lassen muss[501]. Dies wird anhand einzelner Berufsgruppen nicht gelingen. Die Unterscheidung der Rentenversicherungspflicht nach Berufsgruppen ist daher aufzugeben.

Der Gesetzgeber kennt das eigentlich taugliche Instrument, bestimmte Berufsgruppen, bei denen aufgrund *berufsständischer Versorgung* tatsächlich keine Schutzbedürftigkeit vorliegt, aus dem persönlichen Schutzbereich der gesetzlichen Rentenversicherung herauszunehmen. Für diesen Personenkreis besteht nach § 6 SGB VI die Möglichkeit einer Befreiung von der Rentenversicherungspflicht. Im Übrigen wird durch die *Beitragsbemessungsgrenze* der im Einzelfall bereits ausreichenden Altersabsicherung ausreichend Rechnung getragen und die Beitragsbelastung in Grenzen gehalten. Weitere individuelle Ausnahmen wegen fehlender Schutzbedürftigkeit wären – soweit vom Gesetzgeber für erforderlich gehalten – durch Befreiung von der Versicherungspflicht auf Antrag möglich.

Zur Erreichung des Ziels, die Altersvorsorge Selbstständiger zu verbessern, hat der Gesetzgeber die Wahl der Mittel. Denkbar ist neben einer Einbeziehung in die gesetzliche Rentenversicherung alternativ auch, eine Pflicht zu privater Altersvorsorge einzuführen. Die besseren Gründe sprechen jedoch dafür, Selbstständige in die gesetzliche Rentenversicherung einzubeziehen[502]. Zum einen würde hierdurch ein *flexibler Wechsel* zwischen Selbstständigkeit und Beschäftigung erleichtert, da Rentenanwartschaften auch bei Statusänderungen auf-

501 Vgl. *Mette*, NZS 2015, 721,723; ferner auch: *Schlegel*, NZS 2000, 421, 427 f.
502 So auch: *Waltermann*, SGb 2017, 425, 429; *Ruland*, NZS 2019, 681, 693.

recht erhalten blieben[503]. Zudem wäre es in einem einheitlichen System interessengerechter abzubilden, wenn Selbstständigkeit und Beschäftigung *zeitgleich* nebeneinander stehen[504], etwa durch eine gemeinsame Beitragsbemessungsgrenze. Außerdem besteht aufgrund der Dauer der Beitragszahlung über Jahrzehnte ein besonders hohes Interesse an der *Insolvenzresistenz* des Rentenversicherers, um die Anwartschaften auf eine Rente zu sichern. Dies ist bei einer Körperschaft des öffentlichen Rechts besser gewährleistet als bei privaten Versicherern. Zu guter Letzt würde ein einheitliches System zu *Verwaltungsvereinfachungen* führen, weil das Erfordernis der überaus zeit- und personalaufwändigen Statusentscheidungen zwischen Beschäftigung und selbstständiger Tätigkeit in jedem Einzelfall entfallen würde. Hingegen wären Statusentscheidungen weiterhin erforderlich, wenn Selbstständige lediglich eine Pflicht zur Rentenversicherung und keine gesetzliche Rentenversicherungspflicht träfe. Insgesamt ist es sozialpolitisch sinnvoll, die Pflichtversicherung in der gesetzlichen Rentenversicherung (über die bereits bestehende punktuelle Einbeziehung hinaus) *auf alle Selbstständigen zu erstrecken*. Denn aktuell ist der überwiegende Anteil der Selbstständigen nicht adäquat für das Alter abgesichert, es besteht bei typisierender Betrachtung der Gruppe der Selbstständigen ein sozialer Schutzbedarf.

Problematisch ist an der Begründung einer Rentenversicherungspflicht für Selbständige, dass gerade kleine Selbstständige *kaum die Beiträge für ihre Rentenpflichtversicherung aufbringen können*, zumal sie mit geringen Erträgen wirtschaften und kein Arbeitgeber zur Zahlung der hälftigen Beitragslast herangezogen werden kann. Die gesamte Beitragslast ist von dem Selbstständigen selbst zu tragen. Dieses wirtschaftliche Argument kann jedoch kaum ein Argument gegen eine Rentenversicherungspflicht sein, denn eine prekäre Selbstständigkeit ist grundsätzlich nicht schutzwürdig. Nachhaltig ist eine Selbstständigkeit nur, wenn sie die soziale Vorsorge des Selbstständigen selbst erwirtschaftet. Bei seriöser Betrachtung kann nur eine Selbstständigkeit, die sich für den Selbstständigen rechnet, am Ende ohne nachteilige Folgen für die Gesellschaft bleiben. Eine Versicherungspflicht wird

503 Vgl. *Schlegel*, NZS 2000, 421, 428.
504 s. *Waltermann*, SGb 2017, 425, 430.

zwangsweise zu höheren Marktpreisen führen.[505] Diese Entwicklung ist wünschenswert. Denn aktuell geht die besonders *niedrige Vergütung einiger Selbstständiger zu Lasten der folgenden Generationen*: Eine relevante Anzahl Selbstständiger baut keine ausreichende Altersvorsorge auf und wird später existenzsichernde Transferleistungen (Sozialhilfe) benötigen, ohne entsprechende Beiträge ins Sozialsystem eingezahlt zu haben. Das Existenzminimum von nicht ausreichend abgesicherten Selbstständigen muss in deren Rentenalter durch das Steueraufkommen der übrigen Bevölkerung gesichert werden. Bezahlen muss für die heutige mangelnde Eigenvorsorge später vor allem die Gruppe der dann Erwerbstätigen, die parallel für das eigene Alter vorzusorgen haben wird und dadurch eine Doppelbelastung wird schultern müssen. Angesichts prekärer Selbstständigkeiten und in Anbetracht des realistischen Insolvenzrisikos jedes Selbstständigen ist die Allgemeinheit vor dem Eintritt einer Sozialhilfebedürftigkeit aufgrund mangelnder Eigenvorsorge zu schützen[506]. Die Überbürdung der sozialen Kosten auf folgende Generationen zugunsten aktuell niedriger Vergütungen für Selbstständige stellt eine nicht zu rechtfertigende Risikoverschiebung dar, zumal während des Erwerbslebens der aktuell Selbstständigen die zumutbare Möglichkeit besteht, vorzusorgen[507].

Zu berücksichtigen ist darüber hinaus, dass die Rechtsordnung mit der lückenhaften Vorsorgepflicht Selbstständiger einen Fehlanreiz setzt, den mit einer Beschäftigung belasteten Kosten dadurch auszuweichen zu können, dass eine Zusammenarbeit mit einem Selbstständigen gewählt wird[508]. Wenn alle Selbstständigen mit den Kosten ihrer Altersvorsorge kalkulieren müssten, würde im Gegenzug das Beschäftigungsverhältnis als solches konkurrenzfähiger. Die betriebswirtschaftlich durchaus nachvollziehbare Auslagerung von Arbeit an Selbstständige spart heute Kosten, die morgen durch steuerfinanzierte Aufstockungsleistungen gedeckt werden müssen. Angesichts einer alternden Gesellschaft ist dies der im Verhältnis kleiner werdenden Erwerbstätigengruppe künftig nicht mehr zuzumuten.[509]

505 Vgl. *Waltermann*, SGb 2017, 425, 430 f.
506 So auch: *Schlegel*, NZS 2000, 421, 428.
507 s. *Waltermann*, SGb 2017, 425.
508 s. *Waltermann*, SGb 2017, 425.
509 Vgl. *Waltermann*, SGb 2017, 425, 429.

Um Existenzgründungen nicht unnötig zu erschweren, sieht das Gesetz schon heute Entlastungsmöglichkeiten vor. So kann jede neue Selbstständigkeit gem. § 165 Abs. 1 Satz 2 SGB VI in den ersten drei Jahren durch niedrig gehaltene Beiträge entlastet werden. Gegebenenfalls könnte dieser Zeitraum bei Einführung einer Rentenversicherungspflicht für alle Selbständigen im Gegenzug auf bis zu fünf Jahre erhöht werden. Nach Ablauf dieser Schonfrist ist jedoch von einer selbstständigen Tätigkeit zu fordern, dass sie die soziale Vorsorge des Selbstständigen erwirtschaftet.

VII. Das Verwaltungsverfahren zur Statusbeurteilung

Die sozialversicherungsrechtliche Statusbeurteilung hat die Frage zu klären, ob aus einer konkreten Erwerbstätigkeit entweder eine Versicherungspflicht in den Zweigen der gesetzlichen Sozialversicherung aus Beschäftigung folgt oder ob eine selbstständige Tätigkeit vorliegt. Durch die Sozialversicherungsträger findet eine solche Statusbeurteilung *nur anlassbezogen* statt. In den allermeisten Arbeitsverhältnissen und Auftragsverhältnissen erfolgt keine förmliche Verwaltungsentscheidung über die Versicherungs- und Beitragspflicht. Der Auftrag- oder Arbeitgeber prüft bei Aufnahme der Arbeit/Beschäftigung selbstständig, ob die Arbeit abhängig erbracht wird. Kommt er zu der Überzeugung, dass dies der Fall ist, meldet er den betreffenden Arbeitnehmer bei der Einzugsstelle zur Sozialversicherung an (vgl. § 28a SGB IV), weist für ihn Beiträge nach (§ 28 f Abs. 2 SGB IV), führt diese an die Einzugsstelle ab (vgl. § 28h Abs. 1 SGB IV) und dokumentiert die gezahlten Beiträge in den Lohnunterlagen des Arbeitnehmers. Die auf den Arbeitnehmer entfallenden Arbeitnehmeranteile zum Gesamtsozialversicherungsbeitrag darf der Arbeitgeber vom Lohn einbehalten (siehe zum Lohnabzugsverfahren § 28f SGB IV). Ermittlungen der Versicherungsträger über das Vorliegen von Versicherungspflicht finden in diesen Fällen in der Regel nicht statt, so dass auch keine Feststellung der Versicherungs- und Beitragspflicht durch Verwaltungsakt erfolgt.[510] Wenn der Auftraggeber hingegen zu der Überzeugung gelangt, dass der Auftragnehmer selbstständig tätig ist, unterlässt er schlicht dessen Meldung zur Sozialversicherung. Auch in diesem Fall erfolgt grundsätzlich keine behördliche Statusfeststellung, sofern sie nicht von einem Beteiligten beantragt wird. Allenfalls im Rahmen

---

510 *Schlegel*, in: Küttner, Personalbuch 2018, Rn. 140.

einer späteren Betriebsprüfung wird eine Überprüfung von Amts wegen vorgenommen.

Wenn Abgrenzungsschwierigkeiten im Graubereich zwischen Beschäftigung und selbstständiger Tätigkeit bestehen, ist es ratsam zu Beginn der Tätigkeit eine proaktive Klärung des sozialversicherungsrechtlichen Status herbeizuführen, um eine Nachforderung von Beiträgen zur Sozialversicherung im Rahmen einer späteren Betriebsprüfung zu vermeiden. Es existieren drei Ermächtigungsgrundlagen für die Sozialversicherungsträger, wonach bindend eine Beurteilung des sozialversicherungsrechtlichen Status vorgenommen werden kann:

Die erste Ermächtigungsgrundlage gem. § 7a SGB IV hat eine *isolierte Statusfeststellung* zum Inhalt. Gegenstand des Anfrageverfahrens durch die Clearingstelle der Deutschen Rentenversicherung Bund (dazu unter VII.1.) ist allein die Statusfeststellung in Bezug auf eine konkrete Erwerbstätigkeit einer einzelnen Person, es werden im Rahmen dessen keine Beiträge festgesetzt. Die Einleitung des Verfahrens erfolgt entweder auf Antrag eines Betroffenen oder in den gesetzlich normierten Fällen auch von Amts wegen. Die Betroffenen haben im Rahmen des Verfahrens einen Anspruch auf Statusfeststellung.

Die zweite Ermächtigungsgrundlage berechtigt im sogenannten *Einzugsstellenverfahren* die Krankenversicherung des Erwerbstätigen gem. § 28h Abs. 2 SGB IV zu einer Statusbeurteilung (dazu unter VII.2.). Gegenstand dieses Verwaltungsverfahrens ist ebenfalls eine Statusfeststellung in Bezug auf eine konkrete Erwerbstätigkeit einer einzelnen Person, es werden jedoch von der Einzugsstelle auch Beiträge festgesetzt bzw. die Beitragspflichtigkeit der konkreten Entgelte geklärt und gegebenenfalls die Vollstreckung eingeleitet. Das Verfahren beginnt auf Antrag eines Betroffenen oder anlassbezogen von Amts wegen. Die Betroffenen haben im Rahmen des Verfahrens einen Anspruch auf Statusfeststellung.

Drittens erfolgen *inzidente Statusbeurteilungen im Rahmen von Betriebsprüfungen* (auch genannt: Arbeitgeberprüfung) nach § 28p SGB IV (dazu unter VII.3.). Welche Rentenversicherung zuständig ist, richtet sich nach dem Betrieb. Gegenstand ist die Überprüfung, ob der Arbeitgeber seine sozialversicherungsrechtlichen Pflichten erfüllt hat, inklusive der vom Arbeitgeber beurteilten Status. Im Zuge dieses Verwaltungsverfahrens kann (im Gegensatz zu den anderen Ermächtigungsgrundlagen) gleichzeitig über eine Vielzahl von im selben Betrieb erwerbstätigen Personen entschieden werden. Zugleich werden Beitragsnachforderungen festgesetzt. Die Einleitung einer Betriebsprüfung erfolgt alle vier Jahre von Amts wegen. Sie kann aber auch außerhalb dieses Turnus bei entsprechendem Anlass von Amts wegen eingeleitet oder von Seiten der Betriebe beantragt werden. Die Betroffenen haben im Rahmen des Verfahrens grundsätzlich keinen Anspruch auf eine Statusfeststellung, da die Rentenversicherung den Umfang der Prüfung selbst festlegt.

1. Die Anspruchs- und Ermächtigungsgrundlage gem. § 7a SGB IV: Das Anfrageverfahren bei der DRV Bund

§ 7a SGB IV (in der Fassung vom 29.03.2017, gültig ab 05.04.2017) regelt das sog. Anfrageverfahren. Dieses hat für die Praxis erhebliche Bedeutung: Im Jahre 2017 wurden 22.263 optionale Statusfeststellungsverfahren nach § 7a Abs. 1 Satz 1 SGB IV durchgeführt. In 57,8 % der Fälle wurde seitens der DRV Bund eine Selbstständigkeit festgestellt, in 40,3% der Fälle eine Sozialversicherungspflicht aufgrund Beschäftigung. Zudem wurden im Jahre 2017 41.425 obligatorische Statusfeststellungen bezüglich Familienangehörigen nach § 7a Abs. 1 Satz 2 SGB IV durchgeführt, wobei lediglich in der äußerst geringen Zahl von 20 Fällen eine selbstständige Tätigkeit angenommen wurde. Hingegen wurde in 99,9% der obligatorischen Statusfeststellungen bei Familienangehörigen von der DRV Bund eine sozialversicherungspflichtige Beschäftigung festgestellt. Außerdem sind im Jahre 2017 noch 3.362 obligatorische Statusfeststellungen nach § 7a Abs. 1 Satz 2 SGB IV hinsichtlich geschäftsführender Gesellschafter durchgeführt worden. In 32,2 % der Fälle ist eine selbstständige Tätigkeit angenommen worden und 67,6% sozialversicherungspflichtige Beschäftigung.[511]

511 s. BT-Drucks. 19/749 v. 14.02.2018: Antwort der Bundesregierung auf die Kleine Anfrage der Abgeordneten Markus Kurth, Anja Hajduk, Beate Müller-Gemmeke, weiterer Abgeordneter und der Fraktion BÜNDNIS 90/DIE GRÜNEN (BT-Drucks. 19/551), zitiert nach: http://dipbt.bundestag.de/dip21/btd/19/007/1900749.pdf (abgerufen am 23.10.2019). Die Differenz der Summe aus festgestellten

a) Gegenstand des Anfrageverfahrens

Das Anfrageverfahren dient der schnellen und sachgerechten Klärung der Frage, ob es sich im Einzelfall um ein sozialversicherungspflichtiges Beschäftigungsverhältnis oder um eine selbstständige Tätigkeit handelt[512]. Es soll divergierende Entscheidungen unterschiedlicher Sozialversicherungsträger vermeiden und Rechtssicherheit für Auftraggeber/Arbeitgeber sowie Auftragnehmer/Arbeitnehmer gewährleisten.[513] Nach § 7a Abs. 1 Satz 1 SGB IV können die Beteiligten, also Arbeitgeber/Auftraggeber sowie Arbeitnehmer/Auftragnehmer, bei der DRV Bund eine Entscheidung beantragen, ob eine Beschäftigung vorliegt (Anspruchsgrundlage). Zudem ist die Verwaltung nach § 7a Abs. 1 Satz 2 SGB IV in bestimmten Einzelfällen zu einer Einleitung des Verfahrens von Amts wegen berechtigt (Ermächtigungsgrundlage).

Das Verfahren bezieht sich stets auf eine konkrete Erwerbstätigkeit einer Person. Die Deutsche Rentenversicherung Bund entscheidet nach § 7a Abs. 2 SGB IV auf Grund einer Gesamtwürdigung aller Umstände des Einzelfalles, ob eine sozialversicherungspflichtige Beschäftigung vorliegt und stellt die daraus folgende Versicherungspflicht in

selbstständigen Tätigkeiten und sozialversicherungspflichtigen Beschäftigungen zur Gesamtzahl ergibt sich aus der Feststellung von Beschäftigungen, die nicht zur Versicherungspflicht führten, etwa bei geringfügiger Beschäftigung oder familienhafter Mithilfe.

512 Das gesetzgeberische Ziel einer schnellen Entscheidung findet Ausdruck in § 7a Abs. 7 Satz 2 SGB IV. Danach ist eine Untätigkeitsklage bereits drei Monate nach Antragstellung möglich, die Anwendbarkeit der Sechs-Monats-Frist in § 88 Abs. 1 SGG ist ausdrücklich ausgeschlossen.

513 So zur Einführung des § 7a SGB IV in: BT-Drucks. 14/1855, S. 6, zitiert nach: http://dip21.bundestag.de/dip21/btd/14/018/1401855.pdf; zudem BT-Drucks. 19/749 v. 14.02.2018: Antwort der Bundesregierung auf die Kleine Anfrage der Abgeordneten Markus Kurth, Anja Hajduk, Beate Müller-Gemmeke, weiterer Abgeordneter und der Fraktion BÜNDNIS 90/DIE GRÜNEN (Anfrage in: BT-Drucks. 19/551), zitiert nach: http://dipbt.bundestag.de/dip21/btd/19/007/1900749.pdf (abgerufen am 23.10.2019).
Vgl. auch: LSG Baden-Württemberg, Urt. v. 16.06.2010 – L 5 KR 5179/08, zitiert nach juris.

den Zweigen der Sozialversicherung[514] mittels Erlass eines Bescheides fest.

b) Verfahren

Zuständig für die Statusfeststellung im Rahmen des Anfrageverfahrens ist nach § 7a Abs. 2, Abs. 1, Satz 3 SGB IV die Deutsche Rentenversicherung Bund, die eigens hierfür die sogenannte Clearingstelle eingerichtet hat. Die Einleitung des Verwaltungsverfahrens kann auf unterschiedliche Weise erfolgen. Entweder beginnt das Verfahren durch freiwilligen Statusfeststellungsantrag (optionales Verfahren) oder in gesetzlich normierten Fällen von Amts wegen durch die Einzugsstelle[515] (obligatorisches Verfahren).

Ermächtigungsgrundlage für das *obligatorische Verfahren* ist § 7a Abs. 1 Satz 2 SGB IV. Danach ist das Statusfeststellungsverfahren von Amts wegen durch die Einzugsstelle (vgl. § 28i SGB IV) einzuleiten, wenn sich aus der Meldung des Arbeitgebers ergibt, dass der Beschäftigte Ehegatte, Lebenspartner oder Abkömmling des Arbeitgebers oder geschäftsführender Gesellschafter einer Gesellschaft mit beschränkter Haftung ist. Die Einzugsstelle entscheidet nicht selbst sondern leitet das Verfahren an die DRV Bund weiter. Denn nach § 7a Abs. 1 Satz 3 SGB IV ist ihre eigentlich gem. § 28h Abs. 2 SGB IV bestehende Ermächtigung, Statusfeststellungen durchzuführen, in diesem Fall ausdrücklich ausgeschlossen. Aus dem Gesetzeswortlaut ergibt sich im Umkehrschluss, dass das obligatorische Statusfeststellungsverfahren für andere als die genannten mitarbeitenden Familienangehörigen nicht greift[516]. In anderen Fällen als dem in § 7a Abs. 1 Satz 2 SGB IV normierten ist eine Antragstellung durch einen Sozialversicherungsträger nicht zulässig. Die Sozialversicherungsträger haben eine erfor-

514 Zweige der Sozialversicherung sind in diesem Sinne: Rentenversicherung, Krankenversicherung, Pflegeversicherung und Arbeitslosenversicherung, nicht aber Unfallversicherung.

515 Einzugsstelle ist nach § 28i SGB IV grundsätzlich die Krankenversicherung, bei der der Erwerbstätige gesetzlich versichert ist und gegenüber welcher die Meldung zu erfolgen hat. Sie zieht die Gesamtsozialversicherungsbeiträge bei dem Arbeitgeber ein und leitet sie an die einzelnen Sozialversicherungsträger weiter.

516 s. *Rittweger*, in: BeckOK SozR, Stand 1.9.2018, § 7a SGB IV Rn. 5.

derliche Statusprüfung z.B. bei der Prüfung von Leistungsansprüchen selbst inzident vorzunehmen, sie können aber Wege der Amtshilfe eine Stellungnahme der DRV Bund anfordern.[517]

Anspruchsgrundlage für das *optionale Verfahren* auf Antrag der Beteiligten ist § 7a Abs. 1 Satz 1, 1. Halbsatz SGB IV. Danach können der Arbeitgeber/Auftraggeber und der Arbeitnehmer/Auftragnehmer schriftlich oder elektronisch bei der DRV Bund eine Entscheidung beantragen, ob eine „Beschäftigung" vorliegt. Das Feststellungsinteresse des Antragstellers ist weit zu fassen. Es genügt ein Interesse an der Klärung leistungsrechtlicher Positionen[518]. Subjektive Zweifel am Status reichen aus[519]. Das Anfrageverfahren stellt ein Instrument zur proaktiven Herbeiführung von Rechtssicherheit dar. Es genügt, wenn nur einer der Beteiligten das Anfrageverfahren beantragt, der andere wird sodann hinzugezogen[520]. Auftraggeber/Arbeitgeber sowie Auftragnehmer/Beschäftigter können also unabhängig voneinander einen Statusfeststellungsantrag stellen, auch bei widerstreitenden Interessen[521]. Der andere Beteiligte kann dies nicht verhindern, weder durch Widerspruch noch durch (zivilrechtliche) Unterlassungsklage[522]. Der optionale Antrag nach § 7a Abs. 1 Satz 1, 1. Halbsatz SGB IV ist in zeitlicher Hinsicht *ab der Aufnahme der Tätigkeit* zulässig. Die Beteiligten sind nicht auf eine bestimmte Frist festgelegt[523]. Die Durchführung des Anfrageverfahrens ist auch noch nach Beendigung einer Tätigkeit möglich[524]. Denn die Entscheidung, ob eine bestimmte Tätigkeit als Be-

517 Vgl. *Pietrek*, in: jurisPK-SGB IV, § 7a Rn. 63.

518 Vgl. BSG, Urt. v. 04.06.2009 – B 12 R 6/08 R, zitiert nach juris.

519 Vgl. *Pietrek*, in: jurisPK-SGB IV, § 7a Rn. 93.

520 Vgl. Gemeinsames Rundschreiben GKV Spitzenverband, DRV Bund, Bundesagentur für Arbeit v. 13.04.2010, S. 10, zitiert nach: https://www.informationsportal.de/wp-content/uploads/document__1336__GR-Statusfeststellung-von-Erwerbstaetigen.pdf (abgerufen am 23.10.2019); vgl. auch *Pietrek*, in: jurisPK-SGB IV, § 7a Rn. 66 m.w.N.; *Berchtold*, in: Knickrehm/Kreikebohm/Waltermann, § 7a SGB IV, Rn. 8.

521 s. *Zieglmeier*, in: Kasseler Kommentar, SGB IV, § 7a Rn. 11.

522 s. *Plagemann*, in: Münchener Anwaltshandbuch Sozialrecht, § 6 Rn. 8.

523 Vgl. *Körner*, NZA 2019, 278, 279; *Berchtold*, in: Knickrehm/Kreikebohm/Waltermann, § 7a SGB IV, Rn. 5.

524 Vgl. BSG, Urt. v. 04.06.2009 – B 12 R 6/08 R, zitiert nach juris; BSG, Urt. v. 04.06.2009 – B 12 KR 31/07 R, zitiert nach juris; BSG, Urt. v. 28.09.2011 – B 12 R 17/09 R, zitiert nach beck-online; BSG, Urt. v. 30.10.2013 – B 12 AL 2/11 R, zitiert nach beck-online; vgl. auch: *Pietrek*, in: jurisPK-SGB IV, § 7a Rn. 77.

schäftigung zur Versicherungspflicht führt, ist oft auch noch nach Beendigung der Tätigkeit für die Beteiligten relevant[525]. Zudem wäre die sachliche Zuständigkeit sonst mit erheblichen Unsicherheiten behaftet, da in streitigen Fallgestaltungen oft die Frage offen ist, wie eine nicht durchgängig, sondern lediglich unterbrochen ausgeübte Tätigkeit zu beurteilen ist.[526]

Vor Aufnahme einer Tätigkeit ist bezüglich nur beabsichtigter Tätigkeitsverhältnisse kein Statusverfahren zulässig, weil die tatsächlichen Verhältnisse der Tätigkeit noch nicht abschließend beurteilt werden können[527]. Es bedarf zunächst der Invollzugsetzung des Rechtsverhältnisses, vorher kann grundsätzlich kein Feststellungsbedürfnis der Beteiligten in Betracht kommen[528]. Möglich ist vor Aufnahme einer Tätigkeit aber eine *nicht rechtsverbindliche Stellungnahme* der DRV Bund.[529]

Statusanfragen sind auch noch zulässig, wenn ein *Insolvenzverfahren* beantragt oder eröffnet wurde. Dies kann sowohl im Interesse potentiell Beschäftigter liegen, die gegebenenfalls einen Anspruch auf Insolvenzgeld geltend machen können, als auch im Interesse des Insolvenzverwalters, der unter Umständen die gezahlten Beiträge insolvenzrechtlich anfechten kann.[530]

Zum Zeitpunkt des Antrages darf nach § 7a Abs. 1 Satz 1, 2. Halbsatz noch kein *anderweitiges Verfahren* durch die Einzugsstelle oder einen anderen Versicherungsträger eingeleitet worden sein (sog. Sperrwirkung). (vgl. näher zum Verhältnis der Ermächtigungsgrundlagen untereinander: unter VII.4.)

---

525 Beispielsweise als Vorfrage für Leistungsansprüche auf Arbeitslosengeld, Krankengeld usw. oder für die Frage, ob Beiträge nachzuzahlen sind oder zurückgefordert werden können.

526 Vgl. BSG, Urt. v. 04.06.2009 – B 12 KR 31/07 R, zitiert nach juris.

527 Vgl. *Zieglmeier*, in: Kasseler Kommentar, SGB IV, § 7a Rn. 16; *Körner*, NZA 2019, 278, 279; *Pietrek*, in: jurisPK-SGB IV, § 7a Rn. 72.

528 s. BSG, Urt. v. 04.06.2009 – B 12 R 6/08 R, zitiert nach juris.

529 Vgl. *Pietrek*, in: jurisPK-SGB IV, § 7a Rn. 72.

530 Vgl. *Pietrek*, in: jurisPK-SGB IV, § 7a Rn. 79; *Zieglmeier*, in: Kasseler Kommentar, SGB IV, § 7a Rn. 12.

Steuerberater dürfen im Anfrageverfahren nach § 7a SGB IV nicht als *Verfahrensbevollmächtigte* auftreten (im Gegensatz zum Verfahren nach § 28p SGB IV)[531].

Nachdem das Verfahren eingeleitet wurde, hat die Deutsche Rentenversicherung Bund (Clearingstelle) den Beteiligten gem. § 7a Abs. 3 SGB IV schriftlich oder elektronisch mitzuteilen, welche Angaben und Unterlagen sie für ihre Entscheidung benötigt. Sie setzt den Beteiligten eine angemessene Frist, innerhalb derer sie die Angaben zu machen und die Unterlagen vorzulegen haben. Die DRV Bund verwendet zur Erhebung relevanter Tatsachen Fragenkataloge, bei denen nach Berufsgruppen unterschieden wird (Anlage 2: Handelsvertreter; Anlage 3: Gesellschafter-Geschäftsführer, Fremdgeschäftsführer, mitarbeitende Gesellschafter, Geschäftsführer einer Familiengesellschaft; Anlage 4: mitarbeitende Angehörige, Anlage 5: Katalog bestimmter Berufsgruppen; Anlage 6: Gesellschafter/Geschäftsführer einer GmbH). Werden entscheidungserhebliche Angaben trotz Fristsetzung und Erinnerung von zumindest einem der Beteiligten nicht vorgenommen (Verletzung der Mitwirkungspflicht), wird die Durchführung des Statusfeststellungsverfahrens durch Verwaltungsakt von der DRV Bund abgelehnt[532]. Die Ablehnung bewirkt das Ende der Sperrwirkung des Anfrageverfahrens (vgl. zur Sperrwirkung die Ausführungen unter: VII.4.a.). Der Status kann dementsprechend später im Rahmen einer Betriebsprüfung festgestellt werden[533].

Nach inhaltlicher Prüfung des Status führt die Deutsche Rentenversicherung Bund eine *Anhörung* gem. § 7a Abs. 4 SGB IV durch. Sie teilt sie den Beteiligten mit, welche Entscheidung sie zu treffen beabsichtigt, bezeichnet die Tatsachen, auf die sie ihre Entscheidung stützen will und gibt den Beteiligten Gelegenheit, sich zu der beabsichtigten Entscheidung zu äußern. Nach § 7a Abs. 5 SGB IV fordert die Deutsche Rentenversicherung Bund die Beteiligten zudem auf, innerhalb einer angemessenen Frist solche Tatsachen anzugeben, die eine Widerlegung begründen, wenn sie die Vermutung widerlegen wollen.

---

531 s. BSG, Urt. v. 05.03.2014 – B 12 R 7/1 R, zitiert nach beck-online.

532 Vgl. *Pietrek*, in: jurisPK-SGB IV, § 7a Rn. 118; *Zieglmeier*, in: Kasseler Kommentar, SGB IV, § 7a Rn. 36.

533 Vgl. *Pietrek*, in: jurisPK-SGB IV, § 7a Rn. 118; *Zieglmeier*, in: Kasseler Kommentar, SGB IV, § 7a Rn. 36.

Einer Anhörung bedarf es nicht, soweit dem Antrag der Beteiligten entsprochen wird[534].

Der im optionalen Statusfeststellungsverfahren (§ 7a Abs. 1 Satz 1, 1. Halbsatz SGB IV) gestellte Antrag kann vom Antragsteller einseitig *zurückgenommen* werden, solange die nach § 7a Abs. 3 SGB IV erforderliche Beteiligung noch nicht erfolgt ist[535]. Das Verfahren endet dann ohne Bescheid[536]. Nach Beteiligung ist eine Antragsrücknahme nur noch zulässig, sofern alle Verfahrensbeteiligten schriftlich ihr Einverständnis erklärt haben und ein eventuell schon ergangener Statusfeststellungsbescheid noch nicht bestandskräftig geworden ist[537]. Ein bereits ergangener Bescheid hat sich dann nach § 39 Abs. 2 SGB X erledigt[538]. Wird der Antrag jedoch nach Erlass des Bescheides aber vor Eintritt der Unanfechtbarkeit der Statusentscheidung rechtswirksam zurückgenommen, obwohl ein Beschäftigungsverhältnis festgestellt wurde, benachrichtigt die DRV Bund den zuständigen Träger der Rentenversicherung, damit dieser den Sachverhalt im Rahmen der nächsten Betriebsprüfung nach § 28p Abs. 1 SGB IV gegebenenfalls aufgreifen kann[539]. Die Antragsrücknahme ist also nur bedingt geeignet, um unerwünschte Ergebnisse des Anfrageverfahrens zu beseitigen[540]. Ein Statusfeststellungsverfahren wird nicht dadurch unterbrochen, dass über das Vermögen einer beteiligten natürlichen Person das Insolvenzverfahren eröffnet wurde. Denn die Feststellung der Versicherungspflicht stellt keinen Vermögensgegenstand dar, sie steht zur Masse allenfalls in wirtschaftlicher Beziehung.[541]

Sollte die DRV Bund nicht in angemessener Zeit entscheiden, ist eine *Untätigkeitsklage* gem. § 7a Abs. 7 Satz 2 SGB IV bereits nach Ab-

534 Gemeinsames Rundschreiben GKV Spitzenverband, DRV Bund, Bundesagentur für Arbeit v. 13.04.2010, S. 11, zitiert nach: https://www.informationsportal.de/wp-content/uploads/document__1336__GR-Statusfeststellung-von-Erwerbstaetigen.pdf (abgerufen am 23.10.2019); vgl. auch: Pietrek, in: jurisPK-SGB IV, § 7a Rn. 119.

535 Vgl. *Pietrek*, in: jurisPK-SGB IV, § 7a Rn. 157.

536 s. *Plagemann*, in: Münchener Anwaltshandbuch Sozialrecht, § 6 Rn. 8.

537 Vgl. *Pietrek*, in: jurisPK-SGB IV, § 7a Rn. 157.

538 s. *Zieglmeier*, in: Kasseler Kommentar, SGB IV, § 7a Rn. 15.

539 s. *Pietrek*, in: jurisPK-SGB IV, § 7a Rn. 157.

540 s. *Zieglmeier*, in: Kasseler Kommentar, SGB IV, § 7a Rn. 15.

541 Vgl. LSG Berlin-Brandenburg, Urt. v. 16.03.2016 – L 9 KR 114/13, zitiert nach juris.

lauf von drei Monaten zulässig, die Sechsmonatsfrist nach § 88 Abs. 1 SGG ist ausdrücklich ausgeschlossen.

c) Der Statusfeststellungsbescheid

Im Statusfeststellungsbescheid stellt die Clearingstelle der DRV Bund aufgrund der Angaben der Beteiligten im Bescheidwege den Status für ein konkretes Tätigkeitsverhältnis fest. Die Entscheidung muss sich auf einen zeitlich, örtlich und inhaltlich zumindest bestimmbaren Lebenssachverhalt beziehen, an den sozialrechtlich angeknüpft werden soll[542]. Hierfür hat die DRV Bund unter Beachtung des *Amtsermittlungsgrundsatzes* nach § 20 SGB X die typusbildenden Kriterien, die für eine Beschäftigung oder selbstständige Tätigkeit sprechen, zu ermitteln und abzuwägen (vgl. hierzu III.). Sie ist an das Vorbringen und Beweisangebote der Beteiligten nicht gebunden[543].

Im Bescheid trifft die DRV Bund eine *isolierte Statusfeststellung* über die „Versicherungspflicht aufgrund Beschäftigung", ohne Festsetzung von zu zahlenden Beiträgen. Denn die Norm berechtigt nicht zum Erlass beitragsrechtlicher Regelungen[544]. Der festzustellende sozialversicherungsrechtliche Status besteht aus *zwei Elementen*, nämlich einerseits aus dem Vorliegen von Beschäftigung bzw. selbstständiger Tätigkeit und (bei Vorliegen einer Beschäftigung) darüber hinaus aus dem Bestehen von Sozialversicherungspflicht. Zwar spricht der Wortlaut des § 7a Abs. 1 Satz 1 SGB IV dafür, dass im Rahmen des Anfrageverfahrens lediglich zu klären ist, „ob eine Beschäftigung vorliegt", denn die Norm führt darüber hinaus nicht auf, dass auch über die aus der Beschäftigung folgende Versicherungspflicht zu entscheiden ist. Die Rechtsprechung hat die Vorschrift des § 7a SGB IV jedoch über seinen Wortlaut hinaus nach dem Sinn und Zweck sowie aufgrund der Systematik des Gesetzes dahingehend ausgelegt, dass § 7a SGB IV nicht zur *Elementenfeststellung* des Vorliegens einer Beschäftigung er-

542 s. BSG, Urt. v. 04.06.2009 – B 12 R 6/08 R, zitiert nach juris.

543 Vgl. *Pietrek*, jurisPK-SGB IV, § 7a Rn. 111.

544 s. BSG, Urt. v. 04.06.2009 – B 12 R 6/08 R, zitiert nach juris.

mächtigt[545], sondern eine Statusentscheidung beinhaltet. Status ist weder der Lebenssachverhalt, an den das öffentliche Recht typisierend anknüpft, noch der bloße Umstand einer Benennung dieses Sachverhaltes, sondern die hieran unter Einbeziehung weiterer rechtlich relevanter Umstände anknüpfende Rechtsfolge der Versicherungspflicht bzw. Versicherungsfreiheit[546]. Dementsprechend umfasst eine Statusentscheidung immer die Frage der Zugehörigkeit zur Sozialversicherung *aufgrund* des Lebenssachverhaltes, also der konkreten Tätigkeit. Die DRV Bund muss also in dem Statusfeststellungsbescheid sowohl den konkreten Lebenssachverhalt, also die Tätigkeit dem Typus der Beschäftigung zuordnen, als auch eine Aussage darüber treffen, in welchen Zweigen der Sozialversicherung die festgestellte Beschäftigung im jeweiligen Feststellungszeitraum zur Sozialversicherung führt[547]. Es besteht keine Ermächtigung, eine verbindliche Entscheidung über bloße Tatbestandsmerkmale der Sozialversicherungspflicht zu treffen.[548] Durch eine isolierte Feststellung des Vorliegens einer Beschäftigung ohne Bezug zu den Versicherungspflichttatbeständen der einzelnen Versicherungszweige „um ihrer selbst willen“ würde eine unabsehbare Belastung der Verwaltung in Kauf genommen[549].

545 Vgl. BSG, Urt. v. 11.03.2009 – B 12 R 11/07 R, BSGE 103, 17; BSG, Urt. v. 04.06.2009 – B 12 R 6/08 R, zitiert nach juris; BSG, Urt. v. 04.06.2009 – B 12 KR 31/07 R, zitiert nach juris; LSG Nordrhein-Westfalen, Urt. v. 18.12.2013 – L 8 R 683/13, zitiert nach juris; LSG Niedersachsen-Bremen, Urt. v. 18.12.2013 – L 2 R 64/10, zitiert nach beck-online; LSG Nordrhein-Westfalen, Urt. v. 26.11.2014 – L 8 R 573/12, zitiert nach juris; LSG Baden-Württemberg, Urt. v. 18.01.2018 – L 7 R 850/17, zitiert nach juris; BSG, Urt. v. 26.02.2019 – B 12 R 8/18 R, zitiert nach juris. Anders: *Plagemann*, EWiR 2009, 689, der die Feststellung der beitragsrechtlichen Folgen den Einzugsstellen überlassen will.

546 Vgl. BSG, Urt. v. 04.06.2009 – B 12 KR 31/07 R, zitiert nach juris; BSG, Urt. v. 04.06.2009 – B 12 R 6/08 R, zitiert nach juris.

547 Vgl.: BSG, Urt. v. 11.03.2009 – B 12 R 11/07 R, BSGE 103, 17; BSG, Urt. v. 04.06.2009 – B 12 KR 31/07 R, zitiert nach juris; LSG Niedersachsen-Bremen, Urt. v. 18.12.2013 – L 2 R 64/10, zitiert nach beck-online; LSG Baden-Württemberg, Urt. v. 18.01.2018 – L 7 R 850/17, zitiert nach juris.

548 Vgl. BSG, Urt. v. 04.06.2009 – B 12 R 6/08 R, zitiert nach juris.

549 BSG, Urt. v. 04.06.2009 – B 12 R 6/08 R, zitiert nach juris.

Die positive Feststellung einer Beschäftigung ist nie hinreichend[550], da aus der Beschäftigung im zweiten Schritt eine Versicherungspflicht in allen oder einzelnen Zweigen der Sozialversicherung folgen kann. Umgekehrt ist aber die Sozialversicherungspflicht nicht weiter zu prüfen, wenn schon keine Beschäftigung vorliegt, weil aus dieser Feststellung keine Sozialversicherungspflicht erwachsen kann. Bei unzulässiger Elementenfeststellung der Beschäftigung ist der Bescheid rechtswidrig, aber wirksam, er ist nicht nichtig im Sinne des § 40 SGB X[551]. Sofern später ein weiterer Verwaltungsakt über das fehlende zweite Element ergeht, ersetzt dieser den ersten Verwaltungsakt durch eine erneuernde Feststellung[552]. (vgl. zur unzulässigen Elementenfeststellung auch unter VII.3.c)

Der Statusfeststellungsbescheid der DRV Bund ergeht jeweils gesondert an Auftraggeber/Arbeitgeber und Auftragnehmer/Beschäftigten, es handelt sich um einen *Verwaltungsakt mit Drittwirkung*[553]. Der zuständigen Einzugsstelle wird eine Durchschrift des Bescheides übermittelt[554].

d) Rechtsfolgen des Statusfeststellungsbescheides

Rechtsfolge des Statusfeststellungsverfahrens ist eine verbindliche Klärung, ob eine Versicherungspflicht aus Beschäftigung in der Kranken-, Renten- und Pflegeversicherung sowie nach dem Recht der Arbeitsförderung besteht. Der Statusfeststellungsbescheid nach § 7a SGB IV hat *Bindungswirkung* nicht nur gegenüber den Adressaten (Auftraggeber/ Arbeitnehmer und Auftragnehmer/Arbeitnehmer), sondern auch gegenüber den Kranken-, Pflege- und Rentenversicherungsträgern sowie

550 Vgl. BSG, Urt. v. 11.03.2009 – B 12 R 11/07 R, BSGE 103, 17; BSG, Urt. v. 04.06.2009 – B 12 KR 31/07 R, zitiert nach juris; BSG, Urt. v. 04.06.2009 – B 12 R 6/08 R, zitiert nach juris.

551 s. BSG, Urt. v. 24.03.2016 – B 12 R 3/14 R, zitiert nach juris.

552 s. BSG, Urt. v. 28.09.2011 – B 12 R 17/09 R, zitiert nach juris.

553 Vgl. *Zieglmeier*, NZS 2013, 854.

554 s. Gemeinsames Rundschreiben GKV Spitzenverband, DRV Bund, Bundesagentur für Arbeit v. 13.04.2010, S. 11, https://www.informationsportal.de/wp-content /uploads/document__1336__GR-Statusfeststellung-von-Erwerbstaetigen.pdf (abgerufen am 23.10.2019).

gegenüber der Bundesagentur für Arbeit. (vgl. zur Bindungswirkung näher unter (VII.4.b.) Die Bindungswirkung beschränkt sich auf die positive Feststellung oder Verneinung der „Versicherungspflicht aus Beschäftigung" (isolierte Statusfeststellung). Da keine Feststellungen zur Beitragspflichtigkeit bestimmter Entgelte oder zur Beitragshöhe getroffen werden, kann auch insofern keine Bindungswirkung entstehen. Bestehende Rechtsunsicherheiten hinsichtlich der Beiträge können die Beteiligten lediglich durch einen Antrag bei den Einzugsstellen gem. § 28h Abs. 2 SGB IV oder (für den jeweiligen Prüfzeitraum) im Rahmen einer Betriebsprüfung gem. § 28p SGB IV klären[555].

Aufgrund der Tragweite der Statusfeststellung empfiehlt es sich für den Arbeitgeber/Auftraggeber – jedenfalls in Fällen mit Abgrenzungsschwierigkeiten – einen Antrag nach § 7a SGB IV direkt bei Aufnahme der Tätigkeit zu stellen. Auf diese Weise kann die Entstehung von Beitragsrückständen von vornherein vermieden werden. Das Unternehmen darf sich auf die Statusbeurteilung im Bescheid verlassen und minimiert durch ein frühzeitig durchgeführtes Anfrageverfahren die Gefahr der rückwirkenden Beitragserhebung (nebst Säumniszuschlägen) insbesondere im Rahmen von Betriebsprüfungsverfahren nach § 28p SGB IV. Mittelbar wird auch einer eventuellen Nachforderung von Lohnsteuer (etwa im Rahmen einer Lohnsteueraußenprüfung) durch das Finanzamt entgegengewirkt, weil der Statusfeststellungsbescheid der DRV Bund in der Regel von den Finanzämtern als bindend akzeptiert wird (vgl. zur Tatbestandswirkung unter VII.5.).

Bei rechtzeitiger Antragstellung kann nach § 7a Abs. 6 Satz 1 SGB IV eine *Privilegierung* dahingehend eintreten, dass bei Feststellung einer Beschäftigung nicht von Beginn an, sondern erst ab Bekanntgabe der Entscheidung (also des Statusfeststellungsbescheides) Sozialversicherungsbeiträge zu zahlen sind. Damit wird der Beginn der *Versicherungspflicht verschoben*[556]. Diese Privilegierung greift in der Regel jedoch nur für maximal drei Monate, denn innerhalb dieser Zeit wird in aller Regel ein Statusfeststellungsbescheid ergehen. Bereits drei Monate nach Antragstellung ist gem. § 7a Abs. 7 Satz 2 SGB IV die Untätigkeitsklage statthaft. Wird der Antrag nicht innerhalb der Monats-

555 Vgl. LSG Nordrhein-Westfalen, Urt. V. 18.12.2013 – L 8 R 683/13, zitiert nach juris.

556 Vgl. *Rittweger*, in: BeckOK SozR, § 7a SGB IV, Rn. 25.

frist des § 7a Abs. 6 Satz 1 SGB IV gestellt, tritt die Versicherungspflicht hingegen zeitgleich mit dem Beginn des Beschäftigungsverhältnisses ein[557].

Voraussetzung für einen verschobenen Versicherungsbeginn ist nach § 7a Abs. 6 Satz 1 SGB IV, nicht nur, dass der Antrag nach § 7a Abs. 1 SGB IV innerhalb eines Monats nach Aufnahme der Tätigkeit gestellt wird, sondern auch dass der Beschäftigte dem späteren Versicherungsbeginn zustimmt und er für den Zeitraum zwischen Aufnahme der Beschäftigung und Verwaltungsentscheidung eine Absicherung gegen das finanzielle Risiko von Krankheit und zur Altersvorsorge vorgenommen hat, die der Art nach den Leistungen der gesetzlichen Krankenversicherung und der gesetzlichen Rentenversicherung entspricht. Dadurch soll das Risiko des Arbeitgebers bei fälschlicher Annahme einer Selbstständigkeit seines Beschäftigten minimiert[558] und eine Doppelversicherung vermieden werden[559]. Die Zustimmungserklärung des Beschäftigten ist nicht an eine Frist gebunden und kann auch noch im Klageverfahren wirksam erklärt werden[560], sie ist grundsätzlich später widerrufbar[561]. Der soziale Schutz des Erwerbstätigen muss nicht deckungsgleich mit der gesetzlichen Sozialversicherung sein[562]. Er muss nach dem Gesetzeswortlaut lediglich „der Art nach" den Leistungen der gesetzlichen Renten- und Krankenversicherung entsprechen. Im Bereich der Altersvorsorge ist eine ausreichende Absicherung bereits dann anzunehmen, wenn die für eine private Absicherung aufgewandten Prämien der Höhe nach dem Mindestbeitrag in der freiwilligen Rentenversicherung entsprechen[563]. Es ist weder eine Absicherung gegen das Risiko der Invalidität noch der Hinterbliebenen erforderlich[564]. Auch die Krankenversorgung muss nicht denselben Umfang abdecken wie die GKV. Bei einer privaten Krankheitskos-

557 s. *Pietrek*, in: jurisPK-SGB IV, § 7a Rn. 123.

558 Vgl. *Zieglmeier*, in: Kasseler Kommentar, SGB IV, § 7a Rn. 41.

559 Vgl. *Pietrek*, in: jurisPK-SGB IV, § 7a Rn. 121, 125.

560 Vgl. BSG, Urt. v. 05.12.2017 – B 12 R 6/15 R, zitiert nach juris; BSG, Urt. v. 07.06.2018 – B 12 KR 17/17 R, zitiert nach beck-online.

561 s. BSG, Urt. v. 24.03.2016 – B 12 R 12/14 R, zitiert nach juris.

562 Vgl. BSG, Urt. v. 05.12.2017 – B 12 R 6/15 R, zitiert nach juris; *Zieglmeier*, in: Kasseler Kommentar, SGB IV, § 7a Rn. 47.

563 s. BSG, Urt. v. 05.12.2017 – B 12 R 6/15 R, zitiert nach juris.

564 *Zieglmeier*, in: Kasseler Kommentar, SGB IV, § 7a Rn. 51.

tenversicherung ist von einer adäquaten Krankheitsabsicherung auch dann auszugehen, wenn ein Anspruch auf eine mit dem Krankengeld vergleichbare Entgeltersatzleistung nicht besteht[565]. Wenn der Erwerbstätige in der gesetzlichen Krankenversicherung ohnehin versicherungsfrei ist, bedarf es nicht des Nachweises einer anderweitigen Krankenversicherung, weil das „Ob" der Absicherung dann auch bei Annahme einer Beschäftigung in der Risikosphäre des Erwerbstätigen liegt[566]. Wenn der Statusfeststellungsbescheid eine unzulässige Elementenfeststellung über das Vorliegen einer Beschäftigung enthielt, ist für den Beginn der aufgeschobenen Versicherungspflicht gleichwohl auf den Zeitpunkt der Bekanntgabe dieses Bescheides abzustellen, nicht auf die (spätere) korrigierende Entscheidung über "Versicherungspflicht wegen Beschäftigung"[567].

Als weitere Privilegierung wird bei rechtzeitiger Antragstellung der Gesamtsozialversicherungsbeitrag gem. § 7a Abs. 6 Satz 2 SGB IV erst zu dem Zeitpunkt fällig, zu dem die Entscheidung, dass eine Beschäftigung vorliegt, unanfechtbar geworden ist. Die Vorschrift betrifft nur die Fälligkeit und nicht den Zeitpunkt, in dem der Gesamtsozialversicherungsbeitrag entsteht[568]. Die Beitragsforderungen bestehen also, sind aber erst ab Bestandskraft des Statusbescheides zu zahlen. Durch die *Verschiebung der Fälligkeit* wird das Entstehen von Säumniszuschlägen nach § 24 SGB IV für die Dauer des Verwaltungs- und Gerichtsverfahrens verhindert[569]. Dieser Umstand hat für den Beitragsschuldner angesichts des hohen Satzes von 12% Säumniszuschlägen pro Jahr eine erhebliche wirtschaftliche Bedeutung. Die Fälligkeit des Gesamtsozialversicherungsbeitrages soll nach der Gesetzessystematik

565 s. BSG, Urt. v. 07.06.2018 – B 12 KR 17/17 R, zitiert nach juris.

566 s. BSG, Urt. v. 05.12.2017 – B 12 R 6/15 R, zitiert nach juris.

567 Vgl. BSG, Urt. v. 24.03.2016 – B 12 R 3/14 R, zitiert nach juris; BSG, Urt. v. 05.12.2017 – B 12 R 6/15 R, zitiert nach juris; *Zieglmeier*, in: Kasseler Kommentar, SGB IV, § 7a Rn. 52.d a.A.: *Berchtold*, in: Knickrehm/Kreikebohm/Waltermann, § 7a SGB IV, Rn. 9; *Rittweger*, in: BeckOK SozR, § 7a SGB IV, Rn. 26a.

568 *Zieglmeier*, in: Kasseler Kommentar, SGB IV, § 7a Rn. 55.

569 Vgl. Gemeinsames Rundschreiben GKV Spitzenverband, DRV Bund, Bundesagentur für Arbeit v. 13.04.2010, S. 13, zitiert nach: https://www.informations portal.de/wp-content/uploads/document__1336__GR-Statusfeststellung-von-Erwerbstaetigen.pdf (abgerufen am 23.10.2019): *Rittweger*, in: BeckOK SozR, § 7a SGB IV, Rn. 24, 32.

nicht bei jedem optionalen Anfrageverfahren verschoben werden, sondern nur in den Fällen des § 7a Abs. 6 Satz 1 SGB IV[570], dies wird systematisch dadurch deutlich, dass die Regelungen im selben Absatz stehen. Dementsprechend bezieht sich Satz 2 auf den Sonderfall in Satz 1 und nicht auf die die anderen Absätze. Dies ergibt sich auch aus dem Sinn und Zweck der Vorschrift, die einen Anreiz für eine frühzeitige Antragstellung bieten will. Voraussetzung für das Verschieben der Fälligkeit ist also die Antragstellung innerhalb eines Monats, die Zustimmung des Erwerbstätigen und die anderweitige soziale Absicherung. Sollten diese Voraussetzungen nicht vorliegen, beispielsweise die Antragstellung nicht innerhalb der Monatsfrist erfolgen, wird der Gesamtsozialversicherungsbeitrag sofort (also monatlich) fällig.

Die Regelung des § 7a Abs. 6 Satz 2 SGB IV ist missglückt. Die vom Gesetzgeber durch § 7 Abs. 6 Satz 2 SGB IV gewollte Privilegierung des potentiellen Arbeitgebers bringt diesem nicht den beabsichtigten Vorteil, weil die Beitragsforderungen ab Bekanntgabe des Bescheides entstehen, lediglich die Fälligkeit wird hinausgeschoben. Sofern die Beschäftigung später bestandskräftig festgestellt wird, sind die kompletten Gesamtsozialversicherungsbeiträge rückwirkend seit Bekanntgabe des Statusfeststellungsbescheides zu zahlen. Sie werden spätestens mit den Beiträgen der Entgeltabrechnung des Kalendermonats fällig, der auf den Monat folgt, in dem die Entscheidung unanfechtbar wurde[571]. Es bringt dem Unternehmer keinen maßgeblichen Vorteil, die Beiträge zunächst nicht zu zahlen, denn betriebswirtschaftlich sind für ungewisse Verbindlichkeiten (unabhängig von ihrer Fälligkeit) Rückstellungen nach § 249 Abs. 1 Satz 1 HGB zu bilden. Zudem bauen sich durch die vorläufige Nichtzahlung der Beiträge erhebliche Nachforderungssummen in der Zukunft auf, die dann seitens des Arbeitgebers auf einmal aufgebracht werden müssen. Behält der Arbeitgeber den jeweiligen Arbeitnehmeranteil zur Sozialversicherung nicht monatlich ein, kann er diesen später nur noch rückwirkend für 3 Monate vom Arbeitnehmer verlangen. Denn nach § 28g Satz 2 SGB IV kann der Anspruch auf den vom Arbeitnehmer zu tragenden Teil der Gesamtsozialversicherungsbeiträge nur durch Abzug vom Arbeitsentgelt

570 So auch: *Zieglmeier*, in: Kasseler Kommentar, SGB IV, § 7a Rn. 55.
571 s. *Zieglmeier*, in: Kasseler Kommentar, SGB IV, § 7a Rn. 55.

geltend gemacht werden. Ein unterbliebener Abzug darf nach § 28g Satz 3 SGB IV nur bei den drei nächsten Lohn- oder Gehaltszahlungen nachgeholt werden. Zwar gehen die Sozialversicherungsträger davon aus, dass diese Beschränkung des Abzugs auf die nächsten drei Abrechnungen im Falle der verschobenen Fälligkeit gem. § 7a Abs. 6 Satz 2 SGB IV nicht gilt[572], diese Auffassung findet jedoch keine Stütze im Gesetz und ist nicht haltbar. Nach der Rechtsauffassung der Sozialversicherungsträger ist ein Lohnabzug des Arbeitnehmeranteils während der aufgeschobenen Fälligkeit nicht möglich und daher nicht „unterblieben" im Sinne des § 28g SGB IV. Dieses Argument ist nicht überzeugend. Denn die Beitragsschuld ist – unabhängig von ihrer Fälligkeit – entstanden und auch erfüllbar. In entsprechender Anwendung des § 271 BGB kann der Schuldner (Arbeitgeber) die Forderung (Gesamtsozialversicherungsbeiträge) bewirken, auch wenn sie noch nicht gefordert werden kann. Er kann dementsprechend theoretisch auch das Arbeitsentgelt des Beschäftigten in Höhe des Arbeitnehmeranteils einbehalten. In der Praxis wird der Auftragnehmer/Arbeitnehmer mit dem Abzug der Arbeitnehmeranteile durch seinen Arbeitgeber jedoch kaum einverstanden sein, einerseits weil er gezwungen ist, für eine private soziale Absicherung zu sorgen und dafür die Auszahlung des entsprechenden Gehaltsteils benötigt, andererseits – sofern der Arbeitgeber die Beiträge nicht direkt an die Einzugsstelle weiterleitet, sondern selbst verwahrt – wegen des Insolvenzrisikos des Arbeitgebers. Die hinausgeschobene Fälligkeit führt also zu praktischen Schwierigkeiten.

Die Regelung des § 7a Abs. 6 Satz 2 SGB IV ist auch deswegen unausgewogen, weil dem potentiell Beschäftigten durch die fehlende Beitragszahlung erhebliche Nachteile dadurch entstehen, dass er *keine Leistungsansprüche gegen die Sozialversicherung* erwirbt. Im gesamten Zeitraum von Widerspruchs- und Klageverfahren baut er zunächst keine Rentenanwartschaften auf. Ungewiss ist auch, ob diese zukünftig noch gezahlt werden müssen bzw. vom Arbeitgeber gezahlt werden können. Die Planung der eigenen Altersvorsorge wird massiv erschwert. Zudem hat der Erwerbstätige im gesamten Zeitraum bis zur

572 Vgl. Gemeinsames Rundschreiben GKV Spitzenverband, DRV Bund, Bundesagentur für Arbeit v. 13.04.2010, S. 13, zitiert nach: https://www.informations portal.de/wp-content/uploads/document__1336__GR-Statusfeststellung-von-Erwerbstaetigen.pdf (abgerufen am 23.10.2019).

Bestandskraft der Statusentscheidung keinen Krankenversicherungsschutz in der GKV und der gesetzlichen Pflegeversicherung. Er wird im Zweifel über viele Jahre zusätzlich eine PKV und private Pflegeversicherung abschließen müssen, deren Beiträge er später nicht erstattet bekommen wird, obwohl dann gegebenenfalls für denselben Zeitraum Beiträge zur GKV und gesetzlichen Pflegeversicherung nachzuzahlen sind. Es ist daher davon auszugehen, dass der potentiell Beschäftigte nach der gebotenen sorgfältigen Aufklärung über all diese Nachteile die nach § 7a Abs. 6 Satz 1 SGB IV erforderliche Zustimmung regelmäßig nicht erteilen wird. In diesem Fall werden die Gesamtsozialversicherungsbeiträge sofort fällig.

Auch birgt § 7a Abs. 6 Satz 2 SGB IV ein Risiko für die Funktionalität der Sozialversicherung. Zahlt der Unternehmer nicht freiwillig unter Vorbehalt, laufen Beitragsrückstände unter Umständen für mehrere Jahre auf, deren Vollstreckbarkeit in der Zukunft ungewiss ist, zumal die künftige wirtschaftliche Lage eines Unternehmens kaum vorhergesehen werden kann.

Es erschließt sich aus der Gesetzesbegründung nicht im Ansatz, ob dem Gesetzgeber diese Nachteile und Gefahren der Verschiebung einer Fälligkeit bewusst waren oder wie seiner Ansicht nach eine praktikable Handhabung der Vorschrift erfolgen kann. Die Begründung zum Gesetzentwurf vom 26.10.1999[573] führt zu § 7a Abs. 6 Satz 2 SGB IV lediglich aus: „Satz 2 schiebt die Fälligkeit des Gesamtsozialversicherungsbeitrags in den Fällen des Absatzes 1 auf den Zeitpunkt hinaus, zu dem die Statusentscheidung unanfechtbar wird." Eine Erläuterung oder die Schilderung der Motivation des Gesetzgebers fehlen gänzlich. Angesichts der in § 7a Abs. 7 SGB IV geregelten aufschiebenden Wirkung von Widerspruch und Klage erscheint § 7a Abs. 6 Satz 2 SGB IV überflüssig, da keine weitergehenden Rechtsfolgen generiert werden. Ein Zusatznutzen der aufgeschobenen Fälligkeit gegenüber der aufschiebenden Wirkung erschließt sich für die Dauer des Widerspruchs- und Klageverfahrens nicht. In beiden Fällen sind während des Widerspruchs- und Klageverfahrens vorläufig keine Beiträge zu zahlen und es entstehen keine Säumniszuschläge. In beiden

573 BT-Drucks. 14/1855, S. 8, zitiert nach: http://dip21.bundestag.de/dip21/btd/14/018/1401855.pdf (abgerufen am 23.10.2019).

Fällen sind die entstanden Beiträge aber nachträglich in voller Höhe zu zahlen.

Auch der nächste Absatz des § 7a SGB IV ist kritikwürdig. Nach § 7a Abs. 7 Satz 1 SGB IV haben Widerspruch und Klage aufschiebende Wirkung. Das Gesetz sieht nach der Systematik keine Begrenzung auf solche Fälle vor, in denen eine Antragstellung innerhalb eines Monats erfolgt ist, denn der Abs. 7 bezieht sich nicht ausdrücklich auf den Vorabsatz. Folglich sind sämtliche Statusentscheidungen nach § 7a SGB IV von der aufschiebenden Wirkung erfasst.[574] Diese Regelung begegnet erheblichen Bedenken. Die insbesondere für den Auftragnehmer/Arbeitnehmer bestehenden erheblichen Risiken stehen nicht im Verhältnis zu den Vorteilen des Auftraggebers/Arbeitgebers. Es ist nicht ersichtlich, dass dem Gesetzgeber die Tragweite der aufschiebenden Wirkung bewusst war und er die Interessenlagen sorgsam abgewogen hätte. Die Begründung zum Gesetzentwurf vom 26.10.1999[575] führt lediglich aus: „damit gehen von der angefochtenen Entscheidung zunächst keine Rechtswirkungen aus". Weitere Ausführungen zu § 7a Abs. 7 SGB IV erfolgen nicht. Das Gemeinsame Rundschreiben der Sozialversicherungsträger führt zur Rechtsanwendung aus, die aufschiebende Wirkung habe zur Folge, dass der Auftraggeber zunächst keine Gesamtsozialversicherungsbeiträge zu zahlen und keine Meldungen nach § 28a SGB IV zu erstatten habe und von den Sozialversicherungsträgern zunächst keine Leistungen zu erbringen seien. Diese Rechtsfolgen träten auch dann ein, wenn nur einer der Beteiligten gegen den Bescheid der Deutschen Rentenversicherung Bund Rechtsmittel eingelegt hat, selbst dann, wenn der andere Beteiligte mit dem Ein-

574 Nach dem Gesetzesentwurf (BT-Drucks. 14/1855, S. 8, zitiert nach: http://dip21.bundestag.de/dip21/btd/14/018/1401855.pdf, abgerufen am 23.10.2019) sollten sogar Statusentscheidungen anderer Versicherungsträger von der aufschiebenden Wirkung erfasst sein, dies wird jedoch richtigerweise nach einhelliger Meinung und insbesondere auch der Rechtsprechung abgelehnt. Denn es handelt sich bei Statusentscheidungen nach § 28h Abs. 2 SGB IV und § 28p SGB IV zugleich um Beitragsentscheidungen, deren Vollstreckung im Interesse eines funktionierenden Sozialversicherungssystems liegt.

575 BT-Drucks. 14/1855, S. 8, zitiert nach: http://dip21.bundestag.de/dip21/btd/14/018/1401855.pdf (abgerufen am 23.10.2019).

tritt der Versicherungspflicht einverstanden war.[576] Dass von dem potentiellen Arbeitnehmer bei einem längeren Gerichtsverfahren über Jahre keine Leistungsansprüche gegen die Kranken-, Pflege-, Renten- und Arbeitslosenversicherung geltend gemacht werden können, ist ein unhaltbarer Zustand und kann vom Gesetzgeber nicht ernsthaft gewollt sein. Im Gegensatz zu der verschobenen Fälligkeit in § 7a Abs. 6 SGB IV ist diese fehlende soziale Absicherung auch nicht von der Zustimmung des Arbeitnehmers/Auftragnehmers abhängig, sondern tritt ohne seine Einflussmöglichkeit ein. Bei einer Klage seines Arbeitgebers/Auftraggebers gegen den Statusfeststellungsbescheid hat er keine Rechtsmacht, das Verfahren zu beenden und einen dringend benötigten sozialen Schutz herzustellen, sei es wegen Eintritt von Erwerbsminderung, Pflegebedürftigkeit oder Krankheit. Auch im Falle des Versterbens des Erwerbstätigen haben seine Hinterbliebenen keine Möglichkeit, eine Rentenzahlung zu beschleunigen. Der Auftragnehmer/Arbeitnehmer ist gezwungen, für die gesamte Dauer des Widerspruchs- und Klageverfahrens privat Doppelversicherungen aufrecht zu erhalten, deren Beiträge er später – wenn rückwirkend die Zugehörigkeit zur gesetzlichen Sozialversicherung festgestellt wurde – nicht zurückverlangen kann.

Es besteht insofern *dringender Handlungsbedarf des Gesetzgebers.* Die Motivation des Gesetzgebers, eine aufschiebende Wirkung einzuführen, ist insofern nachvollziehbar, als eine Rückabwicklung des Sozialversicherungsverhältnisses später nicht mehr möglich ist, wenn zwischenzeitlich Leistungen der Sozialversicherung in Anspruch genommen wurden. Insofern bestehen Handhabbarkeitsschwierigkeiten, wenn die Sozialgerichtsbarkeit im Nachgang zu einer anderen Statusbeurteilung als zuvor die DRV Bund kommen. Praktikabler und interessengerechter für alle Seiten wäre aber eine Regelung, wonach für die Dauer des Verwaltungs- und Gerichtsverfahrens eine *unwiderlegliche Vermutung der Richtigkeit der Entscheidung der DRV Bund* gilt. Auf diese Weise würde gewährleistet, dass lediglich einmal Versicherungs-

576 Gemeinsames Rundschreiben GKV Spitzenverband, DRV Bund, Bundesagentur für Arbeit v. 13.04.2010, S. 14, https://www.informationsportal.de/wp-content/uploads/document__1336__GR-Statusfeststellung-von-Erwerbstaetigen.pdf (abgerufen am 23.10.2019); *Pietrek*, in: jurisPK-SGB IV, § 7a Rn. 146; ausführlich auch: *Rittweger*, in: BeckOK SozR, § 7a SGB IV, Rn. 34 m.w.N.

schutz besteht, Doppelversicherungen und Lücken im Versicherungsschutz würden vermieden. Sofern die DRV Bund entschieden hätte, dass keine Beschäftigung besteht, müsste der Erwerbstätige während der Dauer des Widerspruchs- und Klageverfahrens grundsätzlich selbst für seine soziale Absicherung sorgen und bekäme die Arbeitnehmeranteile seiner Vergütung ausgezahlt, der Auftraggeber hätte keine Beitragsnachforderungen zu befürchten. Sofern die DRV Bund entschieden hätte, dass eine Versicherungspflicht aus Beschäftigung vorliegt, würde der Arbeitgeber die Arbeitnehmeranteile der Vergütung einbehalten, Gesamtsozialversicherungsbeiträge abführen und der Arbeitnehmer vollwertige Ansprüche in der Sozialversicherung erwerben. Mit Bestandskraft der Entscheidung würde sich gegebenenfalls ex nunc die Statusbeurteilung ändern. Eine Rückabwicklung fände nicht statt. Eine solche Übergangsregelung für die Dauer des Verfahrens wäre handhabbar sowohl für den Erwerbstätigen als auch für seinen Arbeitgeber/Auftraggeber. Für das System der gesetzlichen Sozialversicherung wäre das Risiko fälschlicher Versicherungsleistungen überschaubar, zumal in der Praxis die überwiegende Zahl der Statusbescheide der DRV Bund im Widerspruchs- und Klageverfahren bestätigt wird.

Ein bestandskräftiger Statusfeststellungsbescheid kann nachträglich unter den Voraussetzungen der §§ 44 ff. SGB X geändert werden, unter Berücksichtigung der dortigen Vertrauensschutzgesichtspunkte. Die Verfahrensbeteiligten können insbesondere bei Vorliegen einer unanfechtbaren Statusentscheidung nach § 7a SGB IV einen Überprüfungsantrag nach § 44 SGB X stellen[577], wenn sich die tatsächlichen bzw. rechtlichen Verhältnisse der Erwerbstätigkeit geändert haben[578] oder die tatsächlichen Verhältnisse nach Auffassung der Beteiligten nicht richtig erfasst oder gewürdigt wurden.

(Zu den Vor- und Nachteilen eines optionalen Anfrageverfahrens gegenüber einer Statusentscheidung im Rahmen von Betriebsprüfungen oder seitens der Einzugsstellen siehe auch unter IX.)

577 s. *Pietrek*, in: jurisPK-SGB IV, § 7a Rn. 73 und 160; *Zieglmeier*, in: Kasseler Kommentar, SGB IV, § 7a Rn. 17.

578 Vgl. *Zieglmeier*, in: Kasseler Kommentar, SGB IV, § 7a Rn. 17.

2. Die Anspruchs- und Ermächtigungsgrundlage gem. § 28h Abs. 2 Satz 1 SGB IV: Das Einzugsstellenverfahren

§ 28h Abs. 2 Satz 1 SGB IV (in der Fassung vom 11.11.2016, gültig ab 01.01.2017) regelt das sog. Einzugsstellenverfahren. Für die Einzugsstelle (die Krankenversicherung des jeweiligen Erwerbstätigen) vollzieht sich der Beitragseinzug in der Regel durch schlichtes Verwaltungshandeln, ohne dass es einer Entscheidung durch Verwaltungsakt bedarf[579]. Der Beitragsschuldner (Arbeitgeber) hat von sich aus die Versicherungs- und Beitragspflicht zu beurteilen und die berechneten Beiträge an die Einzugsstelle abzuführen[580]. Die Beitragsforderung entsteht gem. § 22 Abs. 1 Satz 1 SGB IV mit Vorliegen der materiellrechtlichen Voraussetzungen qua Gesetzes (Entstehungsprinzip). Allein die Entgegennahme der Beiträge durch die Einzugsstelle hat keine Entscheidung über die Versicherungs- bzw. Beitragspflicht zum Inhalt[581].

Kommt der Auftraggeber bei der selbst vorzunehmenden Statusbeurteilung zu der Einschätzung, dass kein Beschäftigungsverhältnis besteht, sondern eine selbstständige Tätigkeit, kann er schlicht die Meldung und die Zahlung von Beiträgen unterlassen. Er geht jedoch das Risiko ein, dass in einer späteren Betriebsprüfung eine abweichende Beurteilung durch die Rentenversicherung erfolgt. Daher empfiehlt es sich in Zweifelsfällen, einen Antrag auf Statusklärung bei der Einzugsstelle nach § 28h Abs. 2 SGB IV oder bei der Clearingstelle der DRV Bund nach § 7a Abs. 1 SGB IV (s. unter VII.1.) zu stellen.

Kommt der Arbeitgeber bei der selbst vorzunehmenden Statusbeurteilung hingegen zu der Einschätzung, dass eine Beschäftigung besteht, so hat er der Einzugsstelle gem. § 28f Abs. 3 Satz 1 SGB IV zwei Arbeitstage vor Fälligkeit einen Beitragsnachweis zu übermitteln. Der Beitragsnachweis ist eine Eigenerklärung des Arbeitgebers zur Höhe der Beitragsschuld[582]. Schuldner des Gesamtsozialversicherungsbeitrages ist nach § 28e Abs. 1 Satz 1 SGB IV der Arbeitgeber. Er hat den

579 Vgl. *Roßbach*, in: Knickrehm/Kreikebohm/Waltermann, SGB IV, § 28h Rn. 7.

580 Vgl. *Schreiber/Moritz-Richter*, S. 105; *Roßbach*, in: Knickrehm/Kreikebohm/Waltermann, SGB IV, § 28h Rn. 7.

581 s. BSG, Urt. v. 24.06.2008 – B 12 KR 24/07 R, zitiert nach juris.

582 Vgl. Schreiber/Moritz-Ritter, S. 98.

Gesamtsozialversicherungsbeitrag nach § 28h Abs. 1 S. 1 SGB IV an die Einzugsstellen zu zahlen.

Die vom Arbeitgeber getroffene Einschätzung des sozialversicherungsrechtlichen Status eines Erwerbstätigen ist lediglich vorläufig und voll nachprüfbar[583]. Bei unterschiedlicher Beurteilung des Sachverhaltes durch Arbeitgeber und Einzugsstelle ist ein Bescheid nach § 28h Abs. 2 Satz 1 SGB IV notwendig[584]. Die Einzugsstellen haben nach § 76 Abs. 1 SGB IV die Pflicht, Einnahmen rechtzeitig und vollständig zu erheben. Zur Geltendmachung gehört die Zahlungsaufforderung, die Erhebung von Säumniszuschlägen und die Durchführung der Vollstreckung[585]. Die Einzugsstellen haben gem. § 28h Abs. 1 Satz 2 SGB IV die Einreichung des Beitragsnachweises und die Einziehung des Gesamtsozialversicherungsbeitrages zu überwachen. Aufgabe und Ziel der Beitragsüberwachung ist es, alle verwaltungsintern erkennbaren Unterlassungen, Mängel und Unstimmigkeiten festzustellen, zeitnah aufzuklären und zu bereinigen[586]. Die Einzugsstelle tritt nach außen gegenüber dem Beitragsschuldner als Inhaberin der Forderung auf, im Innenverhältnis zu den Fremdsozialversicherungsträgern bleibt die Forderung jedoch ein für die Einzugsstelle fremdes Recht, über das sie nicht frei verfügen darf[587]. Es besteht ein öffentlich-rechtliches Treuhandverhältnis zum Einzug der Gesamtsozialversicherungsbeiträge[588]. Die Einzugsstelle hat die jeweiligen Beiträge sodann an die einzelnen Sozialversicherungsträger weiterzuleiten.

a) Gegenstand des Einzugsstellenverfahrens

Nach § 28h Abs. 2 Satz 1 SGB IV entscheidet die Einzugsstelle, also die für den Mitarbeiter zuständige gesetzliche Krankenkasse, über Versicherungspflicht und Beitragshöhe in der Kranken-, Pflege- und Rentenversicherung sowie nach dem Recht der Arbeitsförderung (sog.

583 Vgl. *Roßbach*, in: Knickrehm/Kreikebohm/Waltermann, SGB IV, § 28h Rn. 7.
584 Vgl. *Winkler*, in: Winkler/Oxenknecht-Witzsch, SGB IV, § 28h Rn. 7.
585 Vgl. *Roßbach*, in: Knickrehm/Kreikebohm/Waltermann, SGB IV, § 28h Rn. 5.
586 *Baier*, in: Krauskopf, § 28h SGB IV, Rn. 6.
587 *Roßbach*, in: Knickrehm/Kreikebohm/Waltermann, SGB IV, § 28h Rn. 3.
588 Vgl. *Scheer*, in: jurisPK-SGB IV, § 28h Rn. 100.

Einzugsstellenverfahren). Die Norm berechtigt die Krankenversicherungen einerseits zu einer Statusfeststellung, also zur Beurteilung, ob eine Versicherungspflicht aus Beschäftigung vorliegt und andererseits zu einer entsprechenden Beitragsfestsetzung. Die Einzugsstelle kann über Beitragspflicht und Beitragsfreiheit entscheiden[589] sowie die Höhe des beitragspflichtigen Entgelts[590], den Beitragssatz und die Beitragsbemessungsgrenzen sowie die Höhe der Beitragslast in den verschiedenen Zweigen der Sozialversicherung[591] festsetzen. Sie ist damit zum Erlass von rechtsgestaltenden Verwaltungsakten berechtigt.

Obwohl dies im Gesetz nicht ausdrücklich differenziert ist, enthält die Norm einerseits eine Ermächtigungsgrundlage für ein Tätigwerden der Krankenkassen von Amts wegen und andererseits eine Anspruchsgrundlage für die Betroffenen. Das Verfahren wird demgemäß entweder von der Einzugsstelle selbst oder auf Antrag eingeleitet[592]. Der Antrag kann beispielsweise vom Erwerbstätigen gestellt werden, wenn er der Auffassung ist, sein Auftraggeber müsse Beiträge zur Sozialversicherung für ihn zahlen[593]. Eine direkte Klage des Erwerbstätigen gegen seinen potentiellen Arbeitgeber auf Feststellung von Versicherungs- und Beitragspflicht[594] oder auf Zahlung von Beiträgen[595] ist mangels Rechtsschutzinteresses unzulässig.

Soweit die Einzugsstelle nicht nur über den ihr selbst zustehenden Beitragsanspruch entscheidet, sondern über den Gesamtsozialversicherungsbeitrag, verfügt sie über die Betragsforderungen der betroffenen Versicherungsträger[596].

589 Vgl. *Baier*, in: Krauskopf SGB IV, § 28h Rn. 8.
590 BSG, Urt. v. 12.10.2000 – B 12 KR 2/00 R, zitiert nach juris.
591 Vgl. *Baier*, in: Krauskopf SGB IV, § 28h Rn. 8.
592 Vgl. LSG Baden-Württemberg, Urt. v. 16.06.2010 – L 5 KR 5179/08, zitiert nach juris.
593 Vgl. BSG, Urt. v. 26.09.1996 – 12 RK 37/95, zitiert nach juris.
594 BSG, Urt. v. 11.09.1995 – 12 RK 31/93, zitiert nach juris.
595 Vgl. BSG, Urt. v. 11.09.1995 – 12 RK 9/95, zitiert nach juris; BSG, Urt. v. 12.09.1995 – 12 RK 63/94, zitiert nach juris; BSG, Urt. v. 26.09.1996 – 12 RK 37/95, zitiert nach juris.
596 BSG, Urt. v. 07.08.1991 – 10 RAr 8/90, zitiert nach beck-online.

Das Einzugsstellenverfahren ist unabhängig von der Erstattung zu Unrecht entrichteter Beiträge. Der *Antrag auf Erstattung* ist separat zu stellen ist nicht lediglich ein Annex.[597]

b) Verfahren

Zuständige Einzugsstelle für den Gesamtsozialversicherungsbeitrag ist nach § 28i Satz 1 SGB IV grundsätzlich die Krankenkasse, von der die Krankenversicherung durchgeführt wird. Dies ist die gesetzliche Krankenversicherung, bei der der Erwerbstätige versichert ist und gegenüber der die Meldung zu erfolgen hat. Für Beschäftigte, die bei keiner gesetzlichen Krankenkasse versichert sind, ist gem. § 28i Satz 2 SGB IV, § 175 Abs. 3 Satz 2 SGB V eine Einzugsstelle zu wählen. Bei geringfügig Beschäftigten ist zuständige Einzugsstelle nach § 28i Satz 5 SGB IV die Deutsche Rentenversicherung Knappschaft-Bahn-See. Die Zuständigkeit der Einzugsstelle gilt auch, wenn die Entscheidung nur für einen Versicherungszweig außerhalb der gesetzlichen Krankenversicherung zu treffen ist[598]. Ein späterer *Wechsel der Krankenkasse* lässt die Zuständigkeit der bisherigen Krankenversicherung für den Zeitraum der Mitgliedschaft bei ihr nicht entfallen. Soweit erstmals über die Versicherungspflicht und Beitragspflicht für die Vergangenheit zu entscheiden ist, bleibt die zum damaligen Zeitpunkt die Versicherung durchführende Krankenkasse für die Entscheidung zuständig.[599] In zeitlicher Hinsicht kann eine Entscheidung durch die Einzugsstelle auch noch *nachträglich* getroffen werden[600]. Der Beschäftigte hat noch in der *Insolvenz* seines Arbeitgebers/Auftraggebers und sogar nach dessen Löschung im Handelsregister einen Anspruch gegen die Einzugsstelle auf Feststellung der Beitragspflicht des Arbeitsentgelts[601].

597 Vgl. LSG Bayern, Urt. v. 27.04.2016 – L 10 AL 201/15, zitiert nach beck-online.

598 Vgl. BSG, Urt. v. 23.09.2003 – B 12 RA 3/02 R, zitiert nach juris; BSG, Urt. v. 23.09.2003 – B 12 KR 2/99 R, zitiert nach juris.

599 Vgl. BSG, Urt. v. 24.06.2008 – B 12 KR 24/07 R zitiert nach juris; a.A. in vorheriger Instanz noch: LSG Berlin-Brandenburg, Urt. v. 15.08.2007 – L 31 KR 128/07, zitiert nach juris. Vgl. auch *Baier*, in: Krauskopf SGB IV, § 28h Rn. 9.

600 s. BSG, Urt. v. 30.10.2013 – B 12 AL 2/11 R, zitiert nach beck-online.

601 s. BSG, Urt. v. 12.10.2000 – B 12 KR 2/00 R, zitiert nach juris.

Das Verfahren wird entweder *auf Antrag* eines Beteiligten oder *von Amts wegen* eingeleitet. Bei Zweifeln an Status oder Beitrag können sowohl Arbeitgeber/Auftraggeber als auch der Erwerbstätige selbst einen Antrag bei der Einzugsstelle einreichen[602], unabhängig davon, ob bereits eine Meldung zur Sozialversicherung erfolgt ist. Die Einzugsstelle hat ein Verfahren nach § 28h Abs. 2 SGB IV von Amts wegen einzuleiten, wenn sie nach Eingang der Meldung des Arbeitgebers Zweifel an der Sozialversicherungspflicht des Erwerbstätigen hat[603]. Es können aber auch Anfragen oder Mitteilungen Dritter Anlass zu einer Prüfung seitens der Einzugsstelle geben; genannt seien hier beispielhaft die Agentur für Arbeit, die Zollverwaltung, Wettbewerber, Subunternehmer oder Auftraggeber wie die öffentliche Hand im Rahmen der Vergabe[604].

Kein eigenes Prüfrecht haben die Einzugsstellen, wenn es sich bei dem Beschäftigten um einen Ehegatten, Lebenspartner oder Abkömmling des Arbeitgebers oder um den geschäftsführenden Gesellschafter einer Gesellschaft mit beschränkter Haftung handelt. Bereits bei der Meldung hat der Arbeitgeber gem. § 28a Abs. 3 Satz 2 Nr. 1 d) und e) SGB IV anzugeben, ob eine solche Person betroffen ist. In diesem Fall hat die Einzugsstelle den Sachverhalt nach § 7a Abs. 1 Satz 2 SGB IV an die DRV Bund weiterzuleiten, die ein Verfahren nach § 7a SGB IV durchführt (s. näheres zum Anfrageverfahren unter VII.1.).

Sofern das Einzugsstellenverfahren nicht gemeinsam durch Arbeitgeber/Auftraggeber und Arbeitnehmer/Auftragnehmer beantragt wird, sind sie seitens der Einzugsstelle am Verfahren zu *beteiligen*. Die Einzugsstelle hat sogleich bei Einleitung des Verfahrens über das Bestehen von Versicherungs- oder Beitragspflicht die betroffenen Arbeitnehmer zu benachrichtigen[605]. Die betroffenen Versicherungsträger

602 Vgl. BSG, Urt. v. 23.09.2003 – B 12 RA 3/02 R, zitiert nach juris; LSG Baden-Württemberg, Urt. v. 16.06.2010 – L 5 KR 5179/08, zitiert nach juris; *Winkler*, in: Winkler/Oxenknecht-Witsch, SGB IV, § 28h Rn. 9; *Schreiber/Moritz-Richter*, S. 107.

603 s. Schreiber/Moritz-Richter, S. 107.

604 s. *Plagemann*, in: Münchener Anwaltshandbuch Sozialrecht, § 6 Rn. 7.

605 Vgl. BSG, Urt. v. 23.05.1995 – 12 RK 63/93, zitiert nach beck-online; BSG, Urt. v. 08.12.1999 – B 12 KR 18/99 R, zitiert nach juris.

sind nach der Rechtsprechung gem. § 12 Abs. 2 Satz 2 SGB X hinzuzuziehen[606].

Die Einzugsstelle hat unter Beachtung des *Amtsermittlungsgrundsatzes* eine Statusbeurteilung vorzunehmen[607]. Dabei sind im Rahmen einer Gesamtwürdigung alle im Einzelfall einschlägigen typusbildenden Kriterien auszuwerten (siehe hierzu unter III.). Soweit die Einzugsstelle die Höhe des Arbeitsentgelts nicht oder nicht ohne unverhältnismäßig großen Verwaltungsaufwand ermitteln kann, hat sie dieses nach § 28h Abs. 2 Satz 2 SGB IV zu *schätzen.* Dabei ist nach Satz 3 der Vorschrift für das monatliche Arbeitsentgelt des Beschäftigten das am Beschäftigungsort ortsübliche Arbeitsentgelt mit zu berücksichtigen. Zudem können der branchenübliche Lohn, die tarifliche Arbeitszeit und die üblicherweise geleisteten Überstunden, ggf. auch der letzte eingereichte Beitragsnachweis berücksichtigt werden[608]. Die Anforderungen an den Ermittlungsaufwand entsprechen denen bei einer Schätzung des Rentenversicherungsträgers im Rahmen einer Betriebsprüfung (Insofern wird auf die Ausführungen unter VII.3.f. verwiesen). Bei der Schätzung steht der Einzugsstelle kein Ermessen zu; die Entscheidung ist daher in vollem Umfang *gerichtlich überprüfbar*[609].

Die *Möglichkeit eines Vergleichs* über die Beitragsschuld im Sozialversicherungsrecht ist begrenzt. Lediglich im Rahmen von § 76 Abs. 4 Satz 1 und 2 SGB IV hat die Einzugsstelle die Möglichkeit, einen Vergleich abzuschließen, bei höheren Summen unter Beteiligung der weiteren Sozialversicherungsträger.[610]

606 So: BSG, Urt. v. 23.09.2003 – B 12 RA 3/02 R, zitiert nach juris; a.A.: *Baier*, in: Krauskopf SGB IV, § 28h Rn. 11, wonach keine Beteiligung der anderen Versicherungsträger im Verwaltungsverfahren zu erfolgen hat, da dies nicht praktikabel wäre. Zudem sei § 12 Abs. 2 SGB X nicht anwendbar, da § 93 SGB X die speziellere Norm sei. Auch *Wehrhahn* (in: Kasseler Kommentar SGB IV, § 28h Rn. 15) nimmt ein ein gesetzliches Auftragsverhältnis im Sinne des § 93 SGB X an.

607 Vgl. *Schreiber/Moritz-Richter*, S. 107; *Scheer*, in: jurisPK-SGB IV, § 28h Rn. 88.

608 Vgl. *Baier*, in: Krauskopf SGB IV, § 28h Rn. 17.

609 *Baier*, in: Krauskopf SGB IV, § 28h Rn. 17.

610 Vgl. Schreiber/Moritz-Richter, S. 111 f.

c) Der Feststellungsbescheid

Die Entscheidung der Einzugsstelle ist ein feststellender Verwaltungsakt[611], sowohl wenn eine Versicherungspflicht aus Beschäftigung bejaht wird als auch wenn Versicherungs- und Beitragspflicht verneint werden[612]. Die Einzugsstelle stellt die Sozialversicherungspflicht rückwirkend ab Aufnahme der Beschäftigung fest und setzt die Beiträge entsprechend fest[613]. Die Einzugsstelle ist sowohl ermächtigt, eine Beitragsfestsetzung vorzunehmen, als auch – bei Verneinung einer Versicherungspflicht aus Beschäftigung – einen lediglich statusfeststellenden Bescheid zu erlassen. Eine isolierte Elementenfeststellung über das Vorliegen einer Beschäftigung ist nicht zulässig, erforderlich ist im Falle einer Beschäftigung stets auch die Feststellung, ob aufgrund der Beschäftigung eine Versicherungspflicht in der Sozialversicherung besteht[614] (vgl. näher zur unzulässigen Elementenfeststellung unter VII.3.c).

Die Einzugsstelle hat die Versicherungs- und Beitragspflicht *personenbezogen* festzustellen[615]. Dies setzt eine Entscheidung über eine bestimmte, namentlich bezeichnete Person[616] sowie eine konkrete Tätigkeit voraus. Die personenbezogene Feststellung erfordert auch die Angabe der Zeiträume, für die Versicherungspflicht besteht und Beiträge erhoben werden[617]. Eine personenunabhängige Feststellung durch Allgemeinverfügung ist unzulässig; es reicht auch nicht aus, dass die be-

611 Vgl. BSG, Beschl. v. 21.06.1990 – 12 BK 10/90, zitiert nach beck-online; LSG Baden-Württemberg, Urt. v. 16.06.2010 – L 5 KR 5179/08, zitiert nach juris; *Baier*, in: Krauskopf SGB IV, § 28h Rn. 13.

612 s. BSG, Beschl. v. 21.06.1990 – 12 BK 10/90, zitiert nach juris.

613 Vgl. Schreiber/Moritz-Richter, S. 115.

614 s. LSG Baden-Württemberg, Urt. v. 16.06.2010 – L 5 KR 5179/08, zitiert nach juris.

615 Vgl. BSG, Urt. v. 06.02.1974 – 12 RK 30/72, zitiert nach beck-online; BSG, Urt. v. 23.05.1995 – 12 RK 63/93, zitiert nach beck-online; BSG, Urt. v. 08.12.1999 – B 12 KR 18/99 R, zitiert nach juris; *Scheer*, in: jurisPK-SGB IV, § 28h Rn. 84; *Wagner*, in: BeckOK SozR, § 28h SGB IV Rn. 5; *Roßbach*, in: Knickrehm/Kreikebohm/Waltermann, SGB IV, § 28h Rn. 7; *Winkler*, in: Winkler/Oxenknecht-Witsch, SGB IV, § 28h Rn. 7; *Baier*, in: Krauskopf, § 28h SGB IV, Rn. 9; *Wagner*, in: BeckOK SGB IV, § 28h Rn. 5; *Schreiber/Moritz-Richter*, S. 110.

616 s. BSG, Urt. v. 06.02.1974 – 12 RK 30/72, zitiert nach beck-online.

617 Vgl. *Scheer*, in: jurisPK-SGB IV, § 28h Rn. 86.

treffenden Personen bestimmbar sind[618], denn es wird rechtsgestaltend über höchstpersönliche Rechtsverhältnisse von Versicherten befunden, die Entscheidung ist für sie von erheblicher Bedeutung[619]. Ein *Mangel an Bestimmtheit* kann im gerichtlichen Verfahren nicht durch eine „Nachschieben von Gründen“ oder eine Beiladung geheilt werden[620]. Ist die Feststellung nicht personenbezogen erfolgt, so ist der Bescheid unvollständig und dementsprechend rechtswidrig[621].

Die Einzugsstelle hat die Pflicht, ihre Entscheidung unverzüglich dem Beschäftigten, dem Arbeitgeber und den anderen Versicherungsträgern bekanntzugeben[622]. Gegen den Feststellungsbescheid der Einzugsstelle ist der *Widerspruch* statthaft. Die Einzugsstelle ist nach § 28h Abs. 2 Satz 1, 2. Halbsatz SGB IV auch für den Widerspruchsbescheid zuständig, wenn sie dem Widerspruch nicht nach § 85 Abs. 1 SGG abhilft.

d) Die Einrede der Verjährung

Die Verjährung von Beitragsansprüchen richtet sich nach § 25 Abs. 1 SGB IV. Hinsichtlich der Einrede der Verjährung ist auf die Ausführungen unter VII.3.g. zu verweisen.

e) Säumniszuschläge

Hinsichtlich der Entstehung und Geltendmachung von Säumniszuschlägen ist auf die Ausführungen unter VII.3.j. zu verweisen.

---

618 Vgl. BSG, Urt. v. 23.05.1995 – 12 RK 63/93, zitiert nach beck-online; *Roßbach*, in: Knickrehm/Kreikebohm/ Waltermann, § 28h SGB IV, Rn. 7.

619 Vgl. BSG, Urt. v. 23.05.1995 – 12 RK 63/93, zitiert nach beck-online.

620 BSG, Urt. v. 23.05.1995 – 12 RK 63/93, zitiert nach beck-online.

621 Vgl. BSG, Urt. v. 06.02.1974 – 12 RK 30/72, zitiert nach beck-online.

622 Vgl. BSG, Urt. v. 25.05.1966 – 3 RK 37/62, zitiert nach juris; BSG, Urt. v. 18.04.1975 – 3/12 RK 10/73, zitiert nach juris; BSG, Urt. v. 01.07.1999 – B 12 KR 2/99 R, zitiert nach beck-online; BSG, Urt. v. 12.10.2000 – B 12 KR 2/00 R, zitiert nach juris; *Schreiber/Moritz-Richter*, S. 108; *Baier*, in: Krauskopf SGB IV, § 28h Rn. 13; *Scheer*, in: jurisPK-SGB IV, § 28h Rn. 89.

f) Rechtsfolgen

Der Statusfeststellungsbescheid der Einzugsstelle ist für die Beteiligten und die anderen Sozialversicherungsträger bindend. Hinsichtlich der Bindungswirkung wird auf die Ausführungen unter VII.4.b. und VII.5. verwiesen.

3. Die Ermächtigungsgrundlage der kontoführenden Rentenversicherung nach § 28p SGB IV: Die Betriebsprüfung

Die Ermächtigungsgrundlage des § 28p Abs. 1 Satz 1 SGB IV (in der Fassung vom 11.11.2016, gültig seit dem 01.01.2017) berechtigt die Träger der Rentenversicherung zu einer *Arbeitgeberprüfung*, der sogenannten Betriebsprüfung. Die Rentenversicherungsträger haben im Zuge dessen zu prüfen, ob die Arbeitgeber ihre Pflichten, die im Zusammenhang mit dem Gesamtsozialversicherungsbeitrag stehen, ordnungsgemäß erfüllen.

Früher waren die Krankenversicherungen für Betriebsprüfungen zuständig. Nachdem jedoch der Wettbewerb zwischen den Krankenversicherungen eingeführt wurde, ist diese Aufgabe seit dem Jahre 1996 auf die Rentenversicherungsträger übertragen worden. Denn der Gesetzgeber befürchtete, der Wettbewerb unter den Krankenkassen könne die bei Betriebsprüfungen gebotene Neutralität beeinflussen. Da die Rentenversicherungen nicht im Wettbewerb zueinander stehen und aufgrund der schon zuvor bestehenden Beteiligung an Betriebsprüfungen einschlägige Erfahrungen hatten, ist ihnen das Prüfrecht übertragen worden.[623] Ein Vorteil der Übertragung der Prüfung auf die Träger der Rentenversicherung ist, dass eine umfassende Prüfung durch nur eine Stelle ermöglicht wurde, während vorher in der Regel mehrere Einzugsstellen für einen Arbeitgeber zuständig waren[624].

623 vgl. Gesetzentwurf der Bundesregierung – Entwurf eines Dritten Gesetzes zur Änderung des Sozialgesetzbuchs – 3. SGBÄndG, BT-Drucks 13/1205, unter A. Allgemeiner Teil, zitiert nach: http://dip21.bundestag.de/dip21/btd/13/012/1301205.asc (abgerufen am 23.10.2019); vgl. auch: *Wehrhahn*, in: Kasseler Kommentar SGB IV, § 28p Rn. 3; BSG, Urt. v. 17.12.2014, B 12 R 13/13 R, zitiert nach juris.

624 Vgl. *Baier*, in: Krauskopf SGB IV, § 28p Rn. 4.

Lediglich für die Landwirtschaftliche Krankenversicherung trifft § 28p Abs. 1 Satz 6 SGB IV eine Sonderzuständigkeit hinsichtlich der bei ihr versicherten, mitarbeitenden Familienangehörigen. Dies ist insofern nachvollziehbar, also die Sozialversicherung für Landwirtschaft, Forsten und Gartenbau (SVLFG) nicht vom Wettbewerb zwischen den Krankenversicherungen betroffen ist[625].

a) Gegenstand der Betriebsprüfung

Nach § 28p Abs. 1 Satz 1 SGB IV prüfen die Träger der Rentenversicherung bei den Arbeitgebern die Einhaltung der Pflichten im Zusammenhang mit dem Gesamtsozialversicherungsbeitrag. Sie haben insbesondere die Zahlung des Gesamtsozialversicherungsbeitrages nach § 28d und § 28e SGB IV sowie die Richtigkeit der Meldungen nach § 28a SGB IV zu prüfen.

Die Betriebsprüfung (auch: Arbeitgeberprüfung) durch die Rentenversicherung ist jedoch nicht hierauf beschränkt, sondern umfassend. Prüfungsgegenstand ist das Sozialversicherungsverhältnis der Beschäftigten mit Fragen der Versicherungs- und Beitragspflicht, der Beitragshöhe und der Beitragsberechnung.[626] *Inhalt der Betriebsprüfung* ist danach auch die von den Arbeitgebern/Auftraggebern vorgenommene Beurteilung des sozialversicherungsrechtlichen Status aller für sie Tätigen. Die Prüfung kann sich auf sämtliche Erwerbstätige beziehen, unabhängig davon, ob sie nach Auffassung der Beteiligten beschäftigt oder selbstständig tätig sind. Es ist daher irrelevant, ob hinsichtlich der für das Unternehmen Erwerbstätigen bisher bereits eine Meldung des Unternehmens zur Sozialversicherung und eine Beitragszahlung erfolgte. Gegenstand der Betriebsprüfung sind nach § 28p Abs. 1 Satz 4 SGB IV ausdrücklich auch Entgeltunterlagen von „Beschäftigten", für die (bisher) keine Beiträge gezahlt wurden, wie etwa geringfügig Beschäftigte, Selbstständige oder sonstige versicherungs-

625 Vgl. *Wehrhahn*, in: Kasseler Kommentar SGB IV, § 28p Rn. 4.

626 Vgl. Gesetzentwurf der Bundesregierung – Entwurf eines Dritten Gesetzes zur Änderung des Sozialgesetzbuchs – 3. SGBÄndG, BT-Drucks 13/1205 vom 26.04.1995, unter Begründung, B. Besonderer Teil, zitiert nach: http://dip21.bundestag.de/dip21/btd/13/012/1301205.asc (abgerufen am 23.10.2019).

freie Personen. Der Rentenversicherungsträger darf auch hinsichtlich dieser Personen die rechtliche Bewertung des Arbeitgebers/Auftraggebers zur Versicherungspflicht und Beitragspflicht überprüfen.[627]

Nach § 166 Abs. 2 SGB VII ist die Rentenversicherung zudem ermächtigt, im Rahmen einer Betriebsprüfung nach § 28p SGB IV eine *unfallversicherungsrechtliche Prüfung* im Auftrag der Berufsgenossenschaften durchzuführen. Die unfallversicherungsrechtlichen Feststellungen sind jedoch nicht Bestandteil des Betriebsprüfungsbescheides, sondern erfolgen separat durch die Unfallversicherungsträger. Nach § 28p Abs. 1c SGB IV teilen die Träger der Rentenversicherung den Trägern der Unfallversicherung die Feststellungen aus der Prüfung mit, die Träger der Unfallversicherung erlassen sodann die erforderlichen Bescheide.

b) Verfahren der Betriebsprüfung

Zuständig für Betriebsprüfungen sind gem. § 28p Abs. 1 Satz 1 SGB IV die Träger der Rentenversicherung. Die hierfür sonst bestehende Zuständigkeit der Einzugsstellen nach § 28h Abs 2 S 1 SGB IV tritt insoweit gem. § 28p Abs 1 S 5 Halbsatz 2 SGB IV zurück.

Die *sachliche Zuständigkeit* der Deutschen Rentenversicherung Bund einerseits oder der Regionalträger andererseits ergibt sich aus den Endziffern der den Betrieben seitens der Bundesagentur für Arbeit zugewiesenen Betriebsnummern des Hauptbetriebes. Die *örtliche Zuständigkeit* im Bereich der Regionalträger richtet sich gem. § 28p Abs. 2 Satz 1 SGB IV nach dem Sitz der Lohn- und Gehaltsabrechnungsstelle des Arbeitgebers. Nach § 28 Abs. 2 Satz 2 SGB IV stimmen sich die Träger der Rentenversicherung darüber ab, welche Arbeitgeber sie prüfen. Dadurch sollen Mehrfachprüfungen vermieden werden[628].

627 Vgl. etwa: *Wehrhahn*, in: Kasseler Kommentar SGB IV, § 28p Rn. 15; *Scheer*, in: jurisPK-SGB IV, § 28p Rn. 50.

628 Vgl. Gesetzentwurf der Bundesregierung – Entwurf eines Dritten Gesetzes zur Änderung des Sozialgesetzbuchs – 3. SGBÄndG, BT-Drucks 13/1205 vom 26.04.1995, unter Begründung, B. Besonderer Teil, zitiert nach: zitiert nach: http://dip21.bundestag.de/dip21/btd/13/012/1301205.asc (abgerufen am 23.10.2019).

Das Gesetz sieht regelmäßige Prüfungsintervalle vor. Die Betriebsprüfung bei den Arbeitgebern ist nach § 28p Abs. 1 Satz 1 SGB IV *mindestens alle vier Jahre* durchzuführen. Dieses Prüfintervall korrespondiert mit den Verjährungsvorschriften gem. § 25 Abs. 1 Satz 1 SGB IV. Danach verjähren Ansprüche auf rückständige Sozialversicherungsbeiträge grundsätzlich in vier Jahren nach Ablauf des Kalenderjahres in dem sie fällig geworden sind. Nach § 27 Abs. 2 SGB IV gilt auch für den Erstattungsanspruch wegen zu viel entrichteter Beiträge dieselbe Verjährungsfrist. Bei Einhaltung des vierjährigen Prüfungsintervalles kann die Einrede der Verjährung also in der Regel von keiner Seite erhoben werden.

Ansprüche auf vorsätzliche vorenthaltene Beiträge verjähren gem. § 25 Abs. 1 Satz 2 SGB IV allerdings erst nach dreißig Jahren. (siehe zur Einrede der Verjährung unter VII.3.g.)

Die Betriebsprüfung soll nach § 28p Abs. 1 Satz 2 SGB IV in kürzeren Zeitabständen durchgeführt werden, wenn der Arbeitgeber dies verlangt. Es handelt sich um eine Soll-Vorschrift, so dass ein *Antrag* des Arbeitgebers die Rentenversicherung im Regelfall bindet, außer es liegt ein atypischer Fall vor[629]. Auch von Amts wegen können kurzfristig *„ad hoc"-Prüfungen* durchgeführt werden, insbesondere bei (drohender) Zahlungsunfähigkeit des Arbeitgebers[630], Eröffnung eines *Insolvenzverfahrens* oder Abweisung mangels Masse, bei Betriebsschließung, bei Vermutung der Beitragshinterziehung in größerem Umfang, bei fehlenden Beitragsnachweisen für mehr als 12 Monate sowie bei auffälligen Lohnsummenschwankungen[631]. Die Einzugsstellen melden der Rentenversicherung nach § 28p Abs. 1 Satz 3 SGB IV, wenn sie eine alsbaldige Prüfung bei einem Arbeitgeber für erforderlich halten. Außerdem werden Betriebsprüfungen außerhalb des vierjährigen Prüfzeitraums auf Veranlassung der bei den Hauptzollämtern angesiedel-

629 Vgl. *Scheer*, in: jurisPK-SGB IV, § 28p Rn. 169.

630 Vgl. Gesetzentwurf der Bundesregierung – Entwurf eines Dritten Gesetzes zur Änderung des Sozialgesetzbuchs – 3. SGBÄndG, BT-Drucks 13/1205 vom 26.04.1995, unter Begründung, B. Besonderer Teil, zitiert nach: http://dip21.bundestag.de/dip21/btd/13/012/1301205.asc (abgerufen am 23.10.2019).

631 Vgl. *Kreikebohm*, in: Kreikebohm SGB IV, § 28p Rn. 9.

ten Kontrolle Schwarzarbeit durchgeführt, wenn ein Tatbestand der *Schwarzarbeit* und illegalen Beschäftigung im Raum steht[632].

Eine Ausnahmevorschrift enthält § 28p Abs. 10 SGB IV, wonach Arbeitgeber nicht wegen der *Beschäftigten in privaten Haushalten* geprüft werden. Dies bezieht sich jedoch nach Auffassung der Rentenversicherungen lediglich auf die turnusmäßige vierjährige Betriebsprüfung. Die anlassbezogene Prüfung außerhalb des regulären Turnus bleibt hiervon unberührt.[633]

Die Prüfung ist nach § 7 Abs. 1 Satz 1 und 2 BVV in der Regel zuvor anzukündigen. Die *Ankündigung* soll möglichst einen Monat, spätestens 14 Tage vor der Prüfung erfolgen. Bei der Ankündigung handelt es sich um schlichtes Verwaltungshandeln[634]. Eine unangemeldete Prüfung ist nach § 7 Abs. 1 Satz 4 SGG i.V.m. § 98 Abs. 1 Satz 4 SGB X[635] nur bei besonderen Gründen zulässig. Dies ist insbesondere dann geboten, wenn der Verdacht von Beitragshinterziehung gegeben ist[636].

Die Rentenversicherungsträger haben kein Ermessen, „ob" sie Prüfungen durchführen, es handelt sich um eine vom Gesetzgeber auferlegte Verpflichtung[637]. Sie bestimmen gem. § 20 Abs. 1 Satz 2, 1. Halbsatz SGB X aber *Art und Umfang der Ermittlungen.* Der Betriebsprüfer wählt die prüfrelevanten Sachverhalte nach pflichtgemäßem Ermessen aus[638]. Nach § 21 Abs. 1 Satz 1 SGB X bedient sich die prüfende Rentenversicherung der Beweismittel, die sie nach pflichtgemäßem Ermessen zur Ermittlung des Sachverhaltes für erforderlich hält. Dementsprechend besteht zwar ein Recht, aber keine Verpflichtung des prüfenden Rentenversicherungsträgers, den sozialversicherungsrechtlichen Status der Erwerbstätigen eines Unternehmens im Rahmen einer Betriebsprüfung festzustellen[639]. Denn eine Betriebsprüfung

---

632 s. *Diepenbrock*, NZS 2016, 127, 128.
633 s. *Kreikebohm*, in: Kreikebohm SGB IV, § 28p Rn. 11.
634 s. *Wehrhahn*, in: Kasseler Kommentar SGB IV, § 28p Rn. 18.
635 Abkürzung für: Zehntes Buch Sozialgesetzbuch.
636 Vgl. *Scheer*, in: jurisPK-SGB IV, § 28p Rn. 362.
637 s. *Scheer*, in: jurisPK-SGB IV, § 28p Rn. 49.
638 Vgl. *Scheer*, in: jurisPK-SGB IV, § 28p Rn. 187.1.
639 Vgl. BSG, Urt. v. 30.10.2013 – B 12 AL 2/11 R, BSGE 115, 1 ff.

muss nicht umfassend oder erschöpfend sein[640], sie kann sich auf Einzelfälle[641] oder Stichproben[642] beschränken. Die Berechtigung zur *Stichprobenprüfung* ist in § 11 Abs. 1 Satz 1 BVV mittels Rechtsverordnung ausdrücklich geregelt. Bei der Frage des Prüfungsumfangs ist die Größe des Unternehmens nicht von maßgeblicher Relevanz[643], es besteht also auch bei kleinen Unternehmen keine Verpflichtung zu einer umfassenden und abschließenden Prüfung aller sozialversicherungsrechtlich relevanten Sachverhalte.

Das Verwaltungsverfahren ist nicht an bestimmte Formen gebunden[644]. Die Rentenversicherungsträger prüfen in erster Linie die Unterlagen des Arbeitgebers. Der Arbeitgeber ist nach § 28p Abs. 5 SGB IV verpflichtet, angemessene Prüfhilfen zu leisten. Er hat nach §§ 8, 9 BVV für jeden Abrechnungszeitraum ein Verzeichnis aller Beschäftigten mit umfangreich erfassten Daten vorzulegen und nach § 10 BVV die Aufzeichnungen so zu führen, dass bei einer Prüfung innerhalb angemessener Zeit ein Überblick über die formelle und sachliche Richtigkeit der Entgeltabrechnung des Arbeitgebers gewährleistet ist. Neben der Lohnbuchhaltung kann auch die Finanzbuchhaltung überprüft werden, in welcher sich etwa Angaben über die an Selbstständige gezahlten Entgelte finden[645]. Die Arbeitgeber haben die Betriebsprüfung zu dulden. Die *Duldungspflicht* endet auch nicht mit Betriebsschließung oder Entlassung der Mitarbeiter.[646] Geprüft werden von

640 Vgl. BSG, Urt. v. 30.11.1978 – 12 RK 6/76, BSGE 47, 194 ff.; BSG, Urt. v. 29.07.2003 – B 12 AL 1/02 R, zitiert nach juris; BSG, Urt. v. 14.07.2004 – B 12 KR 1/04 R, zitiert nach juris; BSG, Urt. v. 30.10.2013 – B 12 AL 2/11 R, BSGE 115, 1 ff.

641 Vgl. BSG, Urt. v. 30.11.1978 – 12 RK 6/76, BSGE 47, 194 ff.; BSG, Urt. v. 29.07.2003 – B 12 AL 1/02 R, zitiert nach juris.

642 Vgl. BSG, Urt. v. 30.11.1978 – 12 RK 6/76, BSGE 47, 194 ff.; BSG, Urt. v. 29.07.2003 – B 12 AL 1/02 R, zitiert nach juris. a.A.: LSG Rheinland-Pfalz, Urt. v. 25.08.2005 – L 1 AL 5/05, zitiert nach juris.

643 Vgl. BSG, Urt. v. 29.07.2003 – B 12 AL 1/02 R, zitiert nach juris; BSG, Urt. v. 14.07.2004 – B 12 KR 10/02 R, BSGE 93, 109 ff.

644 s. Sächsisches LSG, Urt. v. 22.04.2016 – L 1 KR 228/11, zitiert nach juris.

645 s. *Schafhausen*, in: Münchener Anwaltshandbuch Sozialrecht, § 10 Rn. 18.

646 Vgl. Gesetzentwurf der Bundesregierung – Entwurf eines Dritten Gesetzes zur Änderung des Sozialgesetzbuchs – 3. SGBÄndG, BT-Drucks 13/1205 vom 26.04.1995, unter Begründung, B. Besonderer Teil, zitiert nach: http://dip21.bundestag.de/dip21/btd/13/012/1301205.asc (abgerufen am 23.10.2019); *Kreikebohm*, in: Kreikebohm SGB IV, § 28p Rn. 7.

den Rentenversicherungen nach § 28p Abs. 6 SGB IV zudem auch steuerberatende Stellen, Rechenzentren und vergleichbare Einrichtungen, die im Auftrag des Arbeitgebers (oder einer von ihm beauftragten Person) Löhne und Gehälter abrechnen oder Meldungen erstatten.

Die Rentenversicherungsträger sind nicht verpflichtet eine eigene Prüfung beim Arbeitgeber durchzuführen. Sie dürfen *Ermittlungsergebnisse von Staatsanwaltschaften* und Strafgerichten übernehmen[647]. Häufig beruht die im Betriebsprüfungsbescheid festgesetzte Beitragsnachforderung auch auf *Ermittlungen des Zolls*[648]. Das Hauptzollamt prüft gem. § 2 Abs. 1 Satz 1 Nr. 1 SchwarzArbG[649], ob die sich aus den Dienst- oder Werkleistungen ergebenden Pflichten nach § 28a SGB IV erfüllt werden oder wurden. Es ist von der Rechtsprechung überwiegend anerkannt, dass die Betriebsprüfungsdienste sich auf die Ermittlungsergebnisse der Zollverwaltung stützen dürfen, die diese im Rahmen der Bekämpfung der Schwarzarbeit und illegalen Beschäftigung gewonnen haben[650]. Denn nach § 2 Abs. 3 Satz 2 SchwarzArbG können die Prüfungen des Zolls unter anderem mit Prüfungen der Rentenversicherung verbunden werden. Diese Befugnis der Rentenversicherung, die von der Zollverwaltung durchgeführte Prüfung mit ihrer eigenen Prüfung zu verbinden, umfasst die Übernahme von Ermittlungsergebnissen[651]. Die *Unterlagen der Zoll- und Finanzbehörden* können sogar als Grundlage für Feststellungen dienen, *ohne* dass weitere Ermittlungen erforderlich sind[652]. Da Art und Umfang der Betriebsprüfung im Ermessen der prüfenden Rentenversicherung stehen, kann

647 LSG Niedersachsen-Bremen, Beschl. v. 12.11.2013 – L 4 KR 383/13 B ER, zitiert nach juris.

648 s. *Zieglmeier*, NZA 2015, 651.

649 Abkürzung für: Gesetz zur Bekämpfung der Schwarzarbeit und illegalen Beschäftigung.

650 s. Sächsisches LSG, Beschl. v. 12.02.2018 – L 9 KR 496/17 B ER, zitiert nach juris, vgl. auch: Sächsisches LSG, Urt. v. 22.04.2016 – L 1 KR 228/11, zitiert nach juris; LSG Baden-Württemberg, Urt. v. 29.06.2017 – L 10 R 592/17, zitiert nach juris; A.A.: LSG Bayern, Beschl. v. 21.10.2013 – L 5 R 605/13 B ER, zitiert nach juris, wonach die Ermittlungen des Zolls eine sozialversicherungsrechtliche Betriebsprüfung nicht ersetzen können.

651 Vgl. LSG Baden-Württemberg, Urt. v. 29.06.2017 – L 10 R 592/17, zitiert nach juris.

652 Vgl. *Pietrek*, jurisPR-SozR 4/2018 Anm. 4; LSG Baden-Württemberg, Urt. v. 29.06.2017 – L 10 R 592/17, zitiert nach juris.

sich der Rentenversicherungsträger auf Beweismittel der Zollverwaltung beschränken und das Verfahren der Betriebsprüfung durch Bescheid abschließen, wenn die vom Hauptzollamt ermittelten Umstände, insbesondere die vor Ort eingeholten Auskünfte, Befragungen und beigezogenen Unterlagen ihrer Ansicht nach für eine Prüfung nach § 28p SGB IV ausreichen[653]. Die Synergien durch Übernahme Ermittlungsergebnisse der Zollverwaltung führen zu einer Entlastung der Rentenversicherung[654]. Der Beurteilung der Lohnsteuerpflicht durch die Finanzbehörden kommt für die Träger der Sozialversicherung eine starke Indizwirkung zu[655], die Rentenversicherungsträger sind bei der Beurteilung des Status jedoch nicht an etwaige frühere Entscheidungen der Finanzbehörden gebunden[656].

Nach Abschluss der Prüfung ist der Arbeitgeber gem. § 24 Abs. 1 SGB X *anzuhören*. Denn nach dieser Vorschrift ist einem Beteiligten Gelegenheit zu geben, sich zu den für die Entscheidung erheblichen Tatsachen zu äußern, bevor ein Verwaltungsakt erlassen wird. Der Arbeitgeber ist Beteiligter in diesem Sinne. Die Prüfung endet mit einem sogenannten „*Schlussgespräch*“[657]. Schlussgespräch und Anhörung können zusammenfallen[658], denn das Schlussgespräch erfüllt regelmäßig die Voraussetzungen einer Anhörung[659].

Bei *personenbezogenen Beitragsbescheiden* sind auch die Interessen der Erwerbstätigen zu berücksichtigen, für die Beiträge nachgefordert werden sollen. Die Feststellung einer Versicherungspflicht hat rechtsgestaltende Wirkung für die Erwerbstätigen im Sinne des § 12 Abs. 2 SGB X. Daher können sie von Seiten der Rentenversicherung, nach § 12 Abs. 2 Satz 1 SGB X von Amts wegen *als Beteiligte hinzugezogen*

653 Vgl. Sächsisches LSG, Urt. v. 22.04.2016 – L 1 KR 228/11, zitiert nach juris; LSG Baden-Württemberg, Urt. v. 29.06.2017 – L 10 R 592/17, zitiert nach juris.

654 Vgl. *von Steinau-Steinbrück/Mühlenhoff*, NJW-Spezial 2018, 114, 115.

655 BSG, Urt. v. 11.07.1967 – 3 RK 1/64, zitiert nach beck-online.

656 Vgl. BSG, Urt. v. 11.07.1967 – 3 RK 1/64, zitiert nach beck-online; BSG, Urt. v. 15.12.1977 – 11 RA 38/77, BSGE 45, 244; BSG, Urt. v. 22.04.1986 – 12 RK 53/84, zitiert nach juris; LSG Hamburg, Urt. v. 26.02.2019 – L 3 R 124/17, zitiert nach beck-online.

657 Vgl. *Schafhausen*, in: Münchener Anwaltshandbuch Sozialrecht, § 10 Rn. 19.

658 s. *Brand*, NZS 2013, 641, 645.

659 Vgl. *Scheer*, in: jurisPK-SGB IV, § 28p Rn. 189; *Kreikebohm*, in: Kreikebohm SGB IV, § 28p Rn. 10.

werden. Erfolgt dies nicht, hat die Prüfbehörde die Erwerbstätigen gemäß § 12 Abs. 2 Satz 2 SGB X über die Einleitung des Verfahrens zu benachrichtigen und sie sodann auf ihren Antrag als Beteiligte zum Verfahren hinzuzuziehen. Ist ein Erwerbstätiger „Beteiligter" in diesem Sinne, erstreckt sich die Anhörungspflicht nach § 24 Abs. 1 SGB X auch auf ihn[660], denn nach dem Gesetzeswortlaut sind alle Beteiligten anzuhören. Fehlt die Benachrichtigung der betroffenen Erwerbstätigen, ist dies ein *Verfahrensfehler*. Ist die gebotene Hinzuziehung eines Erwerbstätigen im Verwaltungsverfahren unterblieben, kann sie nur bis zum Abschluss des Vorverfahrens nachgeholt werden, eine Heilung des Verfahrensmangels tritt nicht durch *Beiladung* im späteren Gerichtsverfahren ein. Die Beiladung im Gerichtsverfahren kann kein Ersatz für die unterbliebene Beteiligung im Verwaltungsverfahren sein, weil das Verwaltungsverfahren weitergehende Möglichkeiten der Einflussnahme für die Beteiligten bietet.[661] Wenn allerdings positiv feststeht, dass der Beschäftigte sein Antragsrecht nicht ausüben will, ist die unterbliebene Benachrichtigung für die fehlende Beteiligung nicht ursächlich geworden und der Verfahrensmangel nicht kausal.[662]

Im laufenden Betriebsprüfungsverfahren besteht für den Rentenversicherungsträger nach § 76 Abs. 4 Satz 4 i.V.m. Satz 3 SGB IV nur dann die *Möglichkeit eines Vergleichsschlusses*, wenn ausschließlich Ansprüche der Rentenversicherung betroffen sind. Handelt es sich hingegen um Ansprüche aus dem Gesamtsozialversicherungsbeitrag, besteht (auch bei komplexen Sachverhalten) ausdrücklich nicht die Möglichkeit einer einvernehmlichen Lösung zwischen Unternehmen und Prüfdienst[663]. Denn hierfür besteht keine Ermächtigungsgrundlage der Rentenversicherung. Das Gesetz enthält in § 76 Abs. 4 Satz 1 SGB IV lediglich die Befugnis der Einzugsstelle, über rückständige Gesamtsozialversicherungsbeiträge Vergleiche zu schließen. Bei größeren Summen hat sie gem. § 76 Abs. 4 Satz 2 SGB IV die übrigen Sozialversicherungsträger zu beteiligen. Für die Träger der Rentenversicherung ist gem. § 76 Abs. 4 Satz 4 SGB IV ein Vergleich betreffend den Gesamt-

660 LSG Niedersachsen-Bremen, Urt. v. 21.12.2016 – L 2 R 326/15, zitiert nach juris.

661 Vgl. BSG, Urt. v. 22.06.1983 – 12 RK 73/82, BSGE 55, 160; a.A. *Schafhausen*, in: Münchener Anwaltshandbuch Sozialrecht, § 10 Rn. 13.

662 Vgl. BSG, Urt. v. 22.06.1983 – 12 RK 73/82, BSGE 55, 160.

663 a.A. *Zieglmeier*, DStR 2018, 619, 625.

sozialversicherungsbeitrag im Umkehrschluss untersagt. Der Rückgriff auf die Vorschriften zum öffentlich-rechtlichen Vertrag nach § 54 SGB X ist den Trägern der Rentenversicherung verwehrt, da § 76 Abs. 4 SGB IV insofern lex spezialis darstellt. Für eine Anwendung des § 54 SGB X ist aufgrund der klaren und ausdrücklichen Regelung in § 76 Abs. 4 SGB IV also kein Raum. Es ist also vom Gesetzgeber im Rahmen des Betriebsprüfungsverfahrens keine einvernehmliche Lösung über die Höhe der zu leistenden Beitragsforderung vorgesehen.

Die gesetzliche Regelung ist konsistent, da das Betriebsprüfungsverfahren und das Beitragseinzugsverfahren zweigeteilt sind. Die Betriebsprüfung durch die Rentenversicherung beschränkt sich auf die Tatsachenfeststellungen, die Statusbeurteilung und die Berechnung der Beiträge. Auch das Schlussgespräch dient lediglich einer Feststellung des für die Beurteilung maßgeblichen Sachverhaltes[664]. Bei unklarer Tatsachenlage existiert keinerlei Vergleichsmöglichkeit. Einer solchen ist seitens der Rentenversicherung im Betriebsprüfungsverfahren durch Amtsermittlung und notfalls durch Schätzung zu begegnen. Erst der nachgeschaltete Beitragseinzug durch die Einzugsstelle prüft auf Grundlage der wirtschaftlichen Möglichkeiten des Schuldners Stundung, Erlass, Niederschlagung und Vergleichsschluss. Eine Unsicherheit hinsichtlich des der Beitragsforderung zugrundeliegenden Sachverhalts kann die Einzugsstelle hierbei nicht berücksichtigen.

Sinnvoll ist die Beschränkung, dass lediglich die Einzugsstelle Vergleiche schließen darf, nicht. Eine *gesetzliche Änderung* des § 76 Abs. 4 Satz 4 SGB VI ist *angeraten*. Es würde der Verwaltungsvereinfachung dienen und einen schlankeren Ablauf der Betriebsprüfung ermöglichen, wenn der Rentenversicherungsträger im Rahmen der Betriebsprüfung (insbesondere bei unklaren Tatsachengrundlagen) die Möglichkeit eines Vergleichsschlusses hätte. Denn es ist schlicht Realität, dass die zuverlässige und detaillierte Klärung aller relevanten tatsächlichen Verhältnisse eines Unternehmens eine kaum zu bewältigende Sisyphusarbeit für die Prüfer (und nachgeschaltet die Sozialgerichte) darstellt. Bei mangelndem Aufklärungswillen der Unternehmensleitung ist sie gar unmöglich. Eine *Vergleichsmöglichkeit* würde (neben der Schätzung) eine *sinnvolle Ergänzung* darstellen und einen Anreiz

664 s. *Schafhausen*, in: Münchener Anwaltshandbuch Sozialrecht, § 10 Rn. 19.

für manchen Unternehmer bieten, im Gegenzug mitzuarbeiten. Insbesondere bestünde die Möglichkeit, die Ermittlungsarbeit abzukürzen, beispielsweise wenn der Aufwand gegenüber einer vergleichsweise kleinen Beitragsforderung hoch ist. Eine solche Vergleichsmöglichkeit bei unklarer Tatsachenlage ist dem Rechtssystem nicht fremd, sondern wird von der Finanzverwaltung im Rahmen der „tatsächlichen Verständigung" häufig eingesetzt. Auch für die Betriebsprüfung würde eine solche *tatsächliche Verständigung* ein sinnvolles Instrument darstellen. Es bliebe dem Gesetzgeber im Rahmen einer neu zu schaffenden Regelung freigestellt, die Möglichkeit des Vergleichsschlusses durch den prüfenden Rentenversicherungsträger (parallel zu den in § 76 Abs. 4 Satz 2 SGB IV der Einzugsstelle auferlegten Einschränkungen) von der Zustimmung der weiteren betroffenen Sozialversicherungsträger abhängig zu machen. Um einen Vergleichsschluss im Rahmen des Schlussgesprächs und im Rahmen der mündlichen Verhandlung eines Sozialgerichtsverfahrens zu ermöglichen, sind etwaige Beschränkungen jedoch nicht sachdienlich. Die Rentenversicherung sollte als Behörde mit dem notwendigen Vertrauen ausgestattet werden, Vergleiche mit Bindungswirkung für die übrigen Sozialversicherungsträger zu schließen. Der Prüfdienst der Rentenversicherung hat sich im Rahmen von erfolgten Betriebsprüfungen eingehend mit dem jeweiligen Unternehmen befasst und kennt die Verhältnisse im Unternehmen besser als die übrigen Sozialversicherungsträger. Die Rentenversicherung kann daher am besten überblicken, inwiefern ein Vergleichsschluss sinnvoll ist.

c) Der Betriebsprüfungsbescheid

Die Rentenversicherungsträger sind aufgrund § 28p SGB IV ermächtigt, im Rahmen der Betriebsprüfung Feststellungen zur Versicherungspflicht und zur Beitragshöhe gegenüber den Arbeitgebern zu treffen. Die Rentenversicherungen dürfen hierfür die Handlungsform des Verwaltungsakts in der Gestalt eines *Leistungs- bzw. Zahlungsge-*

bots einsetzen[665]. Der prüfende Rentenversicherungsträger entscheidet eigenverantwortlich über alle zu beurteilenden Sachverhalte[666]. Wenn bei der Prüfung konkrete Feststellungen getroffen und Beiträge nacherhoben werden, hat ein bezifferter Betriebsprüfungsbescheid (auch genannt: *Prüfbescheid*) zu ergehen. Nach § 28p Abs. 1 Satz 5, 1. Halbsatz SGB IV erlassen die Träger der Rentenversicherung im Rahmen der Betriebsprüfung Verwaltungsakte zur Versicherungspflicht und Beitragshöhe in der Kranken-, Pflege- und Rentenversicherung sowie nach dem Recht der Arbeitsförderung.

Die Träger der Rentenversicherung dürfen im Rahmen eines Betriebsprüfungsbescheides keine isolierte Statusfeststellung treffen, diese wäre als *Elementenfeststellung* rechtswidrig[667]. Das bedeutet in der Praxis, dass Betriebsprüfungsbescheide bei beabsichtigter Statusentscheidung stets die Feststellung enthalten müssen, inwiefern eine *Versicherungspflicht aufgrund* eines sozialversicherungspflichtigen *Beschäftigungsverhältnisses* besteht[668]. Es ist nicht erforderlich, dass die Prüfbehörde in einem mehrstufigen Verfahren zunächst das Vorliegen einer versicherungspflichtigen Beschäftigung festgestellt und erst im Nachgang ein weiterer Bescheid über die Nachforderung von Beitragsrückständen ergeht, vielmehr ist als Ergebnis einer Betriebsprüfung unmittelbar ein abschließender Bescheid zu erteilen[669], der sowohl den Status klärt als auch die Höhe der Beitragsnachforderung festsetzt. Wenn ein Betriebsprüfungsbescheid eine *unzulässige Elementenfeststellung* über das Bestehen einer Beschäftigung enthält, ist dieser unvollständige Verwaltungsakt rechtswidrig. Wird erst später während des Gerichtsverfahrens ein weiterer Bescheid erlassen, der die notwendigen Feststellungen zum Vorliegen von Versicherungspflicht „ergänzt", liegt darin eine insgesamt *erneuernde Feststellung* mit der Folge, dass der zweite Verwaltungsakt den ersten im Sinne von § 96 Abs. 1 SGG ersetzt. Der Durchführung eines Vorverfahrens bedarf es für den neu-

665 Vgl. BSG, Urt. v. 28.05.2015 – B 12 R 16/13 R, zitiert nach juris; BSG, Urt. v. 15.09.2016 – B 12 R 2/15 R, zitiert nach juris.

666 s. *Baier*, in Krauskopf SGB IV, § 28p Rn. 12.

667 s. LSG Bayern, Urt. v. 28.06.2011 – L 5 R 880/10, zitiert nach juris.

668 Vgl. *Diepenbrock*, NZS 2016, 127, 128.

669 Vgl. *Scheer*, in: jurisPK-SGB IV, § 28p Rn. 142.

en Bescheid nicht, er wird nach § 96 Abs. 1 SGG in das sozialgerichtliche Verfahren einbezogen.[670]

Das BSG hat in der aktuellen Rechtsprechung[671] vier Verfahren zu Familiengesellschaften zum Anlass genommen, seine Rechtsprechung zu beanstandungslosen Betriebsprüfungen im Hinblick auf die grundrechtsrelevante Indienstnahme der Arbeitgeber für Zwecke der Sozialversicherung fortzuentwickeln, um mehr Rechtssicherheit zu schaffen. Künftig sei auch *bei beanstandungsfreien Betriebsprüfungen* das Verfahren gemäß § 28p Abs. 1 Satz 5 SGB IV durch einen *Verwaltungsakt* abzuschließen, der insbesondere den Umfang, die geprüften Personen und das Ergebnis der Betriebsprüfung festhält. Dies ergebe sich insbesondere aus der Einführung von § 7 Abs. 4 Satz 2 BVV zum 01.01.2017, wonach der Arbeitgeber durch den Prüfbescheid oder das Abschlussgespräch zur Prüfung Hinweise zu den festgestellten Sachverhalten erhalten soll, um in den weiteren Verfahren fehlerhafte Angaben zu vermeiden. Bisher erging, wenn die Prüfung ohne Beanstandungen geblieben war, kein Betriebsprüfungsbescheid, das Ergebnis der Betriebsprüfung wurde dann lediglich in Form einer *Prüfmitteilung* bekannt gegeben[672], vgl. § 7 Abs. 4 BVV. Die Prüfmitteilung enthielt lediglich eine (unverbindliche) Information des Versicherungsträgers über die zurückliegende Betriebsprüfung und setzte dem Arbeitgeber gegenüber keine verbindliche – regelnde oder feststellende – Rechtsfolge[673]. Sie sollte keinen Verwaltungsakt darstellen und konnte somit nicht angefochten werden[674]. Die neue Rechtsprechung wird zu mehr Rechtssicherheit führen, weil zukünftig Statuseinordnungen des Arbeitgebers, die von der Rentenversicherung geprüft aber nicht beanstandet wurden, ausdrücklich als Prüfungsergebnis festzustellen sind und diese Feststellungen für die Zukunft Vertrauensschutz vermitteln.

---

670 s. BSG, Urt. v. 14.03.2018 – B 12 KR 12/17 R, zitiert nach juris.

671 Terminbericht des BSG Nr. 41/19 zum Versicherungs- und Beitragsrecht, Entscheidungen vom 19.09.2019 zu den Aktenzeichen: B 12 R 25/18 R, B 12 KR 21/19 R, B 12 R 7/19 R und B 12 R 9/19 R, zitiert nach juris.

672 Vgl. *Scheer*, in: jurisPK-SGB IV, § 28p Rn. 193.

673 Vgl. BSG, Urt. v. 30.10.2013 – B 12 AL 2/11 R, BSGE 115, 1 ff.; s. auch *Scheer*, in: jurisPK-SGB IV, § 28p Rn. 193.

674 Vgl. BSG, Urt. v. 30.10.2013 – B 12 AL 2/11 R, BSGE 115, 1 ff.; vgl. auch: *Scheer*, in: jurisPK-SGB IV, § 28p Rn. 193; *Brand*, NZS 2013, 641, 645.

Der *Prüfbericht* hingegen ist nicht für den geprüften Arbeitgeber bestimmt, er hält das Ergebnis der Betriebsprüfung für den Versicherungsträger fest[675]. Der Prüfbericht kann von dem betroffenen Arbeitgeber im Rahmen seines Akteneinsichtsrechts nach § 25 SGB X eingesehen werden[676]. Eine entlastende Außenwirkung kommt ihm nicht zu, da er vorrangig ein internes Dokument ist[677]. Die Prüfmitteilung ist mangels Verwaltungsaktsqualität nicht anfechtbar.

Ist ein Betriebsprüfungsbescheid ergangen, ist dieser gem. § 28p Abs. 1 Satz 5 SGB IV „gegenüber den Arbeitgebern" bekanntzugeben. Ein Prüfbescheid hat *Drittwirkung* gegenüber den Beschäftigten des Arbeitgebers, wenn er deren Versicherungs- und Beitragspflicht feststellt. Denn diese Feststellungen haben Auswirkungen auf die Ansprüche des Beschäftigten gegen die Sozialversicherung. Die rechtsgestaltende Wirkung des Statusfeststellungsbescheides für Mitarbeiter ergibt sich beispielsweise daraus, dass die Rentenanwartschaften von der Entrichtung der Beiträge abhängen[678]. Ergeht gegen den Arbeitgeber ein solcher Verwaltungsakt mit Drittwirkung, ist der Bescheid auch den betroffenen Beschäftigten mitzuteilen und dies mit dem Hinweis verbinden, dass sie als Drittbetroffene berechtigt sind, dagegen Widerspruch einzulegen[679].

Alternativ hat die Prüfbehörde die Befugnis zum Erlass von *abgeleiteten Verwaltungsakten* gegenüber drittbetroffenen Arbeitnehmern[680]. Der prüfende Rentenversicherungsträger ist funktionell zuständig, Verwaltungsakte unmittelbar gegenüber den Beschäftigten zu erlassen, wenn deren Versicherungspflicht in der Kranken-, Pflege- und Rentenversicherung sowie nach dem Recht der Arbeitsförderung und zur Beitragshöhe betroffen ist[681]. Diese Befugnis ergibt sich systematisch daraus, dass der Träger der Rentenversicherung nach § 28p Abs. 1 SGB IV gesetzlich ermächtigt ist, Verwaltungsakte mit Drittbet-

675 Vgl. BSG, Urt. v. 30.11.1978 – 12 RK 6/76, BSGE 47, 194 ff.; BSG, Urt. v. 29.07.2003 – B 12 AL 1/02 R, zitiert nach juris.

676 s. *Brand*, NZS 2013, 641, 645.

677 s. BSG, Urt. v. 29.07.2003 – B 12 AL 1/02 R, zitiert nach juris.

678 Vgl. etwa BSG, Urt. v. 22.06.1983 – 12 RK 73/82, BSGE 55, 160.

679 s. LSG Berlin-Brandenburg, Urt. v. 12.08.2005 – L 1 KR 66/02, zitiert nach juris.

680 s. BSG, Urt. v. 17.12.2014 – B 12 R 13/13 R, zitiert nach juris; LSG Berlin-Brandenburg, Urt. v. 12.08.2005 – L 1 KR 66/02, zitiert nach juris.

681 s. BSG, Urt. v. 17.12.2014 – B 12 R 13/13 R, zitiert nach juris.

roffenheit zu erlassen[682]. Der Gesetzgeber hat die Wirkungen eines Betriebsprüfungsbescheides nicht auf den Arbeitgeber beschränkt[683].

Nach § 28p Abs. 3 SGB IV unterrichtet die prüfende Rentenversicherung zudem die Einzugsstellen über Nachforderungen. Denn diese sind für den Einzug der im Betriebsprüfungsbescheid festgesetzten Forderungen zuständig[684]. Die prüfende Rentenversicherung teilt nach § 28p Abs. 1c Satz 1 SGB IV auch der jeweiligen Unfallversicherung die Feststellungen aus der Betriebsprüfung mit. Denn nach § 166 Abs. 2 SGB VII wird die unfallversicherungsrechtliche Prüfung bei den Arbeitgebern grundsätzlich von den Trägern der Rentenversicherung im Rahmen ihrer Prüfung nach § 28p SGB IV durchgeführt, sie erfolgt insofern im Auftrag der Unfallversicherung. Die Träger der Unfallversicherung erlassen § 28p Abs. 1c Satz 2 SGB IV sodann in eigener Zuständigkeit die erforderlichen Bescheide.

Gegen den Betriebsprüfungsbescheid ist der *Widerspruch* statthaft. Aufgrund der Drittbetroffenheit sind auch die Beschäftigten des Arbeitgebers, soweit Feststellungen im Bescheid sie betreffen, berechtigt, gegen den Bescheid Widerspruch einzulegen[685]. Die Rentenversicherungsträger sind gem. § 28p Abs. 1 Satz 5 SGB IV auch für die Durchführung des Widerspruchsverfahrens und den Erlass des Widerspruchsbescheides zuständig.

d) Das Abtastverfahren

Die Berechnung der Beitragsschuld im Betriebsprüfungsbescheid erfolgt in der Praxis insbesondere bei Schwarzlohnzahlungen nach dem sog. Abtastverfahren. Nach § 14 Abs. 2 Satz 2 SGB IV gilt bei illegalen Beschäftigungsverhältnissen ein Nettoarbeitsentgelt als vereinbart, wenn Steuern und Beiträge zur Sozialversicherung und zur Arbeitsförderung nicht gezahlt wurden. Ein *„illegales Beschäftigungsverhältnis“* liegt in objektiver Hinsicht vor, wenn zentrale arbeitgeberbezogene

682 Vgl. SG Berlin-Brandenburg, Urt. v. 12.08.2005 – L 1 KR 66/02, zitiert nach juris; BSG, Urt. v. 17.12.2014 – B 12 R 13/13 R, zitiert nach juris.

683 Vgl. hierzu: BSG, Urt. v. 17.12.2014 – B 12 R 13/13 R, zitiert nach juris.

684 s. *Kreikebohm*, in: Kreikebohm SGB IV, § 28p Rn. 24.

685 s. BSG, Urt. v. 11.11.2003 – B 12 KR 5/03 R, zitiert nach juris.

Pflichten des Sozialversicherungsrechts (Zahlungs-, Melde-, Aufzeichnungs-, Nachweispflichten) verletzt werden. Als subjektives Element muss die Pflichtverletzung dem Arbeitgeber im Sinne eines mindestens bedingten Vorsatzes vorwerfbar sein, damit ein Nettoarbeitsentgelt als vereinbart gilt.[686] Bei schlichten Berechnungsfehlern und bloßen (einfachen) versicherungs- und beitragsrechtlichen Fehlbeurteilungen ist § 14 Abs. 2 Satz 2 SGB IV nicht anzuwenden[687]. Es sind für die Annahme von bedingtem Vorsatz ähnliche Erwägungen maßgebend, wie sie bei der Prüfung von § 25 Abs. 1 Satz 2 SGB IV entwickelt wurden[688] (vgl. zum Vorsatz im Rahmen des § 25 Abs. 1 Satz 2 SGB IV unter: VII.3.g).

In der Verwaltungspraxis wird regelmäßig im sog. Abtastverfahren ein (Brutto-) Arbeitsentgelt ermittelt, das nach Abzug der darauf entfallenden Steuern und Beitragsanteile das ausgezahlte Nettoentgelt ergibt ("Hochrechnung" des Nettoentgelts). Damit werden Arbeitnehmer im Ergebnis so gestellt, als wenn sie ein in der angegebenen Weise ermitteltes Bruttoentgelt erhalten hätten, von dem entsprechende Beiträge entrichtet worden sind. Das ist vor allem für Ansprüche gegen die Rentenversicherung von Bedeutung, deren Leistungen entscheidend von der Höhe der entrichteten Beiträge abhängen.[689] Das Abtastverfahren als Berechnungsmethode ist im Gesetz nicht geregelt, aber höchstrichterlich gebilligt[690]. Die Hochrechnung des Nettoentgelts erhöht die nachzufordernden Beiträge erheblich. Der auf diese Weise hochgerechnete Bruttolohn wird auch im Rahmen des § 266a StGB bei der Berechnung des strafrechtlichen Schadens zu berücksichtigen und hat dadurch Auswirkungen auf die Strafzumessung.[691]

686 Vgl. BSG, Urt. v. 09.11.2011 – B 12 R 18/09 R, zitiert nach juris.

687 Vgl. BSG, Urt. v. 09.11.2011 – B 12 R 18/09 R, zitiert nach juris; LSG Bayern, Beschl. v. 29.10.2014 – L 5 R 868/14 B ER, zitiert nach beck-online.

688 So: BSG, Urt. v. 09.11.2011 – B 12 R 18/09 R, zitiert nach juris; a.A. LSG Baden-Württemberg, Urt. v. 20.10.2015 – L 11 R 3898/14, zitiert nach juris.

689 Vgl. BSG, Urt. v. 22.09.1988 – 12 RK 36/86, zitiert nach juris.

690 s. BSG, Urt. v. 22.09.1988 – 12 RK 36/86, zitiert nach juris; BSG, Urt. v. 19.12.1995 – 12 RK 39/94, zitiert nach juris; BSG, Urt. v. 09.11.2011 – B 12 R 18/09 R, zitiert nach juris.

691 Vgl. *Diepenbrock*, NZS 2016, 127, 131.

e) Der Summenbescheid

Nach § 28f Abs. 2 Satz 1 SGB IV kann der prüfende Träger der Rentenversicherung den Beitrag zur Kranken-, Pflege- und Rentenversicherung sowie nach dem Recht zur Arbeitsförderung von der „Summe" der vom Arbeitgeber gezahlten Arbeitsentgelte geltend machen, wenn der Arbeitgeber seine Aufzeichnungspflicht nicht ordnungsgemäß erfüllt hat und dadurch die Versicherungs- oder Beitragspflicht oder die Beitragshöhe nicht festgestellt werden kann. Charakteristisch für einen solchen Summenbescheid (auch: Beitragssummenbescheid) ist der Verzicht auf die eigentlich erforderliche Personenbezogenheit der Feststellungen. Erfolgt hingegen eine Schätzung der Höhe der Entgelte (siehe zur Schätzung unter VII.3.f) bei fortbestehender personenbezogener Feststellung, liegt kein Summenbescheid vor.[692]

Die in § 28f Abs. 2 Satz 1 SGB IV vom Gesetzgeber gebrauchte Formulierung „kann (…) geltend machen" ist im Sinne einer Kompetenzzuweisung, nicht aber im Sinne einer Einräumung von Ermessen zu interpretieren[693]. *Zuständig* für den Erlass des Summenbescheides ist der betriebsprüfende Rentenversicherungsträger. Ihm steht kein Ermessen zu, ob er einen Beitragssummenbescheid erlässt. Ein solcher darf nur ergehen, wenn materiellrechtlich die engen gesetzlichen Voraussetzungen erfüllt sind:

Erste Voraussetzung für einen Summenbescheid ist nach § 28f Abs. 2 Satz 1 SGB IV, dass der Arbeitgeber seine *Aufzeichnungspflicht* nicht ordnungsgemäß erfüllt hat. Auf ein Verschulden des Arbeitgebers kommt es nicht an[694]. Auch bedarf es keiner Kenntnis des Arbeitgebers vom konkreten Inhalt der ihn treffenden sozialversicherungsrechtlichen Pflichten. Grund dafür ist, dass die ausnahmslose Aufzeichnungspflicht gerade dazu dient, Fragen der Versicherungs- und Beitragspflicht rückwirkend prüfen zu können.[695] Die Aufzeichnungspflicht des Arbeitgebers/Auftraggebers ist umfassend. Auch in der Weigerung eines Arbeitgebers, die für eine Betriebsprüfung notwendi-

692 Vgl. BSG, Urt. v. 16.12.2015 – B 12 R 11/14 R, BSGE 120, 209 ff.

693 s. LSG Niedersachsen-Bremen, Urt. v. 24.01.2018 – L 2 R 245/17, zitiert nach juris.

694 Vgl. BSG, Urt. v. 07.02.2002 – B 12 KR 12/01 R, BSGE 89, 158 ff.

695 s. BSG, Urt. v. 16.12.2015 – B 12 R 11/14 R, BSGE 120, 209 ff.

gen Unterlagen vorzulegen, liegt eine Verletzung der Aufzeichnungspflicht[696].

Nach § 28f Abs. 2 Satz 2 SGB IV muss als zweite Voraussetzung eines Summenbescheides geprüft werden, ob ohne *unverhältnismäßig großen Verwaltungsaufwand* festgestellt werden kann, dass Beiträge nicht zu zahlen waren oder Arbeitsentgelt einem bestimmten Beschäftigten zugeordnet werden kann. Die Anforderungen an die Ermittlungstätigkeit der Rentenversicherung sind hoch. Denn die Feststellung der Versicherungspflicht und Beitragshöhe im Prüfbescheid hat grundsätzlich personenbezogen zu erfolgen[697]. Dies dient insbesondere dem Schutz des Arbeitnehmers, der bei Erlass eines Summenbescheides Gefahr läuft, seinen aus den zu entrichtenden Beiträgen folgenden Individualanspruch auf soziale Leistungen zu verlieren[698]. Eine personenbezogene Feststellung der Versicherungs- und Beitragspflicht im Betriebsprüfungsbescheid hat immer Vorrang gegenüber einem Summenbescheid, da die Leistungen der Sozialversicherung von der Beitragszahlung in das Versicherungskonto des jeweiligen Versicherten abhängen. Insbesondere Rentenanwartschaften werden in der Regel nur erworben, wenn die Beitragsentrichtung nachgewiesen ist[699], zudem hängt die Höhe der Rentenansprüche von der Höhe des Arbeitsentgeltes ab. Auch in der Arbeitslosenversicherung richtet sich die Höhe der Leistungen nach dem beitragspflichtigen Arbeitseinkommen. Personenbezogene Feststellungen sind deshalb auch dann zu treffen, wenn diese mit erheblichen Schwierigkeiten verbunden und nur unter Inkaufnahme eines verwaltungsmäßigen Mehraufwandes erreichbar sind[700]. Es ist nicht ausreichend für einen Summenbescheid, wenn der Arbeitgeber seine Aufzeichnungspflicht verletzt und die Aufklärung des Sachverhalts dadurch erschwert, aber nicht unmöglich gemacht hat[701].

696 s. LSG Baden-Württemberg, Urt. v. 13.12.2017 – L 5 R 2789/15, zitiert nach juris.

697 Vgl. BSG, Urt. v. 16.12.2015 – B 12 R 11/14 R, zitiert nach juris.

698 Vgl. *Barkow*, DStR 2015, 901, 903.

699 Vgl. BSG, Urt. v. 17.12.1985 – 12 RK 30/83, BSGE 59, 235 ff.; BSG, Urt. v. 07.02.2002 – B 12 KR 12/01 R, BSGE 89, 158 ff.; BSG, Urt. v. 16.12.2015 – B 12 R 11/14 R, BSGE 120, 209 ff.

700 s. LSG Bayern, Beschl. v. 21.10.2013 – L 5 R 605/13 B ER, zitiert nach juris.

701 Vgl. BSG, Urt. v. 06.03.1986 – 12 RK 26/85, zitiert nach juris

Die fraglichen Tatsachen sind von Amts wegen zu ermitteln[702]. Allerdings dürfen die Anforderungen an die Ermittlungstätigkeit nicht überspannt werden. Bei der Bewertung, ob ein Summenbescheid zulässig ist, ist die Anzahl der Betroffenen Arbeitnehmer zu berücksichtigen, ebenso der Umstand, ob deren Kontaktdaten vorhanden oder ermittelbar sind und ob die Beitragsbemessung sich nach unterschiedlichen Verhältnissen richtet (Jahresarbeitsentgelt, Beitragsbemessungsgrenzen, Beitragssätze)[703]. Ermöglichen die Aufzeichnungen des Arbeitgebers in Verbindung mit ergänzenden Ermittlungen der Rentenversicherung keine verlässlichen Rückschlüsse auf die betroffenen Beschäftigten (etwa weil Aliasnamen gebraucht worden sind oder weil das Geburtsdatum und/oder die Anschrift des Beschäftigten vom Arbeitgeber nicht oder unzutreffend erfasst worden sind und auch sonst ein Rückschluss auf ein konkretes Versicherungskonto mangels hinreichender Angaben nicht oder nur mit unverhältnismäßigen Aufwand möglich ist), dann kommt nur der Erlass eines Summenbescheides in Betracht[704]. Insbesondere ist ein Beitragssummenbescheid berechtigt, wenn hinreichend nachvollziehbare und konkrete Unterlagen zu Einzelheiten von erheblichen Schwarzlohnzahlungen fehlen[705].

Auch wenn die personenbezogene Beitragsbemessung aufgrund der *geringen Höhe der einzelnen Zahlungen* versicherungsrechtlich nur geringe Bedeutung hat und der Arbeitgeber Zahlungen in großer Zahl nicht personenbezogen erfasst hat, so dass die Arbeitsentgelte einer bestimmten Person nicht ohne ganz erheblichen Verwaltungsaufwand zugeordnet werden können, ist nach der Rechtsprechung ein Summenbescheid gerechtfertigt[706]. Diese Rechtsprechung kann so nicht aufrechterhalten werden. Es überzeugt lediglich der Ansatz, dass ein (zu einem Summenbescheid berechtigender) unverhältnismäßiger Verwaltungsaufwand vorliegen kann, wenn besonders viele Mitarbeiter betroffen sind und weitere Ermittlungserschwernisse hinzutreten.

702 s. BSG, Urt. v. 06.03.1986 – 12 RK 26/85, zitiert nach juris.

703 Vgl. BSG, Urt. v. 07.02.2002 – B 12 KR 12/01 R, BSGE 89, 158 ff.

704 Vgl. LSG Niedersachsen-Bremen, Urt. v. 20.04.2016 – L 2 R 558/15, zitiert nach juris.

705 s. LSG Niedersachsen-Bremen, Urt. v. 24.01.2018 – L 2 R 245/17, zitiert nach juris.

706 Vgl. BSG, Urt. v. 07.02.2002 – B 12 KR 12/01 R, zitiert nach juris.

Ein Summenbescheid wäre danach beispielsweise denkbar, wenn keine personenbezogenen Versicherungskonten angelegt werden können, weil die aktuellen *Kontaktdaten* der früher tätigen ausländischen Scheinselbstständigen fehlen und entsprechende Anfragen im Herkunftsland ohne Erfolg blieben. Insbesondere in Ländern ohne Einwohnermeldeamtssystem ist die Adressermittlung erfahrungsgemäß schwierig. Auch wenn von den früher tätigen Scheinselbstständigen lediglich der Name bekannt ist, aber weder Geburtsdatum noch Geburtsort, ist eine Individualisierung kaum möglich.

Der zweite vom BSG angeführte Aspekt, dass eine *geringe Höhe der einzelnen Zahlungen* für die Zulässigkeit von Summenbescheiden spricht, dürfte allerdings nach neuerer Gesetzeslage für den Häufigen Fall des „Minijobbers" nicht aufrechterhalten werden können. Die BSG-Rechtsprechung stammt aus dem Jahre 2002. Seit dem Jahre 2013 sind jedoch auch geringfügig Beschäftigte nach § 8 Abs. 1 Nr. SGB IV, bei denen das regelmäßige Arbeitsentgelt im Monat 450 Euro nicht übersteigt, grundsätzlich versicherungspflichtig in der gesetzlichen Rentenversicherung, so dass auch ein geringer Verdienst merkliche Auswirkungen auf die Rentenanwartschaften haben kann. Aufgrund von Art. 4 Nr. 3 des Gesetzes zu Änderungen im Bereich der geringfügigen Beschäftigung (BeschÄndG) v. 05.12.2012[707] ist § 5 Abs. 2 SGB VI neu gefasst und die Versicherungsfreiheit für diese Fallgruppe gestrichen worden. Durch die Einbeziehung der „Minijobber" in die Rentenversicherungspflicht haben deren Beiträge zur Rentenversicherung mittlerweile durchaus Relevanz für den jeweiligen Versicherten, so dass ein Interesse an personenbezogener Feststellung nicht von der Hand zu weisen ist. Zum einen erhöht die monatliche Beitragszahlung für den einzelnen Versicherten den Rentenanspruch im Alter. Zum anderen können durch die monatliche Beitragszahlung Lücken im Rentenkonto der Betroffenen verhindert und beispielsweise die versicherungsrechtlichen Voraussetzungen einer Erwerbsminderungsrente aufrechterhalten oder geschaffen werden[708]. Die durchgehende Belegung mit Beitragszeiten im Rentenkonto kann auch relevant sein, um

707 BGBl I 2012, 2474.

708 Nach § 43 Abs. 1 Nr. 2 SGB VI haben Versicherte bis zum Erreichen der Regelaltersgrenze nur dann Anspruch auf Rente wegen Erwerbsminderung, wenn sie in den letzten fünf Jahren vor Eintritt der Erwerbsminderung drei Jahre Pflichtbei-

Wartezeiten für spätere Rentenansprüche zu erfüllen oder Anspruchsvoraussetzungen aufrechterhalten. Es hat auf die Beurteilung der Verhältnismäßigkeit eines Summenbescheides keinen Einfluss, ob der Minijobber bei Kenntnis der Beitragspflicht eine Befreiung von der Versicherungspflicht gewollt hätte. Denn nach § 6 Abs. 1b SGB VI kann nur auf tatsächlichen Antrag des Beschäftigten eine Befreiung von der Versicherungspflicht ausgesprochen werden. Diese Befreiung gilt nach § 6 Abs. 4 SGB VI sodann lediglich für die Zukunft. Eine Befreiung für die Vergangenheit ist nicht möglich, sie kann also im Rahmen einer Betriebsprüfung nicht rückwirkend beantragt werden. Wenn allerdings in das Rentenkonto des geringfügig Beschäftigten bereits aus parallel ausgeübter, weiterer Beschäftigung Pflichtbeiträge zur Rentenversicherung in Höhe der Beitragsbemessungsgrenze gezahlt werden, kann der zusätzlich ausgeübte Minijob nicht zu höheren Rentenanwartschaften führen, so dass ein Interesse an personenbezogener Feststellung zu verneinen ist. Das gleiche gilt bei kurzfristig Beschäftigten nach § 8 Abs. 1 Nr. 2 SGB IV. Sie sind gem. § 5 Abs. 2 Satz 1 Nr. 1 SGB VI weiterhin versicherungsfrei in der gesetzlichen Rentenversicherung. Für diese Fallgruppe ist also die Rechtsprechung weiterhin anwendbar, wonach wegen fehlender Auswirkungen auf das Rentenversichertenkonto des Beschäftigten kein besonderes Interesse an einer personenbezogenen Feststellung vorliegt.

Die Beurteilung des Rentenversicherungsträgers, ob wegen des unzumutbaren Ermittlungsaufwands ein Summenbescheid verhältnismäßig war, unterliegt der vollen *gerichtlichen Überprüfung*[709]. Die Rentenversicherung darf über den Erlass eines Summenbescheides und damit über die Verhältnismäßigkeit einer personenbezogenen Beitragserhebung nur bis zum Abschluss des Vorverfahrens entscheiden. Es ist insofern auf den Zeitpunkt des Erlasses des Widerspruchsbescheides abzustellen.[710]

---

träge für eine versicherte Beschäftigung oder Tätigkeit haben (sog. 3/5-Belegung).

709 Vgl. BSG, Urt. v. 07.02.2002 – B 12 KR 12/01 R, BSGE 89, 158 ff.; BSG, Urt. v. 16.12.2015 – B 12 R 11/14 R, BSGE 120, 209 ff.; LSG Niedersachsen-Bremen, Urt. v. 24.01.2018 – L 2 R 245/17, zitiert nach juris.

710 Vgl. BSG, Urt. v. 07.02.2002 – B 12 KR 12/01 R, BSGE 89, 158 ff.; BSG, Urt. v. 16.12.2015 – B 12 R 11/14 R, BSGE 120, 209 ff.

War der Erlass eines Summenbescheides zum Zeitpunkt des Widerspruchsbescheides verhältnismäßig, so sind *nachträglich erstellte Lohnunterlagen* für die Rechtmäßigkeit des Summenbescheides irrelevant. Das geprüfte Unternehmen kann mit einem erst im Prozess vorgetragenen Vorbringen zu einzelnen Beschäftigten den Summenbescheid nicht mehr zu Fall bringen. Vielmehr müsste der Beitragsschuldner, wenn er später noch eine personenbezogene Beitragsbemessung anstrebt, das Verwaltungsverfahrens zum Summenbescheid abschließen und sodann gesondert ein Widerrufsverfahren nach § 28f Abs. 2 Satz 5 SGB IV durchführen.[711] Es handelt sich hierbei um eine spezielle Verfahrensvorschrift für die *Überprüfung von Summenbescheiden*[712]. Werden ordnungsgemäße Aufzeichnungen vorgelegt, aus denen sich sämtliche, zur Beurteilung der Versicherungs- und Beitragspflicht maßgeblichen Angaben sicher ergeben, ist der Summenbescheid im Überprüfungsverfahren aufzuheben[713].

f) Die Schätzung der Höhe des Arbeitsentgelts

Nach § 28f Abs. 2 Satz 3 SGB IV (in der Fassung vom 17.07.2017, gültig ab dem 01.07.2018) hat der prüfende Träger der Rentenversicherung die Höhe der Arbeitsentgelte im Rahmen einer Betriebsprüfung zu schätzen, soweit er sie nicht oder nicht ohne unverhältnismäßig großen Verwaltungsaufwand ermitteln kann. Die Schätzung ist sowohl im Rahmen von *Summenbescheiden* zulässig als auch in Fällen, in denen zwar eine personenbezogene Zuordnung möglich ist, aber die genaue *Entgelthöhe* nicht ermittelt werden kann[714].

711 Vgl. BSG, Urt. v. 07.02.2002 – 12 KR 12/01 R, zitiert nach juris; LSG Niedersachsen-Bremen, Urt. v. 24.01.2018 – L 2 R 245/17, zitiert nach juris.

712 Vgl. *Werner*, in: jurisPK-SGB IV, § 28f Rn. 71.

713 Vgl. *Werner*, in: jurisPK-SGB IV, § 28f Rn. 73.

714 s. BSG, Urt. v. 16.12.2015 – B 12 R 11/14 R, BSGE 120, 209 ff. Wie das BSG ausführt, sprechen zwar Gesetzesbegründung und Systematik des Gesetzes zunächst dafür, eine Schätzung ausschließlich im Rahmen eines Beitragssummenbescheides zuzulassen, der Wortlaut des § 28 f Abs. 2 Satz 2 SGB IV sehe eine entsprechende Beschränkung aber nicht vor. Auch nach dem Sinn und Zweck der Vorschrift sei die Schätzungsbefugnis nicht auf den Fall eines Summenbescheides zu begrenzen, denn die Schätzung bei personenbezogener Zuordnung sei für die Be-

Es bedarf seitens der betriebsprüfenden Rentenversicherung einer Beurteilung im Einzelfall, ob die Voraussetzungen einer Schätzung der Höhe der Arbeitsentgelte vorliegen:

Erste Voraussetzung für die Schätzungsbefugnis ist (ebenso wie bei einem Beitragssummenbescheid), dass der Arbeitgeber seine *Aufzeichnungspflicht* verletzt hat[715]. Auch in der Weigerung des Arbeitgebers, die für eine Betriebsprüfung notwendigen Unterlagen vorzulegen, liegt eine Verletzung der Aufzeichnungspflicht[716]. Die Aufzeichnungspflicht des Arbeitgebers ist verletzt, wenn er Lohnunterlagen nicht oder unzureichend führt oder seine Dokumentationen im Rahmen der Betriebsführung nicht vorlegt[717]. Auf *Verschulden* des Arbeitgebers bei der Verletzung der Aufzeichnungspflichten oder auf Kenntnis vom konkreten Inhalt der Aufzeichnungspflichten kommt es dabei nicht an. Denn die ausnahmslose Aufzeichnungspflicht dient gerade dazu, Fragen der Versicherungs- und Beitragspflicht rückwirkend prüfen zu können.[718] Sollte der Arbeitgeber gutgläubig gewesen sein, erfolgt ein Interessenausgleich in der Regel über die Verjährungsregeln[719].

Zweite Voraussetzung für die Schätzung der Entgelthöhe ist eine *Abwägung* zwischen dem im Einzelfall erwarteten Verwaltungsaufwand und den Interessen des Versicherten wie auch des Arbeitgebers. Allein eine hohe Anzahl von Arbeitnehmern begründet für sich genommen noch keinen unverhältnismäßigen Verwaltungsaufwand. Die Rentenversicherungsträger haben sich im Rahmen ihrer Amtsermittlungspflicht nach §§ 20 ff. SGB X grundsätzlich aller in Betracht kommenden Beweismittel zu bedienen. Die Prüfbehörde kann bei-

---

schäftigten das mildere Mittel gegenüber einer Schätzung der Gesamtlohnsumme Da die nachgezahlten Beiträge erst durch eine personenbezogene Zuordnung in individuelle Ansprüche der Beschäftigten erwachsen, bestehe ein erhebliches Interesse der Versicherten an einer personenbezogenen Schätzung der Höhe des Arbeitsentgeltes. Eine Schätzung müsse demnach erst recht zulässig sein, wenn das Entgelt einzelner Arbeitnehmer personenbezogen geschätzt wird, weil infolge der Verletzung von Aufzeichnungspflichten zwar eine personenbezogene Zuordnung möglich ist, nicht aber die genaue Bestimmung der Entgelthöhe.

715 Vgl. LSG Baden-Württemberg, Urt. v. 13.12.2017 – L 5 R 2789/15, zitiert nach juris.

716 s. LSG Baden-Württemberg, Urt. v. 13.12.2017 – L 5 R 2789/15, zitiert nach juris.

717 s. BSG, Urt. v. 04.09.2018 – B 12 R 4/17 R, zitiert nach juris.

718 Vgl. BSG, Urt. v. 16.12.2015 – B 12 R 11/14 R, BSGE 120, 209 ff.

719 Vgl. BSG, Urt. v. 16.12.2015 – B 12 R 11/14 R, BSGE 120, 209 ff.

spielsweise Auskünfte bei den Versicherten selbst oder anderen Stellen einholen. Je genauer eine Schätzung möglich ist, desto geringer sind die zu befürchtenden Nachteile für Versicherte und Arbeitgeber und desto geringer sind die Anforderungen an den Ermittlungsaufwand.[720]

Die Höhe des geschätzten Arbeitsentgeltes ist so exakt festzulegen, wie dies unter Wahrung eines verhältnismäßigen Verwaltungsaufwands möglich ist[721]. Die *Schätzung soll der Wirklichkeit möglichst nahe kommen*[722]. Ein Ermessensspielraum kommt den Prüfbehörden nicht zu[723]. Die Schätzung ist nicht zu beanstanden und bis zum Nachweis der tatsächlichen Höhe des Arbeitsentgelts verbindlich, wenn sie auf sorgfältig ermittelten Tatsachen gründet und nachvollziehbar ist, weil sie insbesondere nicht gegen Denkgesetze und Erfahrungssätze verstößt[724]. Dies gilt auch dann, wenn das Ergebnis für den Beitragsschuldner nicht das günstigste ist[725]. Für die Festlegung des monatlichen Arbeitsentgelts eines Beschäftigten ist als Schätzgrundlage das am Beschäftigungsort ortsübliche Arbeitsentgelt mit zu berücksichtigen[726]. Eine Schätzung kann sich nach dem branchenüblichen Lohn, der tariflichen Arbeitszeit und üblicherweise geleisteten Überstunden, nach allgemeinen Durchschnittsverdiensten, nach den konkreten steuerlichen Verhältnissen oder nach dem Umsatz des Arbeitgebers richten[727].

Die Rentenversicherungsträger dürfen ihrer Schätzung auch eine *tatsächliche Verständigung* zwischen Arbeitgeber/Auftraggeber und Finanzamt zugrunde legen[728]. Hat ein Arbeitgeber im Rahmen einer mit der Finanzverwaltung erzielten tatsächlichen Verständigung Schwarz-

720 s. BSG, Urt. v. 16.12.2015 – B 12 R 11/14 R, BSGE 120, 209 ff.

721 Vgl. BSG, Urt. v. 16.12.2015 – B 12 R 11/14 R, BSGE 120, 209 ff.; BSG, Beschl. v. 07.06.2018 – B 12 R 2/18 B, zitiert nach beck-online.

722 Vgl. LSG Niedersachsen-Bremen, Urt. v. 20.04.2016 – L 2 R 558/15, zitiert nach juris; *Werner*, in: jurisPK-SGB IV, § 28f Rn. 66.

723 Vgl. BSG, Urt. v. 25.02.1965 – 2 RU 36/60, BSGE 22,271 ff. (zur Vorgängervorschrift § 752 RVO a.F.); *Werner*, in: jurisPK-SGB IV, § 28f Rn. 66.

724 s. BSG, Beschl. v. 07.06.2018 – B 12 R 2/18 B, zitiert nach beck-online.

725 Vgl. *Werner*, in: jurisPK-SGB IV, § 28f Rn. 67.

726 Vgl. LSG Berlin-Brandenburg, Urt. v. 08.07.2016 – L 1 KR 405/14, zitiert nach juris.

727 s. Sächsisches LSG, Beschl. v. 08.12.2010 – L 1 B 1/08 KR-PKH, zitiert nach juris.

728 So etwa vorausgesetzt von: LSG Niedersachsen-Bremen, Urt. v. 01.03.2017 – L 2 R 476/16, zitiert nach juris.

lohnzahlungen in konkret benannter Höhe ausdrücklich eingeräumt, hat dies Eingeständnis Indizwirkung; ein nachfolgendes unsubstantiiertes Bestreiten steht der Berücksichtigung für eine Nacherhebung von Sozialversicherungsbeiträgen nicht entgegen[729]. Der Rentenversicherungsträger ist der Höhe nach jedoch nicht an die tatsächliche Verständigung gebunden und kann durchaus auch eine höhere Schätzung der Arbeitsentgelte vornehmen[730].

Grundsätzlich kann die Prüfbehörde für ihre Schätzung auch ein im Strafverfahren abgelegtes *Geständnis* des Arbeitgebers verwerten. Der Arbeitgeber, der einer strafgerichtlichen Beweiserhebung zuvorkommen will, indem er ein umfassendes Geständnis ablegt, muss sich in der Regel auch im sozialversicherungsrechtlichen Verwaltungsverfahren über die Nacherhebung von Beiträgen an diesem Geständnis festhalten lassen. Der prüfende Rentenversicherungsträger ist grundsätzlich nicht gezwungen, eine gerichtliche Beweiserhebung erneut durchzuführen.[731]

Ob eine Schätzung zulässig war, unterliegt der *vollen gerichtlichen Überprüfung*[732], denn es handelt sich nicht um eine Ermessensvorschrift, sondern um Sachverhaltsermittlung.

Maßgeblicher *Zeitpunkt* für die Beurteilung der Zulässigkeit ist der Erlass des Widerspruchsbescheides[733]. Der Arbeitgeber, der nach § 28f SGB IV nicht ordnungsgemäß aufgezeichnet hat, trägt die objektive *Beweislast*, dass zu diesem Zeitpunkt statt einer Schätzung der eigentlich richtige Betrag ohne unverhältnismäßigen Aufwand hätte festgestellt werden können[734].

729 Vgl. LSG Niedersachsen-Bremen, Urt. v. 01.03.2017 – L 2 R 476/16, zitiert nach juris.

730 Vgl. LSG Niedersachsen-Bremen, Urt. v. 24.01.2018 – L 2 R 245/17, zitiert nach juris.

731 Vgl. Sächsisches LSG, Beschl. v. 08.12.2010 – L 1 B 1/08 KR-PKH, zitiert nach juris.

732 So auch vorausgesetzt von: BSG, Urt. v. 16.12.2015 – B 12 R 11/14 R, BSGE 120, 209 ff.

733 s. BSG, Urt. v. 16.12.2015 – B 12 R 11/14 R, BSGE 120, 209 ff.

734 Vgl. LSG Berlin-Brandenburg, Urt. v. 08.07.2016 – L 1 KR 405/14, zitiert nach juris.

g) Die Einrede der Verjährung

Ansprüche auf Beiträge verjähren gem. § 25 Abs. 1 Satz 1 SGB IV grundsätzlich in *vier Jahren* nach Ablauf des Kalenderjahres, in dem sie fällig geworden sind. Bei Einhaltung des gesetzlich vorgesehenen Prüfungsintervalles für Betriebsprüfungen von vier Jahren kann das geprüfte Unternehmen der Nachforderung von Beiträgen also nicht die Einrede der Verjährung entgegenhalten. Der Lauf der Verjährungsfrist beginnt nach § 25 Abs 1 Satz 1 SGB IV mit Ablauf des Kalenderjahres, in dem die Beiträge fällig geworden sind.

Nach § 25 Abs. 2 Satz 2, 1. Halbsatz SGB IV ist die Verjährung für die Dauer einer Betriebsprüfung beim Arbeitgeber *gehemmt*. Nach § 25 Abs. 2 Satz 2, 2. Halbsatz SGB IV gilt diese Verjährungshemmung ausdrücklich auch für die auf Grund eines Werkvertrages für den Arbeitgeber tätigen Nachunternehmer und dessen weitere Nachunternehmer. Nach § 25 Abs. 2 Satz 6 SGB IV gilt die Verjährungshemmung bei sonstigen Versicherten sowie in Fällen der Nachversicherung und bei versicherungspflichtigen Selbstständigen entsprechend. Die Hemmung der Verjährung kann stets nur Beiträge erfassen, auf die sich die Betriebsprüfung beim Arbeitgeber erstreckt. Wird die Betriebsprüfung entgegen der ursprünglichen Ankündigung nachträglich auf einen früheren Zeitraum ausgedehnt, kann sich die Hemmung der Verjährung erst dann auf diesen Zeitraum erstrecken, wenn die *Ausdehnung der Prüfung* für den Arbeitgeber erkennbar ist[735]. Wird die Prüfung abgeschlossen, ohne den Prüfzeitraum zu verlängern, führt dies auch dann nicht zu einer weiteren Verjährungshemmung, wenn im Betriebsprüfungsbescheid angekündigt wird, man werde weitere Zeiträume prüfen; denn darin liegt keine Fortsetzung der Prüfung, sondern eine Ankündigung hinsichtlich anderer Ansprüche[736].

Abweichend von der regelmäßigen Verjährungsfrist ist in § 25 Abs. 1 Satz 2 SGB IV geregelt, dass Ansprüche auf *vorsätzlich vorenthaltene Beiträge* erst *30 Jahre* nach Ablauf des Kalenderjahres verjähren, in dem sie fällig geworden sind. Die 30-jährige Verjährung greift

735 Vgl. LSG Baden-Württemberg, Urt. v. 17.07.2012 – L 11 R 1582/10, zitiert nach beck-online.

736 s. ähnlich LSG Baden-Württemberg, Urt. v. 17.05.2017 – L 5 R 1109/14, zitiert nach beck-online.

nur, wenn der subjektive Tatbestand positiv festgestellt werden kann. Dieser ist anhand der konkreten Umstände des Einzelfalles und bezogen auf den betreffenden Beitragsschuldner durch Sachverhaltsaufklärung individuell zu ermitteln.[737]

Beiträge sind „vorsätzlich" vorenthalten, wenn bei dem Arbeitgeber in subjektiver Hinsicht mindestens *bedingter Vorsatz* vorliegt[738]. Hierfür ist ausreichend, dass der Beitragsschuldner seine Beitragspflicht für möglich gehalten, die Nichtabführung der Beiträge aber billigend in Kauf genommen hat[739]. Hingegen braucht die genaue Beitragshöhe nicht vom Vorsatz umfasst zu sein[740]. Die *Beweislast* für den subjektiven Tatbestand trifft im Zweifel den Versicherungsträger, der sich auf die für ihn günstige, lange Verjährung beruft[741]. Eine den Vorsatz indizierende Kenntnis von der Beitragspflicht kann nach der höchstrichterlichen Rechtsprechung regelmäßig angenommen werden, wenn für das gesamte Arbeitsentgelt, etwa bei "Schwarzarbeit", überhaupt keine Beiträge entrichtet wurden[742]. Auch die wissentliche Auszahlung von Teilschwarzlöhnen indiziert ein vorsätzliches Vorgehen im Sinne der Beitragshinterziehung, da typischerweise kaum eine andere Erklärung als eine vorsätzliche Beitragshinterziehung vorstellbar ist, wenn ein Arbeitgeber sehenden Auges nur einen Teil der tatsächlich erbrachten Lohnzahlungen in den Lohnunterlagen ausweist[743].

Da die Steuer- und Beitragspflicht von Lohn bzw. Arbeitsentgelt weitgehend übereinstimmen, kann auch dann auf das Wissen des Bei-

737 Vgl. BSG, Urt. v. 30.03.2000 – B 12 KR 14/99 R, zitiert nach juris.

738 Vgl. BSG, Urt. v. 16.12.2015 – B 12 R 11/14 R, BSGE 120, 209 ff.; LSG Niedersachsen-Bremen, Urt. v. 24.01.2018 – L 2 R 245/17, zitiert nach juris; LSG Niedersachsen-Bremen, Urt. v. 28.02.2018 – L 2 R 258/17, zitiert nach juris.

739 Vgl. BSG, Urt. v. 30.03.2000 – B 12 KR 14/99 R, zitiert nach juris; BSG, Urt. v. 18.11.2015 – B 12 R 7/14 R, zitiert nach juris; BSG, Urt. v. 16.12.2015 – B 12 R 11/14 R, BSGE 120, 209 ff.; LSG Niedersachsen-Bremen, Urt. v. 24.01.2018 – L 2 R 245/17, zitiert nach juris; LSG Niedersachsen-Bremen, Urt. v. 28.02.2018 – L 2 R 258/17, zitiert nach juris.

740 s. BSG, Urt. v. 30.03.2000 – B 12 KR 14/99 R, zitiert nach juris.

741 s. BSG, Urt. v. 30.03.2000 – B 12 KR 14/99 R, zitiert nach juris.

742 Vgl. BSG, Urt. v. 30.03.2000 – B 12 KR 14/99 R, zitiert nach juris; BSG, Urt. v. 16.12.2015 – B 12 R 11/14 R, BSGE 120, 209 ff.; LSG Niedersachsen-Bremen, Urt. v. 28.02.2018 – L 2 R 258/17, zitiert nach juris.

743 s. LSG Niedersachsen-Bremen, Urt. v. 28.02.2018 – L 2 R 258/17, zitiert nach juris.

tragspflichtigen um die Beitragspflicht geschlossen werden, wenn in einem Lohnsteuerprüfbericht bzw. einem *Lohnsteuerhaftungsbescheid* der Finanzverwaltung eine fehlende Versteuerung von Entgelt(bestandteilen) festgestellt worden ist[744]. Es wird davon ausgegangen, dass allgemein bekannt ist, dass Lohnsteuerhaftungsbescheide regelmäßig auch in sozialversicherungsrechtlicher Hinsicht Konsequenzen haben[745].

Eine den Vorsatz indizierende Kenntnis liegt zudem nahe, wenn Beiträge für *„übliche Nebenleistungen"* zum Arbeitsentgelt nicht gezahlt wurden und zwischen steuerrechtlicher und beitragsrechtlicher Behandlung eine bekannte oder ohne weiteres erkennbare Übereinstimmung besteht[746]. Im Umkehrschluss ist das Vorliegen von Vorsatz bei weniger üblichen Nebenleistungen, bei denen die Steuer- und Beitragspflicht inhaltlich nicht voll deckungsgleich sind, positiv festzustellen, denn Fehler bei der Beitragsentrichtung beruhen in diesen Fällen nicht selten nur auf fahrlässiger Rechtsunkenntnis[747]. Insbesondere wenn es sich um einen kleinen Betrieb handelt, bei dem der Arbeitgeber die Beitragsberechnung ohne Fachpersonal selbst vornimmt, bedarf es einer eingehenden Prüfung[748].

Handelt es sich bei dem Beitragsschuldner um eine juristische Person des Privatrechts, kommt es auf die Kenntnis zumindest eines Mitglieds eines Organs der juristischen Person von der Beitragspflicht an[749]. Das *Wissen eines vertretungsberechtigten Organmitglieds* ist als Wissen des Organs anzusehen und damit der juristischen Person zuzurechnen[750]. Darüber hinaus kann jedoch auch die Kenntnis weiterer, im Rahmen einer betrieblichen Hierarchie verantwortlicher Personen

744 Vgl. BSG, Urt. v. 18.11.2015 – B 12 R 7/14 R, zitiert nach juris; LSG Baden-Württemberg, Urt. v. 14.12.2016 – L 5 R 3187/15, zitiert nach juris.

745 So: BSG, Urt. v. 18.11.2015 – B 12 R 7/14 R, zitiert nach juris.

746 s. BSG, Urt. v. 30.03.2000 – B 12 KR 14/99 R, zitiert nach juris; BSG, Urt. v. 18.11.2015 – B 12 R 7/14 R, zitiert nach juris; BSG, Urt. v. 16.12.2015 – B 12 R 11/14 R, BSGE 120, 209 ff.

747 Vgl. BSG, Urt. v. 30.03.2000 – B 12 KR 14/99 R, zitiert nach juris; BSG, Urt. v. 16.12.2015 – B 12 R 11/14 R, BSGE 120, 209 ff.

748 Vgl. BSG, Urt. v. 30.03.2000 – B 12 KR 14/99 R, zitiert nach juris.

749 s. BSG, Urt. v. 16.12.2015 – B 12 R 11/14 R, BSGE 120, 209 ff.

750 Vgl. BGH, Urt. v. 08.12.1989 – V ZR 246/87, zitiert nach juris; BSG, Urt. v. 16.12.2015 – B 12 R 11/14 R, BSGE 120, 209 ff.

der juristischen Person zuzurechnen sein, nämlich dann, wenn keine Organisationsstrukturen geschaffen wurden, um entsprechende Informationen aufzunehmen und intern weiterzugeben[751].

Bloße *Fahrlässigkeit* schließt die Anwendung der 30-jährigen Verjährungsfrist aus. Dies gilt auch für die "bewusste Fahrlässigkeit", bei welcher der Handelnde die Möglichkeit der Pflichtverletzung zwar erkennt, jedoch darauf vertraut, die Pflichtverletzung werde nicht eintreten – im Gegensatz zu einem bedingt vorsätzlichen Handeln, bei dem der Erfolg billigend in Kauf genommen wird.[752]

Die 30-jährige Verjährungsfrist ist nach höchstrichterlicher Rechtsprechung auch dann anzuwenden, wenn ein *anfänglich gutgläubiger Beitragsschuldner* vor Ablauf der vierjährigen Verjährungsfrist bösgläubig geworden ist[753]. Die anfänglich vorhandene Gutgläubigkeit begründe keinen Vertrauensschutz, denn die Beiträge seien auch dann vorsätzlich vorenthalten, wenn der Schuldner seine bereits früher entstandene Beitragsschuld erkennt und die Entrichtung der rückständigen Beiträge dennoch willentlich unterlässt. In diesem Fall erfolge eine rückwirkende Umwandlung in eine dreißigjährige Verjährungsfrist.[754] Diese nachträgliche Erstreckung der Verjährung ist abzulehnen, denn eine verschuldensbasierte Haftung kommt in allen Rechtsgebieten stets nur dann in Frage, wenn die betreffende Person *in dem Zeitpunkt*, in dem die Pflichtwidrigkeit objektiv vorgelegen hat, dies erkannt und sich vorsätzlich oder fahrlässig rechtswidrig verhalten hat. Das Wissen um die Beitragspflicht zu einem späteren Zeitpunkt kann hingegen nicht rückwirkend etwas daran ändern, dass seinerzeit dieses Wissen nicht vorhanden war und ein vorsätzliches Vorenthalten nicht vorlag. § 25 Abs. 1 Satz 2 SGB IV normiert keine Gefährdungshaftung.[755]

---

751 Vgl. BGH, Urt. v. 15.12.2005 – IX ZR 227/04, zitiert nach juris; BSG, Urt. v. 16.12.2015 – B 12 R 11/14 R, BSGE 120, 209 ff.

752 s. BSG, Urt. v. 16.12.2015 – B 12 R 11/14 R, BSGE 120, 209 ff.

753 Vgl. BSG, Urt. v. 30.03.2000 – B 12 KR 14/99 R, zitiert nach juris; BSG, Urt. v. 17.04.2008 – B 13 R 123/07 R, zitiert nach juris; BSG, Urt. v. 18.11.2015 – B 12 R 7/14 R, zitiert nach juris; BSG, Urt. v. 16.12.2015 – B 12 R 11/14 R, BSGE 120, 209 ff.

754 s. BSG, Urt. v. 30.03.2000 – B 12 KR 14/99 R, zitiert nach juris.

755 So überzeugend: *Seewald*, SGb 2017, 78, 87.

h) Rechtsfolgen eines Betriebsprüfungsbescheides

Der Betriebsprüfungsbescheid richtet sich *gegen den Arbeitgeber*. Dieser ist Schuldner der festgesetzten Beitragsnachforderung. Er hat sowohl für den Arbeitgeberanteil als den Arbeitnehmeranteil einzustehen.

Der Arbeitgeber kann in der Regel keinen *Regress* bei seinen Beschäftigten nehmen, denn nach § 28 g Satz 1 und 3 SGB IV kann der Arbeitgeber einen Anspruch gegen den Beschäftigten auf den von diesem zu tragenden Teil des Gesamtsozialversicherungsbeitrages grundsätzlich nur bei den drei nächsten Lohn- oder Gehaltszahlungen geltend machen. Da der Prüfungszeitraum angesichts der Dauer von Betriebsprüfungsverfahren zum Zeitpunkt des Erlasses des Betriebsprüfungsbescheides länger als drei Monate in der Vergangenheit liegen wird, kann ein Lohnabzug nicht mehr erfolgen. Ausnahmsweise kann der Arbeitgeber den Anteil des Arbeitnehmers nach § 28g Satz 4 SGB IV auch später noch geltend machen, wenn der Beschäftigte die erforderlichen Angaben zur Meldung nach § 28o Abs. 1 SGB IV vorsätzlich oder grob fahrlässig nicht getätigt hat, er den Gesamtsozialversicherungsbeitrag allein zu tragen hat, oder er ausschließlich Sachbezüge erhält. Diese Fallgestaltungen sind in der Praxis recht selten. In aller Regel wird also der Arbeitgeber die festgesetzten Beitragsnachforderungen allein zu tragen haben.

Bei Betriebsprüfungen erfolgt die Erhebung von Gesamtsozialversicherungsbeiträgen zweigeteilt[756]. Die Überprüfung des Arbeitgebers einerseits sowie Geltendmachung von Beitragsansprüchen andererseits sind getrennte Verfahren[757]. Ein Betriebsprüfungsbescheid, mit dem der Rentenversicherungsträger eine Nachforderung von Gesamtsozialversicherungsbeiträgen geltend macht, der also ein Leistungs- und Zahlungsgebot enthält, stellt nur den Grundlagenbescheid für die Erhebung der Beiträge dar[758]. Die Einziehung und Vollstreckung der Beiträge ist in einem zweiten Schritt Sache der Einzugsstellen[759], sie er-

756 s. BSG, Urt. v. 15.09.2016 – B 12 R 2/15 R, zitiert nach juris.
757 Vgl. BSG, Urt. v. 28.05.2015 – B 12 R 16/13 R, zitiert nach juris.
758 s. BSG, Urt. v. 28.05.2015 – B 12 R 16/13 R, zitiert nach juris.
759 Vgl. *Wehrhahn*, in: Kasseler Kommentar SGB IV, § 28p Rn. 29.

folgt in einem gesonderten Verwaltungsverfahren[760]. Dabei sind die Einzugsstellen an die Feststellungen des betriebsprüfenden Rentenversicherungsträgers gebunden, sofern sie den Betriebsprüfungsbescheid nicht angegriffen haben. Der (Leistungs- bzw. Zahlungs-)Bescheid des Rentenversicherungsträgers schafft die Grundlage für die Verwirklichung der Ansprüche aus dem Beitragsschuldverhältnis; er vermittelt den Nachweis einer Rechtsstellung, ohne gleichzeitig bereits die Funktion eines Vollstreckungstitels im engeren Sinne zu haben, die Verwaltungsakten mit einem Leistungs- bzw. Zahlungsgebot üblicherweise zukommt[761]. Dementsprechend ist erst im Einzugsverfahren zu prüfen, ob ein solcher Bescheid vollstreckt werden darf[762]. *Vollstreckungshindernisse* wie etwa § 210 InsO sind also erst von den Einzugsstellen zu beachten, dementsprechend hindert das insolvenzrechtliche Vollstreckungsverbot den prüfenden Rentenversicherungsträger nicht, rückständige Gesamtsozialversicherungsbeiträge gegenüber dem Insolvenzverwalter durch Leistungs-/Zahlungsbescheid festzusetzen[763].

Auch die Entscheidung über einen Antrag auf *Stundung, Niederschlagung oder Erlass* gem. § 76 Abs. 2 SGB IV obliegt den Einzugsstellen[764]. Die wirtschaftliche Situation des Schuldners steht der Festsetzung der Beitragsnachforderung seitens der Rentenversicherung im Betriebsprüfungsbescheid nicht entgegen. Erst im Beitragseinzugsverfahren ist seitens der Einzugsstellen auf Antrag ein (vorübergehender) Verzicht auf die Vollstreckung zu prüfen.

i) Vertrauensschutz durch abgeschlossene Betriebsprüfungen

Immer wieder taucht in der Praxis die Frage auf, ob ein Betriebsprüfungsbescheid Vertrauensschutz begründet. In der Regel werden *abgelaufene Prüfzeiträume* von den Rentenversicherungsträgern nach den Grundsätzen von Treu und Glauben nicht in spätere Betriebsprüfun-

760 Vgl. BSG, Urt. v. 28.05.2015 – B 12 R 16/13 R, zitiert nach juris.
761 s. BSG, Urt. v. 28.05.2015 – B 12 R 16/13 R, zitiert nach juris.
762 Vgl. BSG, Urt. v. 15.09.2016 – B 12 R 2/15 R, zitiert nach juris.
763 Vgl. BSG Urt. v. 28.5.2015 – B 12 R 16/13 R, zitiert nach juris; BSG, Urt. v. 15.09.2016 – B 12 R 2/15 R, zitiert nach juris.
764 s. *Wehrhahn*, in: Kasseler Kommentar SGB IV, § 28p Rn. 29.

gen einbezogen. Sofern in der laufenden Betriebsprüfung jedoch Sachverhalte beanstandet werden, die bereits im abgeschlossenen Prüfzeitraum vorlagen, damals aber fälschlicherweise nicht beanstandet wurden, wird die Prüfung seitens der Verwaltung teilweise auch auf frühere Zeiträume ausgeweitet, und zwar ohne Berücksichtigung der vertrauensschützenden Norm des § 45 SGB X.[765] Dies ist gedeckt von der ständigen Rechtsprechung des BSG, wonach aus früheren Betriebsprüfungsbescheiden hinsichtlich der rechtlichen Beurteilung von Sachverhalten kein Bestandsschutz erwächst, *soweit* ein Sachverhalt nicht beanstandet wurde[766]. Beiträge zur Sozialversicherung können in diesem Fall ohne Berücksichtigung von Vertrauensschutz rückwirkend erhoben werden.

Die Rechtsauffassung des BSG ist überzeugend. Richtigerweise ist für die Beurteilung, ob aufgrund eines bestandskräftigen Betriebsprüfungsbescheides Vertrauensschutz anzunehmen ist, dogmatisch streng zwischen Sachverhalten zu trennen, die im Betriebsprüfungsbescheid ausdrücklich beurteilt wurden und solchen, die im Bescheid nicht erwähnt sind. Nur sofern der Prüfbescheid Feststellungen enthält, kann er Vertrauensschutz vermitteln. Bei der Frage des Vertrauensschutzes sind demnach zwei Fallgestaltungen zu differenzieren:

Ein bestandskräftiger Betriebsprüfungsbescheid vermittelt Vertrauensschutz, soweit er eine *sozialversicherungsrechtliche Beurteilung enthält.* Eine Statusbeurteilung hat Regelungscharakter und entfaltet Bindungswirkung, denn durch sie wird das Bestehen oder Nichtbestehen von Versicherungs- und/oder Beitragspflicht (und Beitragshöhe) für bestimmte Zeiträume personenbezogen festgestellt[767]. Stellt sich eine Entscheidung mit Regelungscharakter später als fehlerhaft heraus,

765 Vgl. *Kreikebohm*, in: Kreikebohm SGB IV, § 28p Rn. 6.

766 Vgl. BSG, Urt. v. 30.11.1978 – 12 RK 6/76, BSGE 47, 194 ff.; BSG, Urt. v. 29.07.2003 – B 12 AL 1/02 R, zitiert nach juris; BSG, Urt. v. 29.07.2003 – B 12 AL 1/02 R, zitiert nach juris; BSG, Urt. v. 14.07.2004 – B 12 KR 10/02 R, BSGE 93, 109 ff.; BSG, Urt. v. 30.10.2013 – B 12 AL 2/11 R, BSGE 115, 1ff.; BSG, Urt. v. 18.11.2015 – B 12 R 7/14 R, zitiert nach juris; BSG, Urt. v. 16.12.2015 – B 12 R 11/14 R, BSGE 120, 209 ff.; BSG, Beschl. v. 20.02.2017 – B 12 KR 24/16 B, zitiert nach beck-online; BSG, Urt. v. 04.09.2018 – B 12 R 4/17 R, zitiert nach juris.

767 s. BSG, Urt. v. 29.07.3003 – B 12 AL 1/02 R, zitiert nach juris; BSG, Beschl. v. 20.02.2017 – B 12 KR 24/16 B, zitiert nach beck-online.

kann sie nur unter Berücksichtigung der vertrauensschützenden Bestimmungen des SGB X korrigiert werden[768].

Vertrauensschutz entsteht nicht nur dann, wenn die sozialversicherungsrechtliche Statusfeststellung im Obersatz des Betriebsprüfungsbescheides getroffen wird, sondern auch, wenn der Status erst im folgenden Fließtext festgestellt wird. Insofern ist unschädlich, dass es in der Verwaltungspraxis üblich ist, lediglich die Höhe der Beitragsnachforderung im Obersatz zu nennen und die Statusfeststellungen erst später im Rahmen der Begründung folgen zu lassen. Zwar beschränkt sich die Bindungswirkung der materiellen Bestandskraft auf den Entscheidungssatz (Verfügungssatz) des Verwaltungsakts, die Begründung erwächst grundsätzlich nicht in Bestandskraft[769]. Allerdings ist die Feststellung eines sozialversicherungsrechtlichen Status nicht lediglich ein Begründungselement für die Beitragspflicht, sondern eine eigenständige sozialversicherungsrechtliche Feststellung mit Regelungscharakter, an die unmittelbar verschiedene Rechtsfolgen geknüpft sind. Eine solche inhaltliche Regelung ist ein Verfügungssatz. Ihr kommt Bindungswirkung zu, auch wenn sie nicht zu Beginn des Bescheides steht.

Sofern im bestandskräftigen Betriebsprüfungsbescheid *keine konkrete Beurteilung eines sozialversicherungsrechtlichen Sachverhalts* getroffen wurde, kann mangels Regelungscharakters keine Bindungswirkung entstehen. Soweit der Bescheid nichts regelt, kann also kein Vertrauen hierauf angenommen werden. Insbesondere wenn keine Feststellungen zum Status eines Erwerbstätigen getroffen sind, kann diese fehlende Regelung nicht zu der Annahme führen, der Sachverhalt sei von der Rentenversicherung umfassend geprüft und es sei von ihr eine verbindliche Entscheidung dahingehend getroffen worden dass die seitens des geprüften Unternehmens vorgenommene Statusbeurteilung nicht beanstandet werde. Eine Erstreckung des Entscheidungsinhalts auf Personen und Verhältnisse, die nicht festgestellt worden sind, würde dem Bescheid einen zusätzlichen Inhalt geben, der auf Fiktion beruht[770]. Hinsichtlich nicht schriftlich im Betriebsprüfungsbescheid festgestellter Statusfragen entsteht also kein Vertrauensschutz. Es kön-

768 So auch: *Seewald*, SGb 2017, 78, 79.

769 Vgl. LSG Bayern, Urt. v. 08.10.2013 – L 5 R 554/13, zitiert nach beck-online.

770 s. *Seewald*, SGb 2017, 78, 79.

nen von der Rentenversicherung im Rahmen einer späteren Betriebsprüfung Beiträge zur Sozialversicherung für die betroffenen Beschäftigten nachgefordert werden, unter Beachtung der Verjährungsregeln auch für frühere Betriebsprüfungszeiträume.

Im Ergebnis ist eine nachträgliche Beitragserhebung immer dann an den Vertrauensschutzgesichtspunkten der §§ 45 ff. SGB X zu messen, wenn derselbe Streitgegenstand bereits in einem früheren Betriebsprüfungsbescheid ausdrücklich sozialversicherungsrechtlich beurteilt wurde. Nur bei strenger dogmatischer Betrachtung, ob bereits eine „inhaltliche Entscheidung mit Regelungscharakter" getroffen wurde, sind praxistaugliche Lösungen und Rechtssicherheit erreichbar.

Diese Rechtsauffassung, dass kein Vertrauensschutz entstehen kann, soweit keine Regelung getroffen wurde, wird sowohl in der Literatur als auch von Instanzgerichten teilweise *kritisiert* und die Ansicht vertreten, aus bestandskräftigen Betriebsprüfungsbescheiden erwachse schutzwürdiges Vertrauen der geprüften Unternehmen[771]. Ein solcher Vertrauensschutz wird nicht nur in zeitlicher Hinsicht für spätere Eingriffe in den abgeschlossenen Prüfzeitraum angenommen, sondern teilweise auch über diesen Zeitraum hinaus inhaltlich hinsichtlich nicht beanstandeter Sachverhalte. Zur Begründung wird ausgeführt, ein Betriebsprüfungsescheid enthalte zu einem bestimmten Prüfungszeitraum konkrete Feststellungen und Regelungen[772]. Solle für einen bestandskräftig entschiedenen Prüfzeitraum später eine rückwirkende Nachforderung erfolgen, müsse der bestandskräftige Bescheid erst beseitigt werden und zwar in Anwendung der dafür vorhandenen Regelungen in §§ 45 ff. SGB X einschließlich der dortigen Vertrauensschutzregelungen. Die materielle Bestandskraft führe zu einem „Abweichungsverbot".[773] Der rechtswidrige Betriebsprüfungsbescheid wirke zwar auf den ersten Blick belastend, weil er eine Beitragsnachforderung enthalte, sei aber als begünstigender Verwaltungsakt einzuord-

771 Vgl. LSG Bayern, Urt. v. 18.01.2011 – L 5 R 752/08, zitiert nach juris; LSG Bayern, Urt. v. 08.10.2013 – L 5 R 554/13, zitiert nach beck-online; *Rittweger*, DB 2011, 2147 ff.; *Barkow von Creytz*, DStR 2015, 901 ff.; *Wehrhahn*, in: Kasseler Kommentar SGB IV, § 28p Rn. 21.

772 Vgl. *Barkow von Creytz*, DStR 2015, 901, 904.

773 Vgl. LSG Bayern, Urt. v. 08.10.2013 – L 5 R 554/13, zitiert nach beck-online.

nen, weil eine zu niedrige Beitragsforderung festgestellt worden sei[774]. Um ihn aufheben zu können, müsse der Rentenversicherungsträger Ermessen ausüben und nachweisen, dass das Vertrauen des Unternehmens nicht geschützt ist[775]. Nur die Anwendung der Vertrauensschutzregelungen gebe den geprüften Unternehmen weitgehende Kalkulationssicherheit[776].

Dieser Ansicht, aus früheren Betriebsprüfungsbescheiden erwachse schutzwürdiges Vertrauen hinsichtlich nicht beanstandeter Sachverhalte, ist nicht zu folgen[777]. Es kann kein Vertrauensschutz des Beitragsschuldners in die Nichtbeanstandung der unterbliebenen Beitragsentrichtung im Rahmen einer früheren Betriebsprüfung entstehen[778]. Insbesondere entsteht durch einen früheren Betriebsprüfungsbescheid kein schutzwürdiges Vertrauen, dass der Versicherungsträger die Beiträge auch künftig lediglich im bisherigen Umfang festsetzen werde[779]. Die *Zielrichtung* einer Betriebsprüfung steht einem umfassenden Vertrauensschutz in nicht beanstandete Sachverhalte entgegen. Betriebsprüfungen sollen im Interesse der Versicherungsträger und mittelbar der Versicherten die Beitragsentrichtung zu den einzelnen Zweigen der Sozialversicherung sichern[780]. Sie sollen zum einen Beitragsausfälle verhindern und zum anderen die Versicherungsträger davor bewahren, dass Leistungsansprüche nichtversicherungspflichtiger Personen entstehen[781]. Betriebsprüfungen durch die Rentenversicherungsträger

---

774 s. LSG Bayern, Urt. v. 08.10.2013 – L 5 R 554/13, zitiert nach beck-online.

775 s. *Barkow von Creytz*, DStR 2015, 901, 904.

776 Vgl. *Barkow von Creytz*, DStR 2015, 901, 904.

777 So insbesondere: BSG, Urt. v. 30.10.2013 – B 12 AL 2/11 R, BSGE 115, 1 ff.; s. auch: *Neidert/Scheer*, Der Betrieb 2014, 2471 ff.

778 Vgl. BSG, Beschl. v. 20.02.2017 – B 12 KR 24/16 B, zitiert nach beck-online; vgl. auch: BSG, Urt. v. 30.11.1978 – 12 RK 6/76, BSGE 47, 194 ff.

779 s. BSG, Urt. v. 30.11.1978 – 12 RK 6/76, BSGE 47, 194 ff.

780 Vgl. BSG, Urt. v. 30.11.1978 – 12 RK 6/76, BSGE 47, 194 ff.; BSG, Urt. v. 14.07.2004 – B 12 KR 1/04 R, zitiert nach juris; BSG, Urt. v. 14.07.2004 – B 12 KR 10/02 R, BSGE 93, 109 ff.; BSG, Urt. v. 30.10.2013 – B 12 AL 2/11 R, BSGE 115, 1 ff.; BSG, Beschl. v. 20.02.2017 – B 12 KR 24/16 B, zitiert nach beck-online.

781 Vgl. BSG, Urt. v. 30.11.1978 – 12 RK 6/76, BSGE 47, 194 ff.; BSG, Urt. v. 29.07.2003 – B 12 AL 1/02 R, zitiert nach juris; BSG, Urt. v. 14.07.2004 – B 12 KR 1/04 R, zitiert nach juris; BSG, Urt. v. 14.07.2004 – B 12 KR 10/02 R, BSGE 93, 109 ff.

haben dementsprechend eine *Kontrollfunktion*[782]. Sie haben den Zweck, den Einzugsstellen durch Sicherstellung von Arbeitgeberunterlagen und -aufzeichnungen eine Berechnungsgrundlage zu verschaffen, damit diese die notwendigen Schritte zur Geltendmachung von Ansprüchen auf (rückständige) Beiträge unternehmen können[783]. Betriebsprüfungen kommt eine über die Kontrollfunktion hinausgehende Bedeutung nicht zu[784]. Sie sollen gegenüber Arbeitgebern *keine Schutzfunktion* erfüllen oder diesen gar „Entlastung" erteilen[785]. Denn eine Betriebsprüfung stellt keine abschließende Prüfung aller sozialversicherungsrechtlich relevanten Sachverhalte dar, in aller Regel wird lediglich eine *Stichprobenprüfung* durchgeführt.[786] Die Prüfung darf sich auf bestimmte Einzelfälle oder Stichproben beschränken und braucht nicht erschöpfend zu sein[787]. Die Befugnis zur Stichprobenprüfung ist auch in § 11 BVV ausdrücklich vorgesehen. Auf diese Weise bleiben Teilprüfungen möglich und der Prüfungsumfang kann durch die Verwaltung begrenzt werden. Da die Prüfung nicht erschöpfend zu sein braucht, kann einem Beitragsbescheid nicht entnommen werden, dass hinsichtlich der nicht beanstandeten Sachverhalte „alles in Ordnung" ist[788]. Unerheblich ist für die Reichweite des Vertrauensschutzes die Größe des Unternehmens. Auch bei Kleinstbetrieben mit nur einem Mitarbeiter besteht keine Verpflichtung der Prüfbehörden,

---

782 Vgl. BSG, Urt. v. 30.11.1978 – 12 RK 6/76, BSGE 47, 194 ff.; BSG, Urt. v. 29.07.2003 – B 12 AL 1/02 R, zitiert nach juris; BSG, Urt. v. 29.07.2003 – B 12 AL 1/02 R, zitiert nach juris; BSG, Urt. v. 14.07.2004 – B 12 KR 10/02 R, BSGE 93, 109 ff.; BSG, Urt. v. 30.10.2013 – B 12 AL 2/11 R, BSGE 115, 1 ff.; BSG, Urt. v. 28.05.2015 – B 12 R 16/13 R, zitiert nach juris.

783 Vgl. BSG Urt. v. 28.5.2015 – B 12 R 16/13 R, zitiert nach juris; BSG, Beschl. v. 20.02.2017 – B 12 KR 24/16 B, zitiert nach beck-online.

784 s. BSG, Beschl. v. 20.02.2017 – B 12 KR 24/16 B, zitiert nach beck-online.

785 Vgl. BSG, Urt. v. 30.11.1978 – 12 RK 6/76, BSGE 47, 194 ff.; BSG, Urt. v. 14.07.2004 – B 12 KR 10/02 R, BSGE 93, 109 ff.; BSG, Urt. v. 14.07.2004 – B 12 KR 1/04 R, zitiert nach juris; LSG Baden-Württemberg, Urt. v. 28.04.2009 – L 11 KR 2494/05, zitiert nach beck-online; BSG, Urt. v. 30.10.2013 – B 12 AL 2/11 R, BSGE 115, 1 ff.; BSG, Beschl. v. 20.02.2017 – B 12 KR 24/16 B, zitiert nach beck-online.

786 Vgl. etwa: BSG, Urt. v. 30.10.2013 – B 12 AL 2/11 R, BSGE 115, 1 ff.

787 s. BSG, Beschl. v. 20.02.2017 – B 12 KR 24/16 B, zitiert nach beck-online; LSG Baden-Württemberg, Urt. v. 19.02.2019 – L 11 BA 3452/18, zitiert juris.

788 Vgl. BSG, Urt. v. 18.11.2015 – B 12 R 7/14 R, zitiert nach juris.

die versicherungsrechtlichen Verhältnisse aller Mitarbeiter vollständig zu beurteilen[789].

Als Kritikpunkt kann angeführt werden, dass für das geprüfte Unternehmen trotz durchgeführter Betriebsprüfung Unsicherheiten mit erheblicher wirtschaftlicher Relevanz verbleiben, wie nicht beanstandete Sachverhalte seitens der Sozialversicherungsträger beurteilt werden. Denn ein Betriebsprüfungsbescheid enthält zu sämtlichen Sachverhalten, die nicht beanstandet werden, typischerweise keinerlei Feststellungen. Hinsichtlich solcher *nicht schriftlich fixierten Feststellungen* verbleibt unklar, wie diese zu beurteilen sind, selbst wenn von Seiten der Rentenversicherung eine inhaltliche Prüfung erfolgt ist. Die fehlende Kalkulationssicherheit hinsichtlich nicht beanstandeter Sachverhalte wird jedoch von der Rechtsprechung aufgrund der abweichenden Zielsetzung einer Betriebsprüfung hingenommen.

Das geprüfte Unternehmen ist nicht machtlos. Es kann den Umfang der Bindungswirkung des Betriebsprüfungsbescheides selbst beeinflussen, indem es im Rahmen einer Betriebsprüfung auf die Feststellung von Status (oder von anderen sozialversicherungsrechtlichen Sachverhalten) drängt. Es besteht nach der Gesetzessystematik ein *Individualanspruch des geprüften Unternehmens auf Statusfeststellung* im Rahmen von Betriebsprüfungen. Denn während einer Arbeitgeberprüfung besteht für das geprüfte Unternehmen keine anderweitige Möglichkeit, eine Statusfeststellung herbeizuführen. Das Anfrageverfahren nach § 7a SGB IV ist gem. § 7a Abs. 1 Satz 1, 2. Halbsatz SGB IV gesperrt, sobald eine Betriebsprüfung eingeleitet wurde; auch eine Statusfeststellung durch die Einzugsstellen gem. § 28h Abs. 2 Satz 1 SGB IV ist nach § 28p Abs. 1 Satz 5, 2. Halbsatz SGB IV gesperrt (vgl. zur Sperrwirkung die Ausführungen unter: VII.4.a). Diese Sperrwirkung setzt aufgrund systematischer Erwägungen voraus, dass das Unternehmen während einer Betriebsprüfung einen Anspruch auf Statusfeststellung gegen die Prüfbehörde hat. Denn es wäre rechtswidrig, den Anspruch auf Statusklärung während des gesamten Betriebsprüfungsverfahrens und Widerspruchsverfahrens, also auf unbestimmte Zeit, auszuschließen. Es besteht ein rechtlich relevantes Feststellungsinteresse des Unternehmens, da die Statusklärung Einfluss auf die vom Un-

789 s. BSG, Beschl. v. 20.02.2017 – B 12 KR 24/16 B, zitiert nach beck-online.

ternehmen zu zahlende Beitragshöhe hat und von ihr abhängt, ob Arbeitnehmeranteile vom Lohn einbehalten werden können. Die Träger der Rentenversicherung sind nach dem Gesetzeswortlaut auch dann zu einer Statusfeststellung ermächtigt, wenn dies *nicht* zu einer Beanstandung und Beitragsnachforderung führt, sondern die Rechtsauffassung des Unternehmens lediglich bestätigt wird. Denn die Rentenversicherung erlässt nach dem Wortlaut der Ermächtigungsgrundlage des § 28p Abs. 1 Satz 5 SGB IV „Verwaltungsakte zur Versicherungspflicht". Die Norm enthält keine Einschränkung, dass dies nur im Falle einer Beanstandung gelten soll.

Das BSG hat in seiner neuesten Rechtsprechung eine Verpflichtung des Rentenversicherungsträgers abgeleitet, die *Betriebsprüfung zwingend auf die im Betrieb tätigen Ehegatten, Lebenspartner, Abkömmlinge des Arbeitgebers sowie geschäftsführenden GmbH-Gesellschafter zu erstrecken*, sofern ihr sozialversicherungsrechtlicher Status nicht bereits durch Verwaltungsakt festgestellt ist. Zwar seien die betriebsprüfenden Rentenversicherungsträger bei der Definition des Gegenstands einer Betriebsprüfung grundsätzlich frei (vgl. § 11 Abs. 1 Satz 1 BVV), aus dem systematischen Zusammenspiel der Regelungen über die Statusfeststellung und der vom Gesetzgeber festgestellten Schutzbedürftigkeit des in § 7a Abs. 1 Satz 2 SGB IV genannten Personenkreises folge aber, dass die Statusfeststellung jedenfalls im Rahmen der (späteren) Betriebsprüfung nachzuholen sei. [790]

Sollte der Betriebsprüfungsbescheid nicht sämtliche Status klären, kann das geprüfte Unternehmen im Nachgang Rechtssicherheit erlangen, indem es Widerspruch einlegt oder einen Antrag auf Statusfeststellung bei der Einzugsstelle nach § 28h Abs. 2 SGB IV oder bei der Clearingstelle nach § 7a Abs. 1 Satz 1 SGB IV stellt. Nach abgeschlossener Betriebsprüfung ist die Statusprüfung durch die anderen Sozialversicherungsträger nicht mehr gesperrt. Auch entfaltet der bestandskräftige Betriebsprüfungsbescheid keine Bindungswirkung, soweit er keine inhaltliche Entscheidung über denselben Streitgegenstand enthält (vgl. zur fehlenden Bindungswirkung des Betriebsprüfungsbescheides unter VII.4.b).

790 Terminbericht des BSG Nr. 41/19 zum Versicherungs- und Beitragsrecht, Entscheidungen vom 19.09.2019 zu den Aktenzeichen: B 12 R 25/18 R, B 12 KR 21/19 R, B 12 R 7/19 R und B 12 R 9/19 R, zitiert nach juris.

Eine abgeschlossene Betriebsprüfung kann erst recht dann keinen „Vertrauensschutz in die Nichtbeanstandung" begründen, wenn gar kein Betriebsprüfungsbescheid ergeht, sondern mangels Beanstandungen lediglich eine *Prüfmitteilung*. Denn eine Prüfmitteilung ist kein Verwaltungsakt, der Bindungswirkung entfalten und Vertrauensschutz vermitteln könnte. Es besteht keine Ermächtigungsgrundlage der Rentenversicherung, eine Prüfmitteilung als Verwaltungsakt mit Außenwirkung zu erlassen, die Mitteilung enthält lediglich eine unverbindliche Information[791]. Es fehlt daher bereits an den materiell-rechtlichen Voraussetzungen für Vertrauensschutz[792].

Im Ausnahmefall kann das geprüfte Unternehmen aufgrund einer *Verwirkung* Vertrauensschutzgesichtspunkte geltend machen. Das Rechtsinstitut der Verwirkung ist als Ausprägung des Grundsatzes von Treu und Glauben (§ 242 BGB) auch für das Sozialversicherungsrecht und insbesondere für die Nachforderung von Beiträgen zur Sozialversicherung anerkannt[793]. Eine Verwirkung ist jedoch nur unter strengen Voraussetzungen anzunehmen, weil dem Interesse des Beitragsschuldners, das Ausmaß der wirtschaftlichen Belastung durch Beitragsnachforderungen in angemessenen Grenzen zu halten, bereits durch die Verjährungsfrist Rechnung getragen wird[794]. So führt es insbesondere noch nicht zu einer Verwirkung der Beitragsforderung, wenn – möglicherweise aus unrichtiger Beurteilung der Rechtslage – in früheren Jahren keine Beitragsforderungen geltend gemacht wurden[795].

Erforderlich für Verwirkung ist ein darüber hinaus gehendes vertrauensbegründendes Verhalten der Behörde. "Besondere Umstände", die die Verwirkung eines Rechts auslösen können, liegen vor, wenn der Verpflichtete infolge eines bestimmten Verhaltens des Berechtigten (Verwirkungsverhalten) darauf vertrauen durfte, dass dieser das Recht nicht mehr geltend machen werde (Vertrauensgrundlage), der Verpflichtete tatsächlich darauf vertraut hat, dass das Recht nicht mehr ausgeübt wird (Vertrauenstatbestand) und sich infolgedessen in seinen

791 s. BSG, Urt. v. 30.10.2013 – B 12 AL 2/11 R, BSGE 115, 1 ff.

792 Vgl. *Neidert/Scheer*, Der Betrieb 2014, 2471, 2473.

793 s. BSG, Urt. v. 30.11.1978 – 12 RK 6/76, BSGE 47, 194 ff.

794 s. BSG, Urt. v. 30.11.1978 – 12 RK 6/76, BSGE 47, 194 ff.

795 Vgl. BSG, Urt. v. 10.09.1975 – 3/12 RK 15/74, zitiert nach juris; BSG, Urt. v. 30.11.1978 – 12 RK 6/76, BSGE 47, 194 ff.

Vorkehrungen und Maßnahmen so eingerichtet hat (Vertrauensverhalten), dass ihm durch die verspätete Durchsetzung des Rechts ein unzumutbarerer Nachteil entstehen würde[796]. Bloßes Nichtstun des Versicherungsträgers reicht nicht als Verwirkungsverhalten aus. Ein Unterlassen kann ein schutzwürdiges Vertrauen nur dann begründen und zur Verwirkung eines Rechtes führen, wenn der Schuldner das Nichtstun des Gläubigers nach den Umständen als bewusst und planmäßig betrachten darf. Es genügt hierfür nicht, wenn ein Betriebsprüfer gelegentlich der Betriebsprüfung seine Rechtsansichten mitgeteilt hat.[797]

j) Säumniszuschläge

Im Rahmen von Beitragsnachforderungen bei Betriebsprüfungen nehmen Säumniszuschläge häufig einen erheblichen Teil der Nachforderung ein[798]. Wird eine Beitragsschuld nicht fristgemäß bezahlt, entstehen nach 24 Abs. 1 SGB IV für jeden angefangenen Monat der Säumnis Säumniszuschläge in Höhe von *einem Prozent pro Monat* (12 Prozent pro Jahr). Voraussetzung für das Entstehen von Säumniszuschlägen ist lediglich die Nichtzahlung des geschuldeten Beitrags bis zum Ablauf des Fälligkeitstages, es bedarf keiner Zahlungsaufforderung oder Mahnung[799]. Die Säumniszuschläge entstehen unmittelbar kraft Gesetzes, die Festsetzung im Betriebsprüfungsbescheid hat lediglich deklaratorische Wirkung[800]. Nebenkosten, wie etwa Mahngebühren, Barauslagen und auch (festgesetzte) Säumniszuschläge, die der Zahlungspflichtige schuldet, gehören nicht zum rückständigen Beitrag und bleiben bei der Berechnung von weiteren Säumniszuschlägen unberücksichtigt. Für bereits geschuldete Säumniszuschläge werden also nicht wiederum Säumniszuschläge berechnet.[801]

---

796 s. BSG, Urt. v. 30.11.1978 – 12 RK 6/76, BSGE 47, 194 ff.
797 Vgl. BSG, Urt. v. 30.11.1978 – 12 RK 6/76, BSGE 47, 194 ff.
798 *Weiss-Bölz*, DStR 2019, 1581.
799 Vgl. *Brand*, NZS 2013, 641, 646.
800 Vgl. LSG Nordrhein-Westfalen, Urt. v. 02.09.2016 – L 14 R 873/14, zitiert nach beck-online; *Zieglmeier*, in: Kasseler Kommentar SGB IV, § 24 Rn. 12.
801 s. *Zieglmeier*, in Kasseler Kommentar SGB IV, § 24 Rn. 6.

Das Entstehen von Säumniszuschlägen ist der gesetzliche Regelfall. Es werden nach § 24 Abs. 2 SGB IV lediglich dann keine Säumniszuschläge erhoben, wenn der Beitragsschuldner glaubhaft machen kann, dass er *unverschuldet keine Kenntnis von der* Zahlungspflicht hatte. Die Ermittlung der rechtlichen Voraussetzungen von Säumniszuschlägen steht im Zusammenhang mit dem Gesamtsozialversicherungsbeitrag und gehört somit zum Gegenstand der Betriebsprüfung nach § 28p SGB IV[802]. Das geprüfte Unternehmen trägt die objektive *Beweislast* für das Vorliegen einer unverschuldeten Unkenntnis, wobei der abgesenkte Beweisgrad der Glaubhaftmachung genügt[803]. In § 24 Abs. 2 SGB IV ist keine Legaldefinition des Verschuldensbegriffs enthalten.

Problematisch ist insbesondere, welcher *Verschuldensmaßstab* heranzuziehen ist. Diese Frage wird selbst von der höchstrichterlichen Rechtsprechung nicht einheitlich beurteilt. Der 13. Senat des BSG wendet § 276 BGB an, danach sind alle Grade der Fahrlässigkeit erfasst[804]. Der 12. Senat des BSG hingegen hält *bedingten Vorsatz* für erforderlich, um Säumniszuschläge geltend machen zu können[805]. Die fehlende Kenntnis von der Beitragspflicht sei nicht unverschuldet, wenn dem Arbeitgeber wenigstens bedingter Vorsatz vorzuwerfen sei, Kenntnis von der Beitragspflicht liege vor, wenn der Arbeitgeber die seine Beitragsschuld begründenden Tatsachen kennt und zumindest als Parallelwertung in der Laiensphäre nachvollzieht, dass eine Beschäftigung vorliegt, die eine Beitragspflicht nach sich zieht[806]. Zur Begründung seiner Auffassung führt der 12. Senat die Systematik des SGB IV und den Zweck der Säumniszuschläge an. Denn § 24 Abs. 2 SGB IV stehe mit § 25 Abs. 1 Satz 1 SGB IV und § 14 Abs. 2 SGB IV in

---

802 s. *Wehrhahn*, in: Kasseler Kommentar SGB IV, § 28p Rn. 29.

803 s. BSG, Urt. v. 12.12.2018 – B 12 R 15/18 R, zitiert nach juris.

804 Vgl. BSG, Urt. v. 01.07.2010 – B 13 R 67/09 R, zitiert nach juris; vgl. auch: LSG Niedersachsen-Bremen, Urt. v. 19.12.2018 – L 2 BA 39/18, zitiert nach juris mit ausführlicher Begründung; *Barkow/Rittweger/Zieglmeier*, DStR 2015, 75, 76; *Brand*, NZS 2013, 641, 646.

805 Vgl. BSG, Urt. v. 26.01.2005 – B 12 KR 3/04 R, zitiert nach juris; BSG, Urt. v. 09.11.2011 – B 12 R 18/09 R, zitiert nach juris; BSG, Urt. v. 04.09.2018 – B 12 KR 11/17 R, zitiert nach juris; BSG, Urt. v. 04.09.2018 – B 12 KR 11/17 R, zitiert nach juris; BSG, Urt. v. 12.12.2018 – B 12 R 15/18 R, zitiert nach juris. So auch: *Weiss-Bölz*, DStR 2019, 1581.

806 BSG, 12.12.2018 – B 12 R 15/18 R, zitiert nach juris.

einem einheitlichen Regelungskomplex. Diese Normen würden ihrerseits an ein vorwerfbares Verhalten anknüpfen und jeweils vorsätzliches Handeln voraussetzen. Alle drei Normen hätten einen einheitlichen Haftungsmaßstab. Auch könne der Zweck der Säumniszuschläge, Druck auf die Zahlungspflichtigen auszuüben und so eine rechtzeitige Beitragszahlung zu erreichen und verspätete Zahlungen zu sanktionieren, unter Berücksichtigung des Verhältnismäßigkeitsprinzips nur erreicht werden, wenn der betroffene Arbeitgeber seine Zahlungspflicht zumindest für möglich hält und billigend in Kauf nimmt.[807] In der Praxis dürfte im Rahmen von Betriebsprüfungen die *Rechtsauffassung des 12. Senates maßgeblich* sein, da dieser nach aktueller Geschäftsverteilung für angefochtene Statuszuordnungen nebst festgesetzter Gesamtsozialversicherungsbeiträge und Säumniszuschläge zuständig ist.

Bei der Prüfung des subjektiven Tatbestands ist zu berücksichtigen, dass der Arbeitgeber die Möglichkeit hat, ein Einzugsstellenverfahren nach § 28h Abs. 2 SGB IV oder ein Anfrageverfahren nach § 7a SGB IV einzuleiten, sofern Zweifel am sozialversicherungsrechtlichen Status eines Erwerbstätigen bestehen. Der *Verzicht auf eine Klärung* durch eine fachkundige Stelle kann vorwerfbar sein[808]. Es bedarf jedoch einer individuellen Prüfung der Vorwerfbarkeit und sorgfältigen Beweiswürdigung im Einzelfall[809]. Für eine Verletzung von Sorgfaltspflichten kann sprechen, wenn die fraglichen Arbeiten im Betrieb des Arbeitgebers üblicherweise von Arbeitnehmern verrichtet werden und er daher eher von einer Beschäftigung als von einer selbstständigen Tätigkeit hätte ausgehen müssen[810]. Für die Annahme unverschuldeter Unkenntnis ist jedenfalls kein Raum, wenn eine *Beitragshinterziehung* begangen wurde, denn der strafrechtliche Vorsatz impliziert das für die Erhebung von Säumniszuschlägen erforderliche Verschulden[811]. Handelt es sich hingegen um einen Sachverhalt, der in seiner sozialver-

807 s. BSG, Urt. v. 12.12.2018 – B 12 R 15/18 R, zitiert nach juris.

808 Vgl. BSG, Urt. v. 24.03.2016 – B 12 KR 20/14, zitiert nach juris; BSG, Urt. v. 04.09.2018 – B 12 KR 11/17 R, zitiert nach juris; BSG, Urt. v. 12.12.2018 – B 12 R 15/18 R, zitiert nach juris.

809 Vgl. BSG, Urt. v. 04.09.2018 – B 12 KR 11/17 R, zitiert nach juris; BSG, Urt. v. 12.12.2018 – B 12 R 15/18 R, zitiert nach juris.

810 s. auch: *Mette*, NZS 2015, 721, 727.

811 Vgl. LSG Niedersachsen-Bremen, Urt. v. 28.02.2018 – L 2 R 258/17, zitiert nach juris.

sicherungsrechtlichen Bewertung gewisse Schwierigkeiten bereitet und kontrovers beurteilt wird, ist von einem rechtlichen Laien nicht zu erwarten, dass er zu einem anderen Ergebnis hätte kommen müssen. Ein Verschulden dürfte insbesondere zu verneinen sein, wenn ein Gericht der zuständigen Fachgerichtsbarkeit sich der Auffassung des Arbeitgebers angeschlossen hatte.[812]

Ein Betriebsprüfungsbescheid weist stets nur Säumniszuschläge für die Vergangenheit aus. Für die *Zukunft* entstehen weitere Säumniszuschläge *kraft Gesetzes*. Soll das Entstehen weiterer Säumniszuschläge verhindert werden, so ist ein *Antrag auf Stundung, Niederschlagung oder Erlass nach* § 76 Abs. 2 Satz 1 SGB IV zu stellen. Bei Bewilligung dieses Antrages fallen keine weiteren Säumniszuschläge an, es werden jedoch nach § 76 Abs. 2 Satz 2 SGB IV regelmäßig „angemessene" Zinsen erhoben und eine Sicherheitsleistung verlangt. Zuständig für die Entscheidung ist, sofern der Gesamtsozialversicherungsbeitrag betroffen ist, nach § 76 Abs. 3 Satz 1 SGB IV die Einzugsstelle, nicht der prüfende Rentenversicherungsträger. Wenn mehrere Beschäftigte betroffen sind, entscheidet die jeweils zuständige Einzugsstelle über die ihr zustehende Forderung.

k) Die Betriebsprüfung im Insolvenzverfahren

Im Falle einer Insolvenz eines Unternehmens veranlassen die Einzugsstellen regelmäßig *"ad-hoc"-Betriebsprüfungen* durch die Rentenversicherung[813]. Denn nach § 28p Abs. 1 Satz 3 SGB IV hat die Einzugsstelle den für den Arbeitgeber zuständigen Träger der Rentenversicherung zu unterrichten, wenn sie eine alsbaldige Prüfung bei dem Arbeitgeber für erforderlich hält.

Im Insolvenzverfahren hat der Betriebsprüfungsbescheid vor allem die Funktion, den Einzugsstellen die Geltendmachung ihrer Beitragsforderungen zu ermöglichen, wenn Beitragsnachweise und/oder Meldungen des Arbeitgebers fehlen bzw. unvollständig oder unzutreffend

812 s. *Mette*, NZS 2015, 721, 727.
813 s. BSG, Urt. v. 28.05.2015 – B 12 R 16/13 R, zitiert nach juris.

sind[814]. Liegt ein zutreffender Beitragsnachweis vor, gilt dieser nach § 28f Abs. 3 Satz 3 SGB IV im Insolvenzverfahren als Dokument zur Glaubhaftmachung der Beitragsforderungen. Eine Betriebsprüfung liegt auch im Interesse der für das insolvente Unternehmen arbeitenden Erwerbstätigen. Für diese kann es wichtig sein, dass der Status einer Beschäftigung festgestellt wird, um Ansprüche gegen die gesetzliche Sozialversicherung, insbesondere auf Insolvenzgeld geltend machen zu können. Der Insolvenzverwalter hingegen hat regelmäßig ein Interesse an der Feststellung einer Selbstständigkeit, um gezahlte Beiträge zur Sozialversicherung für die Insolvenzmasse zurückfordern zu können. Der Betriebsprüfungsbescheid ergeht gegenüber dem Insolvenzverwalter des Unternehmens als *Partei kraft Amtes.*

Das *insolvenzrechtliche Vollstreckungsverbot* hindert den prüfenden Rentenversicherungsträger nicht, rückständige Gesamtsozialversicherungsbeiträge durch Leistungs-/Zahlungsbescheid festzusetzen. Denn der Erlass eines zur Zahlung verpflichtenden Verwaltungsakts stellt selbst noch keine Vollstreckungsmaßnahme dar, wie sie § 210 InsO verbietet. Ob die Beitragsforderung im zweiten Schritt vollstreckt werden darf oder ob die zwangsweise Durchsetzung der Beitragsforderung wegen eines insolvenzrechtlichen Vollstreckungsverbots ausscheidet, ist erst im Nachgang von den Krankenkassen als Einzugsstellen zu prüfen, wenn die vom Arbeitgeber geschuldete Beitragssumme nicht freiwillig gezahlt wird.[815] Dies ergibt sich aus der Zweiteilung des Verfahrens: Die Betriebsprüfung seitens der Rentenversicherung schließt mit einem Grundlagenbescheid ab, erst in einem gesonderten Verwaltungsverfahren erfolgt der Beitragseinzug seitens der Einzugsstellen[816].

Im Falle einer Insolvenz sind bestrittene *Säumniszuschläge*, die vor Eröffnung des Insolvenzverfahrens entstanden sind, von der Rentenversicherung durch Bescheid festzusetzen, um sie als Insolvenzforderung zu qualifizieren[817]. Nach Eröffnung des Insolvenzverfahrens entstehende Säumniszuschläge sind keine Insolvenzforderungen, sondern

814 Vgl. BSG, Urt. v. 28.05.2015 – B 12 R 16/13 R, zitiert nach juris.
815 Vgl. BSG, Urt. v. 28.05.2015 – B 12 R 16/13 R, zitiert nach juris.
816 Vgl. BSG, Urt. v. 28.05.2015 – B 12 R 16/13 R, zitiert nach juris; BSG, Urt. v. 15.09.2016 – B 12 R 2/15 R, zitiert nach juris.
817 Vgl. BSG, Urt. v. 18.12.2003 – B 11 AL 37/03 R, zitiert nach beck-online.

wie Zinsen zu behandeln, also nachrangige Insolvenzforderungen[818]. Der Umstand, dass Säumniszuschläge nicht realisiert werden können, hindert nicht ihre Entstehung, sondern führt allenfalls zur Niederschlagung nach § 76 Abs. 2 SGB IV[819].

Ist der Schuldner eine natürliche Person und hat dieser sich wegen Vorenthaltens von Arbeitnehmerbeiträgen zur Sozialversicherung nach § 266a StGB strafbar gemacht, kann hinsichtlich der rückständigen Beiträge keine *Restschuldbefreiung* gewährt werden, da die Beitragsschuld eine Verbindlichkeit aus vorsätzlich begangener, unerlaubter Handlung darstellt. Die Säumniszuschläge hingegen sind nicht als Verbindlichkeit aus vorsätzlich begangener unerlaubter Handlung zu qualifizieren, insofern ist eine Restschuldbefreiung also möglich[820].

4. Das Verhältnis der Ermächtigungsgrundlagen untereinander

Wie unter VII.1.-3. ausgeführt, kann das Vorliegen einer Versicherungspflicht aufgrund Beschäftigung entweder durch die DRV Bund im Anfrageverfahren nach § 7a Abs. 1 Satz 1 SGB IV oder durch die Krankenversicherungen im sog. Einzugsstellenverfahren nach § 28h Abs. 2 Satz 1 SGB IV oder durch die Träger der Rentenversicherung im Rahmen einer Betriebsprüfung nach § 28p SGB IV entschieden werden.

Das Anfrageverfahren der Clearingstelle nach § 7a Abs. 1 Satz 1 SGB IV steht in vollem Umfang *gleichwertig* neben den Verfahren der Einzugsstellen nach § 28h Abs. 2 Satz 1 SGB IV und der Betriebsprüfung nach § 28p SGB IV[821]. Den Beteiligten (d.h. Arbeit- bzw. Auftragnehmer einerseits und Arbeit- bzw. Auftraggeber andererseits) steht

818 s. BSG, Urt. v. 18.12.2003 – B 11 AL 37/03 R, zitiert nach beck-online. Das BSG begründet diese Auffassung damit, dass Säumniszuschläge und Verzugszinsen eine im Wesentlichen eine übereinstimmende Funktion hätten und austauschbar seien.

819 s. *Zieglmeier*, in: Kasseler Kommentar SGB IV, § 24 Rn. 18.

820 Vgl. BGH Urt. v. 16.2.2012 – IX ZR 218/10, DB 2012, 798.

821 Vgl. BSG, Urt. v. 04.06.2009 – B 12 R 6/08 R, zitiert nach juris; BSG, Urt. v. 04.06.2009 – B 12 KR 31/07 R, zitiert nach juris; BSG, Urt. v. 28.09.2011 – B 12 KR 15/10 R, zitiert nach juris; LSG Berlin-Brandenburg, Urt. v. 07.08.2013 – L 9 KR 53/11, zitiert nach beck-online.

grundsätzlich eine Wahlmöglichkeit zu, innerhalb welches Verfahrens sie eine Statusklärung herbeiführen. Macht ein Beteiligter von seinem Wahlrecht Gebrauch, sind die Sozialversicherungsträger hieran gebunden.[822] Ein bereits eingeleitetes Verfahren sperrt die Durchführung der übrigen Verfahren (hierzu unter VII.4.a) und ein bereits abgeschlossenes Verfahren entfaltet Bindungswirkung für die anderen Sozialversicherungsträger, soweit Feststellungen getroffen wurden (hierzu unter VII.4.b).

a) Sperrwirkung eines laufenden Verfahrens

Ist bereits ein Verfahren zur Statusklärung eingeleitet worden, sperrt dieses in der Regel die anderen Ermächtigungsgrundlagen. Durch diese Sperrwirkung sollen divergierende Statusentscheidungen unterschiedlicher Versicherungsträger vermieden werden[823]. Das *Anfrageverfahren* nach § 7a SGB IV wird durch Antragstellung der Beteiligten bzw. Weiterleitung des Sachverhaltes von Amts wegen eingeleitet. Das Einzugsstellenverfahren nach § 28h Abs. 2 SGB IV wird eingeleitet, indem die Einzugsstelle nach außen erkennbar Ermittlungen zur Feststellung einer Beschäftigung aufnimmt[824] oder indem ein Beteiligter bei der Einzugsstelle einen Antrag auf Feststellung einreicht. Ein *Betriebsprüfungsverfahren* wird nach § 28p SGB IV von Amts wegen eingeleitet, insbesondere durch Prüfankündigung (§ 7 Abs. 1 Satz 1 BVV)[825], aber auch durch Übersendung eines Fragebogens[826]. Erfor-

822 s. LSG Berlin-Brandenburg, Urt. v. 07.08.2013 – L 9 KR 53/11, zitiert nach beck-online.

823 Vgl. BSG, Urt. v. 04.06.2009 – B 12 R 6/08 R, zitiert nach juris; BSG, Urt. v. 04.09.2018 – B 12 KR 11/17 R, zitiert nach juris.

824 Vgl. BSG, Urt. v. 04.09.2018 – B 12 KR 11/17 R, zitiert nach juris; *Scheer*, in: jurisPK-SGB IV, § 28h Rn. 76.

825 Vgl. BSG, Urt. v. 04.09.2018 – B 12 KR 11/17 R, zitiert nach juris; s. auch: Gemeinsames Rundschreiben GKV Spitzenverband, DRV Bund, Bundesagentur für Arbeit v. 13.04.2010, S. 10, zitiert nach: https://www.informationsportal.de/wp-content/uploads/document__1336__GR-Statusfeststellung-von-Erwerbstaetigen.pdf (abgerufen am 23.10.2019).

826 Vgl. *Plagemann*, in: Münchener Anwaltshandbuch Sozialrecht, § 6 Rn. 10; *Scheer*, in: jurisPK-SGB IV, § 28h Rn. 76; Gemeinsames Rundschreiben GKV Spitzenverband, DRV Bund, Bundesagentur für Arbeit v. 13.04.2010, S. 10, zitiert nach:

derlich ist ein nach außen wirkendes Verwaltungshandeln, das als erster Akt einer Folge von Verwaltungshandlungen angesehen werden kann, die zu einem Betriebsprüfungsbescheid führen[827]. Dem steht nicht entgegen, dass mit der Prüfankündigung häufig nicht feststeht, welche konkreten Rechtsverhältnisse Gegenstand der Betriebsprüfung sein werden[828].

Abgegrenzt wird die Zuständigkeit des jeweiligen Sozialversicherungsträgers nach dem *Kriterium der zeitlichen Vorrangigkeit*[829]. Ein eingeleitetes Verfahren kann die übrigen Ermächtigungsgrundlagen für Statusklärungen aber stets nur insoweit sperren, als es um dieselbe Tätigkeit mit identischen Beteiligten geht[830]. Hat das Tätigkeitsverhältnis sich beispielsweise erheblich verändert, kann es in einem separaten Verfahren erneut überprüft werden.

§ 7a Abs. 1 Satz 1, 2. Halbsatz SGB IV regelt ausdrücklich den Ausschluss des Anfrageverfahrens, wenn „die Einzugsstelle oder ein anderer Versicherungsträger im Zeitpunkt der Antragstellung bereits ein Verfahren zur Feststellung einer Beschäftigung eingeleitet" hatten. Ein begonnenes Einzugsstellenverfahren sperrt also die Durchführung des Anfrageverfahrens. Die Einzugsstelle ist sachlich für die Statusentscheidung zuständig, wenn der Antrag zuerst bei ihr gestellt wurde. Sie ist nicht verpflichtet, den Antrag an die Clearingstelle der DRV-Bund zur Durchführung eines Verfahrens nach § 7a Abs. 1 Satz 1 SGB IV

---

https://www.informationsportal.de/wp-content/uploads/document__1336__GR-Statusfeststellung-von-Erwerbstaetigen.pdf (abgerufen am 23.10.2019).

827 s. BSG, Urt. v. 04.09.2018 – B 12 KR 11/17 R, zitiert nach juris.

828 s. BSG, Urt. v. 04.09.2018 – B 12 KR 11/17 R, zitiert nach juris. a.A. LSG Baden-Württemberg, Beschl. v. 11.05.2011- L 11 R 1075/11 ER-B, zitiert nach juris und LSG Baden-Württemberg, Urt. v. 28.03.2017 – L 11 R 1310/16, zitiert nach juris: Danach soll eine Betriebsprüfung nach § 28p SGB VI ein Clearingstellenverfahren nach § 7a SGB IV nur sperren, wenn das konkrete Rechtsverhältnis tatsächlich Gegenstand der Betriebsprüfung ist. Allein die Ankündigung oder Durchführung einer Betriebsprüfung schließe das Statusfeststellungsverfahren noch nicht aus.

829 Vgl. BSG, Urt. v. 11.03.2009 – B 12 R 11/07 R, BSGE 103, 17; BSG, Urt. v. 04.06.2009 – B 12 R 6/08 R, zitiert nach juris; BSG, Urt. v. 04.06.2009 – B 12 KR 31/07 R, zitiert nach beck-online; LSG Hessen, Urt. v. 25.02.2010 – L 8 KR 81/08, zitiert nach beck-online; BSG, Urt. v. 04.09.2018 – B 12 KR 11/17 R, zitiert nach juris.

830 Vgl. *Plagemann*, in: Münchener Anwaltshandbuch Sozialrecht, § 6 Rn. 10; *Schreiber/Moritz-Richter*, S. 117.

weiterzuleiten[831]. Etwas anderes gilt nur im Falle eines obligatorischen Clearingstellenverfahrens: Dies geht einer Statusfeststellung der Einzugsstellen stets vor, die Einzugsstellen sind sachlich unzuständig[832].

Auch eine laufende Betriebsprüfung nach § 28p SGB IV sperrt das Anfrageverfahren[833]. Die sachliche Zuständigkeit der Clearingstelle ist ausgeschlossen, solange das Betriebsprüfungsverfahren nicht beendet ist[834]. Die Rentenversicherung ist ihrerseits gehalten, im Betriebsprüfungsverfahren den Status des betreffenden Beschäftigten zu klären, wenn zwischenzeitlich ein Antrag nach § 7a SGB IV gestellt wird[835]. Denn es besteht im Rahmen der Betriebsprüfung ein Individualanspruch des Unternehmens gegen die Rentenversicherung auf Statusklärung (vgl. zum Individualanspruch unter VII.3.i.).

Die DRV Bund hat den Antragsteller im Rahmen des Anfrageverfahrens gem. § 7a SGB IV davon zu unterrichten, dass der Ausgang des bereits zuvor eingeleiteten Verfahrens abgewartet wird[836]. Wird sodann im zuvor eingeleiteten Verfahren eine Entscheidung über den Gegenstand des Anfrageverfahrens getroffen, hat die DRV Bund das Verfahren gem. § 7a SGB IV durch einen Einstellungsbescheid zu beenden, sofern der Antragsteller seinen Antrag nicht zurücknimmt oder für erledigt erklärt. Ergeht hingegen in dem anderweitigen Verfahren keine Entscheidung über die das Statusfeststellungsbegehren betreffende Tätigkeit, so hat die DRV Bund den Antrag nach § 7a Abs. 1 Satz 1 SGB IV wieder aufzugreifen und das Verfahren durchzuführen.[837]

Ein Betriebsprüfungsverfahren hat Vorrang gegenüber einem Einzugsstellenverfahren, wenn es zeitlich früher eingeleitet wurde. Dies ergibt sich aus § 28p Abs. 1 Satz 5, 2. Halbsatz SGB IV, wonach im Falle einer Betriebsprüfung die Ermächtigungsgrundlage der Einzugsstellen

831 Vgl. LSG Baden-Württemberg, Urteil vom 19.02.2008 – L 11 KR 5528/07, zitiert nach beck-online, wonach kein absoluter Vorrang des Anfrageverfahrens nach § 7a SGB IV besteht.

832 Terminbericht des BSG Nr. 32/19 zur Entscheidung vom 16.07.2019 – B 12 KR 6/18 R, zitiert nach juris.

833 Vgl. BSG, Urt. v. 04.09.2018 – B 12 KR 11/17 R, zitiert nach juris; LSG Nordrhein-Westfalen, Urt. v. 14.03.2018 – L 8 R 1052/14, zitiert nach juris.

834 Vgl. BSG, Urt. v. 04.09.2018 – B 12 KR 11/17 R, zitiert nach juris.

835 BSG, Urt. v. 04.09.2018 – B 12 KR 11/17 R, zitiert nach juris.

836 Vgl. BSG, Urt. v. 04.09.2018 – B 12 KR 11/17 R, zitiert nach juris.

837 s. BSG, Urt. v. 04.09.2018 – B 12 KR 11/17 R, zitiert nach juris.

gem. § 28h Abs. 2 SGB IV nicht greift. Nur das außerordentliche Prüfrecht der Einzugsstellen gem. § 98 Abs. 1 SGB X bleibt unberührt, es beschränkt sich gem. § 98 Abs. 1a SGB X aber auf den begründeten Einzelfall und darf nicht zu mehrfacher Regelprüfung führen[838].

Zwar existiert keine gesetzliche Bestimmung, wonach einem bereits eingeleiteten Anfrageverfahren eine Sperrwirkung gegenüber einem Betriebsprüfungsverfahren oder einem Einzugsstellenverfahren zukommt. Dieser zeitliche Vorrang wird jedoch nach höchstrichterlicher Rechtsprechung angenommen[839]. Dies ist folgerichtig, da die Statusentscheidungen der verschiedenen Sozialversicherungsträger denselben Streitgegenstand beinhalten. Divergierende Entscheidungen unterschiedlicher Versicherungsträger sind zu vermeiden[840], dies dient der Rechtsklarheit und Rechtssicherheit.

Zu guter Letzt ist auch ein Vorrang der Statusfeststellung in einem bereits eingeleiteten Einzugsstellenverfahren gegenüber einer späteren Betriebsprüfung anzunehmen. Ein Betriebsprüfungsbescheid gem. § 28p Abs. 1 SGB IV wäre wegen sachlicher Unzuständigkeit rechtswidrig, soweit er eine Statusfeststellung trifft, die bereits bei der Einzugsstelle anhängig ist. Hinsichtlich anderer Prüfgegenstände ist ein Betriebsprüfungsbescheid aber weiterhin möglich.

Die drei im SGB IV vorgesehenen Ermächtigungsgrundlagen für Statusfeststellungen (nach § 7a Abs. 1 Satz 1 SGB IV, nach § 28h Abs. 2 Satz 1 SGB IV und nach § 28p SGB IV) stehen in einem systematischen Zusammenhang. Ein Verwaltungsakt, der trotz Sperrwirkung eines zuvor eingeleiteten Verfahrens ergeht, ist mangels sachlicher Zuständigkeit rechtswidrig, mangels absoluter sachlicher Unzuständigkeit aber nicht nichtig[841].

---

838 s. *Wehrhahn*, in: Kasseler Kommentar SGB IV, § 28p Rn. 5.

839 Vgl. BSG, Urt. v. 11.03.2009 – B 12 R 11/07 R, BSGE 103, 17; BSG, Urt. v. 04.09.2018 – B 12 KR 11/17 R, zitiert nach juris; BSG, Urt. v. 04.06.2009 – B 12 R 6/08 R, zitiert nach juris.

840 s. BSG, Urt. v. 04.06.2009 – B 12 R 6/08 R, zitiert nach juris.

841 Vgl. *Berchtold*, in: Knickrehm/Kreikebohm/Waltermann, § 7a SGB IV, Rn. 6.

b) Bindungswirkung einer Statusfeststellung

Aus dem systematischen Zusammenhang zwischen den drei im SGB IV geregelten Ermächtigungsgrundlagen für Statusfeststellungen ergibt sich eine Bindungswirkung einer ergangenen Statusentscheidung für die jeweils anderen beiden Sozialversicherungsträger. Ist der Bescheid noch nicht bestandskräftig, so können die betroffenen Versicherungsträger die Entscheidung grundsätzlich anfechten. Gesichtspunkte des Vertrauensschutzes sind immer dann zu prüfen, wenn in der Vergangenheit bereits Verwaltungsakte mit materieller Bindungswirkung ergangen sind[842].

Eine Statusentscheidung der Clearingstelle im Rahmen eines *Anfrageverfahrens* nach § 7a SGB IV entfaltet Bindungswirkung für die Betriebsprüfungsdienste[843] und auch für die Einzugsstellen[844]. Sie hat Tatbestandswirkung[845]. Denn es ist gerade der Zweck des Anfrageverfahrens, Rechtssicherheit für die Beteiligten zu schaffen[846]. Rechtssicherheit ist nur erreichbar, wenn Entscheidungen der Clearingstelle auch für die übrigen Sozialversicherungsträger bindend sind.

An bestandskräftige *Entscheidungen der Einzugsstelle* nach § 28h Abs. 2 Satz 1 SGB IV sind die anderen beiden Versicherungsträger ebenfalls gebunden[847]. Denn von der Zielrichtung her dient auch dieses Verfahren der Schaffung von Rechtssicherheit durch rechtsverbindliche Statusfeststellung.

Bei einer abgeschlossenen *Betriebsprüfung* besteht eine Bindungswirkung stets nur insoweit, als im Betriebsprüfungsbescheid tatsächlich ein sozialversicherungsrechtlicher Status festgestellt wurde[848]. Die

842 Vgl. BSG, Urt. v. 30.10.2013 – B 12 AL 2/11 R, zitiert nach juris.

843 Vgl. BSG, Urt. v. 30.10.2013 – B 12 AL 2/11 R, zitiert nach juris.; *Schafhausen*, in: Münchener Anwaltshandbuch Sozialrecht, § 10 Rn. 18.

844 Vgl. LSG, Baden-Württemberg, Urt. v. 08.07.2016 – L 4 R 3450/15, zitiert nach juris; *Zieglmeier*, in: Kasseler Kommentar, SGB IV, § 7a Rn. 4.

845 s. LSG, Baden-Württemberg, Urt. v. 08.07.2016 – L 4 R 3450/15, zitiert nach juris.

846 Vgl. *Zieglmeier*, in: Kasseler Kommentar, SGB IV, § 7a Rn. 5.

847 Vgl. BSG, Urt. v. 30.10.2013 – B 12 AL 2/11 R, zitiert nach juris; LSG Berlin-Brandenburg, Urt. v. 05.06.2014 – L 8 AL 242/10, zitiert nach juris; s. auch: *Rittweger*, in: BeckOK SozR, § 7a Rn. 5; *Schafhausen*, in: Münchener Anwaltshandbuch Sozialrecht, § 10 Rn. 20; ferner: *Baier*, in: Krauskopf SGB IV, § 28p Rn. 12.

848 Vgl. hierzu: LSG Baden-Württemberg, Urt. v. 19.02.2019 – L 11 BA 3452/18, zitiert juris; LSG Nordrhein-Westfalen, Urt. v. 14.03.2018 – L 8 R 1052/14, zitiert

Einzugsstelle ist nicht gehindert, trotz durchgeführter Betriebsprüfung einen Beitragsbescheid zu erlassen, soweit die Betriebsprüfung ohne Beanstandung geblieben ist[849]. Sie kann für einen nach § 28p SGB IV geprüften Zeitraum nachträglich einen Beitragsbescheid erlassen, wenn der Betriebsprüfungsbescheid dahingehend keine Feststellungen enthält[850]. Gleiches gilt für die Clearingstelle, sie kann einen Statusfeststellungsbescheid nach § 7a SGB IV erlassen, soweit der Betriebsprüfungsbescheid keine Feststellungen enthält[851]. Denn der Betriebsprüfungsbescheid kann nur Bindungswirkung für Sachverhalte entfalten, über die er eine Entscheidung trifft. (vgl. zur Bindungswirkung des Betriebsprüfungsbescheides vertiefend unter VII.3.i)

Wenn der Rentenversicherungsträger im Rahmen einer Betriebsprüfung nach § 28p SGB IV zu einer anderen Statusbeurteilung kommt, als zuvor die Einzugsstelle im Rahmen von § 28h Abs. 2 SGB IV oder die Clearingstelle im Rahmen von § 7a SGB IV, kann er den früheren Verwaltungsakt der Einzugsstelle[852] oder der Clearingstelle nach Maßgabe der §§ 44 ff. SGB X *aufheben*. Das geprüfte Unternehmen wird sich jedoch regelmäßig auf *Vertrauensschutz* gem. § 45 SGB X berufen können. Die Rentenversicherungsträger müssen sich einen durch die Einzugsstelle geschaffenen konkreten Vertrauenstatbestand zurechnen lassen[853], denn der Feststellungsbescheid der Einzugsstelle stellt gegenüber dem geprüften Unternehmen einen begünstigenden Verwaltungsakt dar[854]. Gleiches gilt für einen Statusfeststel-

---

nach juris; LSG Baden-Württemberg, Urt. v. 29.03.2017 – L 11 R 1310/16, zitiert nach juris; *Zieglmeier*, in: Kasseler Kommentar, SGB IV, § 7a Rn. 18 m.w.N.

849 Vgl. *Wehrhahn*, in: Kasseler Kommentar SGB IV, § 28p Rn. 30.

850 s. LSG Baden-Württemberg, Urt. v. 28.04.2009 – L 11 KR 2495/05, zitiert nach juris.

851 Vgl. BSG, Urt. v. 04.09.2018 – B 12 KR 11/17 R, zitiert nach juris.

852 s. Gesetzentwurf der Bundesregierung – Entwurf eines Dritten Gesetzes zur Änderung des Sozialgesetzbuchs – 3. SGBÄndG, BT-Drucks 13/1205, unter B. Besonderer Teil, zitiert nach: http://dip21.bundestag.de/dip21/btd/13/012/1301205.asc (abgerufen am 23.10.2019); vgl. auch: SG Kassel, Urt. v. 25.04.2007 – S 12 KR 421/05, zitiert nach juris; *Wehrhahn*, in: Kasseler Kommentar SGB IV, § 28p Rn 21 und 26; *Schafhausen*, in: Münchener Anwaltshandbuch Sozialrecht, § 10 Rn. 20.

853 Vgl. Hessisches LSG, Urt. v. 03.03.2005 – L 1 KR 976/00, zitiert nach juris; *Wehrhahn*, in: Kasseler Kommentar SGB IV, § 28p Rn. 28.

854 Vgl. SG Kassel, Urt. v. 25.04.2007 – S 12 KR 421/05, zitiert nach juris.

lungsbescheid der Clearingstelle. Vertrauensschutz im Sinne des § 45 SGB X kann nur ein ausdrücklicher Statusfeststellungsbescheid im Sinne des SGB IV vermitteln. Allein die Entgegennahme von Beiträgen aufgrund einer Anmeldung des Arbeitgebers stellt keinen Verwaltungsakt der Einzugsstelle dar, so dass die vertrauensschützenden Vorschriften der §§ 44 ff. SGB X nicht greifen[855].

5. Die Wirkung von Statusentscheidungen gegenüber weiteren Behörden

Statusentscheidungen gem. § 7a SGB IV, § 28h Abs. 2 SGB IV oder § 28p SGB IV haben Bindungswirkung nicht nur gegenüber der gesetzlichen Krankenversicherung und der kontoführenden Rentenversicherung des jeweiligen Erwerbstätigen (vgl. hierzu die Ausführungen unter VII.4.b), sondern auch gegenüber der sozialen Pflegeversicherung sowie der Bundesagentur für Arbeit. Denn nach dem Sinn und Zweck sind Statusbeurteilungen stets in Bezug auf den Gesamtsozialversicherungsbeitrag nach § 28d SGB IV zu treffen, nicht isoliert für einzelne Zweige der Sozialversicherung. Gegenüber der Bundesagentur für Arbeit ist in § 336 SGB III die leistungsrechtliche Bindungswirkung der isolierten Statusfeststellung gem. § 7a Abs. 1 SGB IV ausdrücklich vorgesehen. Darüber hinaus wird eine leistungsrechtliche Bindungswirkung gegenüber der Bundesagentur für Arbeit mittlerweile auch für Entscheidungen der Einzugsstelle nach § 28h Abs. 2 Satz 1 SGB IV[856] und für Statusentscheidungen im Rahmen einer Betriebsprüfung nach § 28p SGB IV[857] anerkannt, obgleich keine gesetzliche Regelung hierfür besteht.

855 Vgl. *Schafhausen*, in: Münchener Anwaltshandbuch Sozialrecht, § 10 Rn. 20.

856 s. LSG Berlin-Brandenburg, Urt. v. 05.06.2014 – L 8 AL 242/10, zitiert nach juris. Anders noch BSG, Urt. v. 06.02.1992 – 7 RAr 134/90, zitiert nach juris, das keine leistungsrechtliche Bindung der Bundesagentur für Arbeit angenommen hatte, auch nicht, wenn ihr der Feststellungsbescheid der Einzugsstelle bekannt gegeben wurde.

857 So geregelt im: Gemeinsamen Rundschreiben GKV Spitzenverband, DRV Bund, Bundesagentur für Arbeit v. 13.04.2010, S. 18, zitiert nach: zitiert nach: https://www.informationsportal.de/wp-content/uploads/document__1336__GR-Statusfeststellung-von-Erwerbstaetigen.pdf (abgerufen am 23.10.2019).

Darüber hinaus hat die Finanzgerichtsbarkeit eine steuerliche „*Tatbestandswirkung*“ von Statusfeststellungen nach § 7a SGB IV für das Steuerrecht anerkannt, sofern die Feststellungen nicht offensichtlich rechtswidrig sind[858]. Die Finanzbehörden übertragen dementsprechend die Statusbeurteilung aus bestandskräftigen Statusfeststellungsbescheiden nach § 7a SGB IV in der Regel auf die steuerrechtliche Bewertung des Sachverhalts. Dies hat insbesondere Auswirkungen auf die Frage, ob Lohnsteuer abzuführen ist.

Hingegen wurde eine Bindungswirkung von Statusentscheidungen nach § 7a SGB IV, § 28h Abs. 2 SGB IV oder § 28p SGB IV bisher *nicht für die Unfallversicherungsträger anerkannt*[859]. Zur Begründung wird ausgeführt, eine Statusfeststellung erstrecke sich auf den Gesamtsozialversicherungsbeitrag nach § 28d SGB IV und damit nur auf die Versicherungspflicht in der Kranken-, Renten- und Pflegeversicherung sowie nach dem Recht der Arbeitsförderung[860]. Die gesetzliche Regelung des § 7a SGB IV sei keine Ermächtigungsgrundlage, um für alle Bereiche des Sozialgesetzbuchs eine verbindliche Entscheidung zu treffen. Die Statusbeurteilung habe für die Unfallversicherungsträger lediglich Indizwirkung[861].

Für die fehlende Bindungswirkung einer Statusfeststellung gegenüber den Unfallversicherungsträgern spricht der Gesetzeswortlaut. Nach § 166 Abs. 2 Sozialgesetzbuch Siebtes Buch[862] dürfen die Unfallversicherungsträger sich zwar auf die Betriebsprüfungen der Rentenversicherungen beziehen und die Prüfung der Beitragspflicht zur Unfallversicherung erfolgt „im Auftrag“ der Unfallversicherung, letztendlich liegt die Entscheidungsermächtigung aber bei den Unfallversiche-

858 Vgl. BFH, Urt. v. 06.06.2002 – VI R 178/97, zitiert nach juris; BFH, Urt. v. 21.01.2010 – VI R 52/08, zitiert nach juris.

859 Vgl. LSG Baden-Württemberg, Urt. v. 21.02.2013 – L 10 U 5019/11, zitiert nach juris; *Pietrek*, jurisPR-SozR 20/2013 Anm. 3; *Bieresborn*, in: jurisPK-SGB VII, § 2 Rn. 24; *Pietrek*, in: jurisPK-SGB IV, § 7a Rn. 26; *Zieglmeier*, DStR 2018, 619, 623; *Körner*, NZA 2019, 278, 281.

860 s. LSG Baden-Württemberg, Urt. v. 21.02.2013 – L 10 U 5019/11, zitiert nach juris; vgl. auch: *Pietrek*, jurisPR-SozR 20/2013 Anm. 3; *Zieglmeier*, DStR 2018, 619, 623; *Körner*, NZA 2019, 278, 281.

861 Vgl. *Pietrek*, in: jurisPK-SGB IV, § 7a Rn. 26; *Pietrek*, jurisPR-SozR 20/2013 Anm. 3.

862 Künftig abgekürzt als: SGB VII.

rungsträgern selbst. Nach § 28p Abs. 1c Satz 2 SGB IV ist die Zuständigkeit der Unfallversicherungsträger für den Erlass von Verwaltungsakten zur Versicherungspflicht und Beitragshöhe im Rahmen der gesetzlichen Unfallversicherung uneingeschränkt erhalten. Sinnvoll ist eine solche *Parallelzuständigkeit* nicht. Im Interesse der Verwaltungsvereinfachung sowie der Rechtssicherheit und Praktikabilität für betroffene Unternehmen und Beschäftigte sollten durch eine Bindungswirkung von Statusfeststellungen gegenüber sämtlichen Sozialversicherungsträgern einheitliche Entscheidungen erreicht werden. Die gesetzliche Neuregelung des Sozialrechts in Form von nummerierten Sozialgesetzbüchern hatte gerade zum Ziel, die sozialversicherungsrechtlichen Vorschriften zu harmonisieren. Mit dem SGB I und dem SGB IV wurden Vorschriften „vor die Klammer gezogen", die für alle Sozialversicherungsträger gelten sollten[863]. Systematisch ist „Sozialversicherung" in diesem Sinne auch die gesetzliche Unfallversicherung nach dem SGB VII. Sinnvollerweise sollte das SGB IV entsprechend seinem amtlichen Titel „Gemeinsame Vorschriften für die Sozialversicherung" möglichst weitgehend für alle Sozialversicherungsträger einheitliche Regelungen vorsehen. Mit dem Ziel eines übersichtlicheren und vereinheitlichten Sozialversicherungssystems ist es nicht vereinbar, in Bezug auf *dieselbe Erwerbstätigkeit unterschiedliche Statusbeurteilungen* durch verschiedene Träger der Sozialversicherung zuzulassen. Auch im Interesse der Vorhersehbarkeit von Verwaltungsentscheidungen für die Bürger sollte eine Bindungswirkung von Statusentscheidungen gegenüber den Unfallversicherungsträgern gesetzlich eingeführt werden.

Umgekehrt haben die von Unfallversicherungsträgern erlassenen Verwaltungsakte zur Feststellung einer Versicherungspflicht in der Unfallversicherung aufgrund einer „Beschäftigung" im Sinne des § 2 Abs. 1 Nr. 1 SGB VII ebenfalls keine Bindungswirkung für die Rentenversicherung, Krankenversicherung, Pflegeversicherung sowie die Bundesagentur für Arbeit[864]. Denn die Unfallversicherung trifft systematisch keine Entscheidungen in Bezug auf den Gesamtsozialversicherungsbeitrag.

863 vgl. auch: BSG, Urt. v. 04.06.2009 – B 12 R 6/08 R, zitiert nach juris.
864 Vgl. *Pietrek*, in: jurisPK-SGB IV, § 7a Rn. 90; ferner: *Zieglmeier*, in: Kasseler Kommentar SGB IV, § 71 Rn. 21.

Zudem entfalten Verfahren, in denen die Frage der Versicherungspflicht nur eine *Vorfrage* ist, keine Sperrwirkung oder Bindungswirkung für Statusfeststellungsverfahren[865]. So stellt beispielsweise ein Beitrittsverf*ahren zur freiwilligen Krankenversicherung* nicht die Selbstständigkeit verbindlich fest, sondern prüft den Status nur inzident als Vorfrage. Im Rahmen eines späteren Statusfeststellungsverfahrens besteht daher keine Bindungswirkung. Auch eine Entscheidung der Bundesagentur für Arbeit über *Gründungszuschuss* nach § 93 SGB III enthält keine Vorfestlegung für ein späteres Statusfeststellungsverfahren, da der Status im Rahmen dessen nicht verbindlich geklärt wird, sondern nur als Vorfrage für den Anspruch auf die Leistung inzident geprüft wird, ob der Antragsteller beabsichtigt, eine selbstständige Tätigkeit aufzunehmen[866]. Ist aus Sicht der Bundesagentur für Arbeit die beabsichtigte Tätigkeit nicht eindeutig als selbstständige Tätigkeit zu beurteilen, kann sie gegebenenfalls im Rahmen der Amtshilfe eine gutachterliche Stellungnahme von der DRV Bund einholen[867].Darüber hinaus entfalten Entscheidungen der kontoführenden Rentenversicherung über die *Versicherungspflicht in der gesetzlichen Rentenversicherung aus selbstständiger Tätigkeit* gem. § 2 SGB VI keine statusrechtliche Bindungswirkung gegenüber der Einzugsstelle im Rahmen einer Entscheidung nach § 28h SGB IV[868]. Denn die Rentenversicherung des Erwerbstätigen entscheidet nicht über den Gesamtsozialversicherungsbeitrag, sondern nur über die Versicherungspflicht in der Rentenversicherung aufgrund eines anderen Tatbestandes. Die Durchführung eines Statusfeststellungsverfahrens wäre nur ausgeschlossen, wenn „ein Verfahren zur Feststellung einer Beschäftigung" erfolgt wäre, hierunter fallen von der Zielrichtung her nur das Einzugsstellenverfahren nach § 28h SGB IV und das Betriebsprüfungsverfahren nach § 28p SGB IV[869]. Auch das *Feststellungsverfahren der Künstlersozialkasse*

865 Vgl. *Berchtold*, in: Knickrehm/Kreikebohm/Waltermann, § 7a SGB IV, Rn. 6; *Zieglmeier*, in: Kasseler Kommentar SGB IV, § 71 Rn. 21.

866 Vgl. zu § 57 SGB III a.F.: LSG Nordrhein-Westfalen, Urt. v. 22.04.2015 – L 8 R 680/12, zitiert nach beck-online.

867 *Pietrek*, in: jurisPK-SGB IV, § 7a Rn. 88.

868 Vgl. LSG Baden-Württemberg, Urt. v. 25.09.2018 – L 11 KR 4583/17, zitiert nach juris.

869 Vgl. BSG, Urt. v. 29.06.2016 – B 12 R 5/14 R, zitiert nach beck-online, BSG, Urt. v. 12.12.2018 – B 12 R 1/18 R, zitiert nach juris.

(KSK) nach § 8 Abs. 1 Satz 1 KSVG ist kein Verfahren mit Sperrwirkung, da die KSK weder Einzugsstelle noch ein „anderer" Versicherungsträger in diesem Sinne ist. Denn die KSK übt nicht selbst die Funktion eines Sozialversicherungsträgers aus, sondern ist als Sonderinstitution den eigentlichen Versicherungsträgern vorgeschaltet, um über die Eigenschaft als versicherungspflichtiger Künstler zu entscheiden.[870]

870 Vgl. BSG, Urt. v. 12.12.2018 – B 12 R 1/18 R, zitiert nach juris, hinsichtlich des Verhältnisses zu § 7a Abs. 1 Satz 1 SGB IV.

VIII. Das gerichtliche Verfahren

Im gerichtlichen Verfahren wird die Statusbeurteilung der Sozialversicherungsträger durch die Sozialgerichte überprüft. Zunächst müssen die *allgemeinen Zulässigkeitsvoraussetzungen* des Sozialgerichtsgesetzes vorliegen. Insbesondere ist nach §§ 78, 84 SGG vorab ein *Widerspruchsverfahren* durchzuführen und nach Bekanntgabe des Widerspruchsbescheides gem. § 87 SGG die *Klagefrist* von einem Monat einzuhalten. Die Beteiligten können den Rechtsstreit vor den Sozialgerichten und den Landessozialgerichten gem. § 73 Abs. 1 SGG selbst führen, es besteht kein Anwaltszwang.

1. Die kombinierte Anfechtungs- und Feststellungsklage im Rahmen des Anfrageverfahrens nach § 7a SGB IV

Im Jahre 2017 wurden in der Bundesrepublik Deutschland insgesamt 2.815 Klageverfahren aus dem Bereich der Statusfeststellungen nach § 7a Abs. 1 SGB IV erledigt, wobei in 380 Klageverfahren voll zugunsten des Klägers entschieden und in 442 Verfahren ein Anerkenntnis[871] von der DRV Bund abgegeben wurde. In 116 Fällen wurde das Verfahren durch einen Vergleich abgeschlossen, in 24 Fällen kam es zu einem teilweisen Obsiegen und Unterliegen und in 827 Klageverfahren wurde voll zugunsten der DRV Bund entschieden. Durch eine übereinstimmende Erledigungserklärung wurden 65 Verfahren und durch Rücknahme der Klage 981 Verfahren abgeschlossen.[872]

---

871 Dabei ist zu berücksichtigen, dass im Jahre 2017 aufgrund des Urteils des BSG v. 31.03.2017 – B 12 R 7/15 R (zitiert nach juris) überdurchschnittlich viele Anerkenntnisse abgegeben wurden.

872 s. BT-Drucks. 19/749 v. 14.02.2018: Antwort der Bundesregierung auf die Kleine Anfrage der Abgeordneten Markus Kurth, Anja Hajduk, Beate Müller-Gemmeke, weiterer Abgeordneter und der Fraktion BÜNDNIS 90/DIE GRÜNEN (BT-

a) Die Zulässigkeit der Klage

Statthafte Klageart gegen einen Statusfeststellungsbescheid nach § 7a Abs. 1 SGB IV in Gestalt des im Vorverfahren ergangenen Widerspruchsbescheides ist die *kombinierte Anfechtungs- und Feststellungsklage* gem. §§ 54 Abs. 1 Satz 1 Alternative 1, 55 Abs. 1 Nr. 1, 56 SGG[873]. Neben der Aufhebung des Bescheides wird auch die Feststellung des sozialversicherungsrechtlichen Status begehrt. Die Aufhebung des Statusfeststellungsbescheids im Wege der Anfechtungsklage ist allein nicht ausreichend, da die Beteiligten in diesem Fall Gefahr laufen, dass das Auftragsverhältnis – welches Gegenstand der Statusfeststellung war – später im Rahmen einer Betriebsprüfung nach § 28p SGB IV geprüft wird. Es besteht hinsichtlich des sozialversicherungsrechtlichen Status ein Feststellungsinteresse sowohl des Unternehmens als auch des Erwerbstätigen[874], denn nur durch eine bestandskräftige Statusentscheidung kann eine Bindungswirkung erzeugt und Rechtssicherheit erlangt werden.

Sowohl das Unternehmen als auch der Erwerbstätige sind *klagebefugt*[875]. *Örtlich zuständig* ist nach § 57 Abs. 7 Satz 1 SGG das Sozialgericht, in dessen Bezirk der Auftraggeber seinen Sitz hat. Liegt dieser im Ausland, ist nach § 57 Abs. 7 Satz 2 SGG der Wohnsitz des Auftragnehmers maßgeblich.

Steuerberater sind bei der Klage betreffend § 7a Abs. 1 SGB IV nicht vertretungsbefugt, da der Wortlaut des § 73 Abs. 2 Satz 2 Nr. 4 SGG eine Vertretungsbefugnis für Steuerberater lediglich für Angelegenheiten nach § 28h SGB IV und § 28p SGB IV vorsieht, während Angelegenheiten nach § 7a SGB IV dort nicht genannt werden[876].

Drucks. 19/551), zitiert nach: http://dipbt.bundestag.de/dip21/btd/19/007/1900749.pdf (abgerufen am 23.10.2019).

873 Vgl. LSG Nordrhein-Westfalen, Urt. v. 30.08.2017 – L 8 R 962/15, zitiert nach juris; *Zieglmeier*, in: Kasseler Kommentar, SGB IV, § 7a Rn. 57; *Pietrek*, in: jurisPK-SGB IV, § 7a Rn. 165; *Rittweger*, in: BeckOK SozR, § 7a SGB IV, Rn. 35.

874 a.A.: *Berchtold*, in: Berchtold/Richter, § 12 Rn. 198.

875 Vgl. *Zieglmeier*, NZS 2013, 854.

876 s. BSG, Urt. v. 05.03.2014 – B 12 R 7/12 R, zitiert nach beck-online.

b) Beiladung/Verbindung

In Klagen betreffend Anfrageverfahren nach § 7a Abs. 1 SGB IV hat bei einer Klage des Arbeitgebers/Auftraggebers eine *notwendige Beiladung* des Arbeitnehmers/Auftragnehmers nach § 75 Abs. 2 SGG und umgekehrt bei einer Klage des Arbeitnehmers/Auftragnehmers eine notwendige Beiladung des Arbeitgebers/Auftraggebers zu erfolgen[877]. Nach § 75 Abs. 2 SGG ist eine Beiladung notwendig, wenn an dem streitigen Rechtsverhältnis Dritte derart beteiligt sind, dass die Entscheidung auch ihnen gegenüber nur einheitlich ergehen kann. So liegt der Fall bei der Feststellung eines sozialversicherungsrechtlichen Status: sowohl für den Erwerbstätigen als auch für das Unternehmen ist die Statusbeurteilung rechtsgestaltend und hat unmittelbare Relevanz. Für das Unternehmen hat die Feststellung einer sozialversicherungspflichtigen Beschäftigung insbesondere monetäre Auswirkungen, weil es Schuldner der Sozialabgaben ist. Für den Erwerbstätigen hat die Feststellung ebenfalls wirtschaftliche Auswirkungen, weil sein Arbeitgeber im Falle einer sozialversicherungspflichtigen Beschäftigung von der auszuzahlenden Vergütung die Arbeitnehmerbeiträge zur Sozialversicherung einbehalten wird. Zudem hängen von der Statusfeststellung sein Kranken- und Pflegeversicherungsschutz sowie seine Altersvorsorge in der gesetzlichen Rentenversicherung und Ansprüche im Falle von Arbeitslosigkeit ab.

Sollten sowohl Arbeitnehmer/Auftragnehmer als auch Arbeitgeber/Auftraggeber separat Klage erheben, wird das zuständige Gericht die Verfahren nach § 113 Abs. 1 SGG *verbinden*, um divergierende Entscheidungen zu verhindern. In diesem Fall unterbleibt eine Beiladung des jeweils anderen Adressaten in beiden Klageverfahren. Eine Verbindung ist möglich, da für beide Klagen aufgrund der Sonderzuständigkeit in § 57 Abs. 7 Satz 1 SGG örtlich stets dasselbe Sozialgericht (grundsätzlich am Sitz des Auftraggebers) zuständig ist. Alternativ kann statt einer Verbindung der Klageverfahren eine Beiladung in einem der Verfahren erfolgen und sodann das andere Klageverfahren

877 Vgl. *Pietrek*, in: jurisPK-SGB IV, § 7a Rn. 166; *Rittweger*, in: BeckOK SozR, § 7a SGB IV, Rn. 37; *Zieglmeier*, NZS 2013, 854.

gem. § 202 SGG i.V.m. § 251 ZPO ruhend gestellt werden, bis eine rechtskräftige Entscheidung vorliegt.

Wenn allerdings im zeitlich zuerst eingereichten Klageverfahren eine Beiladung des anderen Adressaten bereits erfolgt (ist), *bevor* die zweite Klage eingereicht wurde, ist die zweite Klage gem. § 202 SGG, 17 Abs. 1 Satz 2 GVG wegen *anderweitiger Rechtshängigkeit* unzulässig[878]. Denn derselbe Streitgegenstand ist mit denselben Beteiligten bereits anhängig. Dieser Fall dürfte in der Praxis fast nie vorkommen, weil die Klagefrist in aller Regel abgelaufen sein wird, bevor alle für einen Beiladungsbeschluss erforderlichen Umstände und Adressdaten bekannt sind.

Solange im zeitlich zuerst eingereichten Klageverfahren noch keine Beiladung erfolgt ist, ist die zweite Klage zulässig. Sie kann durch eine nachfolgende Beiladung im zuerst eingereichten Klageverfahren auch nicht mehr unzulässig werden, denn nach § 202 SGG, § 17 Abs. 1 Satz 1 GVG wird die Zulässigkeit durch eine *nach* Rechtshängigkeit eintretende Veränderung der sie begründenden Umstände nicht berührt. In diesem Fall ist eine Verbindung der Klageverfahren nach § 113 Abs. 1 SGG geboten. Sollten zwischenzeitlich (in Unkenntnis des Parallelverfahrens) Beiladungsbeschlüsse ergangen sein, sind diese aufzuheben.

Im Klageverfahren ist zudem stets eine *Beiladung der Fremdsozialversicherungsträger* notwendig, bei denen eine Versicherungspflicht in Rede steht[879]. Beizuladen sind also die Bundesagentur für Arbeit, die Kranken- und Pflegeversicherung des Erwerbstätigen sowie gegebenenfalls der kontoführende Rentenversicherungsträger, falls dies nicht die ohnehin beteiligte DRV Bund ist. Bislang hatte die Rechtsprechung eine notwendige Beiladung der Fremdversicherungsträger nicht gefordert[880]. Diese Auffassung ist jedoch nicht mehr zu halten, seit das BSG entschieden hat, dass Streitgegenstand im Rahmen des Anfrageverfah-

878 So auch: *Zieglmeier*, NZS 2013, 854, 855.

879 Vgl. LSG Baden-Württemberg, Urt. v. 18.01.2018 – L 7 R 850/17, zitiert nach juris; *Pietrek*, in: jurisPK-SGB IV, § 7a Rn. 166.

880 So noch LSG Baden-Württemberg, Beschl. v. 11.10.2018 – L 10 BA 2747/18, zitiert nach juris. Auch das BSG hat in seinen Entscheidungen bisher nicht beanstandet, wenn die Vorinstanzen eine Beiladung der anderen Versicherungsträger nicht vorgenommen haben, vgl. beispielsweise: BSG, Urt. v. 04.06.2009 – B 12 KR 31/07 R, zitiert nach beck-online. Allerdings setzt sich das BSG nicht ausdrück-

rens nicht isoliert das Vorliegen einer Beschäftigung sein kann, sondern die aus der Beschäftigung resultierende Versicherungspflicht in den einzelnen Versicherungszweigen festzustellen ist, weil nur dann eine Entscheidung über den sozialversicherungsrechtlichen Status vorliegt (vgl. zur unzulässigen Elementenfeststellung die Ausführungen unter VII.1.c.)[881]. Der Statusfeststellungsbescheid der Clearingstelle greift in die Rechtssphäre der Fremdversicherungsträger ein, weil für diese verbindlich festgestellt wird, ob der Erwerbstätige bei ihnen pflichtversichert ist. Die Entscheidung ist Grundlage der Beitragsansprüche der Fremdversicherungsträger gegen den Arbeitgeber sowie Grundlage der Ansprüche des Erwerbstätigen gegen den jeweiligen Sozialversicherungsträger. Da die Entscheidung über die Versicherungspflicht den Fremdversicherungsträgern gegenüber nur einheitlich ergehen kann, sind sie nach § 75 Abs. 2 SGG notwendig beizuladen.

Hier besteht *Handlungsbedarf des Gesetzgebers*. Es wäre sinnvoll, die Beiladung der Fremdversicherungsträger im Interesse einer Verschlankung und Beschleunigung des Gerichtsverfahrens sowie zur Verwaltungsvereinfachung abweichend von § 75 Abs. 2 SGG neu zu regeln. Es wäre beispielsweise interessengerecht, die Fremdversicherungsträger über den Beginn des Gerichtsverfahrens und später über dessen Ausgang lediglich zu informieren und sie nur auf ihren ausdrücklichen Antrag hin beizuladen. Denn in einem Rechtsstaat sollten Behörden einander grundsätzlich gegenseitig Vertrauen entgegenbringen, richtige Entscheidungen zu treffen. Es ist nicht erforderlich, dass alle Fremdversicherungsträger während des gesamten Gerichtsverfahrens jegliche Schreiben zugestellt bekommen und den Verlauf kontrollieren. Die DRV Bund als Beklagte ist in der Lage, das Verfahren stellvertretend für die anderen Versicherungsträger in Prozessstandschaft sachgerecht zu führen. Sinnvoll wäre also eine gesetzliche Ermächtigung der DRV Bund zur Prozessführung. Dies würde die im Verwaltungsverfahren bestehende Ermächtigung der DRV Bund zu eigenständigen Statusentscheidungen konsequent fortführen. Ziel des § 7a

---

lich mit der Notwendigkeit der Beiladung auseinander und akzeptiert andersherum kommentarlos erfolgte Beiladungen: vgl. etwa BSG, Urt. v. 05.12.2017 – B 12 R 6/15 R, zitiert nach juris.

881 Vgl. ähnlich: *Rittweger*, in: BeckOK SozR, § 7a SGB IV, Rn. 37.

SGB IV ist gerade die Alleinzuständigkeit und alleinige Beurteilungskompetenz der DRV Bund. Dies liegt im Interesse einer schnellen Entscheidung sowie der einheitlichen Beurteilung von vergleichbaren Sachverhalten und damit im Interesse der Rechtsklarheit und Rechtssicherheit. Eine solche Lösung, in der eine Beiladung nur auf Antrag zu erfolgen hat, wäre mithilfe einer *Prozessstandschaft* rechtlich umsetzbar, praktikabel und läge auch im Interesse der anderen Versicherungsträger.

Die Praxis zeigt, dass die Fremdversicherungsträger regelmäßig keinerlei *Interesse* an ihrer Beteiligung im Gerichtsverfahren haben und es ihnen entgegenkommt, wenn die Rentenversicherung das Verfahren in eigener Verantwortung führt. Sie äußern sich in aller Regel im Gerichtsverfahren weder inhaltlich zur Sache, noch stellen sie Anträge oder erscheinen (ohne entsprechende Anordnung) zum Verhandlungstermin. Teilweise bitten sie sogar darum, von der Übersendung weiterer Schriftsätze abzusehen. Sie sind weder personell dafür ausgestattet, sich mit Einsatz am Gerichtsverfahren zu beteiligen, noch sehen sie aus fachlicher Sicht die Notwendigkeit. Denn mit der DRV Bund wird das Verfahren von einer Behörde geführt, die sich eingehend mit dem konkreten Sachverhalt befasst hat und die zudem mit der Clearingstelle über die notwendige Spezialisierung und den entsprechenden Sachverstand verfügt. So entsteht insgesamt der Eindruck, dass die beteiligten Behörden umfassendes Vertrauen in die Arbeit der prüfenden Rentenversicherung haben und keinen Bedarf sehen, selbst zusätzlich in die Prüfung einzusteigen. Hier sollte der Gesetzgeber tätig werden und eine Prozessstandschaft einführen. Es ist weder sachdienlich noch prozessökonomisch, das Gerichtsverfahren durch diverse Behörden parallel zu begleiten.

c) Die Begründetheit der Klage

Zur inhaltlichen Statusentscheidung wird auf die Ausführungen unter III. – VI. verwiesen. Streitgegenstand der Klage ist nicht die isolierte Feststellung eines Beschäftigungsverhältnisses, sondern das Vorliegen einer „*Versicherungspflicht* in der Kranken-, Pflege- und Rentenversicherung sowie nach dem Recht der Arbeitsförderung *aufgrund* Beschäftigung“[882] (siehe zur unzulässigen Elementenfeststellung die Ausführungen unter VII.1.c). Dementsprechend sind Antrag und Tenor im Klageverfahren zu formulieren.

Sollte die DRV Bund im angefochtenen Statusfeststellungsbescheid eine *unzulässige Elementenfeststellung* über das Vorliegen einer Beschäftigung getroffen haben, sind durch das zuständige Sozialgericht gleichwohl die Voraussetzungen der Versicherungspflicht in den Zweigen der Sozialversicherung in vollem Umfang festzustellen[883]. Ist ein solcher (wegen der Feststellung eines unselbstständigen Tatbestandselements) unvollständiger Verwaltungsakt durch einen späteren Verwaltungsakt der DRV Bund um das fehlende Element zu einer vollständigen Feststellung ergänzt worden, so liegt darin eine insgesamt erneuernde Feststellung mit der Folge, dass der zweite Verwaltungsakt den ersten im Sinne von § 96 Abs. 1 SGG ersetzt[884]. Ergeht der ersetzende Verwaltungsakt nach Klageerhebung, so wird er Gegenstand des Klageverfahrens.

Eine Entscheidung nach § 2 Satz 1 SGB VI ist nicht Gegenstand des auf die Statusfeststellung gerichteten Klageverfahrens. Für den Fall, dass eine Versicherungspflicht aus Beschäftigung nicht festzustellen ist, kann allenfalls in einem neuen, separat zu führenden Verwaltungsverfahren geklärt werden, ob in der gesetzlichen Rentenversicherung eine Versicherungspflicht als Selbstständiger nach einem der Tatbestände des § 2 Satz 1 SGB VI besteht.[885] Zuständig wäre für dieses Verwaltungsverfahren nicht die Clearingstelle der DRV Bund, sondern der für den Beschäftigten/Auftragnehmer zuständige kontoführende Rentenversicherungsträger.

d) Gerichtskosten und Streitwert

Es handelt sich bei der Klage des Arbeitgebers/Auftraggebers gem. § 197a SGG um ein gerichtskostenpflichtiges Verfahren, da weder der

882 Vgl. LSG Baden-Württemberg, Urt. v. 18.01.2018 – L 7 R 850/17, zitiert nach juris; *Zieglmeier*, in: Kasseler Kommentar, SGB IV, § 7a Rn. 58.
883 Vgl. BSG, Urt. v. 11.03.2009 – B 12 R 11/07 R, BSGE 103, 17.
884 Vgl. BSG, Urt. v. 28.09.2011 – B 12 R 17/09 R, zitiert nach juris.
885 LSG Baden-Württemberg, Urt. v. 18.01.2018 – L 7 R 850/17, zitiert nach juris.

Kläger (das Unternehmen) noch die Beklagte (die DRV Bund) zu den in § 183 SGG genannten Personen gehören. Nach § 154 Abs. 1 VwGO trägt der unterliegende Teil die Kosten des Verfahrens. Die Pflicht zur Kostentragung umfasst sowohl die Kosten des Gerichtsverfahrens als auch die außergerichtlichen Kosten. Nach § 155 VwGO können die Kosten bei teilweisem Obsiegen gegeneinander aufgehoben werden, so dass die Gerichtskosten hälftig zu teilen sind und jeder Beteiligte seine außergerichtlichen Kosten selbst trägt. Die *Beiladung* des Erwerbstätigen (also des Beschäftigten oder Auftragnehmers) ändert an der Gerichtskostenpflicht nichts, denn maßgeblich für § 197a SGG sind lediglich Kläger und Beklagter.

Bei einer *Klage des Beschäftigten*/Auftragnehmers handelt es sich hingegen um ein privilegiertes Verfahren nach § 193 SGG[886]. Die Klage ist nicht gerichtskostenpflichtig, da der Kläger als Versicherter zum privilegierten Personenkreis gehört.

Wenn sowohl der Arbeitgeber/Auftraggeber als auch der Beschäftigte/Selbstständige *gemeinsam Klage* gegen den Statusfeststellungsbescheid nach § 7a Abs. 1 SGB IV erheben oder ihre Einzelklagen vom Gericht *verbunden* worden sind, so ist das Verfahren für beide gerichtskostenfrei. Denn es liegt kein Fall des § 197a SGG vor, sondern ein einheitlicher Fall der Kostenprivilegierung nach § 193 SGG, wenn im Rahmen eines Streitgegenstandes neben einem privilegierten Beteiligten auch ein nicht privilegierter Beteiligter klagt[887]. Die *subjektive Klagehäufung* schließt die Kostenregelungen des GKG und der VwGO bereits dann aus, wenn bei einem einheitlichen Streitgegenstand nur einer der Kläger zu den in § 183 SGG genannten Personen gehört[888].

Dem Beigeladenen können nach § 197a Abs. 2 Satz 1 SGG i.V.m. § 154 Abs. 3 Satz 1 VwGO Kosten auferlegt werden, wenn er Anträge

---

886 Vgl. BSG, Urt. v. 14.03.2018 – B 12 KR 13/17 R, zitiert nach juris.

887 Vgl. BSG, Beschl. v. 26.07.2006 – B 3 KR 6/06 B, zitiert nach juris; BSG, Urt. v. 29.11.2011 – B 2 U 27/10 R, zitiert nach juris; BSG, Urt. v. 29.07.2015 – B 12 KR 23/13 R, zitiert nach juris; LSG Bayern, Urt. v. 27.04.2016 – L 10 AL 201/15, zitiert nach beck-online; *Zieglmeier*, NZS 2013, 854, 855 f.
a.A.: BSG, Beschl. v. 23.03.2017 – B 5 RE 1/17 B, zitiert nach beck-online, das ohne nähere Ausführungen eine getrennte Kostenentscheidung vornahm. Diese Entscheidung ist jedoch singulär und mangels inhaltlicher Begründung nicht nachzuvollziehen.

888 s. BSG, Urt. v. 29.07.2015 – B 12 KR 23/13, zitiert nach juris.

gestellt oder Rechtsmittel eingelegt hat. Dies gilt nach § 197a Abs. 2 Satz 2 allerdings nicht, wenn er Versicherter nach § 183 SGG ist. Die außergerichtlichen *Kosten des Beigeladenen* sind nach § 162 Abs. 3 VwGO nur dann erstattungsfähig, wenn sie das Gericht aus Billigkeit der unterliegenden Partei oder der Staatskasse auferlegt hat. Haben sich die Beigeladenen am Verfahren nicht beteiligt, kommt die Erstattung ihrer außergerichtlichen Kosten nicht in Betracht[889].

Sowohl die Anwaltskosten (Gebühren in sozialrechtlichen Angelegenheiten nach § 3 RVG) als auch die Gerichtskosten (gem. § 63 GKG) richten sich bei einem gerichtskostenpflichtigen Verfahren nach dem vom Gericht festzusetzenden *Streitwert*. Der Streitwert ist gem. § 52 Abs. 1 GKG unter Beachtung der Bedeutung der Sache für den Kläger nach Ermessen zu bestimmen. Bei einer gerichtskostenpflichtigen Klage in Bezug auf einen Statusfeststellungsbescheid gem. § 7a Abs. 1 SGB IV ist gem. § 197 a Abs. 1 SGG, § 52 Abs. 2 GKG der *Auffangstreitwert* maßgeblich[890], weil im Bescheid kein konkreter Forderungsbetrag festgesetzt wird, sondern ein Status, also eine Rechtsstellung streitig ist. Der Streitwert ist demgemäß auf 5.000,- Euro festzusetzen.

2. Die kombinierte Anfechtungs- und Feststellungsklage gegen eine Statusentscheidung der Einzugsstelle gem. § 28h Abs. 2 SGB IV

Bei der Klage gegen einen statusfeststellenden Bescheid der Einzugsstelle nach § 28h Abs. 2 SGB IV in Gestalt des im Vorverfahren ergangenen Widerspruchsbescheides handelt es sich um eine *kombinierte Anfechtungs- und Feststellungsklage* gem. §§ 54 Abs. 1 Satz 1 Alternative 1, 55 Abs. 1 Nr. 1, 56 SGG[891].

889 s. BSG, Urt. v. 28.09.2011 – B 12 R 17/09 R, zitiert nach beck-online.

890 So auch: BSG, Urt. v. 11.03.2009 – B 12 R 11/07 R, zitiert nach juris; BSG, Urt. v. 04.06.2009 – B 12 R 6/08 R, zitiert nach juris; BSG, Urt. v. 30.10.2013 – B 12 KR 17/11 R, zitiert nach juris; BSG, Urt. v. 18.11.2015 – B 12 KR 16/13 R, zitiert nach beck-online; BSG, Urt. v. 14.03.2018 – B 12 KR 12/17 R, zitiert nach juris; BSG, Urt. v. 07.06.2018 – B 12 KR 17/17 R, zitiert nach juris; BSG, Beschl. v. 28.11.2018 – B 12 R 34/18 B, zitiert nach beck-online.

891 s. BSG, Urt. v. 24.06.2008 – B 12 KR 24/07 R, zitiert nach juris; s. auch: LSG Berlin-Brandenburg, Urt. v. 15.08.2007 – L 31 KR 128/07, zitiert nach juris.

a) Die Zulässigkeit der Klage

Klagegegnerin ist die Einzugsstelle, die den Bescheid erlassen hat[892]. *Klagebefugt* sind sowohl der Auftraggeber/Arbeitgeber als auch der Auftragnehmer/Arbeitnehmer. Die betroffenen *Fremdversicherungsträger* sind ebenfalls klagebefugt[893]. Demgemäß ist eine Klage der Pflegekasse, des Rentenversicherungsträgers und der Bundesanstalt für Arbeit statthaft, aber auch eine Klage der Krankenversicherung des Erwerbstätigen, sofern im konkreten Fall die Knappschaft-Bahn-See den Bescheid als Einzugsstelle erlassen hat[894]. Die Versicherungsträger können den Bescheid der Einzugsstelle gem. § 54 Abs. 1, Abs. 2 SGG anfechten, weil sie durch ihn beschwert sind[895] (sog. *Drittanfechtungsklage*). Es handelt sich um einen Verwaltungsakt mit mehreren Betroffenen[896]. Die Klagebefugnis der Fremdversicherungsträger bezieht sich jedoch nur auf den eigenen sachlichen Zuständigkeitsbereich[897], so dass die Rentenversicherung beispielsweise allein die Versicherungspflicht in der gesetzlichen Rentenversicherung geltend machen kann.

Die *Klagefrist* läuft für jeden Beteiligten – Arbeitgeber, Arbeitnehmer und Versicherungsträger – gesondert ab Bekanntgabe des Widerspruchsbescheides an den betreffenden Beteiligten[898].

---

892 Vgl. BSG, Urt. v. 01.07.1999 – B 12 KR 2/99 R, zitiert nach beck-online; LSG Nordrhein-Westfalen, Urt. v. 03.01.2005 – L 16 B 44/04 KR, zitiert nach juris; BSG, Urt. v. 24.06.2008 – B 12 KR 24/07 R, zitiert nach juris.

893 Vgl. BSG, Urt. v. 25.05.1966 – 3 RK 37/62, zitiert nach juris; BSG, Urt. v. 18.04.1975 – 3/12 RK 10/73, zitiert nach juris; BSG, Urt. v. 23.09.2003 – B 12 RA 3/02 R, zitiert nach juris; BSG, Urt. v. 03.07.2013 – B 12 KR 8/11 R, zitiert nach juris; Terminbericht Nr. 32/19 des BSG zur Entscheidung v. 16.07.2019 – B 12 KR 6/18 R, zitiert nach juris.

894 Vgl. *Baier*, in: Krauskopf SGB IV, § 28h Rn. 13.

895 Vgl. BSG, Urt. v. 27.09.1961 – 3 RK 74/59, zitiert nach beck-online; BSG, Urt. v. 01.07.1999 – B 12 KR 2/99 R, zitiert nach beck-online; *Scheer*, in: jurisPK-SGB IV, § 28h Rn. 93.

896 s. BSG, Urt. v. 25.05.1966 – 3 RK 37/62, zitiert nach juris.

897 Vgl. BSG, Urt. v. 01.07.1999 – B 12 KR 2/99 R, zitiert nach beck-online; BSG, Urt. v. 03.07.2013 – B 12 KR 8/11 R, zitiert nach juris.

898 Vgl. BSG, Urt. v. 25.05.1966 – 3 RK 37/62, zitiert nach juris; BSG, Urt. v. 18.04.1975 – 3/12 RK 10/73, zitiert nach juris; BSG, Urt. v. 01.07.1999 – B 12 KR 2/99 R, zitiert nach beck-online.

b) Beiladung/Verbindung

In Klageverfahren betreffend eine Statusentscheidung der Einzugsstelle nach § 28h Abs. 2 SGB IV hat bei einer Klage des Arbeitgebers/Auftraggebers eine *notwendige Beiladung des Arbeitnehmers/Auftragnehmers* nach § 75 Abs. 2 SGG zu erfolgen[899], da der Bescheid über die Versicherungspflicht für ihn von erheblicher Bedeutung ist und rechtsgestaltende Wirkung hat[900]. Umgekehrt ist auch bei einer Klage des Arbeitnehmers/Auftragnehmers eine Beiladung des Arbeitgebers/Auftraggebers notwendig[901], da die Statusentscheidung ihn unmittelbar betrifft. Über das Bestehen oder Nichtbestehen einer Versicherungspflicht aus Beschäftigung kann nur einheitlich entschieden werden.

Zudem ist die *Beiladung der Fremdversicherungsträger notwendig*[902]. Zwar liegt die Entscheidungsbefugnis im Verwaltungsverfahren allein bei den Einzugsstellen[903]. Die Träger der gesetzlichen Krankenversicherung verfügen mit ihrer Entscheidung aber über die Versicherungspflicht bei Fremdversicherungsträgern und über deren Beitragsforderungen[904]. Als inhaltlich Betroffene kann die Entscheidung ihnen gegenüber nur einheitlich ergehen. Die Entscheidung der Einzugsstelle kann die anderen Versicherungsträger nicht binden, ohne dass diese selbst prozessuale Rechte haben.[905] Es liegt auch dann ein Fall der notwenigen Beiladung vor, wenn lediglich Säumniszuschläge streitig sind,

899 Vgl. BSG, Urt. v. 23.05.1995 – 12 RK 63/93, zitiert nach beck-online; BSG, Urt. v. 08.12.1999 – B 12 KR 18/99 R, zitiert nach juris.

900 s. BSG, Urt. v. 23.05.1995 – 12 RK 63/93, zitiert nach beck-online.

901 s. BSG, Beschl. v. 21.06.1990 – 12 BK 10/90, zitiert nach beck-online.

902 Vgl. BSG, Urt. v. 27.09.1961 – 3 RK 74/59, zitiert nach beck-online; BSG, Urt. v. 25.05.1966 – 3 RK 37/62, zitiert nach juris; BSG, Urt. v. 07.08.1991 – 10 RAr 8/90, zitiert nach beck-online; BSG, Urt. v. 01.07.1999 – B 12 KR 2/99 R, zitiert nach beck-online; BSG, Urt. v. 08.12.1999 – B 12 KR 18/99 R, zitiert nach juris; *Kreikebohm*, in: Kreikebohm SGB IV, § 28h Rn. 3; *Baier*, in: Krauskopf SGB IV, § 28h Rn. 13.

903 Vgl. *Wehrhahn*, in: Kasseler Kommentar SGB IV, § 28h Rn. 15.

904 Vgl. BSG, Urt. v. 07.08.1991 – 10 RAr 8/90, zitiert nach beck-online.

905 s. BSG, Urt. v. 01.07.1999 – B 12 KR 2/99 R, zitiert nach beck-online, mit näherer Begründung dieser starken Rechtsstellung.

denn die Säumniszuschläge sind an die zuständigen Versicherungsträger abzuführen, sie betreffen daher deren Rechtssphäre[906].

Hinsichtlich der Verbindung mehrerer separat erhobener Klagen bei demselben Gericht ist auf die Ausführungen unter VIII.1.b. hinzuweisen. Soweit die vom Bescheid Betroffenen als Kläger am verbundenen Verfahren beteiligt sind, ist ihre Beiladung nicht mehr erforderlich. Sollten separate Klagen hinsichtlich desselben Streitgegenstandes bei unterschiedlichen Gerichten anhängig sein, besteht prozessual allein die Möglichkeit, alle Verfahren bis auf eines ruhend zu stellen und in dem verbliebenen Verfahren Beiladungen vorzunehmen.

c) Die Begründetheit der Klage

Zur inhaltlichen Statusbeurteilung wird auf die Ausführungen unter III. – VI. verwiesen. Es erfolgt im Gerichtsverfahren die Überprüfung der materiellen Statusentscheidung.

Im Klageverfahren eines Fremdversicherungsträgers gegen einen den Arbeitgeber begünstigenden Verwaltungsakt, ist kein Vertrauensschutz zu beachten[907].

d) Gerichtskosten und Streitwert

Es handelt sich bei der *Klage des Arbeitgebers* um ein gerichtskostenpflichtiges Verfahren nach § 197a SGG, da der Arbeitgeber keine in § 183 SGG benannte Person ist[908]. Nach § 154 Abs. 1 VwGO trägt der unterliegende Teil die Kosten des Verfahrens. Nach § 155 VwGO können Kosten bei teilweisem Obsiegen gegeneinander aufgehoben werden. Eine Beiladung des Versicherten ändert an der Gerichtskostenpflichtigkeit nichts, da § 197a SGG lediglich auf Kläger und Beklagte abstellt, jedoch nicht auf Beigeladene.

---

906 s. BSG, Urt. v. 07.08.1991 – 10 RAr 8/90, zitiert nach beck-online.

907 Vgl. LSG Baden-Württemberg, Urt. v. 05.04.2011 – L 11 KR 965/09, zitiert nach juris.

908 Vgl. zu dieser Praxis beispielsweise: LSG Baden-Württemberg, Urt. v. 25.09.2018 – L 11 KR 4583/17, zitiert nach juris.

Bei der *Klage des betroffenen Erwerbstätigen* selbst handelt es sich hingegen nicht um ein gerichtskostenpflichtiges Verfahren, da er als Versicherter gem. § 183 SGG zum privilegierten Personenkreis gehört. In diesem Fall liegt ein privilegiertes Verfahren nach § 193 SGG vor.

Wenn der Arbeitgeber/Auftraggeber und der Beschäftigte/Auftragnehmer *gemeinsam Klage* erheben, oder das Gericht die beiden Klagen *verbunden* hat, ist das Verfahren für beide gerichtskostenfrei. Denn wenn im Rahmen eines einheitlichen Streitgegenstandes neben einem privilegierten Beteiligten (Arbeitnehmer/Auftragnehmer) ein nicht privilegierter Beteiligter (Arbeitgeber/Auftraggeber) klagt, liegt kein Fall des § 197a SGG vor, sondern ein einheitlicher Fall der Kostenprivilegierung nach § 193 SGG (siehe hierzu Ausführungen und Fundstellen unter VIII.1.d.). Die Anwendung der Kostenregelungen des GKG und der VwGO sind bereits dann ausgeschlossen, wenn nur einer der Kläger zu den in § 183 SGG genannten Personen gehört, es liegt dann ein Fall *subjektiver Klagehäufung* bei einheitlichem Streitgegenstand vor[909].

Dem Beigeladenen können nach § 197a Abs. 2 Satz 1 SGG i.V.m. § 154 Abs. 3 Satz 1 VwGO Kosten auferlegt werden, wenn er Anträge gestellt oder Rechtsmittel eingelegt hat. Dies gilt nach § 197a Abs. 2 Satz 2 allerdings nicht, wenn er Versicherter nach § 183 SGG ist. Die außergerichtlichen *Kosten des Beigeladenen* sind nach § 162 Abs. 3 VwGO nur dann erstattungsfähig, wenn sie das Gericht aus Billigkeit der unterliegenden Partei oder der Staatskasse auferlegt hat. Haben sich die Beigeladenen am Verfahren nicht beteiligt, kommt die Erstattung ihrer außergerichtlichen Kosten nicht in Betracht[910].

Sowohl die Anwaltskosten (Gebühren in sozialrechtlichen Angelegenheiten nach § 3 RVG) als auch die Gerichtskosten (gem. § 63 GKG) richten sich bei einem gerichtskostenpflichtigen Verfahren nach dem vom Gericht festzusetzenden *Streitwert*. Der Streitwert hängt vom Streitgegenstand ab. Er ist gem. § 52 Abs. 1 GKG unter Beachtung der Bedeutung der Sache für den Kläger nach Ermessen zu bestimmen. Legt der angefochtene Bescheid konkret zu zahlende Beiträge fest, sind

909 Vgl. BSG, Beschl. v. 29.05.2006 – B 2 U 391/05 B, zitiert nach beck-online; BSG, Urt. v. 29.07.2015 – B 12 KR 23/13, zitiert nach juris.

910 s. BSG, Urt. v. 28.09.2011 – B 12 R 17/09 R, zitiert nach beck-online.

diese gem. § 197a Abs. 1 SGG, § 52 Abs. 1 GKG für die Streitwertfestsetzung maßgeblich.

Hat der angefochtene Bescheid jedoch lediglich die Statusfeststellung zum Gegenstand, ohne Beiträge festzusetzen, ist gem. § 197a Abs. 1 SGG, § 52 Abs. 2 GKG der Auffangstreitwert maßgeblich[911]. Der Streitwert ist dann auf 5.000,- Euro festzusetzen.

3. Das einstweilige Rechtsschutzverfahren auf Aussetzung der Vollziehung eines Beitragsbescheides der Einzugsstelle

Hat die Einzugsstelle im Rahmen ihrer Entscheidung nach § 28h Abs. 2 SGB IV keine Beiträge festgesetzt, sondern lediglich eine Statusfeststellung über das grundsätzliche Vorliegen von Versicherungspflicht aufgrund Beschäftigung getroffen, liegt keine „Entscheidung über Beitragspflichten" im Sinne des § 86a Abs. 2 Nr. 1 SGG vor. Demgemäß haben die Rechtsbehelfe (Widerspruch und Klage) aufschiebende Wirkung.

Demgegenüber haben die Rechtsbehelfe (Widerspruch und Klage) gegen einen Beitragsbescheid der Einzugsstelle gem. § 28h Abs. 2 SGB IV nach § 86a Abs. 2 Nr. 1 SGG keine aufschiebende Wirkung[912], da es sich um eine Entscheidung über Beitragspflichten handelt. Die festgesetzten Beiträge sind sofort fällig, auch wenn noch inhaltlich gegen den Bescheid vorgegangen wird. Dementsprechend fallen während des laufenden Verfahrens auch Säumniszuschläge nach § 24 SGB IV

911 So auch: LSG Baden-Württemberg, Urt. v. 25.09.2018 – L 11 KR 4583/17, zitiert nach juris. Vgl. ferner zu Statusfeststellungen nach § 7a SGB IV: BSG, Urt. v. 11.03.2009 – B 12 R 11/07 R, zitiert nach juris; BSG, Urt. v. 04.06.2009 – B 12 R 6/08 R, zitiert nach juris; BSG, Urt. v. 30.10.2013 – B 12 KR 17/11 R, zitiert nach juris; BSG, Urt. v. 14.03.2018 – B 12 KR 12/17 R, zitiert nach juris; BSG, Urt. v. 07.06.2018 – B 12 KR 17/17 R, zitiert nach juris; BSG, Beschl. v. 28.11.2018 – B 12 R 34/18 B, zitiert nach beck-online.

912 So auch: *Plagemann*, in: Münchener Anwaltshandbuch Sozialrecht, § 6 Rn. 7; a.A.: LSG Nordrhein-Westfalen, Beschl. v. 07.07.2008 – L 16 B 30/08 KR ER, zitiert nach juris, wonach Rechtsmitteln gegen alle Statusentscheidungen (auch außerhalb von § 7a Abs. 1 SGB IV) aufschiebende Wirkung zugeschrieben wird; so auch: *Baier*, in: Krauskopf SGB IV, § 28h Rn. 13.

an. Die Verwaltung oder das Gericht können die aufschiebende Wirkung jedoch auf Antrag anordnen.

Inhaltlich wird zum einstweiligen Rechtsschutzverfahren auf die Ausführungen unter VIII.5. verwiesen („Das einstweilige Rechtsschutzverfahren auf Aussetzung der Vollziehung eines Betriebsprüfungsbescheides"). Die dortigen Grundsätze zur Zulässigkeit des Antrages auf Anordnung der aufschiebenden Wirkung, zur Beiladung, zur Begründetheit sowie zu Streitwert und Gerichtskosten sind entsprechend anzuwenden.

4. Die kombinierte Anfechtungs- und Feststellungsklage gegen einen Betriebsprüfungsbescheid

Der Rechtsschutz gegen Betriebsprüfungsbescheide nach § 28p SGB IV hat eine hohe praktische Relevanz, denn die festgesetzten Beitragsnachforderungen sind für die geprüften Unternehmen oft von erheblicher wirtschaftlicher Bedeutung. Insbesondere wenn die prüfende Rentenversicherung für verschiedene Beschäftigungsverhältnisse Beiträge nachfordert und zudem noch Säumniszuschläge anfallen, kann sich die Forderung schnell auf einen sechs- oder sogar siebenstelligen Betrag summieren. Im Gegensatz zu einer Entscheidung nach § 7a Abs. 1 SGB IV oder § 28h Abs. 2 SGB IV wird im Rahmen der Betriebsprüfung nicht lediglich der Status in einem Tätigkeitsverhältnis eines vorab bestimmten Erwerbstätigen überprüft, sondern je nach Anlass eine Vielzahl von Tätigkeitsverhältnissen hinsichtlich verschiedener sozialversicherungsrechtlicher Fragen. Da eine Klage gegen den Betriebsprüfungsbescheid keine aufschiebende Wirkung hat, ist die Nachforderung trotz laufenden Verfahrens sofort vollstreckbar. Gegebenenfalls kann einstweiliger Rechtsschutz beantragt werden (siehe hierzu unter VIII.5.).

a) Die Zulässigkeit der Klage

Klagebefugt gegen einen Betriebsprüfungsbescheid in Gestalt des im Vorverfahren ergangenen Widerspruchsbescheides ist stets das geprüfte Unternehmen. Denn dieses ist Adressat und mit der festgesetzten Beitragsnachforderung belastet. *Statthafte Klageart* ist grundsätzlich die Anfechtungsklage gem. § 54 Abs. 1 SGG, denn das Unternehmen wendet sich gegen die Nachforderung von Sozialversicherungsbeiträgen und begehrt die (Teil-) Aufhebung des Beitragsbescheides[913]. Sofern im Rahmen des Betriebsprüfungsbescheides eine Statusfeststellung getroffen wurde, deren Richtigkeit im Klageverfahren angegriffen wird, ist *statthafte Klageart* die kombinierte Anfechtungs- und Feststellungsklage gem. §§ 54 Abs. 1 Satz 1 Alternative 1, 55 Abs. 1 Nr. 1, 56 SGG. Denn im Klageverfahren wird neben der (Teil-) Aufhebung des Beitragsbescheides auch die Aufhebung der behördlichen Statusentscheidung sowie die Neufeststellung des sozialversicherungsrechtlichen Status begehrt. Der Status ist ein Rechtsverhältnis im Sinne der Feststellungsklage. Eine Anfechtungsklage allein kann diesem Begehren nicht entsprechen[914]. Sie hätte zur Folge, dass die Statusentscheidung der prüfenden Rentenversicherung vom Gericht aufgehoben wird, sodann läge keinerlei Statusfeststellung mehr vor.

Enthält der Betriebsprüfungsbescheid personenbezogene Feststellungen/ personenbezogene Beitragsforderungen, so ist neben dem geprüften Unternehmen, gegen das sich die Nachforderung richtet, auch der von den Regelungen betroffene *Erwerbstätige klagebefugt*. Es besteht hinsichtlich des Status ein Feststellungsinteresse sowohl des Unternehmens als auch des Erwerbstätigen selbst[915], denn für beide ist die Statusentscheidung bindend, hat rechtsgestaltende Wirkung und wirtschaftliche Folgen.

Ein später ergangener weiterer Betriebsprüfungsbescheid wird nur Gegenstand des Klageverfahrens, wenn er zu demselben Prüfzeitraum ergangen ist. Ist er hingegen für einen späteren Prüfzeitraum ergangen, so wird er nicht Gegenstand des Klageverfahrens gem. § 96 SGG, stattdessen ist ein separates Widerspruchs- und Klageverfahren einzuleiten.[916]

---

913 Vgl. Hessisches LSG, Urt. v. 06.10.2016 – L 8 KR 101/14, zitiert nach juris.

914 a.A. LSG Baden-Württemberg, Urt. v. 23.11.2011 – L 5 R 5703/09, zitiert nach juris, wonach die reine Anfechtungsklage für die richtige Klageart sei.

915 a.A.: *Berchtold*, in: Berchtold/Richter, § 12 Rn. 198.

916 Vgl. BSG, Urt. v. 14.07.2004 – B 12 KR 10/02 R, zitiert nach juris, mit ausführlicher Begründung.

b) Beiladung/Verbindung

Bei Klagen des Arbeitgebers gegen einen Betriebsprüfungsbescheid ist die *Beiladung aller betroffenen Beschäftigten* gem. § 75 Abs. 2 SGG notwendig, sofern personenbezogene Feststellungen vorliegen[917]. Denn die Entscheidung kann gegenüber den Beschäftigten nur einheitlich ergehen und hat Auswirkungen auf ihre persönliche Rechtsstellung gegenüber der Sozialversicherung.

Eine Beiladung von Beschäftigten erfolgt allerdings nicht, wenn ein *Summenbescheid* vorliegt[918]. Denn ein solcher Bescheid ergeht nicht personenbezogen. Die nacherhobenen Beiträge werden nicht einem konkreten Versichertenkonto zugeordnet, sodass für die einzelnen Beschäftigten aus dem Beitragsaufkommen keine Individualansprüche gegen die Sozialversicherung resultieren. Ob der Summenbescheid rechtmäßig erging, berührt die Frage der Beiladung und deren Notwendigkeit nicht. Denn der etwaige Mangel der personellen Bestimmtheit des Verwaltungsaktes kann im gerichtlichen Verfahren nicht durch ein „Nachschieben von Gründen" oder durch die Beiladung behoben werden. Das Interesse der im Bescheid nicht genannten Beschäftigten an der tatsächlichen Beitragsentrichtung kann nicht dazu führen, dass sie beizuladen wären.[919] Der Summenbescheid wäre bei Unzulässigkeit aufzuheben, die Verwaltung hätte neu zu entscheiden. Die Beiladung der Fremdversicherungsträger ist jedoch auch in einem Rechtsstreit über einen Summenbescheid notwendig[920].

Sämtliche *Fremdversicherungsträger*, zu deren Gunsten im Betriebsprüfungsbescheid Beiträge gefordert werden, sind nach aktueller

917 Vgl. BSG, Beschl. v. 15.06.1993 – 12 BK 74/91, zitiert nach juris; BSG, Urt. v. 16.12.2015 – B 12 R 11/14 R, BSGE 120, 209 ff.; BSG, Urt. v. 16.12.2015 – B 12 R 1/14 R, zitiert nach juris; vgl. auch BSG, Urt. v. 28.04.1977 – 12 RK 30/76, zitiert nach juris.

918 Vgl. BSG, Beschl. v. 15.06.1993 – 12 BK 74/91, zitiert nach juris; BSG, Urt. v. 07.02.2002 – B 12 KR 12/01 R, BSGE 89, 158 ff.; BSG, Urt. v. 31.10.2012 – B 12 R 1/11R, zitiert nach juris; BSG, Urt. v. 16.12.2015 – B 12 R 11/14 R, BSGE 120, 209 ff.

919 s. BSG, Beschl. v. 15.06.1993 – 12 BK 74/91, zitiert nach juris.

920 Vgl. BSG, Urt. v. 07.02.2002 – B 12 KR 12/01 R, BSGE 89, 158 ff.; BSG, Urt. v. 31.10.2012 – B 12 R 1/11R, zitiert nach juris; BSG, Urt. v. 16.12.2015 – B 12 R 11/14 R, BSGE 120, 209 ff.

Rechtslage stets gem. § 75 Abs. 2, 1. Alt SGG notwendig beizuladen[921], weil die Entscheidung ihnen gegenüber nur einheitlich ergehen kann. Die Versicherungsträger sind unmittelbar vom Betriebsprüfungsbescheid und der überprüfenden Gerichtsentscheidung betroffen, weil von der Beitragsfestsetzung sowie von einer gegebenenfalls ergangenen Statusfeststellung ihr Beitragsaufkommen und die Individualansprüche des Erwerbstätigen gegen sie abhängen.[922] Der Betriebsprüfungsbescheid entfaltet Bindungswirkung gegenüber den Fremdversicherungsträgern, im Gegenzug müssen sie am Verfahren beteiligt werden. Beteiligte des Klageverfahrens sind also nicht nur der prüfende Rentenversicherungsträger, der Arbeitgeber und die betroffenen Ar-

---

921 Vgl. BSG, Urt. v. 07.02.2002 – B 12 KR 12/01 R, BSGE 89, 158ff.; BSG, Urt. v. 31.10.2012 – B 12 R 15/11 R, zitiert nach juris; BSG, Urteil vom 16.12.2015 – B 12 R 1/14 R, zitiert nach juris; BSG, Urteil vom 16.12.2015 – B 12 R 11/14 R, zitiert nach juris; BSG, Urt. v. 31.10.2012 – B 12 R 1/11 R.

922 Nach früherer Auffassung des BSG (Urt. v. 10.09.1975 – 3/12 RK 15/74, zitiert nach juris) war die Beiladung der anderen Versicherungsträger und der Arbeitnehmer nicht notwendig. Das BSG vertrat die Auffassung, dass sich die Rechtskraft der Entscheidung nicht auf die anderen Versicherungsträger erstreckt. Der Betriebsprüfungsbescheid erwachse nur hinsichtlich der Nachforderung in Rechtskraft, nicht jedoch hinsichtlich der Beurteilung vorgreiflicher Rechtsfragen. Die Frage der Versicherungspflicht sei lediglich eine – wenn auch bedeutsame – Vorfrage zur Beurteilung der Zahlungsverpflichtung des Arbeitgebers, sie nehme daher an der materiellen Rechtskraft der gerichtlichen Entscheidung nicht teil. Die Entscheidung über die Verpflichtung des Arbeitgebers zur Zahlung von Sozialversicherungsbeiträgen greife zudem materiell-rechtlich nicht unmittelbar in die Rechtssphäre des einzelnen Arbeitnehmers ein, da Schuldner der Beiträge gegenüber der Krankenkasse als Einzugsstelle grundsätzlich allein der Arbeitgeber ist.
In einer weiteren Entscheidung führte das BSG aus, der Verfügungssatz beschränke sich auf die Beitragsfestsetzung und erstrecke sich nicht auf den Status der beschäftigten (Teilurt. v. 15.12.1971 – 3 RK 11/69, zitiert nach juris).
Zwischenzeitlich ging das BSG jedoch mehrere Jahrzehnte von der Notwendigkeit der Beiladungen aus (Nachweise vgl. Fußn. 917, 920, 921). Dies ist folgerichtig, da der Betriebsprüfungsbescheid Bindungswirkung gegenüber den anderen Versicherungsträgern hat und deren Beitragsaufkommen sowie die Anspruchslage der betroffenen Erwerbstätigen gegen die jeweiligen Versicherungsträger unmittelbar beeinflusst.
Ohne nähere Ausführungen hielt das BSG demgegenüber kürzlich im Urteil vom 05.12.2017 (B 12 R 10/15 R, zitiert nach juris) die Beiladung der Fremdversicherungsträger bei einer Klage gegen einen Betriebsprüfungsbescheid ausdrücklich nicht für notwendig. Diese Auffassung ist soweit ersichtlich singulär und mangels inhaltlicher Begründung nicht nachzuvollziehen.

beitnehmer, sondern auch die Bundesagentur für Arbeit sowie sämtliche Krankenversicherungen, Pflegeversicherungen und Rentenversicherungsträger aller betroffenen Beschäftigten. Die Vielzahl der Beiladungen führt zu einem erheblichen Verwaltungsaufwand in den Gerichten und erhöht die finanziellen Lasten für den kostenpflichtigen Verfahrensbeteiligten. Wenn mehr als 20 Personen beizuladen sind, kann gem. § 75 Abs. 2a SGG eine *Massenbeiladung* erfolgen. In diesem Fall ist vom Gericht durch unanfechtbaren Beschluss anzuordnen, dass nur solche Personen beigeladen werden, die dies innerhalb einer mindestens dreimonatigen Frist beantragen. Der Beschluss ist im Bundesanzeiger bekannt zu machen und er muss außerdem in Tageszeitungen veröffentlicht werden, die im gesamten Bundesgebiet verbreitet sind.

Hier besteht *Handlungsbedarf des Gesetzgebers*. Die Beiladung der Fremdversicherungsträger sollte im Interesse einer Verschlankung und Beschleunigung des Gerichtsverfahrens sowie zur Verwaltungsvereinfachung bei den Fremdsozialversicherungsträgern abweichend von § 75 Abs. 2 SGG neu geregelt werden. Ausreichend wäre eine *Benachrichtigung* der Fremdversicherungsträger vom Gerichtsverfahren und ihre Beiladung lediglich auf ihren Antrag hin. Denn mit dem prüfenden Rentenversicherungsträger als Beklagtem wird das Verfahren von einer Behörde geführt, die sich eingehend mit dem konkreten Sachverhalt befasst hat und die zudem mit dem Prüfdienst über die notwendige Spezialisierung und den entsprechenden Sachverstand verfügt. Die Rentenversicherung ist in der Lage, das Verfahren in *Prozessstandschaft* auch für die Fremdsozialversicherungsträger sachgerecht zu führen. Es ist nicht erforderlich oder sachdienlich, das Gerichtsverfahren durch diverse Behörden parallel zu begleiten. Prozessökonomisch wäre eine gesetzlichen Ermächtigung der prüfenden Rentenversicherung zur Prozessführung. (vgl. vertiefend zu diesen Erwägungen unter VIII.1.b.)

Sollte eine notwendige Beiladung in erster Instanz unterblieben sein, kann sie in zweiter Instanz *nachgeholt* werden[923]. In dritter Instanz ist dies nach § 168 SGG wegen sonst abgeschnittener Äußerungsmöglichkeiten in der Tatsacheninstanz jedoch nicht möglich, daher ist bei fehlender Beiladung eine Zurückverweisung des BSG an das zu-

923 Vgl. BSG, Urt. v. 16.12.2015 – B 12 R 11/14 R, BSGE 120, 209 ff.

ständige LSG notwendig[924]. Es handelt sich um einen von Amts wegen zu beachtenden Verfahrensmangel[925].

c) Die Begründetheit der Klage

Zur inhaltlichen Statusentscheidung wird auf die Ausführungen unter III. – V. verwiesen.

d) Gerichtskosten und Streitwert

Es handelt sich bei der Klage des geprüften Unternehmens gegen den Betriebsprüfungsbescheid um ein *gerichtskostenpflichtiges Verfahren* gem. § 197a SGG, da weder das klagende Unternehmen noch die beklagte Rentenversicherung zu dem in § 183 SGG genannten, privilegierten Personenkreis gehören. Die Pflicht zur Kostentragung umfasst sowohl die Kosten des Gerichtsverfahrens als auch die außergerichtlichen Kosten. Nach § 155 VwGO können die Kosten bei teilweisem Obsiegen gegeneinander aufgehoben werden, so dass die Gerichtskosten hälftig zu teilen sind und jeder Beteiligte seine außergerichtlichen Kosten selbst trägt. Die Beiladung von drittbetroffenen Erwerbstätigen (also von Beschäftigten oder Auftragnehmern über deren Status oder Beitragspflicht entschieden wurde) ändert an der Gerichtskostenpflichtigkeit des Verfahrens nichts, denn maßgeblich für § 197a SGG sind lediglich Kläger und Beklagter.

Dem Beigeladenen können nach § 197a Abs. 2 Satz 1 SGG i.V.m. § 154 Abs. 3 Satz 1 VwGO Kosten auferlegt werden, wenn er Anträge gestellt oder Rechtsmittel eingelegt hat. Dies gilt nach § 197a Abs. 2 Satz 2 allerdings nicht, wenn er Versicherter nach § 183 SGG ist. Die außergerichtlichen *Kosten des Beigeladenen* sind nach § 162 Abs. 3 VwGO nur dann erstattungsfähig, wenn sie das Gericht aus Billigkeit der unterliegenden Partei oder der Staatskasse auferlegt hat. Haben

924 Vgl. hierzu auch: BSG, Urt. v. 16.12.2015 – B 12 R 11/14 R, BSGE 120, 209 ff.
925 s. BSG, Urt. v. 16.12.2015 – B 12 R 1/14 R, zitiert nach juris.

sich die Beigeladenen am Verfahren nicht beteiligt, kommt die Erstattung ihrer außergerichtlichen Kosten nicht in Betracht[926].

Sowohl die Anwaltskosten (Gebühren in sozialrechtlichen Angelegenheiten nach § 3 RVG) als auch die Gerichtskosten (gem. § 63 GKG) richten sich bei einem gem. § 197a SGG gerichtskostenpflichtigen Verfahren nach dem vom Gericht festzusetzenden *Streitwert*. Nach § 52 Abs. 1, Abs. 3 GKG ist, wenn der Antrag des Klägers eine bezifferte Geldleistung oder einen hierauf bezogenen Verwaltungsakt betrifft, deren Höhe maßgebend. Daher richtet sich der Streitwert bei einer Klage des geprüften Unternehmens gegen einen Betriebsprüfungsbescheid nach der im Verwaltungsakt festgesetzten Beitragsnachforderung inklusive der festgesetzten Säumniszuschläge[927].

Hat hingegen ausnahmsweise der vom Betriebsprüfungsbescheid drittbetroffene Beschäftigte Klage erhoben, handelt es sich um ein *privilegiertes Verfahren* nach § 193 SGG[928]. Die Klage ist nicht gerichtskostenpflichtig, da der Kläger als Versicherter zum privilegierten Personenkreis gem. § 183 SGG gehört.

Denkbar, aber in der Praxis nicht üblich, ist zudem eine gemeinsame Klageerhebung von Unternehmen und Erwerbstätigem. In diesem Fall *subjektiver Klagehäufung* ist aufgrund der Privilegierung eines Beteiligten das Gerichtsverfahren im Ganzen gerichtskostenfrei. Dementsprechend ist vom Gericht auch kein Streitwert festzusetzen. (vgl. vertiefend die Ausführungen unter VIII.1.d., die hier entsprechend gelten)

5. Das einstweilige Rechtsschutzverfahren auf Aussetzung der Vollziehung eines Betriebsprüfungsbescheides

Widerspruch und Klage gegen einen Betriebsprüfungsbescheid gem. § 28p SGB IV haben nach § 86a Abs. 2 Nr. 1 SGG *keine aufschiebende*

926 Vgl. BSG, Urt. v. 28.09.2011 – B 12 R 17/09 R, zitiert nach beck-online.

927 So auch vom BSG praktiziert: vgl. BSG, Urt. v. 04.09.2018 – B 12 KR 11/17 R, zitiert nach juris; vgl. auch: BSG, Urt. v. 04.09.2018 – B 12 R 4/17 R, zitiert nach juris.

928 Vgl. betreffend § 7a SGB IV: BSG, Urt. v. 14.03.2018 – B 12 KR 13/17 R, zitiert nach juris. Diese Ausführungen gelten im Rahmen des § 28p SGB IV entsprechend.

Wirkung[929], da es sich um eine Entscheidung über Beitragspflichten handelt. Die Beiträge sind also sofort fällig, auch wenn gegen den Bescheid vorgegangen wird. Die Verwaltung (nach § 86a Abs. 3 SGG) oder das Gericht (nach § 86b Abs. 1 Satz 1 Nr. 2 SGG) können die aufschiebende Wirkung jedoch anordnen.

Um eine Vollstreckung bis zum Abschluss des Hauptsacheverfahrens zu verhindern, wird in der Praxis häufig parallel zu Widerspruch und Klage ein Antrag auf Anordnung der aufschiebenden Wirkung bei Gericht gestellt. Zuständig für das Eilverfahren ist nach § 86b Abs. 1 Satz 1, Abs. 2 Satz 3 SGG das Gericht der Hauptsache. Der Eilrechtsschutz ist wirtschaftlich bedeutsam, weil das Verfahren der Hauptsache in erster Instanz regelmäßig ein bis drei Jahre in Anspruch nimmt. Erfahrungsgemäß wird häufig Berufung eingelegt und die zweite Instanz benötigt einen ähnlichen Zeitrahmen. Während des Hauptsacheverfahrens nimmt die Zahlung der im Betriebsprüfungsbescheid festgesetzten Beitragsnachforderung dem geprüften Unternehmen Liquidität, denn die nachgeforderten Summen sind abhängig von der Anzahl der geprüften Beschäftigungsverhältnisse und der Dauer des Prüfzeitraumes oft sechsstellig, manchmal sogar siebenstellig. Das betroffene Unternehmen hat also ein Interesse, die Forderung zunächst nicht zahlen zu müssen. Zudem entstehen ohne Anordnung der aufschiebenden Wirkung bei Nichtzahlung fortlaufend weitere *Säumniszuschläge* (in Höhe von 12% pro Jahr). Im Aussetzungszeitraum hingegen fallen keine Säumniszuschläge an[930].

Rechtsgrundlage für die Aussetzung der Vollziehung durch das Sozialgericht ist § 86b Abs. 1 Satz 1 Nr. 2 SGG. Danach kann das Gericht

929 So auch: LSG Baden-Württemberg, Beschl. v. 11.05.2010 – L 11 KR 1125/10 ER-B, zitiert nach juris; LSG Bayern, Beschl. v. 29.10.2014 – L 5 R 868/14 B ER, zitiert nach beck-online; LSG Berlin-Brandenburg, Beschl. v. 31.01.2019 – L 1 BA 76/18 B ER, zitiert nach beck-online; LSG Nordrhein-Westfalen, Beschl. v. 12.08.2019 – L 8 BA 129/19 B ER, zitiert nach juris. Zudem: LSG Schleswig-Holstein, Beschl. v. 07.09.2015 – L 5 KR 147/15 B ER, zitiert nach juris, mit überzeugender Begründung, weshalb § 7a Abs. 7 SGB IV nur auf das Anfrageverfahren nach § 7a Abs. 1 anzuwenden ist, nicht auf den Betriebsprüfungsbescheid nach § 28p SGB IV.
a.A. etwa: LSG Sachsen-Anhalt, Beschl. v. 21.12.2016 – L 3 R 126/16 B ER, zitiert nach juris; Thüringer LSG, Beschl. v. 03.06.2015 – L 12 R 539/15 B ER, zitiert nach juris.

930 s. *Schafhausen*, in: Münchener Anwaltshandbuch Sozialrecht, § 10 Rn. 30.

der Hauptsache in den Fällen, in denen der Widerspruch oder die Anfechtungsklage keine aufschiebende Wirkung haben, die aufschiebende Wirkung auf Antrag ganz oder teilweise anordnen.

Sofern der Betriebsprüfungsbescheid zum Zeitpunkt des Eilbeschlusses schon (teilweise) vollstreckt oder befolgt worden ist, ist Streitgegenstand nach § 86b Abs. 1 Satz 2 SGG auch die *Aufhebung der Vollziehung*, also die tatsächliche Rückabwicklung. Bei entsprechender Anordnung ist der Forderungsbetrag seitens der Einzugsstellen wieder an das geprüfte Unternehmen zurückzuzahlen. Der Sache nach handelt es sich um eine Regelungsanordnung, da die Rechtsposition des Antragstellers erweitert wird[931].

a) Die Zulässigkeit des Antrags

Der Antrag auf Eilrechtsschutz kann in zeitlicher Hinsicht gestellt werden, solange das Hauptsacheverfahren rechtshängig ist. Eine Antragsfrist existiert nicht[932]. Der Antrag ist nach § 86b Abs. 3 SGG auch bereits vor Klageerhebung zulässig. Voraussetzung ist aber, dass gegen den Verwaltungsakt noch Widerspruch oder Klage erhoben werden könnten[933], der Bescheid darf also nicht bestandskräftig sein[934].

Das geprüfte Unternehmen ist als Adressat des Betriebsprüfungsbescheides und Schuldner der Beitragsnachforderung *antragsbefugt*.

Ein Antrag des drittbetroffenen Beschäftigten ist hingegen grundsätzlich nicht zulässig. Zwar ist im Rahmen des § 86b Abs. 1 SGG dem Grunde nach jeder antragsbefugt, der im Hauptsacheverfahren klagebefugt wäre[935]. Allerdings ist für das Vorliegen eines Rechtsschutzbedürfnisses erforderlich, dass die erstrebte gerichtliche Entscheidung dem Antragsteller einen rechtlichen oder tatsächlichen Vorteil erbringen kann[936]. Hinsichtlich der Anordnung der aufschiebenden Wir-

931 s. *Keller*, in: Meyer-Ladewig/Keller/Leitherer/Schmidt, § 86b Rn. 10a.
932 s. *Burkiczak*, in: jurisPK-SGG, § 86b Rn. 103; *Keller*, in: Meyer-Ladewig/Keller/Leitherer/ Schmidt, § 86b Rn. 9.
933 Vgl. *Burkiczak*, in: jurisPK-SGG, § 86b Rn. 112.
934 Vgl. LSG Saarland, Beschl. v. 11.08.2005 – L 9 B 4/05 AS, zitiert nach beck-online.
935 Vgl. *Keller*, in: Meyer-Ladewig/Keller/Leitherer/Schmidt, § 86b Rn. 8.
936 s. *Keller*, in: Meyer-Ladewig/Keller/Leitherer/Schmidt, § 86b Rn. 7a, 26b.

kung hat der drittbetroffene Beschäftigte kein Rechtsschutzbedürfnis, da er nicht Schuldner der Beitragsnachforderung ist und ihm daher keine Vollstreckung droht. Sein rechtliches Interesse bezieht sich regelmäßig auf die Richtigkeit der Statusfeststellung. Der Status kann jedoch nicht im einstweiligen Rechtsschutzverfahren geklärt werden, sondern ist der Hauptsache vorbehalten.

b) Beiladung

Die Beiladung der drittbetroffenen Beschäftigten sowie der entsprechenden Fremdsozialversicherungsträger ist im einstweiligen Rechtsschutzverfahren in aller Regel *nicht angezeigt*, obgleich sie im Hauptsacheverfahren nach § 75 Abs. 2 SGG notwendig beizuladen sind. Eine Beiladung ist im Eilverfahren zwar zulässig, es kann aus Gründen der Eilbedürftigkeit aber von ihr abgesehen werden, insbesondere wenn der Dritte durch die fehlende Beteiligung am Verfahren keine unmittelbaren Nachteile erleidet[937]. In der Praxis erfolgt in Eilverfahren gegen Betriebsprüfungsbescheide regelmäßig keine Beiladung[938].

Diese Handhabung ist zulässig und gerechtfertigt. Die Beteiligung der drittbetroffenen Erwerbstätigen ist nicht zwingend, weil die einstweilige Anordnung keine direkten Auswirkungen auf sie hat. Denn Streitgegenstand ist lediglich die Vollstreckung, es wird weder über den Status noch über die daraus folgende Beitragspflicht endgültig im Eilverfahren entschieden. Die Vollstreckung betrifft das antragstellende Unternehmen als Schuldnerin der Beitragsnachforderung. Auch eine Beiladung aller Fremdversicherungsträger ist im Interesse einer schnellen gerichtlichen Entscheidung im Eilverfahren nicht sinnvoll. Das Vollziehungsinteresse der Fremdversicherungsträger wird ausreichend berücksichtigt. Das öffentliche Interesse an der Vollziehung des Verwaltungsaktes ist vom Gericht ohnehin im Rahmen der Interessenabwägung zu prüfen.

937 Vgl. *Keller*, in: Meyer-Ladewig/Keller/Leitherer/Schmidt, § 86b Rn. 16 m.w.N.

938 Vgl. etwa: LSG Niedersachsen-Bremen, Beschl. v. 20.12.2018 – L 12 BA 23/18 B ER, zitiert nach juris, wonach eine Beiladung nach § 75 Abs. 2 SGG im einstweiligen Rechtsschutz nicht zu erfolgen hat, da dies mit dem Charakter des Eilverfahrens nicht zu vereinbaren wäre.

c) Die Begründetheit des Antrags auf Anordnung der aufschiebenden Wirkung

Voraussetzung für den Erfolg des Antrages auf Anordnung der aufschiebenden Wirkung ist nach § 86b, 86a Abs. 3 Satz 2 SGG, dass *ernstliche Zweifel an der Rechtmäßigkeit* des angegriffenen Verwaltungsaktes bestehen oder die Vollziehung für den Abgaben- oder Kostenpflichtigen eine unbillige, nicht durch überwiegende öffentliche Interessen gebotene Härte zur Folge hätte.

Ob das Gericht vorläufigen Rechtsschutz gewährt, steht in dessen Ermessen, so regelt der Gesetzeswortlaut in § 86b Abs. 1 SGG: „Das Gericht (...) kann (...)". Erforderlich ist eine Interessenabwägung der relevanten öffentlichen und privaten Belange bei Gewährung oder Nichtgewährung des vorläufigen Rechtsschutzes sowie eine Abschätzung der Erfolgsaussichten in der Hauptsache.[939] Es sind das Suspensivinteresse des Antragstellers einerseits und das öffentliche Interesse an der Vollziehung des Verwaltungsaktes andererseits abzuwägen[940].

Der Gesetzgeber statuiert in § 86a Abs. 2 SGG ein Regel-Ausnahme-Verhältnis, wonach *im Zweifel das öffentliche Interesse an der Vollziehung Vorrang* hat[941]. Die sofortige Vollziehbarkeit dient der Sicherung der Funktionsfähigkeit der Sozialversicherung[942]. Da § 86a Abs. 2 Nr. 1 SGG das Vollzugsrisiko bei Beitragsbescheiden grundsätzlich auf den Adressaten verlagert, ist für ein überwiegendes Suspensivinteresse des Antragstellers erforderlich, dass ein Erfolg des Rechtsbehelfs in der

---

939 s. etwa LSG Bayern, Beschl. v. 13.01.2014 – L 5 R 911/13 B ER, zitiert nach beck-online.

940 Vgl. LSG Baden-Württemberg, Beschl. v. 11.05.2010 – L 11 KR 1125/10 ER-B, zitiert nach juris; LSG Bayern, Beschl. v. 07.12.2015 – L 7 R 832/15 B ER, zitiert nach juris; LSG Niedersachsen-Bremen, Beschl. v. 20.12.2018 – L 12 BA 23/18 B ER, zitiert nach juris; vgl. auch LSG Nordrhein-Westfalen, Beschl. v. 12.02.2019 – L 8 BA 169/18 B ER, zitiert nach beck-online.

941 Vgl. LSG Baden-Württemberg, Beschl. v. 11.05.2010 – L 11 KR 1125/10 ER-B, zitiert nach juris; LSG Schleswig-Holstein, Beschl. v. 07.09.2015 – L 5 KR 147/15 B ER, zitiert nach juris.

942 s. LSG Bayern, Beschl. v. 29.10.2014 – L 5 R 868/14 B ER, zitiert nach beck-online.

Hauptsache zumindest überwiegend wahrscheinlich scheint[943]. Hierfür reicht es nicht aus, dass im Rechtsmittelverfahren möglicherweise noch ergänzende Tatsachenfeststellungen zu treffen sind. Maßgeblich ist vielmehr, ob nach der Sach- und Rechtslage zum Zeitpunkt der Eilentscheidung mehr für als gegen die Rechtswidrigkeit des angefochtenen Bescheides spricht.[944]

Die im Gesetz geforderte *„unbillige Härte“* muss über die Härte des bloßen Vollzuges, d. h. das „zahlen müssen“ hinausgehen[945] und nicht oder nur schwer wieder gut zu machen sein[946]. Allein die mit der Zahlung verbundenen wirtschaftlichen Konsequenzen sind nicht als unbillige Härte anzusehen, sie sind lediglich Ausfluss der Erfüllung gesetzlich auferlegter Pflichten[947]. Denn der Gesetzgeber hat Härten, die sich aus der Vollstreckung von Abgabenbescheiden vor Eintritt der Bestandskraft ergeben, bewusst in Kauf genommen, indem er der vollständigen Abgabenerhebung den Vorrang einräumt und einstweiligen Rechtsschutz nur eingeschränkt zur Verfügung stellt[948]. Der in der Praxis häufig anzutreffende Vortrag, die sofortige Vollziehung habe die *Insolvenz* des Unternehmens zur Folge, führt vor den Sozialgerichten meist nicht zum Erfolg. Denn gerade im Falle einer angespannten fi-

943 Vgl. LSG Bayern, Beschl. v. 07.12.2015 – L 7 R 832/15 B ER, zitiert nach juris; LSG Nordrhein-Westfalen, Beschl. v. 11.08.2016 – L 8 R 1096/14 B ER, zitiert nach juris; LSG Niedersachsen-Bremen, Beschl. v. 20.12.2018 – L 12 BA 23/18 B ER, zitiert nach juris; LSG Niedersachsen-Bremen, Beschl. v. 20.12.2018 – L 12 BA 23/18 B ER, zitiert nach juris.

944 Vgl. LSG Nordrhein-Westfalen, Beschl. v. 11.08.2016 – L 8 R 1096/14 B ER, zitiert nach juris; LSG Niedersachsen-Bremen, Beschl. v. 20.12.2018 – L 12 BA 23/18 B ER, zitiert nach juris.

945 Vgl. LSG Bayern, Beschl. v. 13.01.2014 – L 5 R 911/13 B ER, zitiert nach beck-online; LSG Bayern, Beschl. v. 07.12.2015 – L 7 R 832/15 B ER, zitiert nach juris; LSG Schleswig-Holstein, Beschl. v. 07.09.2015 – L 5 KR 147/15 B ER, zitiert nach juris; LSG Niedersachsen-Bremen, Beschl. v. 20.12.2018 – L 12 BA 23/18 B ER, zitiert nach juris; Mette, NZS 2015, 721,723.

946 Vgl. LSG Bayern, Beschl. v. 13.01.2014 – L 5 R 911/13 B ER, zitiert nach beck-online; LSG Bayern, Beschl. v. 29.10.2014 – L 5 R 868/14 B ER, zitiert nach beck-online; LSG Schleswig-Holstein, Beschl. v. 07.09.2015 – L 5 KR 147/15 B ER, zitiert nach juris.

947 s. LSG Nordrhein-Westfalen, Beschl. v. 12.02.2019 – L 8 BA 169/18 B ER, zitiert nach beck-online.

948 s. LSG Niedersachsen-Bremen, Beschl. v. 20.12.2018 – L 12 BA 23/18 B ER, zitiert nach juris.

nanziellen Lage des Unternehmens kann ein Interesse der Sozialversicherung und ihrer Mitglieder an zügiger Vollstreckung bestehen[949]. Bei der Abwägung ist neben der Sicherstellung der Funktionsfähigkeit der Sozialversicherung[950] auch zu beachten, dass nachgeforderte Beiträge nicht allein das Rechtsverhältnis zwischen Arbeitgeber und Behörde betreffen, sondern sich direkt auf die Sozialrechtsverhältnisse der betroffenen Beschäftigten auswirken. Die Betriebsprüfung sichert sowohl die Beitragsentrichtung zur Sozialversicherung als auch die sozialrechtlichen Anwartschaften und Ansprüche der Beschäftigten.[951] Schwierige Vermögensverhältnisse des Beitragspflichtigen sind allenfalls dann zu berücksichtigen, wenn der Antragsteller substantiiert darlegt und glaubhaft macht, dass es sich um einen nur vorübergehenden finanziellen Engpass bei grundsätzlich ausreichender Ertragssituation handelt, der bereits mit Zahlungserleichterungen – etwa in Form von Ratenzahlungen – erfolgreich und nachhaltig behoben werden kann[952]. Auch kann eine unbillige Härte angenommen werden, wenn ein rentabel wirtschaftender Arbeitgeber allein durch die Beitragsnachforderung in die Insolvenz geführt wird[953].

Einer mit dem Forderungseinzug verbundenen wirtschaftlichen Härte hat der Beitragsschuldner aber grundsätzlich mit einem Antrag auf *Stundung, Erlass oder Niederschlagung* an die zuständige Einzugsstelle zu begegnen[954]. Es ist dem Antragsteller zuzumuten, einen Antrag auf Stundung, Erlass oder Niederschlagung gem. § 76 Abs. 2 SGB IV zu stellen, damit er den Beitragsforderungen nachkommen kann, ohne in die Insolvenz zu geraten. Ist ein Unternehmen gleich-

949 Vgl. LSG Bayern, Beschl. v. 30.07.2012 – L 5 R 267/12 B ER, zitiert nach juris; LSG Nordrhein-Westfalen, Beschl. v. 21.02.2012 – L 8 R 1047/11 B ER, zitiert nach juris.

950 s. LSG Nordrhein-Westfalen, Beschl. v. 21.02.2012 – L 8 R 1047/11 B ER, zitiert nach juris.

951 Vgl. LSG Bayern, Beschl. v. 30.07.2012 – L 5 R 267/12 B ER, zitiert nach juris.

952 So: LSG Niedersachsen-Bremen, Beschl. v. 20.12.2018 – L 12 BA 23/18 B ER, zitiert nach juris; a.A.: LSG Bayern, Beschl. v. 11.03.2019 – L 16 BA 174/18 B ER, zitiert nach beck-online, wonach von einer unbilligen Härte auszugehen ist, wenn durch die sofortige Zahlung Zahlungsunfähigkeit und Insolvenz drohen.

953 Vgl. LSG Bayern, Beschl. v. 13.01.2014 – L 5 R 911/13 B ER, zitiert nach beck-online.

954 Vgl. LSG Nordrhein-Westfalen, Beschl. v. 12.02.2019 – L 8 BA 169/18 B ER, zitiert nach beck-online.

wohl nicht imstande, seinen öffentlich-rechtlichen Pflichten nachzukommen, ist unter Umständen eine Insolvenz und nicht ein Aufschub der Beitragspflicht die angemessene rechtliche Konsequenz.[955] Die Aussetzung der Vollziehung kann im Übrigen an einer Überschuldung nichts ändern. Die nicht abgeführten Sozialabgaben bestehen als Verbindlichkeit fort und sind als Rückstellung in der Buchführung zu berücksichtigen.

Maßgeblich kommt es auf die *Erfolgsaussichten in der Hauptsache*, also die Rechtmäßigkeit des Betriebsprüfungsbescheides an. Die Interessenabwägung fällt zugunsten der sofortigen Vollziehung aus, wenn es sich ohne Weiteres und ohne vernünftige Zweifel erkennen lässt, dass der angefochtene Bescheid rechtmäßig ist und die Rechtsverfolgung des Bürgers keinen Erfolg verspricht[956]. Umgekehrt ist in Fällen der offensichtlichen Rechtswidrigkeit die Vollziehbarkeit auszusetzen, weil kein öffentliches Interesse an einer Vollziehung besteht[957].

Das Gericht hat im Rahmen seiner Interessenabwägung die Anordnung von *Auflagen* und *Befristungen* zu prüfen[958]. Die Auflagen und Befristungen stellen speziell auf die Zwecke des Aussetzungsverfahrens zugeschnittene Nebenbestimmungen zur Schaffung eines Interessenausgleichs zwischen dem effektiven Rechtsschutz und dem öffentlichen Vollzugsinteresse dar. Es handelt sich um eine Ermessensentscheidung des Gerichts. Möglich ist beispielsweise eine Auflage in Form einer Sicherheitsleistung.[959]

---

955 Vgl. LSG Berlin-Brandenburg, Beschl. v. 09.07.2018 – L 9 BA 29/18 B, zitiert nach beck-online.

956 s. LSG Bayern, Beschl. v. 13.01.2014 – L 5 R 911/13 B ER, zitiert nach beck-online.

957 LSG Berlin-Brandenburg, Beschl. v. 31.01.2019 – L 1 BA 76/18 B ER, zitiert nach juris.

958 Vgl. *Keller*, in: Meyer-Ladewig/Keller/Leitherer/Schmidt, § 86b Rn. 12h, der Auflagen und Befristungen über den Gesetzeswortlaut hinaus in allen Fällen des § 86b Abs. 1 SGG für möglich hält.

959 Vgl. *Keller*, in: Meyer-Ladewig/Keller/Leitherer/Schmidt, § 86b Rn. 12h.

d) Gerichtskosten und Streitwert

Streitwert und Gerichtskosten richten sich grundsätzlich nach denselben Gesetzesgrundlagen wie bei der Klage gegen den Betriebsprüfungsbescheid, vgl. § 197 a SGG, § 154 Abs. 1 und § 161 VwGO, § 63, § 52 Abs. 1 und 3, § 53 Abs. 2 Nr. 4 GKG (nähere Ausführungen siehe unter VIII.4.d). Für die Höhe des Streitwertes ist die im Betriebsprüfungsbescheid festgesetzte Beitragsforderung Ausgangspunkt. Allerdings kann der Streitwert in Verfahren des einstweiligen Rechtsschutzes aufgrund der lediglich summarischen Prüfung an*gemessen reduziert* werden. Ob und inwieweit eine Reduzierung angemessen ist, entscheidet das jeweils zuständige Gericht nach Ermessen. Die Rechtsprechung setzt den Streitwert in Eilverfahren gegen Betriebsprüfungsbescheide teilweise auf die Hälfte des in der Hauptsache maßgeblichen Streitwertes fest[960], teilweise auf ein Viertel des Hauptsachestreitwertes[961], vereinzelt auch auf ein Drittel[962].

e) Rechtsfolgen einer Anordnung der aufschiebenden Wirkung

Das Gericht entscheidet über den Antrag auf Anordnung der aufschiebenden Wirkung gem. § 86b Abs. 4 SGG durch Beschluss. Wird

960 So etwa: LSG Baden-Württemberg, Beschl. v. 11.05.2010 – L 11 KR 1125/10 ER-B, zitiert nach juris; LSG Rheinland-Pfalz, Beschl. v. 14.08.2012 – L 6 R 223/12 B ER, zitiert nach juris; LSG Berlin-Brandenburg, Beschl. v. 29.07.2014 – L 1 KR 131/14 B ER, zitiert nach juris; LSG Bayern, Beschl. v. 31.07.2015 – L 7 R 506/12 B ER, zitiert nach juris; LSG Niedersachsen-Bremen, Beschl. v. 20.12.2018 – L 12 BA 23/18 B ER, zitiert nach juris.

961 So: LSG Hamburg, Beschl. v. 16.04.2012 – L 3 R 19/12 B ER, zitiert nach juris; LSG Hessen, Beschl. v. 23.04.2012 – L 1 KR 95/12 B ER, zitiert nach juris; LSG Nordrhein-Westfalen, Beschl. v. 01.06.2012 – L 8 R 150/12 B ER, zitiert nach juris und Beschl. v. 12.02.2019 – L 8 BA 169/18 B ER, zitiert nach beck-online; LSG Baden-Württemberg, Beschl. v. 14.07.2016 – L 4 R 1086/16 ER-B, zitiert nach juris; LSG Sachsen-Anhalt, Beschl. v. 21.11.2017 – L 3 R 199/17 B ER, zitiert nach juris; Sächsisches LSG, Beschl. v. 12.02.2018 – L 9 KR 496/17 B ER, zitiert nach juris; LSG Bayern, Beschl. v. 11.03.2019 – L 16 BA 174/18 B ER, zitiert nach beck-online.

962 So: LSG Bayern, Beschl. v. 29.10.2014 – L 5 R 868/14 B ER, zitiert nach beck-online; LSG Schleswig-Holstein, Beschl. v. 22.11.2016 – L 5 KR 176/16 B ER, zitiert nach juris.

die aufschiebende Wirkung angeordnet, bleibt der Betriebsprüfungsbescheid in seiner Wirksamkeit von der Anordnung der aufschiebenden Wirkung des Rechtsbehelfs unberührt. Die aufschiebende Wirkung führt aber dazu, dass die Behörde gehindert ist, aus dem Betriebsprüfungsbescheid zu vollstrecken. Die Forderung gilt für die Behörde und ihren Rechtsträger einstweilen als nicht fällig[963].

963 vgl. BVerwG, Urt. v. 20.11.2008 – 3 C 13/08, NJW 2009, 1099 für die Parallelvorschrift § 80 VwGO.

IX. Zusammenfassende Praxishinweise zu den Verwaltungs- und Klageverfahren

Die sozialversicherungsrechtliche Statusbeurteilung ist für Arbeitgeber mit erheblichen Risiken behaftet. Sollte eine von ihm als Selbstständigkeit eingeordnete Erwerbstätigkeit im Nachhinein im Rahmen einer Betriebsprüfung seitens der prüfenden Rentenversicherung als Beschäftigung angesehen werden, können auf das Unternehmen umfangreiche Beitragsnachforderungen zukommen. Der Arbeitgeber ist gegenüber den Einzugsstellen nicht nur Schuldner der Arbeitgeberanteile, sondern auch der *Arbeitnehmeranteile* zur Sozialversicherung. Den Beschäftigten kann er in der Regel nicht auf die Arbeitnehmeranteile in Regress nehmen. Für den Fall, dass nachträglich im Rahmen einer Betriebsprüfung eine Beschäftigung festgestellt wird, hat der Arbeitgeber also regelmäßig die doppelte Beitragslast. Zudem werden in der Regel rückwirkend für mehrere Jahre *Säumniszuschläge* nach § 24 Abs. 1 SGB IV erhoben, die die Zahlungsverpflichtung ganz erheblich steigern. Für jeden angefangenen Monat der Säumnis entstehen Säumniszuschläge in Höhe von einem Prozent pro Monat (12 Prozent pro Jahr). Darüber hinaus drohen im Nachgang zu einer festgesetzten Beitragsnachforderung regelmäßig auch *Lohnsteuernachforderungen* und eine strafrechtliche Verfolgung. (vgl. vertiefend zur Bedeutung richtiger Statusbeurteilungen die Ausführungen unter II.1.)

Es ist Unternehmen in der Praxis bei Unsicherheiten in Bezug auf den sozialversicherungsrechtlichen Status eines Auftragnehmers/Arbeitnehmers daher dringend zur Durchführung eines optionalen *Anfrageverfahrens* nach § 7a Abs. 1 SGB IV zu raten. Auf diese Weise kann relativ schnell Rechtssicherheit herbeigeführt werden. Das Verwaltungsverfahren nach § 7a Abs. 1 Satz 1 SGB IV hatte im Jahre 2017 beispielsweise eine durchschnittliche Laufzeit von 84 Tagen. Ein Statusfeststellungsverfahren nach § 7a Abs. 1 Satz 2 SGB IV hinsichtlich Angehörigen des Arbeitgebers hatte sogar nur eine durchschnittliche

Laufzeit von 27 Tagen, das Verfahren nach § 7a Abs. 1 Satz 2 SGB IV hinsichtlich Gesellschaftern und Geschäftsführern einer GmbH hatte eine durchschnittliche Laufzeit von 40 Tagen.[964] Die zuständige Clearingstelle der DRV Bund ist bemüht, die Verfahren zügig abzuschließen, zumal eine Untätigkeitsklage gem. § 7a Abs. 7 Satz 2 SGB IV (abweichend von § 88 Abs. 1 SGG) bereits nach drei Monaten zulässig ist.

Vor allem in Grenzfällen zur Scheinselbstständigkeit bietet das Anfrageverfahren den Beteiligten beitragsrechtliche Sicherheit[965]. An die Statusentscheidung sind sowohl die Kranken- und Pflege-, aber auch die Rentenversicherung des Erwerbstätigen gebunden, so dass dieser bei Feststellung einer Versicherungspflicht Ansprüche gegen die entsprechenden Sozialversicherungen erwirbt. Auch seitens der Bundesagentur für Arbeit besteht nach § 336 SGB III eine leistungsrechtliche Bindung an Statusentscheidungen nach § 7a Abs. 1 SGB IV. Zudem ist die später eine Betriebsprüfung durchführende Rentenversicherung an die Statusentscheidung gebunden, so dass sich der Arbeitgeber/Auftraggeber im Rahmen späterer Betriebsprüfungen auf *Vertrauensschutz* berufen kann. Dies steht einer Nachforderung von Sozialversicherungsbeiträgen entgegen. Mit der rechtzeitigen Durchführung eines Anfrageverfahrens kann der Arbeitgeber/Auftraggeber also Beitragsrückstände und Säumniszuschläge verhindern, die im Zuge einer Betriebsprüfung nach § 28p SGB IV sonst nachträglich festgesetzt werden könnten. (vgl. vertiefend zur Bindungswirkung die Ausführungen unter VII.4.b.)

Der Antrag nach § 7a Abs. 1 SGB IV sollte sinnvollerweise gleich zu Beginn der Tätigkeit gestellt werden, denn bei Einhaltung der *Monatsfrist* des § 7a Abs. 6 SGB IV ab Aufnahme der Tätigkeit tritt die Versicherungspflicht unter bestimmten Voraussetzungen erst mit der Bekanntgabe des Statusfeststellungsbescheides ein. Nach § 7a Abs. 6 Satz 2 SGB IV kann bei rechtzeitiger Antragstellung unter Umständen die Fälligkeit des Gesamtsozialversicherungsbeitrages auf den Zeit-

964 s. BT-Drucks. 19/749 v. 14.02.2018: Antwort der Bundesregierung auf die Kleine Anfrage der Abgeordneten Markus Kurth, Anja Hajduk, Beate Müller-Gemmeke, weiterer Abgeordneter und der Fraktion BÜNDNIS 90/DIE GRÜNEN (BT-Drucks. 19/551), zitiert nach: http://dipbt.bundestag.de/dip21/btd/19/007/1900749.pdf (abgerufen am 23.10.2019) (abgerufen am 23.10.2019).

965 s. *Rittweger*, in: BeckOK SozR, Stand 1.9.2018, § 7a SGB IV Rn. 6.

punkt hinausgeschoben werden, in dem die Statusentscheidung unanfechtbar geworden ist. Zudem hat die Klage gegen den Statusfeststellungsbescheid gem. § 7a Abs. 7 Satz 1 SGB IV (im Gegensatz zu einer Klage gegen einen Betriebsprüfungsbescheid oder eine Entscheidung der Einzugsstelle) aufschiebende Wirkung, dementsprechend entstehen keine Säumniszuschläge. Während der hinausgeschobenen Fälligkeit und der aufschiebenden Wirkung kann auch keine Strafbarkeit nach § 266a StGB eintreten, weil keine Beiträge hinterzogen werden. (vgl. vertiefend zu den Rechtsfolgen eines Statusfeststellungsbescheides nach § 7a Abs. 1 SGB IV die Ausführungen unter VII.1.d) Zudem ist im Rahmen des Anfrageverfahrens nach § 7a Abs. 1 SGB IV eine Vollstreckung während des Widerspruchs- und Klageverfahrens aufgrund der aufschiebenden Wirkung nicht zu befürchten.

Demgegenüber haben Widerspruch und Klage gegen einen *Betriebsprüfungsbescheid* nach § 86a Abs. 2 Nr. 1 SGG keine aufschiebende Wirkung. Daher wird trotz laufenden Widerspruchs oder Klageverfahrens die Vollstreckung eingeleitet und es fallen bei Nichtzahlung fortlaufend weitere Säumniszuschläge an. Um die Vollstreckung und das Entstehen zusätzlicher Säumniszuschläge zu verhindern, kann parallel zum Widerspruchs- und Klageverfahren einstweiliger Rechtsschutz beantragt werden, wobei dadurch zusätzliche Gerichtskosten und gegebenenfalls Anwaltskosten entstehen. Es ist also ratsam, es bei unklarer Statusbeurteilung nicht auf eine Betriebsprüfung ankommen zu lassen.

Bei laufendem Widerspruchs- oder Klageverfahren gegen einen Betriebsprüfungsbescheid kann gem. § 76 Abs. 2 SGB IV ein *Antrag auf Stundung, Erlass oder Niederschlagung* sinnvoll sein. Der Antrag ist bei allen vom Betriebsprüfungsbescheid betroffenen Einzugsstellen hinsichtlich ihrer jeweiligen Forderung zu stellen, nicht etwa einheitlich bei der den Betriebsprüfungsbescheid erlassenden Rentenversicherung. Es kann durchaus zu unterschiedlichen Entscheidungen der Einzugsstellen kommen. Eine Stundungsbewilligung schiebt die Fälligkeit der gestundeten Forderung hinaus und verhindert daher das Entstehen weiterer Säumniszuschläge für den Stundungszeitraum[966]. Die Stundung soll allerdings nach § 76 Abs. 2 Satz 2 SGB IV nur gegen an-

966 Vgl. BSG, Urt. v. 23.02.1998 – 12 RK 50/86, zitiert nach beck-online.

gemessene Verzinsung erfolgen. Die Höhe des Zinssatzes soll sich an den Umständen des Einzelfalles (wie den persönlichen und wirtschaftlichen Verhältnissen des Schuldners) orientieren, unter Berücksichtigung des marktüblichen Zinssatzes[967]. Der Zinssatz wird von der Praxis regelmäßig auf 4% pro Jahr festgelegt, er liegt damit deutlich unter den Säumniszuschlägen in Höhe von 12% pro Jahr. Bei einem Anfrageverfahren nach § 7a SGB IV ist ein Antrag auf Stundung, Niederschlagung oder Erlass nach § 76 Abs. 2 SGB IV hingegen nicht erforderlich, weil Widerspruch und Klage gegen den Bescheid aufschiebende Wirkung haben. Dementsprechend können auch keine Zinsen (als Gegenleistung für eine Stundung) festgesetzt werden.

Von praktischer Relevanz sind bei einem Vergleich der Verfahrensarten auch die zu erwartenden Verfahrenskosten. Die Klage gegen einen Statusbescheid nach § 7a SGB IV hat gegenüber der Anfechtungsklage gegen einen Betriebsprüfungsbescheid nach § 28p SGB IV (und auch gegen einen Bescheid der Einzugsstelle nach § 28h SGB IV) Kostenvorteile. Es handelt sich gem. § 197a SGG jeweils um gerichtskostenpflichtige Verfahren, sofern nur der Arbeitgeber und nicht (auch) der Erwerbstätige klagt. Kostenvorteile ergeben sich jedoch daraus, dass im Falle eines Anfrageverfahrens nach § 7a SGB IV als Streitwert lediglich der *Auffangstreitwert* des § 52 Abs. 2 GKG in Höhe von 5.000,- Euro angesetzt wird. In Klagen gegen Betriebsprüfungsbescheide hingegen ist als Streitwert der festgesetzte Nachforderungsbetrag festzusetzen, der leicht im sechs- bis siebenstelligen Bereich liegen kann und somit zu erheblich höheren Gerichtskosten und Anwaltskosten führt. Auch für den im Falle einer Betriebsprüfung gegebenenfalls parallel durchzuführenden einstweiligen Rechtsschutz fallen separate Verfahrenskosten an, der Streitwert orientiert sich auch hier am (angemessen reduzierten) Nachforderungsbetrag.

Bei Bewertung der Verfahrensarten ist auch zu beachten, dass ohne die Durchführung eines Anfrageverfahrens die Gefahr einer *Strafverfolgung* wegen Vorenthaltens und Veruntreuens von Arbeitsentgelt nach § 266a StGB besteht. Das Anfrageverfahren hat besondere Bedeutung für strafrechtliche Verschuldensfragen erlangt, der Verzicht auf eine behördliche Klärung kann einen Verschuldensvorwurf be-

---

967 s. BSG, Urt. v. 23.02.1998 – 12 RK 50/86, zitiert nach beck-online.

gründen[968]. Insgesamt hat das Anfrageverfahren nach § 7a SGB VI gegenüber der Betriebsprüfung nach § 28p SGB IV also erhebliche Vorteile für den Arbeitgeber/Auftraggeber.

Für den Arbeitnehmer/Auftragnehmer liegt ein *Nachteil* des Anfrageverfahrens nach § 7a SGB IV allerdings darin, dass er aufgrund der aufschiebenden Wirkung von Widerspruch und Klageverfahren vorrübergehend keine Ansprüche gegen die Sozialversicherung geltend machen kann und sich anderweitig sozial absichern muss. Wenn später bestandskräftig das Vorliegen einer versicherungspflichtigen Beschäftigung festgestellt wurde, können die privaten Versicherungsverträge nicht rückabgewickelt werden, obwohl die gesetzliche Sozialversicherungspflicht von Anfang an bestand.

Ein weiterer Nachteil des Anfrageverfahrens kann in der Praxis im Einzelfall darin bestehen, dass der Feststellungsbescheid der Clearingstelle lediglich eine isolierte Statusfeststellung enthält und weder die Beitragshöhe festsetzt noch über die Beitragspflichtigkeit bestimmter Entgelte entscheidet. *Rechtsunsicherheiten hinsichtlich der Beitragshöhe oder Beitragspflichtigkeit bestimmter Entgelte* können lediglich seitens der Einzugsstellen gem. § 28h Abs. 2 SGB IV und im Rahmen der Betriebsprüfung gem. § 28p SGB IV entschieden werden[969]. Besteht insofern Klärungsbedarf, ist daher der Antrag bei der Einzugsstelle nach § 28 h SGB IV die richtige Verfahrensart. Auch wenn ein Auftragnehmer/Beschäftigter die Feststellung begehrt, dass sein Auftraggeber/Arbeitgeber Beiträge zur Sozialversicherung für ihn hätte abführen müssen (oder aktuell Beiträge zu zahlen sind), ist ihm mit dem Einzugsstellenverfahren nach § 28h Abs. 2 SGB IV besser geholfen, als mit dem Anfrageverfahren nach § 7a SGB IV. Denn mit letzterem erreicht er lediglich eine isolierte Statusfeststellung ohne Beitragseinzug. Mit dem Einzugsstellenverfahren hingegen erreicht der Erwerbstätige darüber hinaus die Festsetzung der Beiträge und nachfolgend die Vollstreckung.

Aus Unternehmenssicht besteht ein Nachteil des Einzugsstellenverfahrens nach § 28h Abs. 2 SGB IV darin, dass die festgesetzten Beiträge (ebenso wie bei einem Betriebsprüfungsbescheid) sofort fällig

968 s. *Rittweger*, in: BeckOK SozR, § 7a SGB IV Rn. 5a.

969 Vgl. LSG Nordrhein-Westfalen, Urt. V. 18.12.2013 – L 8 R 683/13, zitiert nach juris.

sind und Säumniszuschläge entstehen. Zudem haben Widerspruch und Klage gegen die Entscheidung der Krankenversicherung nach § 86a Abs. 2 Nr. 1 SGG keine aufschiebende Wirkung, so dass gegebenenfalls einstweiliger Rechtsschutz erforderlich ist. Die Interessenlage ist vergleichbar mit der nach einer Betriebsprüfung.

Insgesamt ist Unternehmen, die nicht lediglich mit angestellten Mitarbeitern arbeiten, sondern beispielsweise freie Mitarbeiter, Honorarkräfte oder Subunternehmer beauftragen, aufgrund der bestehenden beitrags-, steuer- und strafrechtlichen sowie wirtschaftlichen Risiken dringend anzuraten, ein wirksames *Compliance-System* für das Sozialversicherungsrecht zu installieren. Präventiv können dadurch von vornherein sozialrechtliche Beitragsrisiken und ihre weitreichenden Folgen vermieden werden. Das Risikomanagement-System hat darüber hinaus die Aufgabe, bereits eingetretene Fehleinschätzungen aufzudecken und für die Zukunft zu korrigieren.[970]

Solange der sozialversicherungsrechtliche Status nicht bestandskräftig geklärt ist, können betroffene Unternehmen Risiken minimieren, indem sie Beiträge zur Sozialversicherung unter Vorbehalt zahlen und parallel einen *Rückerstattungsantrag* nach § 26 SGB IV stellen[971]. Diese Vorschrift enthält einen öffentlich-rechtlichen Erstattungsanspruch gegen den bereicherten Sozialversicherungsträger[972]. Ab Eingang des vollständigen Erstattungsantrags wird der Erstattungsanspruch gem. § 27 Abs. 1 SGB IV mit 4% verzinst. Zugleich hemmt der Antrag gem. § 27 Abs. 3 SGB IV die Verjährung des Erstattungsanspruchs. Der Erstattungsanspruch steht nach § 26 Abs. 3 SGB IV dem zu, der die Beiträge getragen hat, also in der Regel anteilig Arbeitnehmer und Arbeitgeber, bei geringfügig Beschäftigten allein dem Arbeitgeber. Mit der Erstattung von zu Unrecht gezahlten Beiträgen erlöschen alle etwaigen Ansprüche des Erwerbstätigen aus diesen Beiträgen[973].

* * * *

970 Vgl. *Zieglmeier*, DStR 2018, 619, 620.
971 Vgl. *Zieglmeier*, DStR 2018, 619, 624.
972 s. *Wagner*, in BeckOK SozR, § 26 SGB IV Rn. 2.
973 s. *Wagner*, in BeckOK SozR, § 26 SGB IV Rn. 16.

X. Literaturverzeichnis

Barkow von Creytz, Dunja/ Rittweger, Stephan/ Zieglmeier, Dr. Christian	Beitragsrisiken in der Sozialversicherung durch den Mindestlohn, DStR 2015, S. 75 ff., zitiert als: *Barkow/Rittweger/Zieglmeier*, DStR 2015, 75.
Barkow von Creytz, Dunja	Aktuelles zum Beitragsrecht – eine Bestandsaufnahme, DStR 2015, S. 901 ff., zitiert als: *Barkow*, DStR 2015, 901.
Becker, Silke/ Hennecke,Frank	Das Statusfeststellungsverfahren nach § 7a SGB IV auf dem Prüfstand – Die Schwächen des aktuellen Verfahrens sowie mögliche Lösungsansätze, BB 2019, 820 ff., zitiert als: *Becker/Hennecke*, BB 2019, 820.
Berchtold, Dr. Josef/ Richter, Prof. Ronald (Hrsg.)	Prozesse in Sozialsachen – Verfahren, Beitrag, Leistung, 2. Aufl. 2016, zitiert als: *Bearbeiter*, in: Berchtold/Richter, § Rn.
Brand, Dr. Jürgen	Die sozialversicherungsrechtliche Betriebsprüfung durch die Träger der Rentenversicherung, NZS 2013, S. 641 ff., zitiert als: *Brand*, NZS 2013, 641.
Brand, Dr. Jürgen	Die geänderte Rechtsprechung des BSG zum Status von geschäftsführenden Gesellschaftern einer Familien-GmbH, DStR 2017, S. 728 ff., zitiert als: *Brand*, DStR 2017, 728.
Diepenbrock, Thorsten	Selbstständigkeit und Arbeitnehmereigenschaft im Sozialrecht, NZS 2016, S. 127 ff., zitiert als: *Diepenbrock*, NZS 2016, 127.
Eichenhofer, Eberhard/ Wenner, Ulrich	Kommentar zum Sozialgesetzbuch IV, 2. Auflage, Köln 2017, zitiert als: *Bearbeiter*, in: Eichenhofer/ Wenner, §, Rn.

Fabritius, Burkhard/ Markgraf, R.-Alexander	Sozialversicherungspflicht von GmbH- Geschäftsführern – Ein Überblick nach Fallgruppen in Ansehung der neuen Rechtsprechung des BSG, NZS 2016, S. 808 ff., zitiert als: *Fabritius/Markgraf, NZS 2016, 808.*
Felix, Prof. Dr. Dagmar	Die Wertneutralität des Sozialrechts – Zum Bestehen eines Beschäftigungsverhältnisses bei sittenwidrigem oder verbotenem Tun -, NZS 2002, S. 225 ff., zitiert als: *Felix*, NZS 2002, 225.
Greiner, Prof. Dr. Stefan	Die Vielfalt moderner Arbeitsformen im Sozialrecht, SGb 2016, S. 301 ff., zitiert als: *Greiner*, SGb 2016, 301.
Hase, Prof. Dr. Friedhelm	Versicherungsprinzip und sozialer Ausgleich: eine Studie zu den verfassungsrechtlichen Grundlagen des deutschen Sozialversicherungsrechts, Tübingen 2000, zitiert als: *Hase*, S.
Henssler, Martin/ Strohn, Lutz	Gesellschaftsrecht, Beck´sche Kurz-Kommentare, 4. Auflage, München 2019, zitiert als *Bearbeiter*, in: Henssler/Strohn, § Rn.
Hoppe, Dr. Christian/ Groffy, Greta	Die Beschäftigung von Ehrenamtlichen: Einordnung und Gestaltungsmöglichkeiten, npoR 2019, 205 ff., zitiert als: Hoppe/Groffy, npoR 2019, 205.
Kaufmann, Mathias/ Kleemann, Georg	Keine Befreiung des MinderheitsGesellschafter-Geschäftsführers von der Sozialversicherungspflicht mehr?, BB 2014, S. 821 ff., zitiert als: *Kaufmann/Kleemann*, BB 2014, 821.
Knickrehm, Sabine/ Kreikebohm, Prof. Dr. Ralf/ Waltermann, Prof. Dr. Raimund	Kommentar zum Sozialrecht, 5. Auflage München 2017, zitiert als: *Bearbeiter*, in: *Knickrehm/Kreikebohm/Waltermann*, § Rn.

Koch, Andreas/ Rosemann, Martin/ Späth, Jochen	Solo-Selbstständige in Deutschland – Strukturen, Entwicklungen und soziale Sicherung bei Arbeitslosigkeit, Studie im Auftrag der Abteilung Wirtschafts- und Sozialpolitik der Friedrich-Ebert-Stiftung, Februar 2011, unter: https://library.fes.de/pdf-files/wiso/07831-20110309.pdf (abgerufen am 23.10.2019), zitiert als: *Koch/Rosemann/Späth*, S.
Körner, Dr. Anne/ Leitherer, Dr. Stephan/ Mutschler, Bernd/ Rolfs, Dr. Christian	Kasseler Kommentar Sozialversicherungsrecht, 102. Ergänzungslieferung, Dezember 2018, zitiert als: *Bearbeiter*, in: Kasseler Kommentar, SGB IV, § Rn.
Körner, Dr. Anne	Beitragsrisiken des Arbeitgebers bei Einsatz von Fremdpersonal – Verbesserungspotential für das Anfrageverfahren zur Klärung von Scheinselbstständigkeit, NZA 2019, S. 278 ff., zitiert als: *Körner*, NZA 2019, 278.
Krauskopf, Dr. Dieter (Begr.), Wagner, Dr. Regine/ Knittel, Stefan (Hrsg.)	Kommentar, Soziale Krankenversicherung, Pflegeversicherung, Stand 101. Ergänzungslieferung, November 2018, zitiert als: *Bearbeiter,* in: Krauskopf, § SGB IV, Rn.
Kreikebohm, Prof. Dr. Ralf (Hrsg.)	SGB IV- Sozialgesetzbuch – Gemeinsame Vorschriften für die Sozialversicherung, Kommentar, 3. Auflage 2018, zitiert als: *Bearbeiter*, in: Kreikebohm SGB IV, § Rn.
Küttner, Wolfdieter	Personalbuch 2018 – Arbeitsrecht, Lohnsteuerrecht, Sozialversicherungsrecht, 25. Auflage 2018, zitiert als: *Bearbeiter*, in: Küttner, Personalbuch 2018, Rn.
Lanzinner, Dr. Denis/ Nath, Raffael	Beitragsrechtliche Folgen der verdeckten Überlassung von Scheinselbstständigen – Teil I, NZS 2015, S. 210 ff., zitiert als: *Lanzinger/Nath*, NZS 2015, 210.

Lembke, Dr. Mark Fremdpersonaleinsatz vor neuen Herausforderungen, NZA 2018, S. 393 ff., zitiert als: *Lembke*, NZA 2018, 393.

Luik, Dr. Steffen Anmerkung zu BSG, Urt. v. 16.08.2017 – B 12 KR 14/16 R, juris PR-SozR3/2018 Anm. 2, als: *Luik*, jurisPR-SozR 3/2018 Anm. 2.

Maier, Michael F./ Ivanov, Boris Selbstständige Erwerbstätigkeit in Deutschland, Forschungsbericht 514, Herausgegeben vom Bundesministerium für Arbeit und Soziales, September 2018, unter: https://www.bmas.de/SharedDocs/Downloads/DE/PDF-Publikationen/Forschungsberichte/fb514-selbststaendige-erwerbstaetigkeit-in-deutschland.pdf?__blob=publicationFile&v=1 (abgerufen am 23.10.2019) zitiert als: *Maier/Ivanov*, S.

Mecke, Dr. Christian Arbeit 4.0 – Schöne neue sozialversicherungsfreie Arbeitswelt?, SGb 2016, S. 481 ff., zitiert als: *Mecke*, SGb 2016, 481.

Mette, Elisabeth Brennpunkt Scheinselbstständigkeit, NZS 2015, S. 721ff., zitiert als: *Mette*, NZS 2015, 721.

Meyer-Ladewig, Dr. Jens (Begr.)/Keller, Wolfgang/ Leitherer, Dr. Stephan/ Schmidt, Dr. Benjamin (Bearb.) SGG – Sozialgerichtsgesetz Kommentar, 12. Auflage 2017, zitiert als: *Bearbeiter*, in: Meyer-Ladewig/ Keller/Leitherer/Schmidt, § Rn.

Neidert, Alfred/ Scheer, Stefan Beitragsprüfung und Bestandsschutz in der Sozialversicherung: BSG bestätigt erneut die Zulässigkeit des Eingriffs in abgeschlossene Prüfzeiträume, Der Betrieb 2014, S. 2471 ff., zitiert als: *Neidert/Scheer*, Der Betrieb 2014, 2471.

Plagemann, Prof. Dr. Hermann Anmerkung zu dem Urteil des BSG vom 11.03.2009 – B 12 R 11/07 R, EWiR 2009, S. 689 ff., zitiert als: *Plagemann*, EWiR 2009, 689.

Plagemann, Prof. Dr. Hermann (Hrsg.)	Münchener Anwaltshandbuch Sozialrecht, 5. Auflage, München 2018, zitiert als: *Bearbeiter*, in: Münchener Anwaltshandbuch Sozialrecht, § Rn.
Pietrek, Winfried	Keine Bindungswirkung einer Statusentscheidung der Deutschen Rentenversicherung gegenüber dem Träger der gesetzlichen Unfallversicherung, jurisPR-SozR 20/2013 Anm. 3, zitiert als: *Pietrek*, jurisPR-SozR 20/2013 Anm. 3.
Pietrek, Winfried	Anmerkung zu LSG München 7. Senat, Urteil vom 09.05.2017 – L 7 R 434/15, jurisPR-SozR 4/2018 Anm. 4, zitiert als: *Pietrek*, jurisPR-SozR 4/2018 Anm. 4.
Rolfs/Giesen/ Kreikebohm/ Udsching (Hrsg.)	Beck Online-Kommentar Sozialrecht – SGB IV, Stand 01.03.2019, zitiert als: *Bearbeiter*, in: BeckOK SozR, § Rn.
Ruland, Prof. Dr. Franz	Beschäftigungsverhältnis oder „Neue Selbstständigkeit"?, NZS 2019, 681 ff., zitiert als: *Ruland*, NZS 2019, 681.
Schlegel, Prof. Dr. Rainer	Wen soll das Sozialrecht schützen? – Zur Zukunft des Arbeitnehmer- und Beschäftigungsbegriffs im Sozialrecht, NZS 2000, S. 421, zitiert als: *Schlegel*, NZS 2000, 421.
Schlegel, Prof. Dr. Rainer (Hrsg.)	juris Praxiskommentar-SGB IV Gemeinsame Vorschriften für die Sozialversicherung, 3. Auflage 2016, Stand 26.03.2019, zitiert als: *Bearbeiter*, in: jurisPK-SGB IV, § Rn.
Schlegel, Prof. Dr. Rainer/ Voelzke, Dr. Thomas (Hrsg.)	juris Praxiskommentar-SGG, 1. Auflage 2017 -Stand 08.05.2019, zitiert als: *Bearbeiter*, in: juris-PK-SGG, § Rn.
Schnapp, Prof. Dr. Friedrich E.	Methodenprobleme des § 7 Abs. 1 SGB IV – Unmöglichkeit der Rechtssicherheit?, NZS 2014, S. 41 ff., zitiert als: *Schnapp, in NZS 2014, 41.*

Scholz	GmbH-Gesetz Kommentar, Band II, 11. Auflage, München 2014, zitiert als: *Bearbeiter*, in: Scholz GmbHG II, §, Rn.
Schreiber, Dr. Frank/ Moritz-Richter, Annette	Die sozialversicherungspflichtige Beschäftigung, Stuttgart 2010, zitiert als: *Schreiber/Moritz-Richter*, S.
Seewald, Prof. Dr. Otfried	Vertrauensschutz bei Beitragsnachforderungen, SGb 2017, S. 78 ff., zitiert als: *Seewald*, SGb 2017, 78.
Stotz, Christian	Mit Regen ist zu rechnen – zur Absage des BSG im Beitragsrecht an eine „Schönwetter-Selbstständigkeit", jM 2016, S. 199 ff., zitiert als: *Stotz*, jM 2016, 199.
Timme, Hinnerk	Honorarhöhe als Abgrenzungsmerkmal bei Statusentscheidungen, Anmerkung zu BSG, Urt. v. 31.03.2017 – B 12 R 7/15 R, juris – Die Monatszeitschrift 2018, S. 68 ff., zitiert als: *Timme*, jM 2018, 68.
Trittin, Wolfgang	Umbruch des Arbeitsvertrags: Von der Arbeitszeit zum Arbeitsergebnis, NZA 2001, S. 1003 ff., zitiert als: *Trittin*, NZA 2001, 1003.
Uckermann, Sebastian/ Drees, Patrick	Gesellschafter-Geschäftsführer, mitarbeitende Gesellschafter und diesen nahestehende Personen: Aktueller Überblick zur sozialversicherungsrechtlichen Einordnung, DStR 2019, S. 561 ff., zitiert als: *Uckermann/Drees*, DStR 2019, 561.
Uffmann, Prof. Dr. Katharina	Beschäftigte versus Selbstständige – Bindung staatlicher Schutzmechanismen an den Beschäftigtenbegriff – Deutsches Arbeitsrecht, NZA-Beilage 2016, S. 5 ff., zitiert als: *Uffmann*, NZA-Beilage 2016, 5.
Uffmann, Prof. Dr. Katharina	Projektbezogener Einsatz hochqualifizierten Fremdpersonals in der Compliancefalle?, NZA 2018, S. 265 ff., zitiert als: *Uffmann*, NZA 2018, 265.

von Steinau-Steinbrück, Prof. Dr. Robert/ Mühlenhoff, Lucas — Aktuelles zur Scheinselbstständigkeit, NJW-Spezial 2018, S. 114 f., zitiert als: *von Steinau-Steinbrück/Mühlenhoff*, NJW-Spezial 2018, 114.

Waltermann, Prof. Dr. Raimund — Digitalisierung der Arbeitswelt und Schutz Kleiner Selbstständiger durch das Sozialversicherungsrecht, SGb 2017, S. 425 ff., zitiert als: *Waltermann*, SGb 2017, 425.

Weiss-Bölz, Dr. Verena — Erhebung von Säumniszuschlägen – Sorgt das BSG für wirtschaftliche Entlastung der Arbeitgeber bei Scheinselbstständigkeit?, DStR 2019, 1581., zitiert als: *Weiss-Bölz*, DStR 2019, 1581.

Winkler, Jürgen/ Oxenknecht-Witzsch, Renate — Sozialgesetzbuch IV – Gemeinsame Vorschriften für die Sozialversicherung, Lehr- und Praxis-Kommentar, 2. Auflage 2015, zitiert als: *Winkler*, in: Winkler/Oxenknecht-Witzsch, § Rn.

Zieglmeier, Dr. Christian — Das Problem von Mehrfachverfahren bei einheitlicher Statusfeststellung nach § 7a SGB IV, NZS 2013, 854 ff., zitiert als: *Zieglmeier*, NZS 2013, 854.

Zieglmeier, Dr. Christian — Die sozialversicherungsrechtliche Statusbeurteilung – ein unterschätztes Compliancerisiko, NJW 2015, S. 1914 ff., zitiert als: *Zieglmeier*, NJW 2015, 1914.

Zieglmeier, Dr. Christian — Rechtswegzersplitterung bei der Nichtabführung von Sozialversicherungsbeiträgen – Ein Leitfaden für die betriebliche Praxis, NZA 2015, S. 651 ff., zitiert als: *Zieglmeier*, NZA 2015, 651.

Zieglmeier, Dr. Christian — Neue Beitragsrisiken für (Sport-)Vereine in der Sozialversicherung durch das MiLoG – Bausteine für ein Risikomanagement –, NZS 2015, S. 890 ff., zitiert als: *Zieglmeier*, NZS 2015, 890.

Zieglmeier, Dr. Christian Beitrags-Compliance bei (Fremd-)Personaleinsatz im Unternehmen, DStR 2018, S. 619 ff.,
zitiert als: *Zieglmeier*, DStR 2018, 619.

Kolibri 360 GmbH
Ferdinand-Jühlke-Straße 7
99095 Erfurt, Deutschland
produktsicherheit@kolibri360.de